»Vor dem Gesetz«

Hartmut Binder

»Vor dem Gesetz«

Einführung in Kafkas Welt

Verlag J. B. Metzler
Stuttgart · Weimar

Die Deutsche Bibliothek – CIP-Einheitsaufnahme

Binder, Hartmut:
"Vor dem Gesetz" : Einführung in Kafkas Welt / Hartmut
Binder. – Stuttgart ; Weimar : Metzler, 1993
ISBN 3-476-00904-1

Gedruckt auf säurefreiem, alterungsbeständigem Papier

ISBN 3-476-00904-1

©1993 J. B. Metzlersche Verlagsbuchhandlung
und Carl Ernst Poeschel Verlag GmbH in Stuttgart
Einbandgestaltung: Willy Löffelhardt
Satz: Typobauer, Ostfildern
Druck: Gulde-Druck GmbH, Tübingen
Printed in Germany

Verlag J. B. Metzler Stuttgart · Weimar

EIN VERLAG DER SPEKTRUM FACHVERLAGE GMBH

INHALTSVERZEICHNIS

Der Text
»VOR DEM GESETZ«

Vor dem Gesetz steht ein Türhüter. Zu diesem Türhüter kommt ein Mann vom Lande und bittet um Eintritt in das Gesetz. Aber der Türhüter sagt, daß er ihm jetzt den Eintritt nicht gewähren könne. Der Mann überlegt und fragt dann, ob er also später werde eintreten dürfen. »Es ist möglich,« sagt der Türhüter, »jetzt aber nicht.« Da das Tor zum Gesetz offensteht wie immer und der Türhüter beiseite tritt, bückt sich der Mann, um durch das Tor ins Innere zu sehn. Als der Türhüter das merkt, lacht er und sagt: »Wenn es dich so lockt, versuche es doch, trotz meines Verbotes hineinzugehn. Merke aber: Ich bin mächtig. Und ich bin nur der unterste Türhüter. Von Saal zu Saal stehn aber Türhüter, einer mächtiger als der andere. Schon den Anblick des dritten kann nicht einmal ich mehr ertragen.« Solche Schwierigkeiten hat der Mann vom Lande nicht erwartet; das Gesetz soll doch jedem und immer zugänglich sein, denkt er, aber als er jetzt den Türhüter in seinem Pelzmantel genauer ansieht, seine große Spitznase, den langen, dünnen, schwarzen tatarischen Bart, entschließt er sich, doch lieber zu warten, bis er die Erlaubnis zum Eintritt bekommt. Der Türhüter gibt ihm einen Schemel und läßt ihn seitwärts von der Tür sich niedersetzen. Dort sitzt er Tage und Jahre. Er macht viele Versuche, eingelassen zu werden, und ermüdet den Türhüter durch seine Bitten. Der Türhüter stellt öfters kleine Verhöre mit ihm an, fragt ihn über seine Heimat aus und nach vielem andern, es sind aber teilnahmslose Fragen, wie sie große Herren stellen, und zum Schluß sagt er ihm immer wieder, daß er ihn noch nicht einlassen könne. Der Mann, der sich für seine Reise mit vielem ausgerüstet hat, verwendet alles, und sei es noch so wertvoll, um den Türhüter zu bestechen. Dieser nimmt zwar alles an, aber sagt dabei: »Ich nehme es nur an, damit du nicht glaubst, etwas versäumt zu haben.« Während der vielen Jahre beobachtet der Mann den Türhüter fast ununterbrochen. Er vergißt die andern Türhüter und dieser erste scheint ihm das einzige Hindernis für den Eintritt in das Gesetz. Er verflucht den unglücklichen Zufall, in den ersten Jahren rücksichtslos und laut, später, als er alt wird, brummt er nur noch vor sich hin. Er wird kindisch, und, da er in dem jahrelangen Studium des Türhüters auch die Flöhe in seinem Pelzkragen erkannt hat, bittet er auch die Flöhe, ihm zu helfen und den Türhüter umzustimmen. Schließlich wird sein Augenlicht schwach, und er weiß nicht, ob es um ihn wirklich dunkler wird, oder ob ihn nur seine Augen täuschen. Wohl aber erkennt er jetzt im Dunkel einen Glanz, der unverlöschlich aus der Türe des Gesetzes bricht. Nun lebt er nicht mehr lange. Vor seinem Tode sammeln sich in seinem Kopfe alle Erfahrungen der ganzen Zeit zu einer Frage, die er bisher an den Türhüter noch nicht gestellt hat. Er winkt ihm zu, da er seinen erstarrenden Körper nicht mehr aufrichten kann. Der Türhüter muß sich tief zu ihm hinunterneigen, denn der Größenunterschied hat sich sehr zu ungunsten des Mannes verändert. »Was willst du denn jetzt noch wissen?« fragt der Türhüter, »du bist unersättlich.« »Alle streben doch nach dem Gesetz,« sagt der Mann, »wieso kommt es, daß in den vielen Jahren niemand außer mir Einlaß verlangt hat?« Der Türhüter erkennt, daß der Mann schon an seinem Ende ist, und, um sein vergehendes Gehör noch zu erreichen, brüllt er ihn an: »Hier konnte niemand sonst Einlaß erhalten, denn dieser Eingang war nur für dich bestimmt. Ich gehe jetzt und schließe ihn. [1]

Das Problem
GESETZLOSES LESEN

Kafkas Erzählung *Vor dem Gesetz* ist häufig gedeutet, aber kaum jemals richtig verstanden worden. Dieses Mißverhältnis zwischen Aufwand und Ergebnis liegt nur teilweise im Gegenstand und seinen Schwierigkeiten begründet. Dafür verantwortlich ist auch, und mindestens im gleichen Ausmaß, die Zunft der Interpreten, die es bei ihrer Arbeit an der notwendigen Sorgfalt fehlen läßt und wichtige Grundsätze der Auslegungswissenschaft mißachtet.

So steht beispielsweise vielen von vornherein fest, daß *Vor dem Gesetz* ein religiöses Problem behandle. Solche Vorerwartung leitet sich von einem verbreiteten Verständnis des *Proceß*[2]-Fragments her, dem der Text zugehört. Aber die Rezeptionsgeschichte dieses Werks ist äußerst verworren, so daß nicht einzusehen ist, inwiefern von diesem schwankenden Grund aus ein archimedischer Punkt gefunden werden könnte, der eine angemessene Erfassung des Prosastücks erlaubte. Außerdem bestehen so beträchtliche Unterschiede zum Romankontext, daß sogar die These entwickelt wurde, *Vor dem Gesetz* passe besser zu den im *Schloß* dargestellten Sachverhalten als zum *Proceß*. Schließlich sollte bedacht werden, daß Kafka die Erzählung für sich veröffentlicht hat, es also für möglich hielt, sie allein aus sich selbst zu verstehen.

Demgegenüber scheinen theologisch orientierte Literaturwissenschaftler ihre Aufgabe vor allem darin zu sehen, Belege beizubringen, die ihre eigenen Vorurteile bestätigen. Sie stellen sich gar nicht erst die Frage, ob eine Betrachtung auf anderer Ebene vielleicht überzeugendere Ergebnisse hervorbringen könnte. Unter solcher Beleuchtung muß dann der Mann vom Lande, dem es nicht gelingt, in das Gesetz einzutreten, zwangsläufig als seines eigenen Unglücks Schmied erscheinen. Man versucht, ihm eine Schuld anzuhängen oder in seinem Verhalten wenigstens eine sittliche Verfehlung zu erkennen. Für einen unvoreingenommenen Betrachter bleibt dieses Vorgehen unbegreiflich, denn in der Erzählung finden sich keine Aussagen, die es nahelegten, den Mann vom Lande allein für sein Scheitern verantwortlich zu machen. Hätte ihm Kafka eine Schuld unterstellen wollen, hätte er das sicherlich zum

Ausdruck gebracht. So gibt es zum Beispiel im *Proceß* – selbstverständlich bei einer Anklage vor einem Gericht – eine Diskussion über diese Frage, wobei deutlich zu erkennen ist, daß Josef K. als Schuldiger gezeichnet werden soll, auch wenn er diese Schuld bis zuletzt in Abrede stellt. [3]

Zur Verwirrung hat überdies beigetragen, daß *Vor dem Gesetz* in aller Regel als Parabel aufgefaßt wird. Denn eine solche Bezeichnung suggeriert aufgrund der Geschichte dieser Gattung, daß hier Transzendentes verhandelt werde. In jedem Fall aber scheint sie in sich zu schließen, daß die dargestellten Vorgänge auf eine andere Ebene übertragen werden müßten, damit sich ihr Sinn enthülle. Die Interpreten verfahren entsprechend, ohne vorher untersucht zu haben, ob die Erzählung überhaupt die Bedingungen einer Parabel erfüllt, wobei es zuweilen so aussieht, als hätten sie diese Form uneigentlicher Rede als Freibrief mißverstanden, der es ihnen erlaubte, eigene Spekulationen und produktive Anverwandlungen des Textes als legitime Erläuterungen auszugeben.

Zu diesem beklagenswerten Zustand hat freilich nicht nur das Unvermögen der Deuter beigetragen, sondern auch deren Abhängigkeit von Moden des Zeitgeistes sowie Kafkas Heiligsprechung als Prophet der Moderne: Alles, wofür man, aus welchen Gründen auch immer, einzutreten bereit war, hatte sich im Werk dieses Prager Autors zu spiegeln. War man Existentialist, Pazifist, Katholik, Jude oder Materialist – Kafka war es natürlich immer ebenso und sogar in stärkerem Maße. Keiner in der unzähligen Schar seiner Interpreten, der die Aussage gewagt hätte, Kafka sei aufgrund dieser oder jener Besonderheiten zwar ein bedeutender Autor, lasse es aber, beispielsweise, an der rechten Überzeugung oder an bestimmten Tugenden fehlen. Dabei hatte er selbst vorexerziert, wie er den Umgang mit seinesgleichen behandelt wissen wollte, sah er doch, was er vom Schriftsteller dachte, von Mörike blendend-geheimnisvoll zusammengefaßt, der einmal über den von ihm bewunderten Heine sagte: »Er ist ein Dichter ganz und gar [...] aber nit eine Viertelstund' könnt ich mit ihm leben, wegen der Lüge seines ganzen Wesens.« [4]

Nüchternheit ist also angebracht, besonders im Blick auf die neuerdings aufkommenden Deutungen, die Hauptwerke Kafkas aus einem kabbalistischen Hintergrund erwachsen sehen. Es handelt sich dabei um eine Erfindung von Interpreten, die sich zu ihrer Profilierung einen immer mehr um sich greifenden Esoterik-Boom zunutze machen, ohne dabei die Folgerungen zu bedenken, die sich aus solcher Auffassung ergeben müßten: Ist es vorstellbar, daß sich Kafka, ein aufgeklärter, skeptischer Jude des 20. Jahrhunderts, bei der Konzeption wichtiger Erzählwerke einer mystischen Geheimlehre bediente? Und selbst wenn dies der Fall wäre: Wie kann man ihn unter den Einfluß einer religiösen Bewegung stellen, deren Besonderheit unter anderem darin besteht, sich Voraussetzungen zu verweigern, die den Ausgangspunkt abendländischer Kultur bilden? In ihrer menschenverachtenden Tendenz erklärt diese Spielart der Kabbala die Welt und ihre Erscheinungen als Schöpfung des Teufels und gibt sich damit als häretische Gnosis zu erkennen, die gemeinsame Grundlagen jüdischer und christlicher Glaubensüberlieferung in Frage stellt.

Um möglichen Mißverständnissen vorzubeugen, sei an dieser Stelle bemerkt: Die Würdigung Kafkas unter dem Aspekt des Judentums überhaupt oder einzelner seiner Strömungen wurde zwar von Anfang an von Persönlichkeiten wie Max Brod, Gershom Scholem und Walter Benjamin vorgetragen, von der deutschen Literaturwissenschaft nach dem Zweiten Weltkrieg jedoch zunächst nur sehr zögernd aufgegriffen. Die damals herrschende Methode der textimmanenten Interpretation, die Unkenntnis der zu Kafkas Lebzeiten in Prag bestehenden Verhältnisse sowie das insgeheim vorhandene Bedenken, jüdische Schriftsteller nicht in der Art nationalsozialistischer Literaturbetrachtung aus dem gemeinsamen deutschen Kulturerbe ausgrenzen zu wollen, sind für diesen Sachverhalt verantwortlich zu machen.

Der Verfasser dieser Untersuchung stieß deswegen noch in den sechziger Jahren auf wenig Verständnis, als er Arbeiten über Kafkas Verhältnis zu der Prager Wochenschrift *Selbstwehr* und dessen Beschäftigung mit der hebräischen Sprache vorlegte, [5] die er als Ausdruck einer nationaljüdischen Gesinnung deutete. Was damals der Aufarbeitung eines bislang vernachlässigten Gesichtspunkts diente und gegen die vorherrschende Fachmeinung durchgesetzt werden mußte, ist inzwischen selbstverständlicher Bestandteil jeder ernstzunehmenden Kafka-Forschung geworden. So ist es heute möglich, diejenigen Sachverhalte, die den jüdischen Wurzeln dieses Autors entstammen, von Gegebenheiten zu sondern, die ihr Dasein anderen Ursprüngen verdanken. So sehr Kafka und sein Schaffen durch die Bedingungen geprägt sind, unter denen er als deutschsprechender Prager Jude zu leben hatte, so verkehrt wäre es also, sein ganzes Werk ausschließlich unter dieser Voraussetzung würdigen zu wollen. Insbesondere gehören der *Proceß* und damit auch *Vor dem Gesetz* nicht zu den Texten, deren Verständnis durch eine Betrachtung auf jüdischer Grundlage verbessert würde.

Eine literaturwissenschaftliche Deutung, die diesen Namen verdient, zumal wenn sie ein derart kurzes Prosastück wie *Vor dem Gesetz* zum Gegenstand hat, sollte Erklärungsmodelle verwenden, die möglichst viele, im Idealfall sogar alle deutungsfähigen Bestandteile des Textes einbeziehen. Je mehr Elemente eines Erzählzusammenhangs auf diese Weise erfaßt werden, je weniger also als unerheblich außer Betracht bleiben, desto größer ist die Wahrscheinlichkeit, daß Richtiges und Wichtiges getroffen wurde. Von dieser Forderung ist in den bisher vorliegenden Deutungen wenig zu spüren. Die Interpreten lesen selektiv, das heißt, sie würdigen die Einzelumstände zu wenig in ihrer Funktion, nämlich als Teil übergreifender Werkzusammenhänge. Statt dessen greifen sie vor allem solche Details auf, die eine bestimmte Auffassung zu stützen scheinen, und übergehen, was nicht ins vorgängig festgelegte Bild paßt. Die Verstümmelung der Erzählintentionen Kafkas kann sogar so weit gehen, daß der Handlungsgang umgedeutet und die Schlußpointe, auf die alles zuläuft, gar nicht in den Argumentationsgang einbezogen wird.

Außerdem weisen die Überlegungen der Literaturwissenschaftler, die ihre Aufmerksamkeit *Vor dem Gesetz* widmen, vielfach nicht die Folgerichtigkeit auf, die für das wissenschaftliche Denken unumgänglich ist. Selbst bei anerkannten Kafka-Spezialisten begegnen merkwürdige Ungereimtheiten, während andererseits die zur Sinnaussage des Textes gehörenden Antinomien unerkannt bleiben oder als den Gesetzen der formalen Logik nicht entsprechend weginterpretiert werden. <u>Es wird gar nicht ernsthaft in Betracht gezogen, daß die Erzählung einen Sachverhalt darstellen könnte, der sich nicht dem Grundsatz der Widerspruchsfreiheit fügt</u>, ein verhängnisvoller Irrtum, der den Zugang zum Verständnis unwiderruflich verbaut.

Dazu kommt, besonders im Kernbereich biographisch angelegter Werkdeutung, der unsachgemäße Umgang mit positivistischen Fragestellungen, auf die man sich auffälligerweise in diesem besonderen Fall gern und häufig kapriziert, obwohl man im allgemeinen nicht müde wird, dieses Verfahren unter Hinweis auf die Eigengesetzlichkeit des literarischen Kunstwerks zu diffamieren. So findet sich beispielsweise immer wieder die Behauptung, dieses oder jenes Schrift-Dokument habe Kafka bei der Konzeption seines Prosastücks als Quelle gedient, obwohl es für diese angeblichen Entlehnungen weder Indizien noch gar philologische Beweise gibt. Die Abhängigkeit eines Werkes von einem andern darf nur dann als erwiesen gelten, wenn sich seine Formulierungen an mehreren Stellen so eng an die Quelle anlehnen, daß deren Vorbildcharakter sichtbar wird. Für einzelne Erzählungen und Romanteile Kafkas konnten solche Zusammenhänge immer wieder aufgezeigt werden, [6] nicht jedoch für *Vor dem Gesetz.* Die Untersuchungen, die sich bisher mit der Entstehungsgeschichte dieses Prosastücks beschäftigten, brachten lediglich einzelne Parallelen im stofflichen Arrangement zu Tage. Solche inhaltlichen Entsprechungen lassen sich aber nur unter ganz eingeschränkten Bedingungen als gegenseitige Abhängigkeit deuten: Zunächst muß sichergestellt sein, daß Kafka die fraglichen Zeugnisse zu dem Zeitpunkt bekannt waren, als er *Vor dem Gesetz* schrieb. Falls sich dies nicht belegen läßt, sollte wenigstens eine gewisse Wahrscheinlichkeit dafür bestehen, daß er sich mit ihnen beschäftigt hat, auch wenn sich vielleicht wegen der Spärlichkeit des erhaltenen autobiographischen Materials eine entsprechende Lektüre im Einzelfall nicht direkt belegen läßt. Vor allem aber wäre der Nachweis zu führen, daß ihm die der Entlehnung verdächtigen Erzählbestandteile allein und ausschließlich in der zur Diskussion stehenden Quelle entgegentraten, sich nicht etwa, und gar einfacher und einleuchtender, auf andere Weise herleiten lassen. Bezeichnenderweise wird dieser Sachverhalt in keiner der vorliegenden quellenkundlich orientierten Arbeiten auch nur ansatzweise berücksichtigt. Statt dessen argumentiert man in der Regel so, als könne Kafka bei der Gestaltung eines stofflichen Elements allein von einem einzigen Text angeregt worden sein, von dem überdies niemand sagen kann, wie er ihm vor Augen gekommen sein soll.

Auch die neuerdings an Boden gewinnende Intertextualitätstheorie, die Interferenzen und Entlehnungen zwischen Werken verschiedener Autoren über die Brücke eines allgemeinen kulturellen Repertoires verwirklicht sieht, kann diesem Mangel nicht abhelfen. Denn bei den Bezugstexten, die Kafka bei der Niederschrift seines Prosastücks befruchtet haben sollen, handelt es sich keineswegs um allseits bekannte und anerkannte sowie heftig diskutierte Schriften, aus denen sich das Selbstverständnis der Zeitgenossen gespeist hätte, sondern meist um gänzlich unbekannte religiöse Quellen, die teilweise weder ins Deutsche übersetzt noch im Buchhandel greifbar waren und deswegen keinesfalls als Nährboden des Zeitgeistes verstanden werden können, an dem Schriftsteller, wenngleich vielleicht unbewußt, hätten partizipieren können.

Eine monokausale Betrachtungsweise bestimmt leider das Bild der vorliegenden Deutungen überhaupt: Mit der Formulierung einer Behauptung, der Übernahme eines Sachverhalts aus Kafkas Lebenszeugnissen ist jede Alternative bereits ausgeschlossen, so daß man sich in der Regel darauf beschränkt, Vorgänger lediglich als Ergebnislieferanten oder in Form von Autoritätsberufungen anzuführen.

Ein weiterer Kritikpunkt betrifft die Art und Weise, in der lebensgeschichtliche Konstellationen Kafkas der Deutung dienstbar gemacht werden. Welche dieser Sachverhalte als Bezugspunkt zu einem literarischen Werk anzusehen seien, läßt sich nur entscheiden, wenn sie sich dort so abgebildet und ausgeformt haben, daß sie vom Betrachter wiedererkannt werden können. Man muß also mindestens die Struktur des Textes erkannt haben, bevor man ihn als Ausdruck autobiographischer Verhältnisse zu begreifen imstande ist. Die Interpreten, durch die Eigenartigkeit der Erzählung in Ratlosigkeit gestürzt, gehen umgekehrt vor: Sie entnehmen aus psychologischen Theorien und aus Kafkas Lebenszeugnissen mögliche Konflikte, die sie dann mithilfe von Ähnlichkeitspunkten in der Erzählung festzumachen suchen. Ob sich unter der Vielzahl der auf diese Weise herleitbaren Gegenstände und Modelle weitere Varianten finden, die auf den Text anwendbar wären, ihn vielleicht sogar besser erklären könnten – diese Frage bleibt gänzlich außer Betracht.

Wer auf diese Weise verfährt, begeht aber zumeist noch einen anderen Fehler. Die Literaturwissenschaftler, die *Vor dem Gesetz* zum Gegenstand ihres Interesses machen, scheinen zu glauben, daß Kafkas Probleme während der Zeit seines Kampfes um die Verlobte Felice Bauer und in den sich anschließenden Jahren der Krankheit identisch waren, obwohl es keiner näheren Begründung bedarf, um die Unhaltbarkeit dieser Annahme zu erkennen. Da jedoch für die Monate, in denen der *Proceß* entstanden ist, kaum Briefe und Tagebuchaufzeichnungen vorhanden sind, weichen die um Hintergrundmaterial verlegenen Deuter der Einfachheit halber auf besser bezeugte Lebensphasen aus. Ob die auf diese Weise gewonnenen Sachverhalte auch für die Zeitspanne belangvoll waren, in welcher der Roman geschrieben wurde, ist bislang jedoch niemandem eine Überlegung wert gewesen.

Die scheinbar einfache Geschichte ist schon für ihren ersten Hörer, Josef K., »unförmlich« [7] geworden, weil er vom Gefängniskaplan mit einander widersprechenden Deutungen bekannt gemacht wird, die von ihm nicht auf ihre Richtigkeit überprüft werden können. In einer vergleichbaren Lage befindet sich der heutige Betrachter. Er hat es zwar insofern leichter, als er, anders als K., seinen »ruhig einteilenden Verstand« und eine »Logik« zur Verfügung hat, die er nicht außer Kraft setzen muß, um das Weiterleben zu ermöglichen, [8] doch er sieht sich gleichfalls einer Vielzahl von halbrichtigen oder gänzlich unzutreffenden Deutungen ausgesetzt. Im Blick auf die Forschungsliteratur scheint der gleiche hermeneutische Grundsatz zu gelten, den der Geistliche im *Dom*-Kapitel im Blick auf die von ihm angeführten Kommentare seinem Gesprächspartner zur Kenntnis bringt: »Richtiges Auffassen einer Sache und Mißverstehn der gleichen Sache schließen einander nicht vollständig aus.« [9]

Es ist nicht leicht, die Tragfähigkeit der Deutungen zu erkennen, die zu *Vor dem Gesetz* vorliegen, zumal diese gerade da, wo sie verkehrt sind, den Denkvoraussetzungen des Lesers in besonderer Weise entgegenzukommen pflegen: Es sind vielfach die dem Interpreten und seinen Lesern gemeinsamen Vorurteile, die eine Verständigung über Kafka sogar jenseits aller Sachgerechtheit möglich machen. Auch droht die Vielzahl, der Wust einander widersprechender, teilweise aber auch konvergierender Aussagen den unverstellten Blick auf die Erzählung zu versperren. In dieser Lage kann nur eine gründliche Analyse der von den Interpreten verwendeten Argumentationsstrukturen und eine schonungslose Überprüfung der bisher gewonnenen Ergebnisse am Text Klarheit schaffen. Diese Arbeitsschritte bilden den Hauptteil der folgenden Untersuchung. Sie propagiert außerdem eine konsequente Rückbesinnung auf den Wortlaut der Erzählung und deren Besonderheiten, die mit einer Formbetrachtung eingeleitet werden soll.

I. Kapitel
FORM

Daß [10] formale Besonderheiten eines literarischen Werks, gleichgültig, ob diese als bewußte Vorgaben des Autors oder als nachträgliche Zuordnungen und Klassifikationen des Lesers in Erscheinung treten, die Deutung mitbestimmen, ist offensichtlich und trifft auf Kafkas Erzählung sogar in ganz besonderer Weise zu. Schon die Tatsache, daß *Vor dem Gesetz* gewöhnlich ohne genauere Überprüfung als Parabel bezeichnet wird, bewirkt gattungsgeschichtliche Perspektivierungen und ruft Assoziationen zu den neutestamentlichen Gleichnisreden hervor, die theologische Interpretationen nahezulegen scheinen. Eine Beschreibung der diesen Text auszeichnenden Merkmale kann also dazu beitragen, feste Pfade durch den Dschungel einander widersprechender, ja sogar ausschließender Auslegungsversuche zu bahnen.

Im Jahr 1915 veröffentlichte Kafka *Vor dem Gesetz* als eigenständige Erzählung in der Prager zionistischen Wochenschrift *Selbstwehr*. Zwei Jahre später fügte er das Stück in das Korpus eines geplanten Sammelbandes ein, der schließlich 1920 unter dem Titel *Ein Landarzt* gedruckt wurde. [11] Daß *Vor dem Gesetz* einen Teil des *Proceß*-Romans bildet und dort Gegenstand einer Unterredung zwischen der Hauptfigur Josef K. und einem Geistlichen wird, [12] ist erst nach Kafkas Tod bekannt geworden. Gelegentlich ist versucht worden, den zuletzt erwähnten Sachverhalt der Interpretation nutzbar zu machen. So hat etwa Walter H. Sokel die Auffassung vertreten, allein der Umstand, daß sich der Geistliche und sein Zuhörer Josef K. zwischen Text und Leser schöben, habe zur Folge, daß *Vor dem Gesetz* als Parabel zu bezeichnen sei. [13] In die gleiche Richtung geht Ingeborg Henels Behauptung, Kafka habe sich in diesem Prosastück »einer eindeutigen traditionellen Form bedient, nämlich des Gleichnisses«. Er weise ausdrücklich auf die Verwandtschaft seiner Parabel mit der *Heiligen Schrift* hin, weil er den Gefängniskaplan, der, Jesu Gleichnisreden vergleichbar, *Vor dem Gesetz* erzähle, von der »Schrift«, ihrer »Unveränderlichkeit« und ihren »Auslegungen« sprechen lasse: Wie in der Bibel folge im *Proceß* dem Gleichnis die Auslegung. [14]

1. TEMPUS

Aber eine solche Einbettung ist natürlich kein Beweis für die Zugehörigkeit des Stücks zu einem bestimmten Genre. Sie könnte höchstens den Rang eines bekräftigenden Hinweises haben, nachdem dessen Eigenart mit anderen Mitteln bestimmt wurde, etwa durch die genaue Zergliederung der Bauweise. Dies gilt vor allem deswegen, weil es sich bei der klassischen Parabelform um eine ganz bestimmte, von Gleichnis, Allegorie und Beispielerzählung unterschiedene Darstellungsweise handelt, was Sokel und Henel entweder nicht bekannt war oder doch zumindest unerheblich für ihren Argumentationsgang gewesen zu sein scheint.

1. TEMPUS

Vor dem Gesetz läßt sich gattungsmäßig mithilfe von vier unterschiedlichen Formkategorien festlegen. Zunächst einmal verwendet Kafka das P̲r̲ä̲s̲e̲n̲s̲ ̲a̲l̲s̲ ̲D̲a̲r̲b̲i̲e̲t̲u̲n̲g̲s̲t̲e̲m̲p̲u̲s̲ und nicht das übliche epische Präteritum oder das gelegentlich im süddeutschen Sprachraum gebräuchliche Perfekt, das beispielsweise zu Beginn der *Kaiserlichen Botschaft* vorkommt [15]. Das in *Vor dem Gesetz* begegnende Präsens läßt sich nicht als Präsens historicum verstehen, das seit der Antike zur Verlebendigung und Hervorhebung bestimmter Erzählpartien im Gebrauch ist und deswegen nur innerhalb eines im epischen Präteritum erzählten Kontextes in Erscheinung treten kann. Kafka gebraucht es unter anderem in seinen Erzählungen *Ein Landarzt* und *Ein Bericht für eine Akademie.* [16]

Das Präsens, das in *Vor dem Gesetz* Anwendung findet, ist auch nicht zu verwechseln mit dem Gebrauch dieser Zeitstufe, der in einzelnen Stücken des *Landarzt*-Bandes vorherrscht. In diesen Fällen hat Kafka nämlich das in wissenschaftlichen Untersuchungen gebräuchliche analytische oder beschreibende Präsens zur Darstellung von Textverläufen benützt, die sich der Zielgerichtetheit epischer Progression verweigern. Gleichwohl sind auf diese Weise fiktionale Texte entstanden, deren Eigenart darin besteht, daß sie eine von der Wirklichkeit unabhängige Welt in Erscheinung treten lassen. Die Gedanken, Wahrnehmungen und Erinnerungen des reflektierenden Ichs gelten dabei vornehmlich anderen Gestalten. [17]

Solche Präsensformen können genausowenig ohne Änderung ihres Sinngehaltes ins Präteritum überführt werden wie das Gnomische Präsens, das zur Feststellung immerwährend geltender Sachverhalte dient, [18] oder das Präsens der Reportage, das in der Erzählung *Ein Landarzt* die Gleichzeitigkeit zwischen erlebendem und erzählendem Ich betont. [19]

Demgegenüber ist *Vor dem Gesetz* durch ein episches Präsens gekennzeichnet, das in gleicher Weise wie das epische Präteritum geeignet ist, einen eigenen Gesetzen folgenden Geschehnisrahmen zu schaffen, der »sich auf keinen bestimmten Ort, keinen bestimmten Zeitpunkt, keine reale Person bezieht« und deswegen nicht auf seinen Wahrheitsgehalt hin überprüft werden kann. [20] Kafka gebraucht es auch in seiner Erzählung *Blumfeld, ein älterer Junggeselle,* dort aber im Wechsel mit dem epischen Präteritum, ein Beweis dafür, daß diese Zeitstufen, wenn sie als Erzähltempora gebraucht werden, Eigenschaften einbüßen, sie sich nach den allgemeinen Sprachregeln mit ihnen verbinden. [21]

Gerhard Kurz verkennt diese Zusammenhänge, wenn er die Tempusgestaltung in *Vor dem Gesetz* direkt für interpretatorische Zwecke nutzbar zu machen sucht. Nach seinem Verständnis vereitelt nicht der Türhüter, der den Eingang bewacht, den Eintritt des Ankömmlings ins Gesetz, sondern dieser selbst, der unbewußt immer neue Widerstände in sich aufbaue, um den entscheidenden Schritt nicht tun zu müssen. Kafka signalisiere durch eine kleine grammatikalische Abweichung, daß das Zögern vor dem Eintritt sich auf das ganze Leben beziehe: »Der Mann, der sich für seine Reise mit vielem ausgerüstet hat, verwendet alles, und sei es noch so wertvoll, um den Türhüter zu bestechen.«

Nach der Sinndetermination des Textes müsse man das Plusquamperfekt erwarten (»ausgerüstet hatte«), denn der Mann befinde sich ja schon vor dem Gesetz. Demgegenüber deute das Perfekt an, daß die Wanderschaft noch nicht zu Ende, das Zögern vor dem Gesetz mit dieser Lebensreise gleichbedeutend sei. [22] Diese Auffassung scheitert jedoch an der Grammatik. Im Deutschen wird die Vorzeitigkeit gegenüber dem Präsens durch das Perfekt ausgedrückt, gleichgültig, ob die derart festgelegten Vorgänge als abgeschlossen oder als unabgeschlossen zu denken sind, [23] und dies gilt natürlich auch, wenn das Präsens als episches Präsens gebraucht wird [24]. Ein Plusquamperfekt wäre an dieser Stelle also fehl am Platze. Deswegen begegnet auch an anderen Stellen der Erzählung das Perfekt zur Bezeichnung von Sachverhalten, die in der Vergangenheit liegen. Beispielsweise entschließt sich der Mann vom Lande am Ende seines Lebens zu der entscheidenden Frage, die er bisher »noch nicht gestellt hat«, obwohl zweifelsfrei feststeht, daß in dem Moment, in dem gefragt wird, die ihm vorausgehende Phase des Nichtfragens schon abgeschlossen sein muß.

Aus den genannten Gründen könnte *Vor dem Gesetz* im Präteritum erzählt werden, ohne daß die in diesem Fall vorzunehmende Übertragung der Verbformen in andere Zeitstufen den Sinn der einzelnen Aussagen änderte. Bei dieser Umwandlung ergäbe sich jedoch ein anderer Gesamtcharakter, jedenfalls dann, wenn man das Stück im Kontext des *Proceß*-Romans liest: Es träte weniger deutlich hervor, daß die Erzählung als eine Art Präambel zum Gesetz die Bedingungen darlegen will, denen sich ausgesetzt sieht, wer mit diesem Bereich in Verbindung tritt. Offenbar läßt sich im Bewußtsein des aufnehmenden Lesers die Tatsache nicht gänzlich verdrängen, daß das Präsens gewöhnlich nicht zur Darstellung einmaliger Vorgänge, sondern zur Beschreibung fortwährend bestehender Sachverhalte dient. Auf diese Weise mildert das in *Vor dem Gesetz* begegnende Erzähltempus, jedenfalls wenn es auf der Folie des im epischen Präteritum dargebotenen *Proceß*-Romans in Erscheinung tritt, den Eindruck, hier werde ein Einzelgeschehen erzählt, das sich unter zufälligen, vielleicht augenblicklich gar nicht mehr herrschenden Voraussetzungen abgespielt habe. Gerade dieser Eindruck aber wäre den Absichten Kafkas gänzlich entgegengesetzt gewesen, wollte er doch mithilfe dieser Beispielerzählung eine allgemeine Gesetzmäßigkeit zur Darstellung bringen.

2. PERSPEKTIVE

Zu den Auffälligkeiten der Erzählung *Vor dem Gesetz* gehört ohne Zweifel die Erzählerperspektive. Walter H. Sokel erkennt diesen Sachverhalt nicht richtig, wenn er den Erzählerstandort des Stücks unter Hinweis auf die in diesem Punkt irrigen Annahmen Ingeborg Henels mit den in Ich-Form geschriebenen Texten des *Landarzt*-Bandes und der Spätzeit in Verbindung bringen will. Zwar ist zutreffend, daß die Vorgänge, die *Vor dem Gesetz* zur Sprache bringt, außerordentlich stark gerafft und vorwiegend aus der übergreifenden Optik eines auktorialen Erzählers dargeboten werden, der Eigenarten der am Handlungsgang beteiligten Figuren benennt und Einblick in deren Innenleben besitzt. So wird der Mann vom Lande

als vergeßlich und kindisch bezeichnet, und in seinem Alter lassen
Sehkraft und Gehör nach. Außerdem erfährt man, was er über das
Gesetz denkt, und daß sich der Türhüter müde und teilnahmslos
gibt. Derartige Benennungen und Bewertungen übergreifen genauso den begrenzten Wahrnehmungsrahmen der sich auf der Erzählbühne bewegenden Gestalten wie die allein einem insgeheim
anwesenden Erzähler zuordenbare Ankündigung, der Tod des
Mannes vom Lande stehe unmittelbar bevor. Wobei dies letztere
als geschickter Schachzug Kafkas anzusehen ist, der ihm erlaubt,
die Aufmerksamkeit des Lesers zu schärfen und dadurch auf die
sich unmittelbar anschließende Schlußpointe vorzubereiten.

Aber: Die in solchen Aussagen tatsächlich gegebene Objektivierung einzelner Erzähltatbestände, die damit zweifellos vollzogene
Absetzbewegung von den möglicherweise unzutreffenden Sinnes-
eindrücken der Erzählfiguren, die vom Leser erst auf ihren Wahrheitsgehalt hin befragt werden müssen, ist keinesfalls, wie Sokel
behauptet, mit der Trennung von Beobachtung und Tun vergleichbar, die für manche späten Ich-Erzählungen bestimmend ist.[25]
Denn diesen Werken ist ausnahmslos eine nicht weniger ausgeprägte Perspektivierung eigen. Diese wird allerdings, anders als
bisher, durch Außensichtstandorte von Randfiguren des Geschehens oder durch sich erinnernde Ich-Erzähler hervorgebracht, die
ihre eigene Vergangenheit im Spannungsfeld von erlebendem und
erzählendem Ich beleuchten.[26]

Die Neigung des Textes zur auktorialen Erzählhaltung betonen,
heißt freilich zugleich lediglich die halbe Wahrheit feststellen.
Denn *Vor dem Gesetz* kennt andererseits auch Formulierungen, in
denen sich der Erzähler hinter seinen Figuren verbirgt. In diese
Kategorie gehört die Deutung des Handlungsgangs durch den
Mann vom Lande: Wenn die Anwesenheit des Türhüters als unglücklicher, verfluchenswerter Zufall bezeichnet wird, der die Erreichung des Lebensziels verhindert, dann handelt es sich nicht um
eine Bewertung des Erzählers, sondern um die Auffassung des
Betroffenen selbst.

Ein anderes Beispiel: Als der Mann vom Lande seinen Gegenspieler genauer mustert, flößt ihm dessen Aussehen Angst ein.
Ob dies zu Recht geschieht, ist eine andere Frage, erzeugen doch
die im Text erwähnten Besonderheiten der Kleidung und des Ge-
sichtsausdrucks in ihrem Zusammenspiel keineswegs zwangsläufig
den Eindruck des Bedrohlichen. Eine fremdartig-komische Wir-

kung des offenbar wenig stattlichen Mannes ist genauso denkbar. Eine weitere Deutung findet sich in dem Gespräch zwischen Josef K. und dem Gefängnisgeistlichen, der *Vor dem Gesetz* vorgetragen hatte und im Aussehen des Türhüters »einen pedantischen Charakter« angedeutet sieht.[27] Hätte Kafka den Zusammenhang zwischen Sinneseindruck und dessen Beurteilung durch ein auktoriales Urteil absichern wollen, hätte er von einem furchterregenden Äußeren des Türhüters sprechen müssen. Nur in diesem Fall stünde zweifelsfrei fest, daß der Habitus dieser Figur den Mann vom Lande daran hindert, trotz des bestehenden Verbots ins Gesetz einzutreten.

Andererseits ist *Vor dem Gesetz* als prägnant gehaltenes Lehrstück angelegt. Es benötigt eindeutige, das Leserverständnis führende Koordinaten. Diese Leitvorstellungen können auf einfache Weise durch Aussagen eines Erzählers erstellt werden, die jenseits der parteilichen Perspektive der beteiligten Personen angesiedelt sind. Auffälligerweise betreffen solche vom Erzähler abgesicherten Aussagen vornehmlich die Gestalt des Mannes vom Lande, selten den Türhüter, eine Besonderheit, die, wie sich zeigen wird, nicht ohne Folgen für den Fortgang der Handlung im *Proceß* bleibt.

Zu diesen unbezweifelbaren, dem Mann vom Lande geltenden Aussagen des Erzählers gehört der folgende Satz: »Wohl aber erkennt er jetzt im Dunkel einen Glanz, der unverlöschlich aus der Türe des Gesetzes bricht.« Die Formulierung hebt sich durch einen adversativ gestalteten Eingangsteil und das für den Vorgang der Wahrnehmung verwendete Verb ausdrücklich vom Vorhergehenden ab, das einen Eindruck aus der Sicht des Einlaßbegehrenden wiedergibt. Gleichwohl glaubt Kurz in dem angeführten Zitat den stummen Widerstand des Ankömmlings gegen das Gesetz, den verdeckten Wunsch des Beobachters ausgedrückt, das Licht möge verlöschen, die Tür weiterhin bewacht bleiben.[28] Diese Auffassung läßt sich freilich allein schon deswegen nicht halten, weil es keine Hinweise gibt, die es erlaubten, das Gesagte als Wahrnehmung aus der Optik des Mannes vom Lande aufzufassen. Wie Kafka sich ausgedrückt hätte, wenn eine derartige Perspektivierung beabsichtigt gewesen wäre, zeigt das kleine Bruchstück *Eine teilweise Erzählung*, das nach Motivik und Handlungsgang viel mit *Vor dem Gesetz* gemein hat. Hier wird einem Geistlichen in mittleren Jahren der Zugang zu einem Haus durch zwei Wächter verwehrt, die behaupten, es sei noch zu früh, ihn einzulassen. Sie gebrauchen also ein ähnliches Argument wie der Türhüter, der ja ebenfalls zunächst die Möglichkeit eines späteren Eintritts nicht ausschließt. Aber der Held des Erzählfragments erkämpft sich die Erlaubnis, das Gebäude betreten zu dürfen, dadurch, daß er vorgibt, seine hier lebende Schwester besuchen zu wollen. Als er sich jedoch im Flur umblickt, sieht er, daß die beiden Bewacher eben Arm in Arm weggehen, also, eine weitere Übereinstimmung mit *Vor dem Gesetz*, nur seinetwegen dagestanden hatten:

> geradezu aufreizend schien es dem Geistlichen, wie weit die Haustür mit ihren beiden Flügeln offensteht, es liegt eine Gespanntheit in diesem Offensein, als nehme die Tür damit einen Anlauf zu einem wütenden endgültigen Zuklappen. [29]

Hier, wo das Geschehen ausdrücklich als Sinneseindruck des davon unmittelbar Betroffenen erscheinen sollte, wird in der Sprachgebung sichtbar, daß die innere Verfassung des Beobachters die Art seiner Eindrücke mitbestimmt. Die Personifizierung der Türflügel und die Dynamisierung dieser an sich unbewegten, freilich beweglichen Objekte bringen Angstzustände des Geistlichen zum Ausdruck, die an der entsprechenden Stelle in *Vor dem Gesetz* fehlen, zwangsläufig fehlen müssen. Denn wenn man, wie Kurz, davon ausgeht, daß der Mann vom Lande in sich selbst Hindernisse erstellt, wäre zu erwarten, daß er bereits vorhandene Ansätze in dieser Richtung aufgreift und verstärkt; schon um vor sich selbst zu verbergen, daß er, entscheidungsscheu, seine vorgängig bestehende Abwehrhaltung lediglich auf äußere Gegebenheiten projiziert, die, nüchtern betrachtet, zu solcher Einschätzung keinen Anlaß geben. Nun verhält sich der Mann vom Lande jedoch genau umgekehrt. Er vergißt, daß mit der Überwindung der ersten Instanz so gut wie nichts gewonnen wäre, verkleinert sogar die wirklich bestehenden Schwierigkeiten, wenn er das Dasein des ihm allein sichtbaren Türhüters als unglücklichen Zufall verflucht. Außerdem ist gar nicht einzusehen, warum er erst in dem Augenblick seinen inneren Widerstand ausbilden sollte, in dem dieser gar nicht mehr von Belang ist. Denn er bemerkt den Lichtglanz zu einem Zeitpunkt, an dem er, kindisch und steif geworden, bereits unfähig ist, ins Gesetz einzutreten. Kurz hätte das Vorhandensein derartiger Hilfsvorstellungen für die vorausliegenden Lebensabschnitte behaupten müssen, in denen der Mann vom Lande noch geistig und körperlich beweglich ist, doch bietet natürlich der Text auch dafür keinerlei Anhalt.

Die Analyse der Erzählerperspektive in *Vor dem Gesetz* zeitigt demnach insofern ein ungewöhnliches Ergebnis, als eine Einheitlichkeit des Blickpunktes, die eine besondere Formqualität des Kafkaschen Erzählens ausmachen soll, in diesem besonderen Fall offensichtlich nicht gegeben und sogar nicht einmal gewollt ist. [30] Denn daß Kafka die Darstellung mißlungen sei, daß er also in seiner Gestaltung in einem wichtigen Punkt hinter den ihn leitenden ästhetischen Grundsätzen zurückgeblieben sein sollte – ein solcher Gedanke scheidet in diesem Fall aus. Dann nämlich hätte er, immer übertrieben kritisch gegenüber seinen eigenen Werken, bei der Lektüre des Stücks kein »Zufriedenheits- und Glücksgefühl« haben dürfen, [31] hätte es auch nicht noch nach Jahren als einzige Passage des umfangreichen *Proceß*-Manuskripts für veröffentlichungswürdig gehalten.

Am gleichen Tag, an dem er *Vor dem Gesetz* in seinem Tagebuch die eben angeführte Bewertung zuteil werden läßt, spricht er außerdem davon, daß er an den sprachlich überzeugenden Stellen seines Werks, an denen es sich immer darum handle, daß jemand sterbe, »mit Berechnung« und »viel Kunstaufwand« vorgegangen sei. [32] Da er ungegründete Standortwechsel dieser Art in Romanen und Erzählungen anderer Schriftsteller erkannt und ausdrücklich als darstellerisch minderwertig verworfen hat, [33] muß der Verstoß gegen seine sonstigen Gewohnheiten absichtlich erfolgt sein.

3. GESTALTUNG

Wenn man überprüft, inwiefern *Vor dem Gesetz* sich an traditionelle Erzählverfahren anlehnt, wie sie für Gleichnisreden, Fabeln und Anekdoten typisch sind, ergibt sich folgendes Bild: Konstitutiv für die biblische Parabel und verwandte Erzählformen, an denen sich, vorherrschender Auffassung zufolge, Kafka ausgerichtet haben soll, ist eine holzschnittartige Knappheit der Gestaltung, die, auf jede Ausschmückung verzichtend, möglichst ohne Umwege auf eine die Deutung des Hörers oder Lesers hervorlockende Schlußwendung zustrebt. Sie wird auf einer ersten Ebene dadurch erreicht, daß das realistische Beiwerk des menschlichen Lebens –

Gelderwerb, Ernährung, Schlaf, Hygiene und Notdurft – gänzlich übergangen wird und eine solche Konzentration auf das darzustellende Problem erfolgt, daß der Handlungsgang den Charakter des Unglaubwürdigen und Irrealen annehmen kann. Kafkas Erzählung, in der wie selbstverständlich davon ausgegangen wird, jemand könne sein Leben ohne Unterbrechung auf einem Schemel verwarten, gehört in dieser Beziehung zwar zu den extremen Beispielen derartiger Stilisierung, fällt aber keineswegs grundsätzlich aus dem Rahmen einer solchen, didaktischer Darbietung verpflichteten Erzählweise. Diese ist ein Indiz für den Rezipienten, den Sinn des Textes nicht in der Handlungsabfolge selbst zu suchen, sondern diese als Bild für anderes zu nehmen. In der Regel besteht dann die Deutung in einer Verallgemeinerung oder Übertragung auf eine andere Sinnebene, die aufgrund der vorliegenden Gattung, des Kontextes oder in besonderen Textsignalen gefunden wird.

Die neutestamentliche Forschung zur Formgeschichte der Parabel, deren Ergebnisse verwendet werden, hat ein ganzes Bündel von Besonderheiten in der Anordnung des Stoffes herausgestellt, die darüber hinaus volkstümliche Prosastücke der erwähnten Art kennzeichnen. [34] So fehlen zum Beispiel Motivierungen des Geschehens vor allem in der Exposition der Texte, weil sie ohne Belang für die überraschende Pointe sind, mit der die Handlung Höhepunkt und Ziel erreicht. Im Sinn dieser Gattungsregeln, könnte man sagen, erklärt Kafka nicht, warum der Mann vom Lande zum Gesetz strebt oder warum das Gebäude, das er betreten will, von einem Türhüter bewacht wird. Weiterhin beherrscht das sogenannte Gesetz der szenischen Zweiheit die in Frage stehenden Erzählgattungen, das heißt, es treten nur jeweils zwei Figuren gleichzeitig redend und handelnd auf, die nach Stand und Aufgabenstellung einander meist gegensätzlich zugeordnet sind. Kafka folgt dieser Formvorgabe, wenn er Türhüter und Einlaßbegehrenden als allein die Handlung vorantreibende Gegenspieler polar aufeinander bezieht.

Charakterisierungen handelnder Gestalten beschränken sich in Gleichnissen, Parabeln und Beispielerzählungen auf das Notwendigste. So genügt es, den Türhüter als teilnahmslosen Beamten darzustellen, der allmählich infolge der nie nachlassenden Aktivitäten seines Kontrahenten ermüdet. Solche Figurenzeichnung geschieht am einfachsten durch auktoriale Bewertungen, die deswegen für die erwähnten volkstümlichen Erzählgattungen gleichfalls grundlegend sind. Diese unterdrücken im eigentlichen Gang der Ereignisse alles, was für das nackte Verständnis der Handlung entbehrlich ist: »Dort sitzt er Tage und Jahre«, heißt es in der Erzählung lapidar, weil sich Kafka offenbar solcher Konzentration auf das Wesentliche verpflichtet fühlte. Der Mann vom Lande und sein Gepäck – er hat sich doch, wie später berichtet wird, für seine Reise mit vielen wertvollen Dingen versehen – treten gar nicht plastisch als Vorstellungsbild in Erscheinung, obwohl gerade solche Ausformung fiktiver Gestalten und Situationen ein besonders auffälliges Darstellungsmerkmal in Kafkas Erzählwerk bildet.[35]

Zu erwähnen in diesem Zusammenhang ist weiterhin das Gesetz der Wiederholung, das über den fraglichen Formenkreis hinaus unter anderem Witz und Märchen bestimmt: Typische Figurenkonstellationen pflegen mehrmals in einem einzigen Text wiederzukehren, wobei sich aber die Bedingungen für den Helden verschärfen, der ihnen als Prüfling unterliegt und die Handlung dadurch an ihr Ziel bringt. Ähnliches geschieht in *Vor dem Gesetz*: Die Situation des Erzähleingangs wiederholt sich noch dreimal, im Prinzip unverändert, und findet schließlich in einer abweichend gebauten Schlußszene, die freilich strukturell ihre Herkunft aus dem Vorhergehenden nicht verleugnen kann, ihren Höhepunkt und ihre erzählerische Auflösung.

Die erste dieser Einheiten handelt davon, wie der Mann vom Lande mit seinem Begehren, ins Gesetz eintreten zu wollen, zweimal vom Türhüter abgewiesen wird. Im Laufe der Jahre, so zeigt sich später, unternimmt er viele weitere Versuche, eingelassen zu werden, wird jedoch stets abschlägig beschieden. Dieses Textsegment bildet die erste Wiederholung des einleitenden Erzählbausteins.

Der gleiche Sachverhalt erscheint zum drittenmal, wenn der Mann vom Lande das Mittel der Bestechung anwendet, um Einlaß zu erlangen. Aus der Antwort des Türhüters, der erklärt, die Geschenke lediglich anzunehmen, damit der Mann vom Lande nichts versäume, geht indirekt hervor, daß dieses Verfahren ebenfalls nicht zu dem gewünschten Erfolg führt. Dabei ist zwar nicht unmittelbar aus der Formulierung, wohl aber aus dem Umstand, daß der Ankömmling seine gesamte Habe verwendet, um sich den Türhüter geneigt zu machen,[36] erschließbar, daß es sich um mehrere, über einen längeren Zeitraum hinziehende Beeinflussungsversuche gehandelt haben muß.

Ein viertesmal zeigt sich die Ausgangslage, wenn der Wartende die Flöhe im Pelzkragen des Türhüters bittet, diesen umzustimmen. Weil dabei auf den ersten Blick zu erkennen ist, daß diese Bemühungen vergeblich sein müssen, kann Kafka darauf verzichten, die Ablehnung des Türhüters ausdrücklich anzuführen. Da überdies berichtet wird, die Flöhe seien erst nach Jahren bemerkt worden, erweckt der Text an dieser Stelle neuerlich den Eindruck, daß ein länger währender Vorgang beschrieben wurde. Die Erzählung endet mit einer Szene – es ist die fünfte und letzte Ausformung der sie bestimmenden Grundsituation –, in der, abweichend vom bisherigen Handlungsverlauf, der Mann vom Lande nicht um Einlaß, sondern um Auskunft über die Einlaßbedingungen bittet und die Antwort erhält, die allein für ihn bestimmte Türöffnung werde jetzt geschlossen.

In einem Einzelpunkt könnte *Vor dem Gesetz* sogar auf die dreistufige Abfolge anspielen, die besonders im Volksmärchen begegnet. Die Erzählung handelt zwar davon, wie es dem Mann vom Lande mißlingt, das Gesetz zu betreten, aber damit erschöpft sich das Ausmaß der dieser Figur potentiell zuerteilten Aufgaben keineswegs. Hätte er nämlich dieses Problem gelöst, müßte er im Fortgang des Geschehens Innenräume des Gesetzes durchqueren, die von derart mächtigen Gestalten bewacht werden, daß der Türhüter des Außentors – wie gewiß nicht ohne Zufall betont wird – schon den Anblick des dritten Kollegen nicht mehr ertragen zu können glaubt oder, falls man seine Worte in Zweifel ziehen will, dies wenigstens vorgibt. Man könnte deswegen vermuten, Kafka habe den Mann vom Lande als negativen Märchenhelden zeichnen wollen, der schon die erste der ihm bestimmten Prüfungen nicht besteht und auf diese Weise entsprechende Erwartungen des Lesers zerstört. Freilich, aufs Ganze gesehen machen es die fünf aufeinander bezogenen Erzähleinheiten, die Feinschrittigkeit der Abstufung sowie die Anzahl der dabei beteiligten, kontinuierlich sich verändernden Geschehensmerkmale wenig wahrscheinlich, daß er in diesem Punkt Eigentümlichkeiten volkstümlicher Darstellungsweise aufgegriffen und weiterentwickelt hat, zumal sich derartige Strukturen in allen seinen Werken seit dem *Urteil* nachweisen lassen. [37] Schließlich können unter der vorliegenden Fragestellung die Verwendung der wörtlichen Rede und des Selbstgesprächs angeführt werden, die innerhalb der vergleichsweise herangezogenen Textgattungen die Aufgabe haben, abstrakte und komplizierte

Sachverhalte so darzustellen, daß sie der Aufnahmefähigkeit einfacher Zuhörer oder Leser entsprechen. Tatsächlich ist *Vor dem Gesetz* ungewöhnlich stark von Gesprächsanteilen durchsetzt: Es finden sich fünfmal wörtliche Bemerkungen des Türhüters, zwei weitere Dialogsituationen werden indirekt vorgestellt – erstaunlich viel in diesem ungemein stark gerafften, also auf die Darstellung von Handlungsgängen angewiesenen Prosastück.

Bei der Anordnung dieser Redeäußerungen ist außerdem das sogenannte erzählerische Achtergewicht gewahrt, das die Kurzformen volkstümlichen Erzählens auszeichnet: Durch eine besondere Art der Sprachgebung erfährt das Ende des Textzusammenhangs die ihm gebührende Beachtung, so daß allein schon durch bloßes Zuhören klar wird, daß die Geschehnisabfolge nunmehr ihr Ziel erreicht hat. Während die Formulierungen des fragenden Mannes vom Lande in den vier ersten Teilszenen als für den weiteren Fortgang unwichtig unterschlagen werden, geschieht die notwendige Sinnbeschwerung des Schlusses mithilfe einer regelrechten Wechselrede, die durch eine Aufforderungsgeste des Wartenden vorbereitet und mit einer wörtlich mitgeteilten Frage des Türstehers eröffnet wird. Dies wiederum ermöglicht es dem Manne vom Lande, die entscheidende Frage zu stellen, mit deren Beantwortung der Text endet.

Kafkas Erzählung wird jedoch in gleicher Weise durch Besonderheiten bestimmt, die in den genannten Formvorbildern nicht nur fehlen, sondern auch damit unvereinbar sind, so daß die Auffassung fragwürdig erscheint, *Vor dem Gesetz* sei formgeschichtlich ausschließlich oder vorwiegend in die Nachfolge volkstümlicher Erzählgattungen oder der auf diesen beruhenden literarischen Adaptionen der neueren deutschen Literaturgeschichte zu stellen.

So werden etwa innere Affekte in der klassischen Parabel lediglich erwähnt, Erzählfiguren bloß beschrieben, wenn solche Kennzeichnung für das Verständnis von Handlungsfortgang und Endergebnis unumgänglich notwendig ist. Diese Notwendigkeit kann man für die Beschreibung des Türhüters nicht behaupten. Denn seine Kleidung und die Merkwürdigkeiten seines Gesichts sind Elemente der Versinnlichung, die nicht allein in merkwürdigem Gegensatz zur eben beschriebenen Kargheit des Kontextes stehen. Sie erscheinen vielmehr auf den ersten Blick auch als zufällige Einzelheiten, die sich weder zu einem harmonischen Gesamteindruck dieser Figur zusammenfügen noch auf dieser Ebene der

Betrachtung ihre Bedeutung für den weiteren Textverlauf zu erkennen geben.

Außerdem hätte es im Sinn einer Strukturform, in der beispielsweise alle wichtigen Erzählteile gleichmäßig episch durchformt sind, näher gelegen, szenisch zu verdeutlichen, welche Wahrnehmungen der Mann vom Lande bei der ununterbrochenen Beobachtung des Türhüters macht, als zu erwähnen, er verfluche seinen Gegenspieler zunächst laut und rücksichtslos, brumme dann aber nur noch vor sich hin. Denn die Herausarbeitung derartiger Sinneseindrücke hätte doch, immer unter der Voraussetzung, daß eine strenge, folgerichtige Handlungsführung erstrebt wird, höherwertige Persönlichkeitsmerkmale ergeben als die Spezifizierung der Art einer Verfluchung zu unterschiedlichen Zeitpunkten.

Solche scheinbar überständigen Erzählzüge sind selbst in der Handlungsschicht des Textes vorhanden, denn es ist für das Endergebnis ohne Belang, daß der Mann vom Lande die Flöhe im Pelz des Türhüters um Unterstützung bittet, zumal die jedermann verständliche Bewertung »kindisch« hinreichend darüber Auskunft gibt, in welchem Zustand sich der inzwischen Gealterte befindet. Viel nötiger wäre, so scheint es unter den obwaltenden Voraussetzungen, eine Verdeutlichung seiner Bitten und Bestechungsversuche gewesen, die, um allein einen Aspekt der Sache herauszugreifen, den Leser umfassender von der Ernsthaftigkeit seiner Bemühungen überzeugt und dadurch größere Anteilnahme an seinem Mißerfolg erweckt hätte, an der Kafka, wie seine schon angeführte Äußerung über die von ihm geschaffenen Sterbeszenen zeigt, besonders gelegen sein mußte. Schließlich: Warum wird der erstarrte Körper des Wartenden und sein daraus folgendes Winken erwähnt, wenn die übrigen Zwiegespräche solche Konkretisierungen nicht kennen, außer in der Exposition, wo jedoch der sich Bückende immerhin die Handlung vorantreibt, weil er seinen Gegenspieler dadurch zu einer Erklärung veranlaßt? Unter dem Gesichtspunkt, die Geschehnisse möglichst geradlinig weiterführen zu wollen, sind beide Ausdrucksbewegungen ohne innere Notwendigkeit.

Natürlich erhebt sich die Frage, wie dieser zunächst zwielichtige Textbefund zu erklären sei. Die wahrscheinlichste Annahme ist, daß Kafka zwar Eigenarten der Parabelform und überhaupt volkstümlichen Erzählens aufgegriffen, jedoch durch beträchtliche Umformungen seinen ganz besonderen Zwecken dienstbar gemacht hat. Bekanntlich ist er bei der Übernahme geschichtlicher und mythischer Überlieferungen, aber auch literarischer Vorbilder, ganz ähnlich verfahren. [38] Sofern dabei ausschließlich die Ebene formaler Gestaltung in Betracht kommt, ließe sich, bezieht man seine sonstige Schreibpraxis mit ein, im Blick auf *Vor dem Gesetz* sagen: Kafka liebte es, innere Vorgänge indirekt darzustellen, [39] und so liegt es auf der Linie des sonst in seinem Werk Beobachtbaren, daß er, anstatt zu sagen, der Mann vom Lande fürchte sich vor der fremdartigen Erscheinung des Türhüters, lieber detailreich dessen Äußeres entfaltet, aus dem mögliche Wirkungen auf den Beobachter abgeleitet werden können. Auf dieses Verfahren sah er sich an dieser Stelle umso mehr verwiesen, als er ganz offensichtlich alles daran setzte, die entscheidenden Voraussetzungen, die das Verhalten des Mannes vom Lande bestimmen, nicht direkt als Erzählerkommentar zu berichten, sondern aus der Optik des Betroffenen darzustellen. Dadurch entsteht an dieser Gelenkstelle, an der sich das weitere Handeln des Mannes vom Lande entscheidet, eine semantische Offenheit, die sowohl unterschiedlichen Folgerungen Raum läßt als auch verschleiern möchte, in welcher Weise er von seinem Gegenüber bestimmt wird.

Kafka war stets daran gelegen, jegliche Statik der Darstellung zu vermeiden. Alle Vorgänge, aber auch Beobachtungen, Gedanken und, vor allem, beschreibenden Teile eines Textes sollten erzählerisch möglichst in andauernder Bewegung gehalten werden, ganz so, als ob es sich um einen Film handle, der dem zuschauenden Auge die auf der Leinwand sichtbaren Objekte und Personen in unablässiger Veränderung zu zeigen vermag. Jeder spätere Erzählschritt sollte sich gegenüber einem früheren, etwa ihm unmittelbar vorausliegenden, durch eine derart veränderte Gruppierung der die jeweilige Situation bestimmenden Elemente ausweisen, daß der Stand der Ereignisse direkt an den auf der Erzählbühne anwesenden Figuren, aber auch an den diese umgebenden Requisiten ablesbar wäre. Das gilt jedenfalls für Textverläufe, die, wie *Vor dem Gesetz*, sich durch einen zielgerichtet fortschreitenden Handlungsgang auszeichnen. [40]

Nun war jedoch das Verhalten des Mannes vom Lande unter Gesetzmäßigkeiten zu stellen, die, sieht man einmal von der Zuspitzung gegen Ende ab, während der ganzen Jahre und damit während der gesamten erzählten Zeit unverändert in Geltung stehen. Um dem Gegenstand gerecht werden zu können, den er in *Vor dem Gesetz* erzählerisch zu bewältigen hatte, mußte Kafka also

gleichartige Handlungseinheiten aneinander reihen, Vorgänge
wiederholen, ein Verfahren, das er auch sonst in seinem Werk anwendet.[41] Erst in der Spätzeit, als sich das Arsenal der ihm ver-
fügbaren Gestaltungsmöglichkeiten um ungewöhnliche Spielarten
erweitert hatte, konnte er in solchen Fällen andere Darstellungs-
mittel einsetzen, die den gleichen Zweck erfüllten.[42]

Aber die mehrfache Wiederkehr ähnlicher Erzählbausteine bedeutet natürlich andererseits ein Hemmnis für die zugleich durch-
zuführenden Veränderungen der fiktiven Szenerie, die das epische
Fortschreiten veranschaulichen sollen: Wenn der Ankömmling sein
Leben auf einem Schemel versitzt, dabei ununterbrochen sein Gegenüber beobachtet und immer wieder um Einlaß bittet, dann
stellt ein derartiges Geschehen den Extremfall einer gleichförmi-
gen Situation dar, die, an sich schon unepisch, denkbar schlecht mit
den beschriebenen Darstellungsgrundsätzen harmoniert. Es erweckt zudem Überdruß im Leser, der sich vom Fluß des Geschehens
hens weitertragen lassen, nicht ewiges Einerlei vorgesetzt bekom-
men will. Deswegen mußte Kafka versuchen, diese ihm lästigen
Folgeerscheinungen zu vermeiden oder, wo dies unmöglich war,
wenigstens dadurch zu mildern, daß er das Immergleiche im Ge-
wande unterschiedlicher Erscheinungen zeigte. Deswegen vermei-
det er in *Vor dem Gesetz* nicht allein die wörtliche Wiederaufnahme
der Eingangssituation, wie sie gerade für volkstümliche Erzählformen charakteristisch wäre, sondern er verändert auch die Rahmenbedingungen und die Aussageweise derart, daß lediglich das
Grundmuster der immer wieder darzustellenden Abweisung erhalten bleibt. So sind die Antworten des Türhüters sprachlich jeweils
anders behandelt. Sie erscheinen als direkte und indirekte Rede,
sind lediglich zu erschließen oder werden, weil selbstverständlich,
gar nicht erst ausdrücklich verzeichnet. Ebenso ändert sich der
Grad situativer Vergegenwärtigung fortwährend: Der Text wird als
einmaliger Vorgang eröffnet; an späterer Stelle folgt ein zu-
sammenfassender Bericht über verschiedene Versuche des Mannes
vom Lande, eingelassen zu werden. Diesem Abschnitt schließen
sich zwei kleine, szenisch angelegte Einheiten an, die jedoch zugleich iterativ geprägt sind: die Bestechungsversuche des Mannes
vom Lande und seine Bitten an die Flöhe.

Das jeweils wechselnde Sprachgewand, das den Wiederholungen
in *Vor dem Gesetz* eigen ist, hat freilich noch eine weitere Aufgabe
zu erfüllen. Dies wird deutlich, wenn man bedenkt, daß der Text

vergleichsweise sehr kurz, die darin erzählte Zeit dagegen aber ungewöhnlich lang ist. Gleichwohl sollten natürlich die verstrichenen Jahre sinnenfällig gemacht werden, selbst in stärkster Raffung noch als durchlebte Zeitspanne erscheinen. Daß dieser Eindruck bei der Lektüre tatsächlich entsteht, ist dadurch bedingt, daß jedes neue Einlaßbegehren nicht als kurzfristig angelegtes Ereignis, sondern als längerwährender Lebensabschnitt vorgestellt wird. Dieses geschieht sogar im Erzähleingang, wo der Mann vom Lande, nachdem er sich die abschlägige Antwort des Türhüters überlegt hat, eine ergänzende Frage stellt, die dieses Geschehen genauso verlängert wie seine darauf sich beziehenden Überlegungen und Beobachtungen. Unter solcher Perspektive erhält auch der Umstand Bedeutung, daß der Mann vom Lande sein Mißgeschick zunächst durch rücksichtsloses Fluchen, später aber lediglich noch durch ein unauffälliges Brummen beklagt. Eine solche Abfolge enthüllt, daß sich die Verhältnisse weiterentwickelt haben, Zeit vergangen ist, die Handlung also verschiedene Lebensalter des Wartenden umgreift.

Weiterhin ist leicht zu erkennen, daß die insgesamt fünf Einheiten, in denen sich das an sich statische Grundmuster des Geschehens abbildet, nicht etwa gleichrangig nebeneinander gestellt sind, sondern sich, ohne immer direkt aneinander zu stoßen, in unumkehrbarer Folge zusammenfügen, und zwar so, daß eine allmähliche Intensivierung erfolgt, die freilich auf der inhaltlichen Ebene als absteigende Linie in Erscheinung tritt: Die Bemühungen des Ankömmlings dauern allmählich länger, die Mittel, die er zur Erreichung seiner Zwecke anwendet, werden im Lauf der Zeit ungeeigneter, so daß seine Lage immer aussichtsloser wird. In der Eröffnungsszene zeigt sich ihm noch eine gewisse Hoffnung, weil nicht auszuschließen ist, daß ihm zu einem späteren Zeitpunkt erlaubt wird, das Tor zum Gesetz zu durchschreiten. Demgegenüber gibt sich der Türhüter in der zweiten Handlungsphase müde und teilnahmslos: Sein Gespräch mit dem Bittsteller nimmt den formellen Charakter eines Verhörs an und erschöpft sich in Belanglosigkeiten. Außerdem trübt die Vielzahl der inzwischen unternommenen Einlaßversuche das Bild. Die beiden folgenden Erwähnungen bringen die Wendung ins Ungesetzliche und Unangemessene: Der Mann vom Lande versucht erst durch Bestechung und schließlich durch den Einsatz gänzlich ungeeigneter Fürsprecher, sein Ziel doch noch zu erreichen.

Schließlich: Von den fünf handlungsmäßig voneinander abgrenzbaren Einheiten, welche die Bedingungen veranschaulichen, unter denen sich das Leben des Mannes vom Lande vollzieht, grenzen lediglich die zweite und dritte unmittelbar aneinander. Zwischen den beiden ersten sowie vor und nach der vierten liegen Erzählteile anderer Bauweise und Bestimmung, die allein durch ihr Vorhandensein den erwünschten Eindruck epischer Progression verstärken. Sie handeln von Veränderungen, denen der Mann vom Lande im Laufe der Zeit immerhin unterliegt, und lassen Nebenumstände hervortreten, die, aufeinander bezogen, ebenfalls zu dem Eindruck beitragen, daß sich die Figuren und ihr Ambiente im Fluß der Zeit bewegen und verändern.

Das Gesamtbild verschiebt sich dadurch an der Oberfläche der Darstellung weiter in Richtung auf die von Kafka bevorzugten dynamischen Textverläufe, ohne daß doch der statische Modellcharakter des Grundgefüges dadurch aufgehoben würde. So wird beispielsweise der Mann vom Lande während des Wartens unansehnlicher und unbeweglicher. Am Anfang der Erzählung ist er als vergleichsweise großer Mann gezeichnet, jedenfalls indirekt. Er muß sich bücken, um durch das Tor ins Innere des Gesetzes sehen zu können, und fürchtet sich keineswegs vor der Körpergröße des Türhüters, sondern vor dessen Aussehen. Indem er jedoch, zum erstenmal in seinem Begehren abgewiesen, der Empfehlung des Türhüters folgt, auf einem Schemel seitwärts des Eingangs Platz nimmt und dort verharrt, überläßt er diesem das Gesetz des Handelns, büßt seine bis dahin bestehende Beweglichkeit ein und erscheint auch in seiner äußeren Erscheinung als der Unterlegene. Dementsprechend zeigt sich der Türhüter im Fortgang der Handlung als überheblicher [43] Gesprächspartner, der sich mit teilnahmslosen Fragen hervortut, »wie sie große Herren stellen«.

Allerdings darf man nicht voraussetzen, Kafka habe den Schemel als Fußbänkchen verstanden, das eher als Sitzgelegenheit für Kinder geeignet scheint. [44] Auch wäre das Vorhandensein eines derartigen Geräts, das vor allem als Ergänzung zu einem bequemen Lehnstuhl Sinn macht, vor dem Eingang des Gesetzes schwer zu begründen, ist doch eine solche Kombination mit dem Stand und der Aufgabe eines Türstehers schwer zu vereinen. Deswegen hat man die zweite Bedeutung vorauszusetzen, die dem Begriff Schemel im deutschen Sprachgebiet eignet: Kafka denkt offenbar an einen dreibeinigen, in der Höhe zwischen Fußbänkchen und

Stuhl anzusiedelnden Hocker. Ein solch einfaches, zum gelegentlichen Ausruhen verwendetes Sitzmöbel ist zu Kafkas Lebzeiten an jedem Ort vorstellbar gewesen, wo Bedienstete als Portiers oder Wächter arbeiteten. Einen Beleg für diese These findet sich im Manuskript von Werfels Roman *Stern der Ungeborenen*. In einer später wieder getilgten Passage ist dort von einem Prager Hausmeister die Rede, der »in Pelzschlafrock und gestickten Pantoffeln auf einem Schemel vor dem Schilderhäuschen« hockt. [45]

Im weiteren Verlauf der Ereignisse krümmt sich der Körper des Sitzenden und erstarrt schließlich. Der Türhüter muß sich zu ihm hinunterbeugen, wenn er mit ihm sprechen will, denn er ist zwischenzeitlich noch kleiner geworden, weiter zusammengeschrumpft, eine Veränderung, die jetzt ausnahmsweise einmal direkt ausgedrückt wird, wenn es heißt: »der Größenunterschied hat sich sehr zu ungunsten des Mannes verändert«. [46]

Dieser Verweisungskette läßt sich ein vierteiliger Sinnzusammenhang an die Seite stellen, der sich von den gleichen Zwischenstücken herleitet, durch die sich die unterschiedlichen Ausprägungen der den Handlungsgang tragenden Grundsituationen voneinander abgrenzen: Am Anfang erscheint der Mann vom Lande gleichsam als reine Funktion, wird lediglich als Fragender greifbar. Zweimalige Abweisung führt jedoch zu der Überlegung, ob er sich den Eintritt erzwingen soll. Anläßlich dieser Erwägung betrachtet er sein Gegenüber genauer, läßt sich von dessen äußerer Erscheinung abschrecken und beschließt zu warten. Eine weitere Stufe der Entwicklung ist erreicht, wenn er nach seinen vergeblichen Bestechungsversuchen die Türhüter der nachgeordneten Räumlichkeiten im Innern des Gesetzes vergißt und in dem allein sichtbaren Gegenspieler das einzige Hindernis erkennen will. Als er schließlich nach jahrelangem, ununterbrochenem Studium des Türhüters die Flöhe in dessen Pelzkragen erkennt, ist der Gipfelpunkt dieses ganzen Erzählstrangs erreicht: Die Aufmerksamkeit des Mannes vom Lande hat sich im Laufe der Zeit vollkommen auf den Türhüter konzentriert, der ihm gleichsam wie unter einem Vergrößerungsglas immer näher vor Augen rückt. Unter solcher Perspektive müssen sich die wirklichen Größenverhältnisse der ins Blickfeld geratenden Objekte und Gegebenheiten verzerren; der Überblick über die Gesamtheit der erfaßbaren Erscheinungen geht verloren. Der Mann vom Lande übersieht deswegen Sachverhalte, die sein Leben mitbestimmen, so die sich im Innern des Gesetzes aufhaltenden Türhüter, wobei nicht entschieden werden kann, ob diese tatsächlich vorhanden und mächtiger sind als ihr Kollege am Eingang oder lediglich ein Produkt von dessen Wichtigtuerei.

Erst infolge solcher Blickpunktsverengung kann der Mann vom Lande die Anwesenheit des Türhüters, der ihm den Eintritt ins Gesetz verwehrt, als unglücklichen Zufall verstehen, denn wenn er die unabsehbare Folge der im Gesetz dienenden Wächter, deren Verhalten er nicht einmal erahnen kann, in seine Überlegungen einbezöge, könnte er schwerlich der Kontingenz der Situation das Wort reden.

Die vom Betroffenen selbst vorgenommene Lagebeurteilung muß also nicht notwendigerweise zutreffend und die vom Autor beabsichtigte Deutung der Geschehnisse sein. Kafka hat zwar in einzelnen Teilen des *Landarzt*-Bandes, im *Schloß* und in autobiographischen Aufzeichnungen der Spätzeit der Vorstellung Raum gegeben, als könnten sich ungünstige Handlungsverläufe, auch das Scheitern eigener Lebenserwartungen, aufgrund lächerlicher Zufallskonstellationen ergeben. [47] Alle diese Aussagen entstammen jedoch jüngeren Lebensabschnitten und den ihnen eigenen Rahmenbedingungen und werden zudem durch gleichzeitig bestehende gegenläufige Vorstellungen in ihrem Geltungsbereich eingeschränkt, so daß aufgrund derartig ambivalenter biographischer Hintergrundsinformation keine Entscheidung für den vorliegenden Fall getroffen werden kann. [48]

Die neuerliche Erwähnung der zu Anfang in den Text eingeführten Türhüter im Innern an späterer Stelle des Geschehens soll offensichtlich den Leser dazu veranlassen, über deren Bedeutung nachzudenken. Wenn er sich mit dem Mann vom Lande identifiziert, braucht er diese Figuren nicht mehr ins Kalkül zu ziehen, besonders dann, wenn er einem der vom Geistlichen später mitgeteilten Kommentare Glauben schenkt, in dem die Wahrhaftigkeit des Türhüters bestritten wird. Andererseits aber kann er jedoch auch bezweifeln, ob der Mann vom Lande richtig urteilt, wenn er in dem vor dem Gesetz stehenden Türhüter das einzige Hindernis sieht, das die Verwirklichung seiner Ziele vereitelt. Denn wenn der Türhüter sein Wissen vom Aufbau des Gesetzes zutreffend wiedergegeben hat, drohen dem Mann vom Lande im Innern weitere, noch viel größere »Schwierigkeiten« als vor dem Gebäude. In diesem Fall hätte Kafka der produktiven Mitarbeit des Lesers überlassen, was er in seiner *Kaiserlichen Botschaft* gleichsam auskomponiert hat. In dieser Erzählung wird nämlich nicht nur berichtet, wie sich der vom sterbenden Herrscher geschickte, durch die »Jahrtausende« eilende, längst gescheiterte Bote »nutzlos« abmüht, die sich ins Unabsehbare dehnenden kaiserlichen Gemächer zu überwinden, um ins Freie zu gelangen, sondern es wird auch dargestellt, daß sich dessen Situation keineswegs verbessern würde, falls ihm das Unmögliche gelänge, den Bereich des innersten Palastes zu verlassen, weil die sich davor türmenden weiteren Hindernisse ebenfalls unüberwindlich wären. [49]

Die Anführung der Türhüter im Innern des Gesetzes dient freilich noch einem anderen Zweck. Kafka war stets am Gefügecharakter seiner Werke gelegen und gruppierte deswegen sämtliche Darstellungselemente in übergreifende Strukturordnungen ein, die seine literarischen Kompositionen als Netz unterschiedlicher Dichte durchziehen. Dies hatte unter anderem zur Folge, daß einmal erwähnte Gegebenheiten, unabhängig davon, welche Bedeutung ihnen im Erzählganzen zukam, im Verlauf der Darstellung wieder aufgegriffen und in einer Weise verwendet werden mußten, daß die dadurch gebildete Abfolge einen Verweisungszusammenhang oder eine Motivkette bildete. [50] Da Kafka dem Türhüter weitere Kollegen zugeordnet hatte, die, selbst wenn sie als Anspielung auf zerstörte Ordnungen des Märchens deutbar wären, für den Fortgang der Handlung folgenlos bleiben und deswegen als abgerissener Erzählfaden erscheinen konnten, mußte dieses Detail aufs neuerliche mit dem Geschehen verknüpft werden.

Es gibt einen weiteren, am Anfang des Textes erwähnten Erzählbestandteil, der, trotz mehrfach erfolgter Wiederholung der Eingangssituation, in Gefahr war, isolierter Einzeleindruck zu bleiben: das Tor nämlich, durch das der Mann vom Lande gleich nach seiner Ankunft hoffnungsvoll geblickt hatte, ohne freilich dabei irgend etwas zu bemerken. Dieser Erzählzug hängt solange in der Luft, bis er durch die Mitteilung ergänzt wird, ein unverlöschlicher Glanz breche aus dem Innern eben dieses Tores hervor, genauer: werde vom Wartenden wahrgenommen, dessen anfängliche Hoffnungen, das unsichtbare Gesetz zeige sich in irgendeiner Weise zugänglich, jetzt endlich in gewisser Weise erfüllt werden.

Zugleich ist diesem durch ein aggressives Verb der Bewegung ausgezeichneten Lichtglanz jedoch ein Element eigen, das im Sinn der angeführten Gestaltungsgrundsätze Kafkas die Aufgabe übernehmen konnte, die jedem Gebäude von Natur aus zukommende

Unbeweglichkeit, die dem Autor unliebsam sein mußte, erzählerisch zu dynamisieren. Allerdings war darauf zu achten, daß diese
überraschende Lichterscheinung sich ihrerseits wiederum organisch aus dem bisherigen Verlauf ergab. Denn die sich bei flüchti-
ger Betrachtung von Kafkas Werk vielleicht aufdrängende Auffassung, dieses zeichne sich durch überraschende Einbrüche ungreif-
barer Mächte, jede Erfahrung überschreitende Vorstellungen und
Ereignisse aus, hält näherer Nachprüfung nur bedingt stand. Derartige Phänomene gehören eher zu den Setzungen, die als Erzählvorgaben belegbar sind, als zu den Kräften, die das Geschehen voran-
treiben und es unvermittelt in eine andere Richtung lenken. Ist der
Rahmen einmal festgelegt und die Eingangssituation entfaltet, versucht Kafka, die weiteren Handlungsschritte aus den jeweiligen
Erzählvorgaben abzuleiten.

Eben deswegen stellte der Umstand, daß der unverlöschliche,
also mit Sicherheit seit jeher vorhandene Lichtglanz so spät bemerkt wird, aus dem Blickwinkel des gestaltenden Autors ein nicht
unerhebliches Problem dar. Denn wenngleich eine derartige Verdichtung des Geschehens gegen Ende der Erzählung als angemessen, ja als unabdingbar zu betrachten ist, erweist sich dieser Zustand doch andererseits unter den gegebenen Voraussetzungen
wiederum als nicht wahrscheinlich: Warum wird der Lichtglanz erst
jetzt sichtbar, obwohl der Mann vom Lande sich bereits viele Jahre
lang vor dem Tor des Gesetzes aufhält?

Die Aussage, sein Sehvermögen sei geringer geworden, ist in
diesem Zusammenhang eine Feststellung des sich an dieser Stelle
auktorial gebenden Erzählers, die befestigen hilft, daß das vom
Gesetz ausgehende Leuchten nicht etwa erst neuerdings entstanden sei. Die darauf im Text folgende, dazu im Gegensatz stehende
Vermutung, die Umgebung des Mannes sei dunkler geworden, mag
auf sein eigenes Bewußtsein bezogen sein, wenngleich die sprach-
liche Formulierung dies nicht ausdrücklich nahelegt: Denn für den
aus der Vogelschau berichtenden Erzähler müßte der Sachverhalt
doch entscheidbar sein, während derjenige, vor dessen Augen es
dunkel wird, Überlegungen darüber anstellen wird, welches die
Ursachen solcher Veränderung sind.

Nun bewirkt jedoch, wie die Lebenserfahrung zeigt, eine tatsächlich bestehende Sehkraftverminderung keineswegs, daß eine bisher wegen der Helligkeit des Tages unbemerkt gebliebene Licht-
quelle wahrgenommen werden könnte. Nur wenn es um den Mann

vom Lande »wirklich dunkler« würde, wäre er in der Lage, den Glanz aus dem Innern des Gebäudes von der schwächeren Erleuchtung der Umgebung zu sondern. In der Nacht allerdings, eine weitere Schwäche der Handlungsführung, die normalerweise verborgen bleibt, hätte das erhellte Tor gleich zu Anfang auffallen müssen, denn es bleibt unverschlossen, solange der Mann vom Lande davor wartet.

Der Wartende ist also durchaus nicht blind geworden, so daß man nicht sagen kann, Kafka arbeite mit dem traditionellen Motiv, erst der blinde Seher schaue mit seinem inneren Auge im Angesicht des Todes bisher verborgene Wahrheiten. Zwar »erkennt« der Mann vom Lande den aus der Tür des Gesetzes brechenden Glanz, aber auch die Verwendung dieses Verbs läßt keineswegs den Schluß zu, daß seine Sinnesorgane nicht mehr arbeiteten und die Wahrnehmung jetzt von Kräften der Introspektion übernommen werde, hat er doch auch die Flöhe im Pelz des Türhüters »erkannt«, nicht etwa wahrgenommen, obwohl es sich zweifelsfrei um eine Beobachtung handeln muß, die ein intaktes Sehvermögen voraussetzt. Der Türhüter »erkennt« ebenfalls aus dem Augenschein, daß der Mann vom Lande im Begriff ist zu sterben. Schließlich ist auch die Überlegung des Mannes vom Lande, seine Augen könnten ihn möglicherweise »täuschen«, nur unter der Voraussetzung sinnvoll, daß wenigstens noch Reste seines einstigen Sehvermögens vorhanden sind; er ist also keinesfalls gänzlich erblindet. Natürlich will dieses Verbum zugleich auf den Kontext der Erzählung anspielen, dem zu entnehmen ist, daß sich der Mann vom Lande in dem Gesetz getäuscht hat.

Wenn man dies zugesteht, wird deutlich, daß der Text insgeheim eine falsche Alternative anbietet, die überdies für den weiteren Handlungsverlauf folgenlos ist. Es besteht nämlich keine direkte Abhängigkeit zwischen dem wahrgenommenen Glanz und der Schlußszene, die durch die von Kafka bezeichnenderweise nachträglich in den Text eingefügte Feststellung eingeleitet wird, »nun« lebe der Mann vom Lande nicht mehr lange [51]. Denn der Sterbende zieht die Summe seiner Erfahrungen durchaus nicht aufgrund der überraschenden Lichteinwirkung, die eher für den Leser bestimmt scheint, sondern als Ergebnis der Einsicht, daß sein Leben bald zu Ende gehe. So erweist sich die Formulierung über das Augenlicht des Gealterten als eine Art Hilfsvorstellung, die zwischen einander widerstrebenden Erzählabsichten vermitteln soll. Einerseits steht dieses Textdetail keineswegs allein für sich. Es ist vielmehr Teil einer Entwicklungsreihe, die eine nach und nach sich vollziehende Vergreisung des Wartenden zur Anschauung bringen will. Das Vergessen der anderen Türhüter, das unwillige Vor-sich-hin-Brummen, die Augenschwäche, die Erstarrung des Körpers und schließlich das vergehende Gehör am Schluß der Erzählung bilden eine absteigende Verweisungskette, der die Aufgabe zukommt, das unveränderliche Grundgefüge der Erzählfabel im Sinn fortschreitender Bewegungsabläufe zu episieren. Dieses allmähliche Verenden erlaubt es zugleich, auf sehr eindringliche Weise einem bildhaft dargestellten Lebensdunkel das unvermittelt aufscheinende Licht der Verheißung entgegenzusetzen, das der im Grunde statischen Abfolge gleichartiger Erzählbausteine eine ästhetisch erwünschte Handlungsdramatik zuführt, die vielfältige Assoziationen zu erwecken vermag.

Um den vom Gesetz ausgehenden Glanz jedoch nicht als ungegründeten Einbruch unfaßbarer Schicksalsmächte erscheinen zu lassen, als der er vom zergliedernden Literaturwissenschaftler betrachtet werden könnte, wird er nicht als Handlungselement im Erzählerbericht erwähnt, der seinen Wirklichkeitsgrad festlegen würde, sondern als eine von zwei scheinbar gleichwertigen Denkmöglichkeiten des Mannes vom Lande ausgegeben, die, weil diesem selbst unentscheidbar, offensichtlich auch für den Leser in der Schwebe bleiben sollen und dadurch die Unmotiviertheit der Handlungsführung an dieser Stelle verschleiern helfen. Kafka schmuggelt also den heiklen Sachverhalt als bloßen Gedanken in den Text ein, stärkt aber zugleich seine angebliche Plausibilität dadurch, daß er ihm als Alternative eine Hypothese entgegenstellt, die den Eindruck erweckt, das organisch aus den Erzählvoraussetzungen sich ergebende Alltagsphänomen Augenschwäche vermöge das unerwartete Eintreten der Lichtwirkung zureichend zu erklären. Walter H. Sokel ist Kafka in diesem Punkt auf den Leim gegangen, wenn er behauptet, das Gesetz, den Sinnesorganen des Körpers angeblich unsichtbar, zeige sich dem Manne vom Lande erst, »in the decline of the body, when he literally feels himself at death's door«. Denn er macht gerade denjenigen Erzählumstand zum Träger hintergründiger Textbotschaften, der, Kitt im Erzählgang, sich als dafür ungeeignet erweist. [52]

4. PARABEL

Um entscheiden zu können, inwiefern *Vor dem Gesetz* in der Tradition der überlieferten Parabel steht, ist freilich nicht allein von Belang, in welchem Maße Kafka einzelne Gattungsmerkmale aufgreift, sondern auch, ob er den Stoff in einer Weise verwendet, die diesen zuordenbare Deutungsmechanismen in Gang setzt. In der klassischen Parabel erscheint der darzustellende Problemfall nicht direkt, sondern in Gestalt eines anderen Gegenstandsbereichs, also in bildhafter Verkleidung und Verdichtung. Diese Ebene, die als Bildhälfte bezeichnet wird, ist mit der gar nicht ausformulierten Sachhälfte lediglich durch einen außerhalb beider Bereiche angesiedelten Vergleichspunkt verbunden. Dieses Tertium comparationis erlaubt einen Analogieschluß auf die Sache selbst, die, obwohl überhaupt nicht vergegenständlicht, das Ziel der interpretatorischen Überlegungen darstellt. [53] Es stellt sicher, daß die Eigenart der Geschichte, ihr Relief und ihre Schlußpointe, auf die sämtliche Textbestandteile zukomponiert sein müssen, zugleich als besonderes Kennzeichen der Sachebene in Erscheinung tritt. Das suchende Verständnis identifiziert diesen Lebenskreis oder Vorstellungszusammenhang durch Rahmenvorgaben oder infolge einer Ausprägung der Bildebene mithilfe von normierten Motiven, die herkömmlicherweise für bestimmte Sachbereiche einzutreten pflegen.

So wird beispielsweise das neutestamentliche Gleichnis vom Sämann, eine Parabel, die freilich schon früh allegorisch ausgedeutet wurde, als Veranschaulichung christlicher Missionsarbeit erzählt. Beiden Ebenen ist als Vergleichsdrittes gemeinsam, daß die ausgestreute Saat in ganz unterschiedlichem Maße aufgeht und Frucht trägt. Daraus ergibt sich eine Übertragung von der erzählten Tätigkeit auf die Situation der Verkündigung, die zu dem Ergebnis führt, daß der Verkünder des Evangeliums den Erfolg seiner Arbeit nicht in der Hand habe. Die Überzeugungskraft solcher Bildrede liegt darin, daß der Zuhörer oder Leser für einen auf diese Weise vorgestellten Sachkomplex schwerlich abstreiten kann, was für den anscheinend parallel gelagerten Musterfall aus dem Alltagsleben offensichtlich zutreffend ist.

Werden diese Strukturmerkmale als unabdingbare Formelemente der in Frage stehenden Textart betrachtet, wird man *Vor dem Gesetz* nicht als Parabel, und schon gar nicht als Parabel im klassischen Sinn, ansprechen können. Welche Sachhälfte soll denn dem dargestellten Handlungsgang zugeordnet, welche Folgerungen aus einer Zusammenschau zweier unterschiedlicher Lebensbereiche gezogen werden? *Vor dem Gesetz* wird im *Proceß* als Erzählung dargeboten, die Josef K. über die Art der Täuschung aufklären soll, in der er gegenüber dem Gericht und seinen Vertretern befangen und der er zugleich durch den Türhüter unterworfen ist. Der Text macht also, wenn man dem Geistlichen Glauben schenken will, Aussagen über eben das Gesetz, vor dem K. als Angeklagter zu erscheinen hat. Das bedeutet jedoch, daß der Leser das Berichtete innerhalb des Gegenstandsbereichs zu deuten hat, der durch Stoffwahl und Art des Handlungsgangs vorgegeben ist, nicht etwa durch eine Übertragung auf ganz andere Gegebenheiten oder Sachzusammenhänge, zu der er durch Besonderheiten der Rahmenhandlung veranlaßt werden könnte. *Vor dem Gesetz* wird also im Kontext eines epischen Großwerks als Beispielerzählung eingesetzt, deren Geltungsbereich sowohl durch die dargestellte Handlung selbst als auch durch deren vom Geistlichen vorgenommene Einbettung abgesteckt wird: Ein Analogieschluß auf einen außerhalb der Welt des Prozesses liegenden Sachbereich ist demnach weder nötig noch möglich. Denn eine solche Operation hätte nicht nur zur Voraussetzung, daß die Alltagswelt des Romans, deren Eigenart jedermann bekannt und einsichtig sei, als Verbildlichung eines eigentlich gemeinten, andersartigen Gegenstandes aufzufassen sei, sondern würde auch bedeuten, daß zeitgenössische Leser, denen nur der innerhalb des *Landarzt*-Bandes veröffentlichte Text bekannt war, vom Verständnis der Erzählung ausgeschlossen bleiben müßten.

Trotzdem ist gelegentlich von Interpreten, die am Parabelcharakter des Stücks festhalten wollen, behauptet worden, Kafka beachte in diesem Fall einzelne Formvorgaben der Gattung absichtlich nicht mehr, ohne diese als solche aufzugeben. Sie können allerdings ihre Auffassung nur dadurch aufrecht erhalten, daß sie das zum korrekten Befund Fehlende zum Bindeglied zwischen Kafkas Bauform und der ihn angeblich bestimmenden Überlieferung machen, also das zu Beweisende erschleichen. *Vor dem Gesetz* wird dann als stark modifizierte Spätform der Parabel verstanden. Aufgrund zeitgeschichtlicher Gegebenheiten nicht mehr in der Lage, den Aufgaben gerecht zu werden, die dieser Textart in der literarischen Überlieferung zugeschrieben werde, müsse der Autor ihr

4. PARABEL

eigene Strukturelemente unterschlagen, die bisher eindeutige Sinnentnahmen erlaubt hätten. [54]

Aber die Behauptung, Kafka bringe die Parabelform literaturgeschichtlich zu Ende und bilde ein sinnlos gewordenes Traditionsverständnis ab, läßt sich schon deshalb nicht halten, weil selbst solche Erzählabsichten noch voraussetzen würden, daß Bild- und Sachebene erkennbar bleiben und voneinander zu scheiden sein müßten. Gerade diese Doppelschichtigkeit des Geschehens ist jedoch in Kafkas Prosastück nirgends zu erkennen.

Außerdem sprechen wichtige Formmerkmale des Textes gegen eine derartige Einschätzung. Vom Handlungsgang her betrachtet, hat das Stück keinesfalls die selbstverständliche Überzeugungskraft alltäglicher Verrichtungen und ihrer Wirkweisen, die dem per analogiam schließenden Leser schlagend vor Augen führen, inwiefern solche Gesetzmäßigkeiten Lebenskreise bestimmen, über die er mithilfe des Textes belehrt werden könnte. Ganz im Gegenteil gibt der Verlauf der berichteten Ereignisse selbst schwer lösbare Probleme auf. Allein schon die Szenerie als solche ist in ihrer Anschauungskraft gebrochen. Der Türhüter wird als Individualgestalt gezeigt, die »vor« einem Gesetz Wache zu halten hat, dem nach den Gesetzen der Logik als abstraktem Allgemeinbegriff eine räumliche Ausdehnung nicht zugebilligt werden kann. Dieselbe Unvereinbarkeit zeigt sich im weiteren Handlungsverlauf: Während der Titel *Vor dem Gesetz* offenbar zum Ausdruck bringen will, die damit bezeichnete Einrichtung sei als Gebäudekomplex aufzufassen, suggeriert der sich später zeigende Glanz, das Gesetz manifestiere sich in einer immateriellen Lichterscheinung. In ähnlicher Weise könnte die Wendung »Türe des Gesetzes« zu der Annahme verleiten, daß die dinglich gar nicht faßbare Rechtsvorschrift zugleich als Architekturdetail in Erscheinung treten solle. Indem Kafka also anschaubare und unkörperliche Sachverhalte als gleichrangige Bestandteile eines einzigen Phänomens miteinander verbindet, suspendiert er teilweise die endgültige Vergegenständlichung des Geschilderten und hält auf diese Weise das Urteil des Betrachters über den Charakter des Dargestellten in der Schwebe.

Zu den Eigenarten der Erzählung gehört es auch, daß Kafka Sachverhalte verschweigt oder übergeht, die für die Beurteilung der Geschehnisse unentbehrlich scheinen. Dadurch werden Problemfelder geschaffen, die nach Auflösung verlangen, ohne daß die dazu notwendigen Voraussetzungen gegeben wären. Wenn der Mann vom Lande beispielsweise die Lage, in der er sich befindet, als unglücklichen Zufall versteht, dann stellt sich der Leser die Frage, ob der Türhüter überhaupt von einem Vertreter des Gesetzes zu seinem Verbot ermächtigt worden ist oder ob er in eigener Machtvollkommenheit und damit möglicherweise in Verkennung der tatsächlich herrschenden Gegebenheiten handelt. In der Exegese der Legende wird dieses Problem zwar angeschnitten, dann aber durch den Hinweis auf die Autorität des Gesetzes ohne weitere Diskussion in einer Weise erledigt, die mögliche Kritik im Keim ersticken soll: Gleichgültig, wie sich der Türhüter auch verhalten möge, so der Geistliche, er sei ein »Diener des Gesetzes« und damit dem menschlichen Urteil »entrückt«. [55] Andererseits ergeht er sich K. gegenüber in Mutmaßungen darüber, unter welchen Umständen der Türhüter in seine Stellung berufen worden sein könnte. Dieses Ausweichen auf Nebenfragen sowie seine Ausführungen, die im Text der Erzählung keine Stütze haben, bewirken eine Blickpunktsverlagerung, die von der Frage ablenken soll, wie der Auftrag lautete, den der Türhüter bei seiner Anstellung erhalten hatte. Auf diese Weise erreicht Kafka, daß über die Berechtigung der ausgesprochenen Verbote keine zuverlässigen Aussagen gemacht werden können.

Es sind die herausgestellten Widersprüche und Informationsaussparungen, die Interpreten immer wieder dazu verführt haben, vom Gleichnischarakter der Erzählung zu sprechen, ohne doch zu erkennen, daß Bildvorstellungen, die nach Erläuterung verlangen, keineswegs nur mithilfe von Übertragungen im Sinn der Parabeltheorie aufgelöst werden können, sondern auch innerhalb einer Beispielgeschichte vorhanden sein können, die ihren Sinn in sich selbst trägt.

Zusammenfassend läßt sich feststellen: Als Kafka *Vor dem Gesetz* konzipierte, hat er sich durchaus nicht vorzugsweise an der Parabelform ausgerichtet, auch nicht in der Weise, daß er deren überkommene Gestalt fortgeführt, zugleich aber ihre Erkenntnisvoraussetzungen in Frage gestellt hätte. [56] Insbesondere lassen sich die Textstruktur und die daraus abzuleitenden Verstehensbedingungen nicht auf neutestamentliche Vorbilder zurückführen, so daß theologische Deutungen nicht mit formalen Überlegungen abgestützt oder gar begründet werden können. Besonderheiten parabolischer Darstellung sind zwar vereinzelt festzustellen, doch handelt es sich dabei um Textbestandteile, die auch Fabel, Anekdote, Witz und Märchen kennzeichnen, aus denen der formbewußte Liebhaber solcher Gattungen gleichfalls geschöpft haben mag. [57] Diese Elemente werden eigengesetzlichen Formvorstellungen untergeordnet, die auch in anderen Erzählwerken Kafkas verwirklicht sind, erlauben jedoch eine Komprimierung des Geschehens und eine Vereinfachung des Handlungsgangs, die didaktische Zielsetzungen des naiven Erzählens geschickt fingieren.

Zur besonderen Gestalt des Prosastücks hat sicherlich auch beigetragen, daß Kafka beabsichtigte, es als Binnenerzählung zu formulieren, die im Roman vorgetragen und anschließend ausgedeutet wird. Denn dies bedeutete unter anderem, daß *Vor dem Gesetz* sich sprachlich hinreichend vom Kontext abheben mußte. Dieser Absicht dienen eine ungewöhnliche Tempusgestaltung und die teilweise vorhandene auktoriale Erzählerhaltung genauso wie bestimmte Ausprägungen des szenischen Arrangements.

Dazu kommt schließlich noch, daß der Text aufgrund seiner zentralen Stellung im Werk die besondere Aufmerksamkeit des Lesers erregen sollte. Kafka suchte dies dadurch zu erreichen, daß er *Vor dem Gesetz* mit einer geheimnisvollen Aura ausstattete, wie sie beispielsweise religiösen Lehrstücken eigen ist. Er benützte dazu stoffliche Reize wie die Reihe der in ihrer Machtfülle allmählich zunehmenden Türhüter oder den unverlöschlich aus dem Tor hervorbrechenden Lichtglanz, aber auch Eigenheiten der Handlungsentwicklung und Widersprüche in Erzähldetails, die den platten Wirklichkeitscharakter des Ganzen ins Wanken bringen und aufheben sollen.

II. Kapitel
DER MANN VOM LANDE

1. AM-HA'ARETZ

Nach einer von Johannes Urzidil[58] und Heinz Politzer vertretenen Auffassung hat Kafka die Benennung des Gesetzessuchers in Anlehnung an den hebräischen Ausdrucks Am-ha'aretz vorgenommen,[59] mit dem im *Alten Testament* die traditionell denkende, geistig ungeschulte Landbevölkerung Judas im Gegensatz zu den Bewohnern der Stadt Jerusalem verstanden wird, die der offiziellen Staatstheologie nahestanden. Daß Kafka diesen Ausdruck kannte, der von Luther mit »Volk im Lande« übersetzt wurde,[60] beweist eine Tagebuchstelle aus dem Jahr 1911, an der er ihn wie selbstverständlich gebrauchte.[61]

Es ist möglich, daß Kafka die Bezeichnung in Büchern jüdischer Thematik entgegentrat, mit denen er sich seit 1911 beschäftigte. Freilich kann man in diesem Zusammenhang kaum, wie gelegentlich geschehen, Moriz Friedländers Werk über *Das Judentum im Zeitalter Jesu* anführen, in dem von der unüberbrückbaren Kluft zwischen den Schriftgelehrten und Vertretern des Am-ha'aretz die Rede ist, die sich gegenseitig mangelnde Frömmigkeit und unzureichende Gesetzestreue vorwarfen.[62] Denn abgesehen davon, daß dieses Buch erst im Mai 1918 in Kafkas Besitz gelangte, ist zu bedenken, daß er es vermutlich überhaupt nicht gelesen hat.[63] Eine mögliche Quelle war jedoch die *Historie de la littérature judéo-allemande*,[64] die er 1912 gründlich studierte[65]. Allerdings ist wahrscheinlicher, daß er den Begriff über das Jiddische kennenlernte, das in seinem Prager Umfeld in Restbeständen lebendig war, insbesondere in der Generation seiner Eltern. In dieser Sprache versteht man unter einem Amhorez einfach einen ungebildeten Menschen.[66]

Der Gang der in Kafkas Erzählung dargestellten Ereignisse zeigt, daß der Mann vom Lande durch geistige Beschränktheit und intellektuelle Schwerfälligkeit, ja durch Unbeweglichkeit auffällt. Das

Verbot des Türhüters, das er nicht vorhergesehen hat, überfordert ihn, denn er ist unter der Voraussetzung angereist, das Gesetz stehe immer und jedermann offen. So wartet er auf eine Änderung der Verhältnisse, wiederholt andauernd sein Begehren, das er lediglich um Bestechungsversuche bereichert, und verwünscht schließlich den unglücklichen Zufall, der ihm den Türhüter in den Weg geführt hat [67]. Bezeichnenderweise fällt ihm erst am Ende seines Lebens auf, daß während der ganzen Jahre, die er vor dem Gesetz verbracht hat, niemand sonst Einlaß begehrt hat. Man könnte deswegen vermuten, Kafka habe den ihm geläufigen Ausdruck Amhorez ins Deutsche übersetzt und seinen Helden in einer seiner Bedeutung entsprechenden Weise gekennzeichnet. Freilich gibt es für eine solche Annahme keine Indizien oder gar Belege. Es handelt sich vielmehr um eine der unhaltbaren Spekulationen, an denen die Auslegungsgeschichte der Erzählung so reich ist.

Naheliegend ist demgegenüber die Annahme, daß die Formulierung Mann vom Lande als Herkunftsbezeichnung gemeint ist, mit deren Hilfe ein allgemein gültiger Gegensatz zwischen Stadt und Land dargestellt werden sollte, daß Kafka also einen etwas tölpelhaften Bauern aus der Provinz, einen Landmann eben, zeichnen wollte, der mit einem ihm ungewohnten, großräumig zu denkenden Gebäudekomplex des Gesetzes konfrontiert wird, der, so darf man in diesem Fall ergänzen, eher in einem städtischen Ambiente anzusiedeln ist. Die Bezeichnung mag sich auch deswegen empfohlen haben, weil die darin zutage tretende Zerlegung des Kompositums Landmann in seine Bestandteile sprachlich gewichtiger erscheint und überdies zum Ausdruck bringt, daß der Ankömmling sich, wie in der Exegese betont wird, schon »im Mannesalter« befindet. [68]

Für diese Auffassung jedenfalls würden die Übereinstimmungen zwischen dieser Figur und Josef K. sprechen, die ohne Zweifel gewollt sind. Die Hauptgestalt des *Proceß*-Romans stammt nicht nur vom Lande, [69] sondern ähnelt auch in wichtigen Punkten dem Helden der Erzählung. In dem fragmentarisch gebliebenen Kapitel *Staatsanwalt* wird ausgeführt, daß K. nur »wenig eingreifen« könne, wenn er mit seinen gelehrten Stammtischfreunden zusammen sitzt, »deren Erholung darin bestand, daß sie schwierige, mit dem gewöhnlichen Leben nur entfernt zusammenhängende Fragen zu lösen suchten und hierbei sich abmühten«. [70] In gleicher Weise ist er im *Dom*-Kapitel überfordert, wo er die ihm vom Geistlichen vorgetragenen Deutungen der Erzählung als ungewohnte Gedankengänge bezeichnet, die besser in der Gesellschaft der Gerichtsbeamten besprochen würden. [71] Seine Denkkraft steht also deutlich hinter derjenigen seines städtischen Bekanntenkreises zurück.

Auch scheint seine Fähigkeit, die eigene Lage unter psychischem Druck zutreffend einschätzen zu können, in einer dem Mann vom Lande vergleichbaren Weise eingeschränkt: Die Anwesenheit der beiden Wächter, die ihn zu Beginn verhaften, nach eigener Aussage lediglich niedere Grade des Gerichtes verkörpern und von den ihnen übergeordneten Instanzen nichts wissen, [72] bewirken durch ihre bloße Anwesenheit, daß er »nicht einmal nachdenken« kann, [73] so daß er nicht wagt, gegen ihre Vorschriften zu handeln, obwohl er mit diesem Gedanken spielt. Vielmehr zieht er »die Sicherheit der Lösung« vor, die sich aus dem natürlichen Verlauf der Ereignisse ergebe. [74] Das bedeutet, daß er sich dazu bereiterklärt, in seinem Zimmer zu warten, bis er zum Aufseher gerufen wird. Wenn er sich dabei einredet, auf diese Weise seine Überlegenheit wahren zu können, während die beiden Wächter ihrerseits behaupten, ihm gegenüber als freie Männer ein »Übergewicht« zu haben, dann handelt es sich bei solchen Überlegungen um die Kompensation eines in Wirklichkeit bestehenden Gefühls der Unterlegenheit. Dies zeigt sich deutlich an der Stelle des Geschehens, an der er befürchtet, von den beiden Besuchern niedergeworfen zu werden und damit die Schwäche seiner Position offenbart zu haben, falls er deren Anordnungen nicht befolge. [75]

Josef K. fügt sich seinen Bewachern, weil er Angst vor deren Körperlichkeit hat: Wenn sich das knochige Gesicht des einen »mit starker, seitlich gedrehter Nase« über dem dazu gar nicht passenden dicken Körper »über ihn hinweg« mit seinem Kollegen verständigt, dann zeigt sich in solcher, im Roman übrigens mehrfach wiederkehrenden Figurenzuordnung ein Unterlegenheitsgefühl, wie es Kinder in einer aus Erwachsenen bestehenden Umgebung haben können. [76] Die Übereinstimmungen mit *Vor dem Gesetz* sind augenfällig: Nicht allein, daß der Mann vom Lande gleichfalls eine Wächterfigur der untersten Rangstufe gegen sich hat, die den geplanten Gang seines Lebens blockiert; vielmehr verhindert der bedrohliche Anblick des Türhüters, der unter anderem durch dessen »große Spitznase« hervorgerufen wird, zugleich auch, daß er sich gewaltsam gegen diesen kehrt; infolgedessen beschließt er,

»doch lieber zu warten«, gibt also in einer Josef K. entsprechenden
Weise die Initiative aus der Hand.

In diesem Zusammenhang gewinnt der Umstand Bedeutung,
daß der Türhüter seinem Kontrahenten einen Schemel reicht und
ihn »seitwärts von der Tür« sich niedersetzen läßt. Denn auf diese
Weise entsteht ein Rangunterschied zu ungunsten des Mannes.
Dieser sieht sich gleichsam verkleinert, wenn man so will auch
erniedrigt,[77] außerdem aber vom eigentlichen Ort des Geschehens entfernt, an dessen Peripherie verwiesen: Wahrscheinlich
wollte Kafka damit zum Ausdruck bringen, daß der Mann vom
Lande die Belagerung des Eingang aufgeben müsse, sich als Bittsteller zu betrachten und sich wie ein Almosenempfänger abseits
zu halten habe. Dieses Verständnis wird einmal durch eine Tagebuchstelle nahegelegt, in der Kafka eine ähnliche Bildvorstellung
verwendet;[78] zum andern durch eine in den Gerichtskanzleien
spielende Szene des *Proceß*-Romans, in der es von Angeklagten
heißt, die mit geneigten Rücken und geknickten Knien darauf warten, vorgelassen zu werden, sie stünden da »wie Straßenbett-
ler«.[79]

Auch die Gedanken der beiden Protagonisten ähneln sich angesichts der Situation, der sie sich überraschenderweise ausgesetzt
sehen. Besteht im Bewußtsein des Prokuristen ein Gegensatz zwischen seiner Verhaftung, die er als Überfall wertet, und seinem
Wissen, in einem Rechtsstaat zu leben, dessen Gesetze uneinge-
schränkt in Geltung stünden, erinnert sich der Mann vom Lande
angesichts des vom Türsteher ausgesprochenen Verbots daran, daß
das Gesetz nach seiner bisherigen Kenntnis jederzeit jedem offen
stehen solle.

Weiterhin ergibt sich eine spiegelbildliche Entsprechung in der
Art und Weise, wie die Gegner in Erscheinung treten: K. wird
durch seine Verhaftung gleichsam in die Welt des Gerichts einge-
schlossen, der Mann vom Lande durch das ausgesprochene Verbot
vom Gesetz ausgeschlossen. Andererseits scheint die bedrohliche
Ernsthaftigkeit der Lage in beiden Fällen durch gegenläufige Bewertungen aufgeweicht: K. erwägt eine Zeitlang, das Geschehen als
Spaß anzusehen, hält diese Deutung schließlich jedoch für zu gefährlich.[80] Ähnlich handelt der Mann: Als er vom Türhüter lachend zum Eintritt aufgefordert, zugleich aber dringend davor gewarnt wird, dieser Empfehlung zu folgen, fühlt er sich von den
»Schwierigkeiten« überfordert, mit denen er sich konfrontiert sieht.

DER MANN VOM LANDE

Wie der Mann vom Lande hat sich auch K. Verhören zu unterziehen, wobei besonders auffällt, daß diese Vernehmungen als ihren Zweck nicht erfüllende Farcen dargestellt werden. Außerdem wird K. in einen Raum geladen, dessen Eingang speziell für ihn bestimmt zu sein scheint, denn er wird nach seinem Eintreten von einer Frau geschlossen, die das Amt eines Türstehers versieht. [81] Und sowohl der Mann vom Lande als auch K. [82] hadern mit der angeblich zufälligen Konstellation der ihnen begegnenden Geschehnisse, die sie in ihrem Kampf gegen die Macht ihrer Gegenspieler scheitern läßt.

Je länger der Prozeß andauert, desto größer wird seine Bedeutung im Leben des Prokuristen, bis schließlich jeder Augenblick davon erfüllt ist. Diese Entwicklung hat in *Vor dem Gesetz* ihre Parallele darin, daß der Mann vom Lande im Lauf der Zeit derart ausschließlich auf sein Problem fixiert ist, daß er den wegsperrenden Türhüter ununterbrochen beobachtet. Auch versuchen sowohl der Mann vom Lande als auch K., durch Bestechung oder ungeeignete Fürsprecher [83] eine Wendung der Dinge zum Besseren herbeizuführen. Beide geraten jedoch an korrupte Beamte: Die Wächter essen K.s Frühstück auf und unterschlagen seine Wäsche, [84] und der Türhüter bringt nach und nach die gesamte Habe des Mannes an sich, ohne sich für ihn einzusetzen.

Ein weiterer Punkt: Der Glanz, der in dunkler Umgebung aus dem Innern des Gesetzes dringt und das Sterben des Mannes vom Lande gleichsam erhellt, hat Analogien im neunten Kapitel und im Schlußteil des Romans. Erlischt im Dom die Kerze in Josef K.s Hand, so daß er sich, trotz des Lichtes, das ihm der Geistliche, bildlich gesprochen, aufzustecken versucht, ins Freie zurücktasten muß, fahren im Steinbruch als Begleiterscheinung der nächtlichen Hinrichtung Fensterflügel eines benachbarten Hauses in der Art eines unvermittelt aufzuckenden Lichtes auseinander und erwekken so kurzfristig den Eindruck, als könne dem Verurteilten noch Hilfe zuteil werden. [85]

Außerdem bestehen Übereinstimmungen zwischen dem Eingangskapitel des Romans und der Exegese der Erzählung. Die Überlegungen K.s über die zwischen ihm und seinen Bewachern, ja überhaupt den Gerichtsinstanzen herrschenden Machtverhältnissen kehren in den vom Geistlichen vorgetragenen Deutungen wieder: Wenn dort davon die Rede ist, der Mann vom Lande sei dem Türhüter unterlegen, so entspricht das der schon angeführten

Auffassung der beiden Wächter, insofern aber das Umgekehrte behauptet wird, spiegelt sich darin die Sehweise des Verhafteten, der sich ihnen überlegen fühlt. [86]

Auch sei auf unscheinbare, aber doch bezeichnende Formparallelen zwischen diesen beiden exponierten Teilen des Romans aufmerksam gemacht. Sie betreffen den Gegensatz Sitzen-Stehen. In der ersten Teilszene zwischen den Bewachern und K. sucht dieser eine Sitzgelegenheit, findet aber nur einen leeren Stuhl neben dem bereits am Fenster sitzenden Willem vor, auf den er sich natürlich nicht niederlassen will. Als K. später zurückkehrt, hat sich Franz seinem Kollegen beigesellt. Die beiden nehmen sein Frühstück ein, während er selbst erregt einige Male in dem freien Raum des Zimmers auf und ab geht. Als er später den vor ihm sitzenden Aufseher fragt, ob er sich setzen dürfe, wird ihm dies verweigert. Eine ähnliche Situation herrscht während des zwischen ihm und dem Untersuchungsrichter stattfindenden Gesprächs. Dabei steht er »eng an den Tisch gedrückt«, während der ihn vernehmende Beamte »genug bequem auf seinem Sessel« sitzt. [87] Solche Arrangements sollen verdeutlichen, in welch schwacher Position er sich befindet: Wenn er direkt mit Gerichtsvertretern konfrontiert ist, muß er stehen. [88]

Eigentlich würde man erwarten, daß *Vor dem Gesetz* eine ähnliche Konstellation zeige, und ein Interpret wie Ernst Fischer unterschiebt sie, ideologisch verblendet, dem Text auch tatsächlich, wenn er davon spricht, der Einlaßbegehrende stehe als rechtloser Untertan vor dem Staat, der ihn verwalte. [89] Aber merkwürdigerweise verkehrt Kafka in diesem Fall den Sachverhalt in sein Gegenteil: Der Mann vom Lande darf oder muß sitzen, während der Türhüter steht oder, wie in der anschließenden Exegese gesagt wird, den Weg vor dem Gesetz auf und ab zu gehen hat. [90] Ähnliche Verhältnisse bemerkt K. bei seinem Besuch in den Kanzleien. Er sieht dort Beamte, die an Tischen schreiben, aber auch an Holzgittern stehen und auf dem Gang sitzende Angeklagte beobachten, die darauf warten, vorgelassen zu werden. [91] Mithilfe dieses Erzählbestandteils werden einerseits Textteile miteinander verklammert, in denen Situationen des Wartens vor dem Gesetz oder vor Amtsräumen gezeigt werden, [92] andererseits antithetische Bezüge zwischen diesen Passagen und Szenen hergestellt, in denen K. mit Gerichtsbeamten direkt in Berührung kommt.

In der Art und Weise, in der die beiden Wächter und der Türhü-

ter ihrer Pflicht nachkommen, ergeben sich ebenfalls Übereinstimmungen: In den vom Geistlichen angeführten Kommentaren zur
Legende findet sich die Bemerkung, der Türhüter sei über seine
Pflicht hinausgegangen, wenn er dem Mann vom Lande eine zukünftige Möglichkeit des Einlasses in Aussicht stelle, und habe
dadurch die Bewachung des Eingangs geschwächt: »es sind Lücken
im Charakter des Türhüters«. [93] An späterer Stelle heißt es dann,
er habe vom Inneren des Gesetzes keine zutreffende Kenntnis, weil
er schon den Anblick des dritten Türhüters nicht mehr ertragen
könne. Wie auch immer man die Stichhaltigkeit dieser Aussagen
bewertet, sie haben jedenfalls im Kontext des Romans Entsprechungen. Einerseits in der Eingangsszene, wo Willem meint, er
kenne »nur die niedrigsten Grade« seiner Behörde, und K. darüber
informiert, er gehe über seinen Auftrag hinaus, wenn er ihm
freundschaftlich, gegen alle Vorschrift, zurede und ihm sage, er
werde »alles zur richtigen Zeit erfahren«, eine Behauptung, die
später vom Aufseher gewissermaßen wieder korrigiert wird, indem
er als seine alleinige Pflicht erklärt, den nackten Vorgang der Verhaftung mitzuteilen, und weitergehende Aussagen seiner Untergebenen als Geschwätz bezeichnet. [94] Andererseits weist sich das
vom Geistlichen gekennzeichnete Verhalten des Türhüters durch
Aussagen des Advokaten als gerichtsspezifisch aus, jedenfalls was
dessen »alleruntersten Organisation« betrifft, welcher der Türhüter
als erster und äußerster in der Reihe der Gesetzeswächter zweifellos zugehört. In diesem Bereich gibt es nach der Auffassung Hulds
»pflichtvergessene und bestechliche Angestellte«, »wodurch gewissermaßen die strenge Abschließung des Gerichtes Lücken bekommt«. [95]
Mit solcher Pflichtvergessenheit geht nach den Worten des Kaplans eine angebliche Freundlichkeit des Türhüters gegenüber
dem Mann vom Lande einher, die sich mit Einfältigkeit paart. Offenbar sollten die Wächter, die K. verhaften, in ähnlicher Weise
dargestellt werden, denn Franz und Willem betonen ihm gegenüber ihre Freundlichkeit, während er in seinen Überlegungen ihre
Dummheit herausstreicht. [96]
Schließlich gibt es in Einzelpunkten bemerkenswerte Motivver-
wandtschaften zwischen der Legende und dem ihr vorausliegenden Kontext. Die Bestechungsversuche des Mannes vom Lande
kehren in abgewandelter Form beim Angeklagten Block wieder,
der seinen gesamten Besitz dafür verwendet, sein Verfahren

günstig zu beeinflussen. [97] In abgeschwächter Form erscheint dieser Gedanke auch im Zusammenhang mit K., der zu wissen glaubt, daß der Prügler, den er in einer Rumpelkammer seiner Arbeitsstätte entdeckt hat, seine Bestechung anzunehmen geneigt ist, [98] und im Dom angesichts des um ihn herumschleichenden Kirchendieners meint, er müsse eine Trinkgeld geben, deswegen seine Geldtasche zieht. [99] Außerdem erinnern die belanglosen Fragen, die der Türhüter dem Mann vom Lande in der Art großer Herren stellt, an das Verhalten des Advokaten Huld, der K. fast gar nicht ausfragt, sondern sich darauf beschränkt, gelegentlich »einige leere Ermahnungen« vorzubringen, »wie man sie Kindern gibt«. [100]

Welche Bedeutung diesen Entsprechungen im Einzelnen zukommt, kann hier nicht untersucht werden, sie zeigen aber auf jeden Fall, in wie starkem Maße Kafka Erzähleinheiten seines Romans bis in die kleinsten Details hinein dadurch miteinander zu verknüpfen sucht, daß er einmal benützte Textbausteine, Requisiten oder strukturelle Arrangements an anderer Stelle wieder aufnimmt. Man könnte auch sagen, die formale Gestaltung befinde sich in völliger Übereinstimmung mit dem Wesen des Gerichts, vom dem der Advokat einmal sagt: »alles ist doch in Verbindung«. [101] Jedenfalls mußte dieser Wille zum Seriellen die Gestalt des Mannes vom Lande in viel stärkerem Maße prägen als seine mögliche Verwandtschaft mit biblischen Zusammenhängen, die überdies für den Fortgang der Legende ganz ohne Bedeutung wären.

Auch erlauben natürlich diese Ähnlichkeiten zwischen dem Romankontext und *Vor dem Gesetz* keineswegs eine Parallelisierung zwischen den beiden Figuren, wie sie Politzer, ohne formale Gesichtspunkte zu beachten, vorgenommen hat. Denn zwischen dem Verhalten des Mannes vom Lande und demjenigen des Prokuristen bestehen gleichwohl tiefgreifende Unterschiede, die gelegentlich sogar zu der Auffassung geführt haben, Kafka habe die erzählerische Entfaltung der in *Vor dem Gesetz* problematisierten Gegebenheiten gar nicht im *Proceß*, sondern erst Jahre später im *Schloß* vorgenommen. [102] Die vergeblichen Bemühungen des Landvermessers, mit Klamm ins Gespräch zu kommen, und die vergleichbaren Versuche der Familie des Barnabas, ins Schloß vorzudringen, stimmen, jedenfalls was die Art der Handlungsführung betrifft, tatsächlich besser zu den Versuchen des Mannes von Lande, Einlaß

ins Gesetz zu erlangen, als der Abwehrkampf Josef K.s gegen ein
Gericht, das, von der Schuld angezogen, lediglich als Antwort auf
mögliche Verfehlungen oder bloße Schuldgefühle des Angeklagten
tätig wird.

Außerdem ist es verkehrt, wenn Politzer aus seiner ungegründeten Hypothese den Schluß zieht, Kafka habe den Prokuristen Josef
K. als tätigen Pragmatiker dem andersartigen Geistlichen gegen-
überstellen wollen, dessen Aufgabe es sei, sich mit den unfaßbaren
Abstraktionen des Gesetzes abzugeben. In diesem Gegensatz sieht
Politzer, jetzt unversehens auf die biographische Ebene der Betrachtung überwechselnd, einen »Erbkonflikt« Kafkas gespiegelt,
in dem sich sein ungeschlachter, ungebildeter und ungläubiger,
aus einem südböhmischen Dorf stammender Vater mit der dem
Mittelstand zugehörigen Mutter Julie, geborene Löwy, streite, die
ihre Herkunft der Überlieferung nach aus dem Priestergeschlecht
der Leviten herleiten könne. [103] Diese abenteuerlich anmutende
Gedankenverbindung, die von einem falschen Verständnis des
Briefs an den Vater herrührt, ist allein schon deswegen unhaltbar,
weil Politzer Sozialstatus, Bildungsgrad und Herkunft miteinander
verwechselt: Genauso wenig wie die Armut, unter der die Familie
Kafka in Wossek zu leiden hatte, schon zwangsläufig bedeutet, daß
sie in einem proletarischen Milieu lebte, berechtigt der Umstand,
daß sich die Löwys, die als Bewohner einer kleinen Provinzstadt
doch gleichfalls dem Lande zurechneten, materiell etwas besser
stellten, [104] zu der Annahme, Julie Löwy sei gebildeter gewesen
als ihr Mann. In Kafkas Lebenszeugnissen erscheint die Mutter als
gänzlich unverständige Zuarbeiterin für die fragwürdigen Erziehungsmaßnahmen des Vaters, und es gibt auch keinerlei Anzeichen
dafür, daß sie die geistige Entwicklung ihres Sohnes besser verstanden oder mehr gefördert hätte als ihr Gemahl; sie liebte ihn
nur mehr. [105]

Wenn man schon in diesem Zusammenhang Kafkas Biographie
bemühen will, müßte man anders argumentieren und zu dem
Schluß kommen, K. sei gerade nicht nach dem Bilde Hermann
Kafkas gezeichnet: Die im Roman geschilderte Beeinträchtigung
K.s durch die ihn bedrängende Physis möglicher Gegenspieler
spiegelt nämlich keineswegs Kafkas väterliches Erbteil. Denn im
Brief an den Vater verzeichnet der Schreiber unter den Eigenschaf-
ten, die den Briefempfänger in besonderer Weise auszeichneten,
»Redebegabung« und »Weltüberlegenheit«, [106] die K. in den

angeführten Situationen in besonders starkem Maße fehlen. Außerdem bezeugt dieses autobiographische Dokument, daß Kafka sich als Kind von der Körperlichkeit seines Vaters erdrückt fühlte, sich wegen seines eigenen schmächtigen Wuchses vor ihm und anderen schämte. [107] Dazu kommt, daß er sich zeitlebens vor ihm fürchtete, so daß er in in dessen Gegenwart gehemmt war und sich niemals frei äußern konnte. [108]

2. SCHULD

Warum hat der Mann vom Lande sein Lebensziel nicht erreicht? Die Interpreten geben auf diese Frage verschiedene Antworten und dem Mann vom Lande meist die Alleinschuld an seinem Schicksal. [109] Häufig folgen sie dabei einer schon früh von Walter Muschg ausgesprochenen These, die wie folgt lautet:

> Die Wahrheit, die durch kein Wort der Geschichte widerlegt, sondern im Grunde durch alle ihre Worte ausgedrückt wird, lautet: der Mann hätte ohne Furcht eintreten sollen. [110]

Es lohnt sich, die Tragfähigkeit der Argumente zu prüfen, die zur Stützung dieser Hypothese beigebracht wurden. Eines der wichtigsten, immer wieder angeführten Belegstücke in diesem Zusammenhang ist ein Erzählfragment Kafkas, das, *Vor dem Gesetz* in Bildlichkeit und Arrangement vergleichbar, das propagierte Verhalten des Mannes vom Lande zu dokumentieren scheint:

> Ich überlief den ersten Wächter. Nachträglich erschrak ich, lief wieder zurück und sagte dem Wächter: »Ich bin hier durchgelaufen, während du abgewendet warst.« Der Wächter sah vor sich hin und schwieg. »Ich hätte es wohl nicht tun sollen«, sagte ich. Der Wächter schwieg noch immer. »Bedeutet dein Schweigen die Erlaubnis zu passieren«. [111]

Nicht ohne Bedeutung für die Bewertung des Sachverhalts ist, daß dieses Fragment durch die tschechische Übersetzung des Prosastücks veranlaßt wurde, die am 24. Oktober 1920 in der Prager Zeitung *Právo lidu* erschienen war. Der handschriftliche Zusammenhang läßt erkennen, daß das angeführte Fragment unmittelbar nach der Lektüre der tschechischen Version der Erzählung *Vor dem Gesetz* entstanden sein muß. [112] Aber dieser Versuch darzustellen, wie die Dinge hätten verlaufen können, wenn sich der Mann vom Lande entschlossen hätte, das Verbot des Türhüters zu ignorieren, führt doch, genau besehen, zu keinem anderen Ergebnis als dem in *Vor dem Gesetz* dargestellten. Denn obwohl der Ich-Erzähler den ersten Türhüter überläuft, gelangt er nicht ins Innere des bewachten Gebäudes, sondern sieht sich, psychisch gebunden an den ihn hindernden Gegner, genötigt, diesen unerlaubten Vorstoß sofort zu korrigieren, also zum Eingang zurückzukehren und zu versuchen, die Erlaubnis nachträglich einzuholen, die er zuvor beim Passieren des Tores versäumt hatte zu erbitten.

Die Annahme ist naheliegend, Kafka habe erzählen wollen, daß gerade die von den Interpreten propagierte Alternative im Handeln des Mannes vom Lande ebenso gescheitert wäre wie sein Warten. Dabei wird zusätzlich die Variante eingeführt, daß der Ankömmling nicht durch die Aussagen des Türhüters davon abgehalten wird, sein Ziel zu erreichen, sondern durch sein Schweigen. Es ist in diesem Zusammenhang vielleicht erwähnenswert, daß Kafka unmittelbar nach der Niederschrift des angeführten Bruchstücks an die Ausarbeitung seiner *Kleinen Fabel* ging, in der gezeigt wird, daß die von der Katze bedrohte Maus zugrunde gehen muß, welchen Weg sie auch immer einschlägt. [113] Die nicht vollendete Version von 1920 läßt jedenfalls diejenigen Deuter zu Schanden werden, die der Meinung sind, der Mann vom Lande komme zum Ziel, wenn er sich zum Eintreten entschließe. Denn mit dem gleichen Recht, mit dem sie ihn mit verschiedenen Charaktereigenschaften ausstatten, hätten sie ihm auch eine Autoritätsgläubigkeit zuschreiben sollen, die es ihm gar nicht erlaubt hätte, die Früchte seiner Unbotmäßigkeit zu genießen.

Das ist freilich nicht das Entscheidende. Zwar war Kafka im Herbst 1920 in gewisser Weise in einer ähnlichen Situation wie im Spätjahr 1914, denn beidesmal mußte er der Auffassung sein, eine geliebte Frau endgültig verloren zu haben. Und es mag sogar diese Parallelität gewesen sein, die ihn während seines Leidens um Milena veranlaßte, neuerlich aufzugreifen, was ihn nach der Auflösung der Verlobung mit Felice Bauer im Juli 1914 beschäftigt hatte. Aber es ist doch nicht zu übersehen, daß sich seine Lebensverhältnisse in den Jahren der Krankheit verändert hatten, daß ihm auch Milena in ganz anderer Weise entgegengetreten war als seine erste Braut, so daß gar nicht unbesehen von diesem Entwurf der Spätzeit auf die sechs Jahre ältere Erzählung rückgeschlossen werden darf.

Natürlich ist immer wieder versucht worden, aus dem Text selbst Argumente für die These Muschgs abzuleiten. So schreibt bei-

spielsweise Ingeborg Henel in einem vielzitierten Aufsatz über das
Verhalten des Mannes vom Lande:

> Daß der Eingang nur für ihn bestimmt ist, muß bedeuten, daß er von ihm
> auch hätte Gebrauch machen sollen. Es handelt sich also um ein Ver-
> säumnis des Mannes, der sein Leben vergeblich vor der offenen, für ihn
> bestimmten Tür verwartet hat. [114]

Dieser Deutungsversuch manipuliert den Text. Denn solange der
Mann vom Lande Einlaß begehrt, ist ihm unbekannt, daß das vor
ihm liegende Tor für ihn bestimmt ist. Er erfährt diesen entscheidenden Sachverhalt erst, nachdem er, durch seine Warten alt und
unbeweglich geworden, gar nicht mehr eintreten kann: In der Erzählung findet sich der auffällige Hinweis, die Aufklärung des
Mannes vom Lande sei erst dann erfolgt, nachdem der Türhüter
erkannt hat, daß der Mann vom Lande »an seinem Ende« ist, also
aus dieser Mitteilung keinen Nutzen mehr ziehen kann. Wie will
man ihm da ein Versäumnis unterstellen?

Zur Stützung ihrer Auffassung beruft sich Ingeborg Henel auf
einen Tagebucheintrag Kafkas vom Dezember 1913. Der an dieser
Stelle entwickelte Begriff der Nicht-Narrheit bedeutet ihr die verkehrte Weisheit der Welt im paulinischen Sinn, das Hören auf bloß
äußerliche Verordnungen, das den Eintritt ins wahre Gesetz hin-
dere. Entsprechend diesem Verständnis muß der Mann vom Lande
als eine minderwertige Bettlergestalt erscheinen, die aufgrund eigenen Versagens allmählich in ihrem Menschsein verwest. [115]

Diese Auffassung ist jedoch gänzlich unhaltbar, denn der offen
zutage liegende Sinn der Tagebuchnotiz wird dadurch in sein Gegenteil verkehrt. Kafka setzt der bedenkenlosen Zielstrebigkeit
und Folgerichtigkeit des Handelns, die er bei Familienangehörigen
beobachtet und als Narrheit gedeutet hatte, eine Position der Sta-
gnation, des Im-Leben-nicht-voran-kommen-Könnens entgegen,
die als gemäße Verwirklichung eigener Anlagen gedeutet wird.
Daß er das Verhalten des Mannes vom Lande habe verurteilen
wollen, kann man aus dieser Aussage nicht herauslesen; [116] wenn
man sich aber schon ihrer bedienen wollte, so folgte daraus die
Aufforderung, in bewußter Handlungslosigkeit zu verharren. Es
berührt überdies merkwürdig, daß Ingeborg Henel, die in ihrem
Beitrag zahlreiche Verbindungslinien zwischen der Legende und
dem Romankorpus auszieht, die Diskussion zwischen K. und dem

Geistlichen unbeachtet läßt, in der die Frage im Mittelpunkt steht, ob der Mann vom Lande durch den Türhüter getäuscht worden sei oder nicht. Der Abwertung, die dem Mann in ihrer Deutung zuteil wird, muß deswegen zwangsläufig eine Aufwertung des Türhüters entsprechen, dessen ambivalentes Verhalten mithilfe einer besonderen Auslegung des Begriffs Gesetz gerechtfertigt werden soll:

> [...] die Rolle des Türhüters ist eine doppelte. Er verbietet nicht nur den Eintritt, sondern er weist durch sein bloßes Dasein auch auf ihn hin. [...] Daß der Eingang nur für den einen individuellen Menschen bestimmt ist, beweist, daß er nicht zu einem universellen, allgemeingültigen Gesetz führt, das durch die Vernunft erfaßt werden kann und jedem vernünftigen, gutwilligen Menschen zugänglich ist.[...] Das Gesetz, von dem hier die Rede ist, ist das je eigene Gesetz, und ihm gegenüber ist die paradoxe Haltung des Türhüters sinnvoll [...] denn zu seinem eigenen Gesetz wie zu dem obersten Gericht, das mit dem Selbstgericht identisch ist, gelangt der Mensch nicht durch Befolgung von Vorschriften, sondern durch den Einsatz seiner ganzen Person, im Gegensatz zu allen äußeren Bedingungen und zu seinen eigenen Wünschen. [117]

Man kann diese Ausführungen nur als zusammengeschustertes Konglomerat einander stützender und voneinander abhängiger Ungereimtheiten bezeichnen: Warum »beweist« die Tatsache, daß das Tor nur für den Mann vom Lande bestimmt war, zugleich die Individualität des Gesetzes, das hinter der Maueröffnung vermutet werden kann? Warum diskutiert Ingeborg Henel nicht das Problem, ob man auf je eigene Weise zum gleichen Ziel gelangen kann oder soll? Wenn sie aber schon dem Mann vom Lande ein persönliches Gesetz zuordnet, muß sie sich die Frage gefallen lassen, warum dieses Gesetz nicht a priori in dessen Innern verborgen liegt und offenbar werden kann, sondern ihm in einem bewachten Gebäudekomplex gegenübergestellt ist: Wie kann ein Gesetz, nach dem, wie es am Schluß der Erzählung heißt, alle streben, während es vom einzelnen verfehlt wird, das je Eigene sein?

Aber selbst angenommen, man könne voraussetzen, jemand müsse dieses nicht näher bestimmte persönliche Gesetz durch den Einsatz seiner ganzen Person erarbeiten, wie vermag man bei der Erfüllung dieser Aufgabe zugleich im Gegensatz zu seinen eigenen Wünschen stehen? Gehören denn Triebkräfte und Motivationen nicht zur Persönlichkeit? Und selbst vorausgesetzt, man folgte dieser jede Menschlichkeit kastrierenden Annahme: Wenn lebenslang das Unmögliche verfolgt werden soll, wie weiter ausgeführt wird, und die Gültigkeit des Gesetzes nicht durch seine Universalität, sondern durch die Unbedingtheit seines Anspruchs gegeben ist, dann würde solcher Voraussetzung viel besser eine Konstellation entsprechen, in der das Gesetz den Mann vom Lande zum Eintreten nötigt, der es bewachende Türhüter dies jedoch zu verhindern sucht.

Aber wo findet sich im Text die Auffassung, man müsse das Unmögliche versuchen? Der Problemkreis ist gelegentlich in den Lebenszeugnissen angedeutet, aber anders gelöst, als Henel vermutet. So glaubte Kafka beispielsweise, Max Brod habe in seiner Jugend Unmögliches erstrebt und erreicht, während er selbst nicht einmal das Mögliche zu verwirklichen gewußt habe.[118] Später, in dem Jahren der Krankheit, versuchte er, ganz im Einklang mit dem Kern seiner Persönlichkeit zu leben, nur das zweifellos in sich Vorhandene zu aktivieren, nicht über sich hinauszustreben, also etwa seine Heiratsabsichten nicht weiter zu verfolgen, die ihm bisher soviel Unglück gebracht hatten.[119]

Was Ingeborg Henel dem Mann vom Lande abfordert, ist nach Meinung anderer gerade dessen Hauptfehler. Nach der Auffassung von Horst Steinmetz ist nämlich die ohne Zweifel gegebene Hartnäckigkeit, mit welcher der Mann vom Lande sein Lebensziel verfolgt, durchaus keine Tugend. Der Einlaß in das Gesetz werde von dieser Institution selbst geregelt, ein Sachverhalt, den der Mann vom Lande nicht zu glauben vermöge. Aber gerade, weil er sein Leben damit zubringe, auf Einlaß zu warten, ja darauf zu bestehen, eingelassen zu werden, müsse ihm dies versagt werden, denn eben dieses Verhalten führe ihn aus dem Geltungsbereich des Gesetzes heraus. Die Folge: »Was für einen Sinn sollte es darum haben, einem Manne den Eintritt zu gestatten, für den das Gesetz nicht mehr gilt?«[120]

Hier beißt sich die Schlange abartiger Interpretationskünste in den eigenen Schwanz: Was sich in der Erzählung als Ergebnis eines Lebens- und Leidenswegs zeigt, wird zur Voraussetzung des Scheiterns erklärt. Man erkennt, daß der Mann vom Lande für das Mißlingen seiner Absichten verantwortlich gemacht werden soll, obwohl von einem solchen Versagen in der Geschichte genauso wenig die Rede ist wie von der These, der Einlaß werde vom Gesetz geregelt. Man kann es angesichts solcher Denkleistungen Herbert Kraft nicht verargen, wenn er über die Unbarmherzigkeit solcher repressiver Deutungsversuche zu Lasten der leidenden Menschheit schreibt: »Der Nutzen für die einen wird nicht geschmälert, wenn der Trost für die anderen kostenlos ist.« [121]

Wieder anders bewertet Walter H. Sokel das Verhalten des Mannes vom Lande: Er meint, nicht äußerer Zwang, sondern allein die Angst vor der bedrohlich klingenden Schilderung des Türhüters vom Innern des Gesetzes halte den Mann vom Lande zurück, das Tor zu durchschreiten, übersieht aber dabei sowohl das Äußere des Türhüters, das den Mann ängstigt, als auch das von diesem ausgesprochene, niemals aufgehobene Verbot, Gegebenheiten, die natürlich die Sachlage vollkommen verändern. Der Mann vom Lande, so Sokel weiter, wolle kein Risiko eingehen und warte deswegen auf die Erlaubnis, in das Gesetz eintreten zu dürfen. Er zeige die Lage des homo religiosus, der nicht wahrhaben wolle, daß der Zugang zum Absoluten das Fürchterliche einschließe. Auf diese Weise strebe er nicht mit vollem Einsatz und Wagnis zum Gesetz. Wer sich vorsichtig zurückhalte, um sein Leben zu bewahren, solle überhaupt nichts vom Gesetz verlangen. In sich Widersprüchliches sei es also, das den Mann vom Lande dem Türhüter ausliefere, nämlich der Wille zum Gesetz und eine zugleich bestehende Furcht davor:

> So wird sein Leben selbstverwirklichte Knechtschaft des zwischen Furcht und Sehnsucht Suspendierten. Das Zusammensein von Furcht und Streben gegenüber ein und demselben Gegenstand ist Ambivalenz. Ambivalenz verhindert jedes Tun und jede Freiheit. [122]

Sokel hat seine Deutung später erweitert und behauptet, der Mann vom Lande hätte ohne weiteres eintreten können, wenn er nicht vorher um Erlaubnis gefragt hätte. Allerdings sei der Eintritt in das Gesetz nur zu einem ganz bestimmten Zeitpunkt möglich gewesen, den der Mann vom Lande ungenutzt verstreichen lasse, dem Augenblick nämlich, in dem er sich aus Furcht vor dem Türhüter für das Warten vor dem Gesetz entscheide. Wenn der Türhüter zum gegenwärtigen Zeitpunkt den Einlaß verbiete, so lasse er damit die Möglichkeit des Zugangs zum Gesetz unter der Voraussetzung offen, daß nicht darum gebeten worden wäre. Der Beweis für diese Auffassung liege darin, daß der Türhüter sofort und unvermittelt zur Seite trete und lachend zum Eintritt auffordere, durch diese »scherzhafte Einladung« also die Handlungsfreiheit des Mannes vom Lande betone. [123]

2. SCHULD

Hier liegt ein Denkfehler vor, denn der Gegensatz zu dem »jetzt« verweigerten Einlaß ist, wie auch die Antworten des Türhüters zeigen, die Möglickkeit einer »später« gewährten Erlaubnis, nicht aber die Unterlassung einer entsprechenden Frage. Dazu kommt, daß unter den von Sokel angenommenen Prämissen die von ihm angeführte Fortsetzung des Geschehens genau das Gegenteil von dem aussagt, was sie eigentlich beweisen soll: Denn wenn es verkehrt war, um Einlaß zu bitten, hätte der Türhüter diesen Fehler nicht damit beantworten dürfen, daß er den Weg ins Innere erleichtert, sondern indem er diesen erschwert. Weiterhin hat Sokel in seinen Darlegungen offenbar Ursache und Wirkung durcheinandergebracht. Denn wenn die Angst des Mannes vom Lande, die größer ist als sein Wunsch, in das Gesetz einzutreten, dafür verantwortlich ist, daß er der Möglichkeit verlustig geht, das Tor passieren zu können, dann hätte der Türhüter erst als Folge dieser ungerechtfertigten Furchtsamkeit sein Verbot erlassen dürfen. Tatsächlich wird aber in *Vor dem Gesetz* die umgekehrte Abfolge der Ereignisse erzählt, denn die Angst des Mannes vom Lande gründet mindestens teilweise in dem zuvor erlassenen Verbot des Türhüters. Uneinsichtig bleibt schließlich der Gedanke, es habe einen Augenblick gegeben, in dem der Mann vom Lande zum Eintritt in das Gesetz berechtigt gewesen sei. Denn die Behauptung, dieser Zeitpunkt »hänge« mit der »unaustauschbaren Person« »zusammen«, der allein dieser Eingang bestimmt sei, reicht natürlich als Begründung keineswegs aus. Einerseits weiß der Mann vom Lande während seiner Wartezeit vor dem Gesetz nichts von dieser Bestimmung. Andererseits muß diese Individualisierung im Räumlichen nicht zwangsläufig eine Konkretisierung im Zeitlichen nach sich ziehen.

Zu den angeführten Thesen Sokels steht überdies im Widerspruch, was er im gleichen Zusammenhang ergänzend über das Verbot des Türhüters ausführt: Er behauptet nämlich, der Türhüter habe der Bitte des Mannes vom Lande deswegen nicht entsprechen können, weil dieser irrtümlicherweise angenommen habe, sie sei eine bloße Formalität. Denn in diesem Fall könne der Mann vom Lande den ihm bestimmten individuellen Eingang nicht als freie Entscheidung ergreifen: Wenn der Türhüter den Eintritt zu gewähren gehabt hätte, wäre es nicht der für den Mann vom Lande bestimmte Eingang gewesen. Erst das Vorhandensein des Türhüters als wegsperrende Einrichtung treibe die Möglichkeit, ja Notwendigkeit einer Wahl hervor. Allein unter dieser Voraussetzung könne der Mann vom Lande das Verbot überschreiten, warten oder sich auch wieder entfernen. Und eben diese Notwendigkeit, sich für eine der Lösungen zu entscheiden, erhebe ihn zum Menschen. [124]

Aber wenn gesagt wird, die verbietende Autorität sei eine Notwendigkeit, weil sie eine Wahlmöglichkeit schaffe und damit erst den Status des Menschlichen hervorbringe, dann ist damit die Behauptung unvereinbar, der Mann vom Lande hätte ungefragt eintreten können, denn das hieße doch, daß unter solcher Voraussetzung jedem und immer ohne Widerstand freier Zugang zum Gesetz gewährt würde, dann aber, Sokels Ausgangspunkt vorausgesetzt, ohne sich als Mensch artikulieren zu können.

Zu solchen Ungereimtheiten kommt, daß Sokel existentialistisches Gedankengut in Kafkas Text einträgt, ohne daß ein Anhalt dafür vorhanden wäre. Denn daß durch Schwierigkeiten, Hindernisse und Verbote, denen sich Kafka in seinem Leben ausgesetzt sah, eine Wahlfreiheit entstanden sei – diese Auffassung läßt sich weder in seinen Erzählwerk noch in den Lebenszeugnissen belegen. Ganz im Gegenteil liest man in den Tagebüchern und Briefen, daß eine verfehlte Kindheitsentwicklung und eine besondere Konstitution sachgemäße Entscheidungen gar nicht zugelassen hätten. [125]

Auch Ralf R. Nicolai sieht das Scheitern des Mannes vom Lande von diesem selbst verschuldet. Dessen erster Irrtum sei seine Bitte um Einlaß gewesen, die freilich nicht als Formsache betrachtet wird. Vielmehr sehe der Ankömmling die Möglichkeit eines Verbots voraus und erkenne damit die blockierende Instanz fälschlicherweise von vornherein an. Sein zweiter Fehler sei, daß er nachdenke, nachdem das Verbot ausgesprochen sei. Kafka habe postuliert: »Du sollst nicht überlegen können, überlegen ist der Rat der Schlange.« [126] Zum dritten versage der Mann vom Lande, weil er nachfrage, ob er zu einem späteren Zeitpunkt werde eintreten dürfen, denn der Verlust des Paradieses, der Unschuld, hätte rückgängig gemacht werden können, wenn er, einer Forderung Kafkas entsprechend, geschwiegen hätte, [127] die in der folgenden Aussage sichtbar werde: »Nicht fragen hätte dich zurückgebracht, Fragen treibt dich noch ein Weltmeer weiter«. [128]

Die der Argumentation zugrunde liegenden Prämissen verfälschen, was an der Erzählung fraglos zutage tritt. Die Institution des

Türhüters schließt selbstverständlich ein, daß Besucher, die einen derart bewachten Eingang passieren wollen, um Einlaß bitten müssen, gleichgültig, ob sie die Möglichkeit eines Verbots ernsthaft in Betracht ziehen oder nicht. [129] Von diesem gar nicht in Frage zu stellenden Gemeinplatz gehen auch die beiden Erzählfragmente Kafkas aus, in denen von Türhütern die Rede ist. [130]

Hinsichtlich der von Nicolai angeführten Belegstellen ist zu sagen: Bei der ersten handelt es sich um eine von Max Brod überlieferte Aussage Kafkas vom November 1917. Sie bedenkt die damalige Situation Brods, der zwischen zwei Frauen stand und sich nicht für eine vor beiden entscheiden konnte. In diesem Zusammenhang trat Kafka als Tröster auf, machte sich für die These stark, die gedankliche Durcharbeitung des Problems könne den bestehenden Zwiespalt nicht lösen, wobei er sich daran erinnern mochte, daß er sich selbst Jahre zuvor aufgrund eines spontanen Entschlusses zur Ehe entschieden und dadurch die unendliche Erwägung des Für und Wider mit einem Schlag beendet hatte. [131] Aber nicht allein, weil sich diese Aussage auf einen konkreten Sachverhalt bezieht und einer anderen Lebensphase entstammt, vermag sie nicht zu leisten, was sich der Interpret von ihr verspricht. Sie wird vielmehr auch unvollständig und damit sinnentstellend angeführt: Der Rat der Schlange sei, so fährt Kafka nämlich nach Brods Erinnerung fort, auch gut und menschlich: »Ohne ihn ist man verloren.« [132] Man wird schuldig, wenn man überlegt, aber ohne dieses Überlegen ist man verloren. Wie kann unter solchen Voraussetzungen das Verhalten des Mannes vom Lande als Fehler erscheinen?

Noch abwegiger ist Nicolais Behauptung, Nichtfragen versetze in den Stand der Unschuld zurück, denn in der vom Februar 1918 stammenden mehrgliedrigen Betrachtung ist lediglich von Aufenthaltsorten diesseits und jenseits des Weltmeeres, jedoch nicht von dem qualitativen Sprung die Rede, die den Bewußtwerdenden vom jenseits des Bewußtseins liegenden Leben im Paradies trennt.

Auch die Deutung, die Jürgen Born *Vor dem Gesetz* angedeihen läßt, vermag keineswegs zu überzeugen. Born behauptet, wer die paradoxale Struktur der Legende rational aufzulösen trachte, handle ihrer Intention zuwider. Es sei lediglich überprüfbar, daß das Unbegreifliche unbegreiflich sei. Dies ist in Anlehnung an den späten Text *Von den Gleichnissen* gesagt, in dem davon die Rede ist, Gleichnisse wollten besagen, »daß das Unfaßbare unfaßbar ist« [133]. Auch will Born ausdrücklich auf die Erzählung angewendet wissen, was Kafka in seinem *Prometheus* über die Gattung der Sage schreibt: [134]

> Die Sage versucht das Unerklärliche zu erklären. Da sie aus einem Wahrheitsgrund kommt, muß sie wieder im Unerklärlichen enden. [135]

Vor dem Gesetz ist aber keine Sage und von Kafka nie als solche bezeichnet worden. Was aber die von Born angeführten Aussagen aus Kafkas Spätzeit angeht, so betreffen sie einen Vorstellungskomplex, den man dessen Hausphilosophie nennen und durch die folgenden Vorstellungen umschreiben könnte: Nur das Schweigen sei vollkommen, alles Reden Lüge, und lediglich im Chor der Aussagen liege eine gewisse Wahrheit. [136] Aber die Erzählung gehört weder dieser Lebensphase zu noch reflektiert sie Bedingungen, die das menschliche Erkennen einschränken können.

Neben dem Gattungsmäßigen rühren Schwierigkeiten in Borns Darstellung von seiner Terminologie her. Seine Verwendung des Ausdrucks Paradox deutet darauf hin, daß er damit sowohl, angelsächsischem Sprachgebrauch verpflichtet, Antinomien meint, die als solche, also in ihrer Widersinnigkeit, einem Verständnis zugeführt werden müssen, als auch, die hierzulande gebräuchliche Auffassung vom Paradox, bloß scheinbare Widersprüche, die sich bei genauerer gedanklicher Prüfung auflösen. Diese begriffliche Unschärfe ist wohl ein Grund dafür, daß Born die angeführte Deutung nicht konsequent durchhält, sondern andererseits erklärt, *Vor dem Gesetz* sage doch mehr aus, als daß das Unfaßbare unfaßbar sei. Die Legende bilde keine echten Widersprüche ab, für die das principium contradictionis zu gelten hätte, sondern bloß scheinbare. Daraus wird ersichtlich, daß Born die in den Aussagen des Türhüters sichtbar werdende Antinomie mit dem Attribut der Unbegreiflichkeit versehen denkt, obwohl eine in sich widersprüchliche Aussage in gleicher Weise verständlich oder unverständlich sein kann wie eine Mitteilung, die den Gesetzen diskursiver Argumentation verpflichtet ist.

Indem Born den von ihm bemerkten Widerspruch aus der Welt schaffen will, sieht er sich zu der Behauptung genötigt, der Türhüter habe dem Mann vom Lande keineswegs den Eintritt grundsätzlich verweigert und ihm zugleich erklärt, der Eingang sei allein für ihn bestimmt. Deswegen sei zu fragen, wie sich der Mann vom Lande hätte verhalten müssen, um ins Gesetz zu gelangen. Die

2. SCHULD

Antwort: Der Mann vom Lande hätte sich dessen gewiß sein müssen, daß es sein Eingang war, denn, so wolle es nach dem Schluß der Erzählung scheinen, der Text setze stillschweigend voraus, daß jeder nur vor dem Eingang erscheinen könne, der für ihn bestimmt sei. Deswegen hätte der Mann vom Lande eintreten sollen, allen Entmutigungen und Warnungen des Türhüters zum Trotz. [137]

Dieser Gedankengang kann nicht akzeptiert werden, denn er bezieht Argumente aufeinander, die auf verschiedenen Ebenen der Betrachtung liegen. Will man das Verhalten einer Erzählfigur beurteilen, muß deren eigener Bewußtseinsrahmen zugrunde gelegt werden. Da der Mann vom Lande, solange er handlungsfähig ist, nichts von der Bestimmung des Eingangs weiß, stellt sich ihm während seines Wartens auch nicht die Frage, ob die ihm übermittelten Botschaften des Türhüters unauflösliche oder auflösbare Widersprüche enthalten. Die von ihm getroffenen Entscheidungen müssen also auf andere Gegebenheiten des Textes zurückgehen.

Born hält noch eine andere Möglichkeit für denkbar, die es dem Mann vom Lande erlauben würde, eingelassen zu werden, nämlich »an der Tür zum Gesetz wartend auszuharren in der unerschütterlichen Hoffnung, der Türhüter werde einmal, vielleicht durch eine höhere Macht dazu angehalten, den Weg freigeben«. [138] Insofern der Mann vom Lande nicht unbeirrbar warte, sondern durch Bitten und Bestechen selbständig eingreife, weil er Zweifel am eingeschlagenen Weg habe, verschließe sich ihm jedoch diese Alternative.

Aber setzt diese Betrachtungsweise nicht voraus, daß der Türhüter den Ankömmling zur Geduld auffordert? Davon ist aber im Text so wenig die Rede wie von der Möglichkeit, das bestehende Verbot könne jemals durch das Eingreifen übergeordneter Instanzen aufgehoben werden. Und warum muß sich dem Mann vom Lande diese Alternative verschließen, weil er an sich zweifelt? Über mögliche Selbstzweifel schweigt die Erzählung ebenfalls, und selbst wenn sie vorhanden wären, ist nicht einzusehen, warum sie eine derart schädliche Wirkung haben sollten. Wo leitet sich solche fragwürdige Ideologie her? Born hätte sich in diesem Zusammenhang freilich auf eine Stelle berufen können, an welcher der angeklagte Kaufmann Block gegenüber dem ungeduldigen Josef K. meint: »Das Warten ist nicht nutzlos [...] nutzlos ist nur das selbständige Eingreifen«. [139] Allerdings wäre zu fragen, ob Block mit dieser Strategie vor Gericht Erfolg hat und nicht ebenso scheitert wie K.

Aber der Text des Romans verweigert infolge seines Fragmentcharakters jede Antwort. Auch ließe sich aus den Lebenszeugnissen Kafkas eine kleine Philosophie des Wartens entwickeln, die durchaus für die Erzählung Pate gestanden haben könnte. Die Ursachen, die für mögliche Mißerfolge beim Warten verantwortlich sein könnten, bleiben in diesen Zeugnissen allerdings außerhalb der Betrachtung. [140]

Grundsätzlich können derartige Korrespondenzen, die lediglich einzelne Textbestandteile mithilfe der Briefe und Tagebücher Kafkas aufzuschlüsseln suchen, der Erzählung als Ganzes nicht gerecht werden, weil auf diese Weise niemals auzumachen ist, inwiefern diese lebensgeschichtlichen Bezugspunkte tatsächlich zu deren Ausbildung beigetragen haben. Mit dem gleichen Recht, mit dem Born dem Mann vom Lande Ungeduld zum Vorwurf macht, könnte man beispielsweise behaupten, dieser sei an der unüberwindlichen Furcht gescheitert, glücklich zu werden, habe sich, wie der masochistisch veranlagte Kafka, »für einen höheren Zweck« quälen müssen, um sich dann doch endlich »ins Dunkel« verwiesen zu sehen. [141] Aber wo bleibt das Kriterium, das es erlaubte, die Beliebigkeit derartiger Zuweisungen in eine philologisch gesicherte autobiographische Deutung einzubeziehen?

Man könnte sich außerdem vorstellen, der Mann vom Lande hätte, nachdem er von dem Verbot erfahren hat, in seine Heimat zurückkehren und zu einem anderen Zeitpunkt neuerlich versuchen sollen, eingelassen zu werden. Natürlich gibt es auch Befürworter dieser Auffassung. So meint Jörgen Kobs, der Mann vom Lande übersehe die nächstliegenden Konsequenzen, welche seine Situation von ihm fordere: Er hätte sich angesichts der vagen Auskunft, möglicherweise einmal eintreten zu dürfen, vom Gesetz abwenden und sein Glück später noch einmal versuchen müssen. Aber er habe, wie es in der 108. *Betrachtung* Kafkas heiße, die Fähigkeit verloren, zu seiner Arbeit zurückzukehren, als ob nichts geschehen wäre, [142] verbringe dagegen im Nichtstun seine Zeit, blicke hartnäckig und unbelehrbar in die falsche Richtung, dabei dem Sog des Minutiösen unterliegend. [143]

Auch in diesem Fall zeigt sich wieder die Fragwürdigkeit der Berufung auf lebensgeschichtliche Sachverhalte, könnten diese doch auch, und mit größerem Recht, als eine Art Lob der Faulheit verstanden werden und eben das rechtfertigen, was Kobs am Verhalten des Mannes vom Lande anstößig findet. Wenn man nämlich die schon angeführte Tagebucheintragung vom Ende des Jahres 1913 als Wertmaßstab benützt, läßt sich behaupten, der Mann vom Lande hätte sich dazu entschließen müssen, den verbotenen Eintritt gar nicht mehr zu erstreben, sondern in bewußter Entscheidung vor dem Gesetz sein Leben zu versitzen und bei lebendigem Leibe zu verwesen. Außerdem: Warum glaubt Kobs vom Mann vom Lande einen Entschluß zur Umkehr fordern zu müssen, während er den Türhüter, dem er größere Einsicht in die Zusammenhänge zubilligt, unbehelligt läßt? Bei solcher Betrachtung werden doch die Figuren mit unterschiedlicher Elle gemessen, ohne daß für dieses ungerechtfertigte Vorgehen Gründe angegeben werden.

Roland Duhamel vertritt demgegenüber die Auffassung, die Verfehlung des Mannes vom Lande habe darin bestanden, daß er nicht von seiner Freiheit Gebrauch gemacht und den Platz vor dem Gesetz definitiv verlassen habe. Die Begründung geht von der Exegese der Erzählung aus, in der die Frage diskutiert wird, ob der Mann vom Lande vom Türhüter getäuscht worden sei. Diese Täuschung, so Duhamel, entpuppe sich als Unterordnung unter eine fremde Autorität, als Verbot, Forderung und unwiderstehliche Verlockung, der jeder ausgesetzt sei, und würdige deswegen die Wahrheit »zum logischen Teufelskreis« herab. Der überkommene Wahrheitsbegriff sei der nihilistischen Vorstellung gewichen, die allein als selbstgefälliges Spiel innerhalb von vorgegebenen oder selbstkonstruierten Gesetzen existiere. Einer solchen Täuschung entziehe man sich nicht durch Anpassungsfähigkeit und Kleingläubigkeit, die dem Mann vom Lande eigen seien und dessen Selbstverwirklichung verhinderten, sondern durch Verzicht und Flucht. [144]

Aber diese Auffassung steht im Widerspruch zu der Behauptung Duhamels, die Exegese trage nichts zur Erklärung der Erzählung bei, sondern diene der Enthüllung von K.s Geistesverfassung. Wenn dies angenommen wird, darf die vom Geistlichen ins Spiel gebrachte Täuschung nicht unbesehen für die Deutung der Erzählung verwendet werden. Gerade dies aber tut Duhamel. Außerdem füllt er den Begriff inhaltlich mit den Vorstellungen, die sich ihm bei der Analyse der Erzählung ergeben haben. Auch das ist unzulässig, weil nicht das gesamte Gesetz als Täuschung bezeichnet werden kann, sondern höchstens einzelne Aussagen des Türhüters sowie die Art und Weise, in der diese Mitteilungen vom Einlaßsuchenden aufgenommen werden. Da die Art dieser Täuschungen jedoch nicht eindeutig identifiziert werden können, bleibt die wahre Natur des Gesetzes verborgen, auch für den Leser. Die Frage, ob Flucht vor dem Gesetz eine angemessene Reaktion des Mannes vom Lande auf die Verhältnisse gewesen wäre, die er bei seiner Ankunft vorfindet, läßt sich deswegen gar nicht beantworten.

Wiederum auf andere Weise glaubt Ulrich Gaier *Vor dem Gesetz* beikommen zu können. Der Mann vom Lande habe zunächst erwogen, dem Angebot des Türhüters zu folgen, also gegen dessen Verbot einzutreten und sich damit dem Gesetz auszusetzen. Die Beachtung der äußeren Wirklichkeit, die sich in der Gestalt des Türhüters immer mächtiger und undurchdringlicher vor ihm aufbaue und als Indiz für die sinnliche Erscheinung und Räumlichkeit des Gesetzes genommen werde, sei dann das eigentliche Hindernis für den Eintritt gewesen. Diese Entscheidung sei schließlich am Ende des Textes als falsche Annahme korrigiert worden.

Der Gedankengang enthält einen doppelten Fehler. Gaier verwechselt die Gestalt des Türhüters mit seinen Botschaften, die aus dieser Sicht für das Verhalten des Mannes vergleichbar unbedeutend erscheinen, obwohl es im Text keinen Hinweis darauf gibt, daß der Wortlaut der ausgesprochenen Verbote weniger wichtig genommen werden solle als die Körperlichkeit des Wegversperrers. Gaier ist außerdem der merkwürdigen Vorstellung verhaftet, als betrachte der Mann vom Lande die Verhältnisse aus der Sicht des Lesers, als könne er sich mit der Bildstruktur des Textes auseinandersetzen, deren Teil er doch selbst ist, als vermöge er also einen Widerspruch zwischen der als Konkretum vorgestellten Gestalt des Wächters und der diesem zugeordneten abstrakten Institution Gesetz zu erkennen, der die bestehende Konstellation als vorstellbare epische Situation aufhebe. Es spricht jedoch nichts dafür, daß der Einlaßbegehrende einen Gegensatz zwischen einem entkörperlicht vorgestellten Gesetz und dem dieses bewachenden Türhüter bemerkt und daraus gar Folgerungen zieht.

Manfred Voigts versucht auf eigene Art, mit der Erzählung fertig zu werden. Die Schlußaussage des Türhüters wird zunächst mit folgendem Gedankengang angezweifelt: Wenn der Eingang allein für den Mann vom Lande bestimmt gewesen wäre, hätte er auch als solcher erkannt werden müssen. In diesem Fall nämlich sei von einer Vielzahl von Einlaßsuchenden auszugehen, von denen angenommen werden müsse, sie hätten ausnahmslos »schon von weitem« den ihnen jeweils zugewiesenen individuellen Eingang erkannt, weil andernfalls zu erwarten war, daß einzelne versehentlich an dem Tor Einlaß begehrt hätten, das allein dem Mann vom Lande bestimmt war. Wenn man dies zugebe, müsse man aber fragen, warum der Mann vom Lande als einziger diese Zuordnung nicht erkannt habe. Da darauf keine schlüssige Antwort möglich sei, müsse die Voraussetzung irrig sein, auf der die hypothetisch gezogenen Schlußfolgerungen beruhten. Die Auskunft des Türhüters sei demnach falsch. [145]

Selbst wen man sich auf dieses Spiel einlassen wollte, den Text in einer Weise zu ergänzen, der die Grenzen des Dargestellten überschreitet, und außer acht läßt, daß die Erzählung als Modell zu betrachten ist, das nicht an Plausibilitätserwägungen des Alltags gemessen werden darf, vermögen diese Ausführungen nicht zu überzeugen. Denn es gibt natürlich noch weitere Möglichkeiten, die von Kafka vorgegebene Perspektive aufzuheben und sich den verborgenen Hintergrund des Geschehens auszumalen. Man könnte beispielsweise annehmen, daß der Kontakt zwischen den andern Türhütern und ihren Klienten besser gewesen sein müsse als im beschriebenen Beispiel und daß sich Kafka gerade für den Vorgang interessiert habe, in dem der sonst ohne Schwierigkeiten erfolgende Eintritt ins Gesetz mißlungen sei. Außerdem lassen sich durchaus Gründe finden, die den Mann vom Lande daran gehindert haben könnten, die Bestimmung des vor ihm liegenden Tores zu erkennen, etwa indem man behauptet, er habe vergessen zu fragen, ob er überhaupt vor dem richtigen Eingang sei, wenn ihm der Eintritt hier verweigert werde; oder indem man fordert, die entscheidende Frage habe ihm schon zu einer Zeit einfallen müssen, in der er noch aus eigener Kraft fähig war, das Tor zu durchschreiten. Ja man kann sogar zu der Auffassung kommen, es habe nur dieses eine Tor gegeben, und niemand sonst sei jemals auf den merkwürdigen, jeder Lebenserfahrung spottenden Gedanken gekommen, das Gesetz betreten zu wollen. Es mag sein, daß Kafka durch die von ihm verwendete Aussparungstechnik seine Leser zu derartigen Überlegungen verlocken wollte. Da jedoch die sich daraus ergebenden Folgerungen am Text nicht verifizierbar sind, können sie auch keine Argumente dafür liefern, ob die Schlußaussage des Türhüters als irrig anzusehen ist oder nicht.

Voigts versucht seine Auffassung durch ein weiteres Argument zu stützen. Er behauptet, die Auskunft des Türhüters müsse auch deswegen falsch sein, weil dieser andernfalls lediglich die rein negative Aufgabe hätte, dem einzelnen den Eingang drohend zu versperren. In diesem Fall wäre jedoch der Zutritt zum Gesetz zu einer Art Mutprobe verkommen, das Angebot der Läuterung nicht mehr vorhanden, gegen das sich der Mann vom Lande sperre. Dieser lehne das Gesetz innerlich ab, sträube sich in seinem Nicht-Tun gegen die vorgesehene religiöse Reinigung, so daß ihn der Türsteher, der als in den Garten Eden einlassender Cherub zu deuten sei, zurückweisen müsse, womit die Geschichte zeige, daß theologische Forderungen unzeitgemäß geworden seien. [146]

Nun findet sich jedoch in der Erzählung kein Hinweis darauf, daß der Mann vom Lande das Gesetz »innerlich« ablehnt, im Gegenteil, wie sollte er sonst die Ausdauer haben, die er tatsächlich an den Tag zu legen scheint, wenn er seine Bitten unablässig wiederholt, durch materielle Zuwendungen an den Türhüter unterstützt und sich schließlich nur noch mit der erfolgten Abweisung beschäftigt? Der Text deutet auch an keiner Stelle an, daß er sich gegen eine Läuterung sperre oder daß er als Geläuterter eingelassen würde. In diesem Falle hätte nämlich der Türhüter bei seinen Verhören nicht nur »teilnahmslose Fragen« stellen dürfen, die doch erkennen lassen, daß ihm die Gedanken und Verhältnisse seines Kontrahenten gleichgültig sind. Er hätte vielmehr zumindest indirekt, durch die ernsthafte Art seiner Ausforschung, zu erkennen geben müssen, daß es der Zustand des Klienten sei, der es zum gegenwärtigen Zeitpunkt nicht erlaube, ihn einzulassen. Schließlich: Warum sollte Kafka von einem Türhüter sprechen, wenn er eigentlich einen Engel meint, und von einem Gebäude, wenn er das Paradies bezeichnen will? Und seit wann täuschen die Cherubim die Menschen, die sie zurückweisen? Die religiöse Deutung, durch keinen der Textbestandteile angezeigt, die Voigts heranzieht, erzeugt bloß zusätzliche Ungereimtheiten.

Auch Hans Walther sieht in Kafkas Erzählung ein religiöses Problem gespiegelt: Der Mann vom Lande glaube, ins Allerheiligste gelangen zu können, ohne sich genügend vorbereitet zu haben. Er habe sich nicht der notwendigen »Reinigung« und »Entwerdung« unterzogen und wolle mitsamt seinem »Reisekleid und Gepäck« in das Gesetz eintreten. [147] Deswegen erscheine es »sinnvoll«, daß ihm ein davor stehender Türhüter den Eintritt verwehre.

Der arme Mann vom Lande – er hat gegen seine Interpreten wirklich keinen leichten Stand und vor allem keine Chance. Was immer er auch tut oder unterläßt, es wird ihm ein Strick daraus gedreht. Da hat er sich, da nicht davon die Rede ist, er werde sich innerhalb des Gesetzes von Manna nähren, für seine Reise »mit vielem« ausgerüstet, diese Habe jedoch während seiner Wartezeit ausnahmslos dafür verwendet, sich den Türhüter geneigt zu machen. Trotzdem wird behauptet, er dürfe eben wegen dieses Besitzes nicht eintreten. Mit gleichem Recht könnte man sagen: Wenn sich der Mann vom Lande so sorgfältig auf seine Reise zum Gesetz vorbereitet hat, müßte er auch die Bedingungen kennen, unter denen das Passieren des Tores erlaubt wird. Falls er diesen gleichwohl nicht entspricht, müßte er vom Türhüter darauf hingewiesen werden. Aber nicht nur, daß er von der angeblich vorgeschriebenen Reinigung nichts erfährt, es erhebt sich vielmehr auch die Frage, wie der Türhüter unter der von Walther gemachten Annahme einen späteren Einlaß überhaupt in Aussicht stellen kann.

Die Art und Weise schließlich, in der Walther seine Auslassungen rechtfertigt, kommt einem interpretatorischen Offenbarungseid gleich: Seine Deutung stehe, wenn man *Vor dem Gesetz* ohne den Kontext des Romans zu verstehen suche, so meint er fast trotzig, »gleichberechtigt neben andern, die denselben Plausibilitätsgrad für sich beanspruchen dürfen«. Und so, als ob er eine Pflichtübung absolviert habe, von der er selbst nicht überzeugt sei, fährt er fort: »Für eine stringente Interpretation enthält die Geschichte, wenn man sie für sich betrachtet, einfach zu viele unbekannte Elemente.« [148]

Obwohl er also erkennt, daß er der Erzählung nicht gerecht werden kann, gibt er nicht etwa sich die Schuld an diesem unbefriedigenden Ergebnis, sondern Kafka, dessen Text leider der gewählten Auslegungsmethode nicht entspreche. Daß sich die Vorgehensweise des Interpreten sinnvollerweise nach der Art des vorliegenden Interpretandums zu richten habe und nicht umgekehrt, auf diese Idee kommt Walther nicht. Er beruft sich stattdessen auf Mitstreiter, die dem gleichen Fehler verfallen sind, und gleicht damit ertappten Falschparkern, die mit dem Hinweis auf andere Verkehrssünder ihrer gerechten Strafe zu entgehen hoffen.

Die Auffassung, das Scheitern des Mannes vom Lande sei »die notwendige Folge seines eigenen Verhaltens«, wird am radikalsten von Christian Eschweiler vertreten. Dieses Kunststück gelingt jedoch nur, weil Eschweiler so selektiv liest, daß er schließlich das Gegenteil dessen findet, was im Text steht: Das Gesetz sei, wie der Mann vom Lande genau wisse, »jedem und immer zugänglich«. Das

Tor stehe offen, weil der Türhüter beiseite getreten sei und dazu ermuntere, in das Gesetz einzugehen, so daß alles zum Weiterkommen vorbereitet sei. Der Mann vom Lande werde schuldig, weil er die Entscheidung über sein zukünftiges Verhalten dem dafür gänzlich inkompetenten Türhüter überantworte. Der Türhüter aber könne offenbar von sich aus nicht in das Gesetz einlassen und nehme sein Verbot selbst nicht allzu ernst, da er den Mann ermuntere, es zu übertreten. [149] Wer sich von einer solchen Figur abhängig mache, baue die scheinbare Macht selbst auf, an der er schließlich scheitere. Denn damit verlange er die Selbstoffenbarung des Gesetzes und leugne seine Aufgabe, als geistig handelndes Subjekt tätig zu werden. [150]

Um behaupten zu können, der Mann vom Lande errichte selbst den Widerstand, an dem er schließlich zuschanden werde, muß Eschweiler die Position des Türhüters schwächen, und er tut dies sogar gegen den Wortlaut der Geschichte. Das Gesetz ist keineswegs jedem und immer zugänglich. Der Mann vom Lande glaubt dies zwar zunächst, sieht sich jedoch bei seiner Ankunft mit einer ganz andersartigen Wirklichkeit konfrontiert, nämlich mit einem unablässig wiederholten Eintrittsverbot, das Eschweiler gänzlich übergeht. Daß er den Mann zum Eintritt auffordert, trifft zu, doch wiederholt er zugleich, daß das ausgesprochene Verbot weiterbestehe. Aus diesem Befund kann nicht geschlossen werden, daß der Türhüter seine Verbote nicht ernst nehme, im Gegenteil, er nimmt sie so ernst, daß er sie sogar dann noch aufrecht erhält, wenn er das Gegenteil verkündet. Der Mann vom Lande ist also in seiner Entscheidung keinesfalls frei, sondern sowohl von dem Verbot des Türhüters abhängig als von dessen fremdländischem Aussehen bestimmt, das ihm Furcht einflößt.

Die Frage schließlich, ob der Türhüter den Eintritt gewähren kann oder nicht, ist nicht zu beantworten, weil sich Kafka über die Art seines Auftrags ausschweigt, ist aber für das Verständnis der Erzählung auch belanglos. Für den Fall, daß er nicht dazu ermächtigt ist, den Bittsteller einzulassen, heißt das natürlich noch nicht, daß die Entscheidung vom Mann vom Lande zu treffen sei. Es würde vielmehr, wegen des fortwährend bestehenden Verbots des Türhüters, ganz im Gegenteil bedeuten, daß der Mann vom Lande keinerlei Chance hat, das Tor des Gesetzes durchschreiten zu können.

Nach dem Gesagten verwundert nicht, daß sich unter den Deutungen zur Legende auch die Auffassung findet, der Mann vom Lande strebe gar nicht wirklich zum Gesetz. So behauptet Detlev Kramer, der Mann vom Lande sei nur deswegen zum offenen Tor gekommen, weil es bewacht sei, weil er sich also von dem mächtigen Wächter in eine unablässige Vorstellungsarbeit habe einbinden lassen wollen. Mit seiner Erzählung vom schwierigen Zugang zum Gesetz fange der Türhüter einen entsprechenden Wunsch des Mannes vom Lande ein und fessle ihn an die Vorstellung eines transzendenten Gesetzes, indem er ihn einem lebenslangen Rätselraten über die unveränderliche Schrift und ihren Sinn unterwerfe, die sich erst im Tod, wenn es zu spät sei, offenbare oder erledige. [151]

Die Imagination des Lebens als kontinuierliche Ablenkung ist gewiß ein genuin Kafkascher Gedanke, [152] der sich jedoch nicht im Text der Erzählung belegen läßt, und schon gar nicht, wenn man diese als Ganzes betrachtet. Nirgends ist davon die Rede, daß sich der Mann vom Lande um das Gesetz und seine Eigenarten kümmere. Er beschäftigt sich vielmehr so ausschließlich mit dem vor ihm stehenden Türhüter, daß er sogar dessen Kollegen in den Nachbarräumen vergißt, obwohl diese ebenfalls zu den Hindernissen gehören, die er auf seinem Weg ins Innere des Gesetzes zu überwinden hätte. Auch sein unablässiges Bitten, die Anrufung der Flöhe im Pelz des Türhüters, seine Bestechungsversuche, das Verfluchen seines Mißgeschicks – das alles deutet nicht darauf hin, daß er sich hat einfangen lassen wollen. Vor allem: Für die von Kramer vertretene Auffassung war es nicht nötig, den Eingang allein für den Mann vom Lande bestimmt sein zu lassen, es genügte, den Eintritt zu verbieten, um den Zweck der Übung zu erreichen. Die Interpretation muß also auch deswegen als fehlerhaft gelten, weil wesentliche Teile des Textes, mit denen Kramer offenbar nichts anzufangen weiß, unbeachtet bleiben.

Die bisher behandelten Auffassungen stellen einseitig eine der beiden Erzählfiguren in den Mittelpunkt der Betrachtung. Sie konzentrieren sich auf die Frage, warum der Mann vom Lande trotz des vom Türhüter ausgesprochenen Verbots nicht ins Gesetz eingetreten sei. Ob man dabei das Einlaßverbot betont, abschwächt oder gar für unwirksam erklärt – immer kommt in den Deutungen ein Irrtum, eine Verfehlung oder gar eine Schuld des Mannes vom Lande heraus, die den Türhüter aufwertet. Am weitesten geht diese Parteinahme für den Türhüter bei Jörgen Kobs, der ihm sogar menschliches Bewußtsein verleiht und auf das schwere Los verweist, daß er angesichts des Mannes vom Lande zu tragen habe – eine reine Spekulation, weil über die Art seines Auftrags nichts bekannt ist:

> Seit jeher weiß er, daß er demjenigen, dem der von ihm bewachte Zugang zum Gesetz bestimmt ist, eben diesen Zugang zu verwehren hat. Wieviel qualvoller wird damit seine Situation, wieviel auswegloser, unfreier, gelähmter sein Dasein! Und solange er seine soziale Rolle durchhält, hat er keine Möglichkeit, aus ihren Paradoxien auszubrechen. Er lebt in dem Bewußtsein, das Widersinnige zu tun und es immerfort tun zu müssen. [153]

Interpreten, die den Mann vom Lande allein für seines Unglücks Schmied halten, müssen freilich eine Tagebucheintragung unterdrücken, in der Kafka, unter anderem im Blick auf die kurz zuvor entstandene Erzählung *Vor dem Gesetz,* davon spricht, in seinen Werken gehe es immer darum, daß es jemand schwer werde zu sterben, weil darin für ihn eine gewisse Härte liege. [154] Das setzt aber doch voraus, daß diese Helden mindestens teilweise Opfer ihrer Verhältnisse geworden sind. Wäre dem Mann vom Lande eine gerechte Strafe zudiktiert worden, hätte Kafka seiner Notiz einen anderen Wortlaut geben müssen.

Höchst merkwürdig berührt auch, daß die Deuter, die ihre Sympathie so ungeteilt dem Türhüter zuwenden, daß sie für den Mann vom Lande nur Tadel übrig haben, das einzige Indiz unerwähnt lassen, daß in gewisser Beleuchtung immerhin für ihre These sprechen könnte. Im Gespräch zwischen K. und dem Geistlichen wird nämlich die Frage diskutiert, ob der Türhüter sich über sich und seinen Posten in einer Täuschung befinde. Indem bezweifelt wird, daß er die von ihm bewachte Tür nach dem Tod des Mannes vom Lande werde schließen können, muß diese Behauptung als Unwahrheit verstanden und anders motiviert werden. Unter den Möglichkeiten, die in diesem Zusammenhang erwähnt werden, findet sich auch die Auffassung, der Türhüter habe in dem sterbenden Mann vom Lande Reue und Trauer erzeugen wollen. Reue angesichts des Todes – das müßte sich auf ein Fehlverhalten beziehen, das der Mann erkennen müßte, wenn er die Auskunft erhält. Und trauern könnte er, bleibt man im Rahmen der von Kafka erstellten fiktionalen Welt, in schmerzhafter Erinnerung an den unterlassenen, aber möglichen Eintritt, der in diesem Fall also vorauszusetzen wäre. Allerdings müßte, wer dieser Rekonstruktion folgte, diese Variante der Erklärung gegen die ebenfalls dargestellten Alternativen als die einzig richtige erweisen, was Schwierigkeiten machen dürfte.

Daß die einseitig auf den Mann vom Lande ausgerichteten Interpreten einem Vorurteil unterliegen, das eine selektive Wahrnehmung im Gefolge hat und damit zu einer unangemessenen Betrachtung der Erzählung führen muß, zeigt die folgende Überlegung: Da der Text nur den Mann vom Lande und seinen Kontrahenten als Figuren kennt, existieren lediglich vier Möglichkeiten der Schuldzuweisung. Erstens: Keiner von beiden ist für den ungünstigen Verlauf der Ereignisse verantwortlich, sondern ungünstige Zufälle oder diesen übergeordnete Schicksalsmächte wie das Gesetz. Zweitens, die Gegenthese: Türhüter und Mann vom Lande sind für das Geschehen in gleichem Maße verantwortlich und damit schuldig. Die beiden verbleibenden Möglichkeiten bestehen darin, den Mann vom Lande oder den Türhüter zum Alleinschuldigen zu erklären.

Ein umsichtiger Interpret würde überprüfen, welche Textinformationen für welche Auffassung sprächen. Dabei würde sich ergeben: Schlägt man sich auf die Seite des Mannes, wäre die erste Lösung zu favorisieren. Denn nachdem sich der Mann im Lauf der Jahre davon überzeugt hat, daß die Wahrscheinlichkeit, in das Gesetz eintreten zu dürfen, immer geringer wird, verflucht er den unglücklichen Zufall, der, so ergänzt der Geistliche im Gespräch mit K., ihm den Türhüter in den Weg geführt hat [155]. In diesem Fall beherrscht der Zufall das Erzählgeschehen. Wenn man sich dagegen für die letzte Möglichkeit entscheidet, muß man sich an Josef K.s Verständnis des Textes halten: Die freilich unterschiedlichen, zum Teil gegensätzlichen Auslegungen der Erzählung, die der Geistliche zur Kenntnis bringt, konvergieren nach K.s Auffassung alle in dem Punkt, daß der Türhüter den Mann vom Lande getäuscht habe. Diese Täuschung wirke sich dann in der dargestellten Weise auf dessen Leben aus. Der Text der Legende unterstützt diese Position durch gewichtige Argumente, die den Türhüter schwer belasten. Sieben Verfehlungen lassen sich formulieren.

1) Der Türhüter verbietet dem Mann vom Lande den Eintritt.

2) Er weist ihn auf die Gefahren hin, die im Innern des Gesetzes drohen, ohne daß der Wahrheitsgehalt dieser Aussage überprüfbar wäre. Auf diese Weise verunsichert er ihn und schwächt seine Entscheidungskraft.

3) Er stellt in Aussicht, daß das augenblicklich bestehende Verbot zu einem späteren Zeitpunkt wieder aufgehoben werden könne, und erweckt auf diese Weise Hoffnungen, die niemals erfüllt werden.

4) Er reicht ihm einen Hocker und verführt ihn dadurch zu passivem Warten.

5) Er verhört ihn, als ob er ein Angeklagter wäre, läßt ihm aber gleichwohl keine Gerechtigkeit widerfahren; denn diese willkürlichen Einvernahmen sind bedeutungslos, weil sie ohne Folgen bleiben.

6) Er plündert ihn aus, ein Sachverhalt, der kaum jemals in seiner wirklichen Bedeutung in die Deutungen einbezogen wird. [156] Denn meist wird dieses Argument zu einem Anklagepunkt gegen den Mann vom Lande gemacht, der fälschlicherweise von der Korruptheit der Instanzen ausgehe. Die Interpreten »vergessen« aber dabei die einfache Tatsache, daß der Türhüter in diesem Fall korrekterweise die Geschenke nicht hätte annehmen dürfen.

7) Er informiert den Mann vom Lande erst in dem Augenblick über die Bedeutung des Eingangs, als dieser nichts mehr damit anfangen kann, enthält ihm also entscheidende Informationen vor, die zur Beurteilung der herrschenden Situation von allergrößter Bedeutung wären.

Man kann also durchaus die Auffassung vertreten, der Mann vom Lande finde sich einem Machtausübenden gegenüber, der sich entsprechend der zunehmenden Schwäche seines Gegners immer brutaler verhält. Seine Mittel sind Verbot, Einschüchterung, Verlockung, Verführung, Ablenkung, Ausplünderung und Täuschung. Demgegenüber finden sich für die beiden anderen Erklärungsmodelle, die von einer Allein- oder Mitschuld des Mannes vom Lande ausgehen, keine Hinweise im Text der Erzählung. Aber gerade diese Spielarten des Verständnisses sind es, die in den bisherigen Deutungen vorherrschen. Allein das eben ausgebreitete Material genügte, ihnen das Urteil zu sprechen.

Es ist einerseits das ungeprüfte Vorverständnis, *Vor dem Gesetz* behandle ein religiöses Problem, das die Interpreten dazu bringt, das Scheitern aller Bemühungen des Mannes diesem selbst zuzuschreiben. Denn vor Gott ist der einzelne immer der Fehlende, stets Sünder. Der Mann vom Lande, schreibt beispielsweise Sokel, sei verantwortlich für die Vergeblichkeit seines Tuns, weil er sich darauf versteife, dieses Vergebliche zu tun: »Falsch wäre es daher, das

2. SCHULD

Gesetz anzuklagen.«[157] Andererseits mag auch das Wissen der Deuter um Kafkas Schicksal solche falsche Perspektivierung hervorgerufen haben, vor allem die Tatsache, daß er das Gefühl hatte, in allen wichtigen Belangen des Lebens versagt zu haben und, mehr noch, daß er von einem niemals zur Ruhe kommenden Schuldgefühl geplagt wurde. Die Interpreten verfahren also nach einem Grundsatz, der in der im Oktober 1914 entstandenen Erzählung *In der Strafkolonie* auf diese Weise ausgesprochen wird: »Die Schuld ist immer zweifellos«. [158] Folgt daraus aber zwangsläufig, daß in jedem Text Kafkas Schuldige dargestellt sein müssen? Die Frage braucht nur gestellt zu werden, damit ihre Unsinnigkeit erkannt wird, und entsprechend liest man dann auch in der Sekundärliteratur wenig über die Schuld Gregor Samsas, des Landarztes in der gleichnamigen Erzählung oder des Landvermessers K., die in aller Regel als Opfer widriger Verhältnisse erscheinen, ganz zu schweigen von Karl Roßmann, der in Kafkas Tagebuch ausdrücklich als der Schuldlose bezeichnet wird [159]. So darf man mit Josef K., der an der erwähnten Tagebuchstelle ausdrücklich als schuldig bezeichnet wird, polemisch gegenfragen: Wie kann ein Mensch überhaupt schuldig sein, auch wenn ihn Schuldgefühle plagen? [160]

III. Kapitel
DER TÜRHÜTER

1. STELLUNG

Es gibt Deutungen, die dem Türhüter besondere Aufmerksamkeit widmen. So sieht etwa John Sandford im Gesetz den Geschlechtstrieb dargestellt, im Türhüter dann folgerichtig eine Projektion destruktiver Zwänge, die den Zielen erotischer Verwirklichung zuwiderlaufen. [161] Weiter entfaltet wird diese Auffassung von Walter H. Sokel, der in der Doppelung von Gesetz und Türhüter eine innerpsychische Teilung Kafkas manifestiert sieht. Hier seien sich der ersehnte (object of desire) und der gefürchtete (figure of frustration) Aspekt von Kafkas Vater gegenübergestellt, dem der Sohn in vergleichbar ambivalenter Weise entgegengetreten sei. [162] Allerdings bleibt Sokel jeden Beweis für diese Zuordnung schuldig. Wer die zwiespältige Wirkung einer menschlichen Gestalt darstellen will, spaltet doch nicht in eine räumlich gedachte Instanz und eine menschliche Gestalt auf. Eine solche Konstellation wäre wenig geeignet, die von einer Person ausgehende Ambivalenz zu veranschauen. In den Fällen, in denen Kafka dergleichen zeigen wollte, ist er deswegen auch anders verfahren. So hat er beispielsweise im *Urteil* und in der *Verwandlung* zwei einander widersprechende Aspekte seines Vaters in einer einzigen Figur vereint. Der alte Bendemann ist zuerst kindisch und wird anschließend zu einem Schreckbild; und der alte Samsa tritt zunächst als altersschwacher Pensionär auf, verwandelt sich dann aber in einen vitalen Familienvater zurück.

Eine andere Möglichkeit bestünde darin, zwei gleichrangige Kämpfer zu zeichnen, die miteinander um die Vorherrschaft im Individuum ringen. Kafka hat in einem an Felice Bauer gerichteten Brief eine dieser Gegenstandsebene verpflichtete Metapher verwendet, um seine ambivalente Einstellung gegenüber dem gleichsam von seinem Vater verwalteten Bereich der Sozietät zum Ausdruck zu bringen. [163] Angesichts dieser Beispiele hätte Sokel zumindest wahrscheinlich machen müssen, warum Kafka in *Vor dem Gesetz* gegen sonstige Gewohnheit handelt und gewissermaßen ein schiefes Bild benützt.

Zur Stützung seiner Hypothese verweist er jedoch lediglich auf die berühmte Pawlatsche-Szene im *Brief an den Vater*, also auf jene von Kafka erinnerte frühkindliche, traumatische Situation, in welcher der Adressat des Schreibens in der Funktion eines Türhüters erscheint: Hermann Kafka hatte seinen kleinen Sohn einmal im Nachthemd auf den Balkon gebracht und eine Zeitlang vom gemeinsamen Schlafzimmer ausgesperrt, um auf diese Weise die ersehnte Nachtruhe zu erzwingen. Aus der Optik des Kindes mußte er in dieser Szene als Verkörperung eines unzugänglichen Gesetzgebers erscheinen, dessen Entscheidungen unverständlich bleiben, weil kein innerer Zusammenhang zwischen der Geringfügigkeit des Vergehens, der Bitte um Wasser, und dem Ausmaß der zuerteilten schrecklichen Strafe herzustellen war. [164] Entsprechend sieht Sokel den Wartestand des Mannes:

> Diese Lebensform degradiert ihn zum Dasein eines Kindes, das von der Laune eines allmächtigen, unberechenbaren und bösen Vaters abhängig ist und jede seiner Launen studieren muß, um Bitten erfüllt zu bekommen oder Strafen zu vermeiden. [165]

Man muß zugeben, daß Sokels Deutung mehr Überzeugungskraft aufweist als die zuvor angeführten, jedenfalls dann, wenn man davon ausgeht, Kafka habe im *Proceß* den Bereich des Gerichts fest umgrenzt und stets in gleicher Weise verwendet. Denn es gibt Anzeichen dafür, daß es sich bei dem hier dargestellten Verfahren um einen psychischen Prozeß handelt: Im Blick auf die geplante oder vielleicht sogar schon begonnene Niederschrift seines Romans notierte er in seinem Tagebuch, sein Schreiben betreffe regelmäßig die Darstellung seiner »traumhaften innern Welt«. [166] Dem entspricht es, daß Angeklagter und Gerichtsinstanzen auf geheimnisvolle Weise einander zugeordnet sind. Das auffälligste Beispiel für diesen Zusammenhang ist der folgende Sachverhalt: Josef K. wird telephonisch mitgeteilt, er möge an einem bestimmten Tag vor dem Untersuchungsrichter erscheinen, hat aber vergessen zu fragen, zu welcher Stunde. Er beschließt, um neun Uhr zur Stelle zu sein, weil er weiß, daß zu diesem Zeitpunkt die bürgerlichen Gerichte zu arbeiten beginnen. Infolge verschiedener Zwischenfälle erscheint er jedoch erst kurz nach zehn. Daraufhin wird er vom Untersuchungsrichter mit der Feststellung begrüßt, er komme eine Stunde und fünf Minuten zu spät. [167] K. wird also an seinen eigenen Festlegungen gemessen, die niemand außer ihm bekannt waren. Daraus kann geschlossen werden, daß er mit den Gericht zusammen einen einzigen Organismus bildet, er sich also selbst sein eigenes Gericht ist. [168]

Wenn sich das im Roman dargestellte Gerichtsverfahren nach psychischen Wirkmechanismen vollzieht, scheint es naheliegend, daß Kafka den Türhüter und den Mann vom Lande voneinander abhängig machen wollte; in diesem Sinn verfahren zwei der vom Geistlichen beigebrachten Kommentare. [169] Aber das alles heißt noch nicht, daß Sokels Deutung unanfechtbar wäre. Denn auch er nimmt die Inhalte seiner Auffassung nicht aus dem Text, sondern aus seinem Wissen um Kafkas Lebensprobleme. Dabei fällt weniger ins Gewicht, daß seine Hauptquelle, der *Brief an den Vater,* erst fünf Jahre nach der Erzählung entstanden ist. Denn nicht nur läßt sich das hier vorausgesetzte Vaterbild seit 1911 dingfest machen, sondern die Pawlatsche-Szene war, als traumatisches Kindheitserleben, natürlich auch schon vor 1919 in Kafkas Bewußtsein verankert. Der Haupteinwand ist vielmehr, daß Sokel seine Deutung nicht aus der Gesamtstruktur der Erzählung gewinnt, sondern lediglich aus der zu Anfang gegebenen Textkonstellation ableitet, wo dem offenen und zugleich durch einen Wächter verschlossenen Gesetz ein Wartender gegenübergestellt ist. Diese Situation wird dann mit Hilfe passender lebensgeschichtlicher Zusammenhänge inhaltlich aufgefüllt. Erschwerend kommt hinzu, daß Kafka gegenüber vielen Lebensbereichen eine ambivalente Haltung eingenommen hat, beispielsweise gegenüber der Ehe, der Freundschaft, dem Schreiben, dem Zionismus oder selbst gegenüber der Nahrungsaufnahme. [170] Wo also ist das Prüfmittel, das es erlaubte, die Richtigkeit solcher zueinander in Konkurrenz stehender biographischer Herleitungen zu überprüfen?

Ramón G. Mendoza versteht *Vor dem Gesetz* als Strukturmodell, das Kafkas Erzählschaffen bestimme. Der Plot verkörpere ein Ur-Schema, [171] das sich als Variante des Vater-Sohn-Konflikts im Freudschen Sinn lesen lasse. Mendoza meint, aufgrund der Aussagen des Türhüters hätte der Mann die Hoffnungslosigkeit seiner Lage und die Vergeblichkeit seiner Bemühungen erkennen und deswegen entweder seine Suche nach dem Gesetz aufgeben oder das Verbot überschreiten müssen. Die Tatsache, daß er gleichwohl sein Leben unbedingt in der Nähe des Türhüters verbringen wolle, lasse vermuten, daß nicht das Gesetz, sondern der Türhüter selbst das unbewußte Objekt der Suche sei. Der Ankömmling erstrebe vor allem die dem Türhüter eigene Macht, die sich im phallischen Bereich verbildliche. Dieses Symbol der Männlichkeit, in Nase und Bart des Türhüters noch erkennbar, sei jedoch durch das weiblich zu denkende Gesetz ersetzt worden.

Mendoza läßt sich in seinen interpretatorischen Bemühungen von einer Variante der ödipalen Situation leiten, in der die Mutter, die sich in der offenen Tür des Gesetzes manifestiere, als Liebesobjekt den Vater verdrängt und durch diesen ersetzt wird. Weil sich das libidinöse Kind mit dem ursprünglichen Liebesobjekt identifiziere, werde dessen Rivale zum Gegenstand des kindlichen Strebens. Nachdem die Mutter mit dem gleichgeschlechtlichen Gegner verschmolzen sei, schrumpfe das ödipale Dreieck zu einer Achse des Begehrens, auf der doppelsinnige Kräfte der Anziehung und der Abstoßung wirkten. Das Ergebnis müsse Frustration und eine obsessive Suche nach Identifikation sein, deren Hartnäckigkeit durch die infolge väterlicher Zurückweisung entstandene Schwäche des Manns noch genährt werde. [172] Das Kindischwerden des Ankömmlings, der die Flöhe um Hilfe bittet, sei deswegen als infantile Regression zu werten, die aufgrund der erlittenen Frustration eintrete. Deswegen sei Feigheit die Ursache dafür, daß der Mann vom Lande scheitere, der sich aus Angst vor Kastration selbst entmanne. Sein einziger Fehler bestehe darin, die Rebellion nicht gewagt zu haben. Denn durch den Schlußsatz enthülle sich der Türhüter als Lügner, der den Helden zerstöre, weil dieser ihm Glauben geschenkt habe. [173]

Mendozas Deutung ist spekulativ und wissenschaftsgeschichtlich überholt. Daß die frühkindliche Dreiecksbeziehung im Kind Gefühle der Eifersucht, der Ohnmacht und der aussichtslosen Rivalität mit dem Vater hervorbringen kann, gehört heute zum unbestrittenen Gemeingut der Psychologie und läßt sich auch für Kafkas Lebensgang belegen. Die Pawlatsche-Szene und Erinnerungen an Besuche in Prager Badeanstalten, die Kafka als Kind gemeinsam mit seinem Vater unternommen hatte, sprechen eine deutliche Sprache. [174] Demgegenüber erweist sich der Freudsche Ödipus-Komplex im engeren Sinn, in dessen Zentrum der Wunsch des Kindes nach sexueller Vereinigung mit seiner Mutter steht, immer mehr als Chimäre, die es ihrem Erfinder erlaubte, ihn erschreckende Aspekte der Wirklichkeit nicht wahrnehmen zu müssen. Bekanntlich hatte Freud in seiner 1896 publizierten Arbeit *Zur Ätiologie der Hysterie* ausgeführt, das von ihm untersuchte Krankheitsbild entstehe dadurch, daß die Patienten im Kindesalter von Erwachsenen oder älteren Geschwistern sexuell mißbraucht worden seien, diesen Sachverhalt aber verdrängt hätten. Während die moderne Forschung diese Zusammenhänge immer wieder auf eindrucksvolle Weise bestätigt, widerrief Freud seine Thesen schon ein Jahr später und fand jetzt die Ursache der psychischen Erkrankungen in infantilen sexuellen Phantasien und Konflikten, die im Ödipuskomplex ihren Schwerpunkt hatten. Mithilfe dieser Blickpunktsverlagerung lenkte Freud die Aufmerksamkeit von den Handlungen und Motiven der Täter auf die Phantasien der Opfer, denen der Kampf angesagt wurde. Auf diese Weise blieb die seit Jahrhunderten etablierte Mißhandlung der Kinder durch ihre Erzieher weiterhin unbeachtet, die als bequemer, weil straffreier Weg verstanden werden kann, psychische Bedürfnisse durch Machtausübung über wehrlose Partner und Familienmitglieder zu befriedigen. [175]

Angesichts dieser Zusammenhänge ist es nicht mehr zulässig, eine Lehre wie Freuds Ödipus-Komplex, in welcher Fassung auch immer, einem literarischen Text zu unterlegen, ohne vorher gefragt zu haben, ob Kafkas psychischer Apparat überhaupt nach dieser Gesetzmäßigkeit arbeitete, und zwar insbesondere im Jahr 1914, als er immerhin einunddreißig Jahre alt war. Tatsächlich ergibt eine entsprechende Untersuchung seiner Lebenszeugnisse, daß sein Verhältnis zu den Eltern keineswegs den Bedingungen entsprach, die Freud seit 1897 voraussetzte. Kafka erlebte seine Mutter, die nach seiner Meinung nicht die geringste Ahnung von seinen Bedürfnissen hatte, [176] als Treiber in der Jagd, die der Vater auf ihn veranstaltete [177]. Das ihn auszeichnende Gefühl der Verlassenheit und der Unsicherheit kann demnach als Ausdruck frühkindlicher Frustrationen verstanden werden, die ihm insbesondere von der Mutter zugefügt worden waren. [178]

Wenn Mendoza Recht hätte, wäre außerdem zu erwarten, daß Josef K.s Familiensituation einigermaßen derjenigen Kafkas, beide zugleich aber der von Freud vorausgesetzten Familienkonstellation entsprächen. In der *Verwandlung*, die einen Familienkonflikt beschreibt, ist eine solche Übereinstimmung wenigstens teilweise gegeben. Wie Kafka sieht sich Gregor Samsa einem feindlichen Vater gegenübergestellt, während ihm Mutter und Schwester, die überdies als mögliches Ziel libidinöser Wünsche des Verwandelten in

Erscheinung tritt, in Liebe verbunden sind. Im Verlauf der Erzählung gehen die beiden Frauen jedoch zur Partei des alten Samsa über, so daß Gregor, aller Unterstützung beraubt, zugrunde geht. Demgegenüber sind die familiären Verhältnisse des Protagonisten im *Proceß* von denjenigen des Autors gänzlich verschieden. Denn Josef K. stammt nicht nur, Kafka unvergleichbar, aus der Provinz, sondern er hat auch in früher Jugend seinen Vater verloren, ist der auf dem Land wohnenden Mutter entfremdet und kümmert sich wenig um eine in der Stadt lebende Cousine. Mit andern Worten: Er wird im Gegensatz zum Helden der *Verwandlung*, der zunächst in seine Familie eingesperrt und ihr damit verhaftet ist, als isoliert lebender Einzelgänger vorgestellt. Damit wird klar, daß in diesem Werk, und damit auch in *Vor dem Gesetz*, keinesfalls eine familiäre Konstellation Freudscher Prägung Gegenstand der Darstellung sein kann.

Zu diesen grundsätzlichen Problemen kommen Ungereimtheiten und interpretatorische Behauptungen Mendozas, die im Text keinen Anhalt haben. Eigentlich erstrebt der Mann vom Lande nicht die Nähe des Türhüters. Er fragt ihn lediglich, ob er eintreten dürfe, sucht ihn deswegen später zu bestechen und beobachtet ihn unablässig, um daraus Vorteile für sein Lebensziel zu gewinnen. Es gibt keinen Hinweis darauf, daß er in ihm mehr sieht als einen Geschäftspartner. Demgegenüber ist die Beziehung des Türhüters zu seinem Kontrahenten viel persönlicher: Er zeigt Gemütsregungen, reicht ihm einem Schemel, damit er sich setze, und stellt Verhöre mit ihm an. Die im Text angedeutete, von Mendoza übergangene Möglichkeit, vielleicht später eingelassen werden zu können, ist für den Mann vom Lande ein zureichender Grund zu bleiben, während die Annahme, dies geschähe um des Wächters willen, lediglich aus der sachfremden Hypothese Freuds entwickelt werden kann. Auch die Behauptung, der Türhüter sage nicht die Wahrheit, ist aus der Erzählung selbst nicht ableitbar. Allerdings erscheint dieser Gedanke in der anschließenden Exegese, wo der Geistliche an einer Stelle meint, der Türhüter behaupte fälschlich, er werde den Eingang nach dem Tod des Mannes vom Lande schließen. [179] Von dieser Aussage führt aber kein überzeugender Denkschritt zu der Auffassung, die abschließende Erklärung des Türhüters entspreche nicht den Tatsachen, ganz abgesehen davon, daß man keineswegs davon ausgehen darf, der Geistliche verhalte sich wahrheitsgemäßer als der Türhüter. Er hat *Vor dem Gesetz* erzählt, um Josef K. zu veranschaulichen, daß er sich täusche, wenn er ihn selbst, den Gefängniskaplan, für eine vertrauenswürdige Ausnahmeerscheinung unter den bei Gericht beschäftigten Personen halte.

Sahen die bisher in diesem Kapitel angeführten Interpreten psychische Verhältnisse Kafkas im Gegenüber von Türhüter (oder den von ihm repräsentierten Instanzen) und Mann vom Lande verkörpert, wollen andere die das Gesetz auszeichnende Raumaufteilung als Darstellung intrapsychischer Vorgänge verstehen. Sie bringen Kafkas Versuch, mithilfe eines dreigliedrigen Strukturschemas eigene Verhaltensweisen veranschaulichen zu wollen, mit der im Text erscheinenden Untergliederung des Gebäudes in Verbindung, das vom Türhüter bewacht wird. Kafka teilt nämlich in einem an Milena Jesenská gerichteten Schreiben seine Persönlichkeit in drei konzentrische Kreise auf, wobei der innerste, von ihm als A bezeichnet, als geheime, weil unbewußte Kommandozentrale erscheint, die ihre Befehle mit umfassenden Begründungen an die angrenzende mittlere Sektion B übermittelt. Diese gibt jedoch allein die erhaltenen Weisungen an den umschließenden äußeren Rahmen C weiter, der den Raum des menschlichen Bewußtseins bezeichnet. Ein Mensch, der diesem Mechanismus unterworfen sei, sehe sich deswegen von den ihm unerkennbaren Kräften im Zentrum seines Wesens zu verstörenden Handlungen gezwungen, deren Sinn und Bedeutung ihm selbst unbegreiflich bleiben müßten.[180]

In seiner Deutung der Legende parallelisiert Jürg Johannes Amann den Bereich A mit dem Gesetz und Gericht, B mit dem Türhüter und C mit dem Mann vom Lande.[181] Damit aber pfropft er dem Text ein Schema auf, dem dieser nicht zu entsprechen vermag. Denn das Gesetz besteht keineswegs nur aus drei Einflußfeldern, sondern aus einer gar nicht genau zu bezeichnenden Vielzahl hierarchisch gegliederter räumlicher Einheiten. Auch läßt die Erzählung nirgends erkennen, daß Gesetz, Türhüter und Ankömmling einen gemeinsamen Organismus bilden sollten, dessen einzelne Teile, wie etwa Angeklagter und Gericht im *Proceß*, in ihren Entscheidungen voneinander abhängig wären. Wollte man einen solchen Zusammenhang gleichwohl annehmen, müßte man überdies erklären, warum, gegen jede Erfahrung, Bewußtes und Vorbewußtes nur durch ein einziges Tor verbunden sind. Außerdem macht die Erzählung über das Verhältnis des Türhüters zum

Innern des Gesetzes keine Aussagen. Der Türhüter äußert lediglich, seine Kollegen, welche die anschließenden Räume bewachten,
seien so mächtig, daß schon ⌈den Anblick des dritten nicht mehr   ⌈er
ertragen werden könne. Und in der Exegese wird sogar behauptet,
daß der Türhüter das Gesetz nicht aus eigenem Augenschein
kenne.[182] Die Annahme also, der Türhüter erhalte aus dem Innern des Gesetzes Begründungen für seine Anweisung, den Mann
vom Lande nicht einzulassen, gebe dem Betroffenen jedoch lediglich die Botschaft als solche weiter, hat im Text nur insofern einen   / ɣ
Anhalt, als der Türhüter dem Mann vom Lande und damit dem
Leser Informationen vorenthält; es ist aber nicht auszumachen, daß
es sich dabei um Begründungen gehandelt habe. Amanns Deutung   / Be
ist lediglich aus der Biographie Kafkas eingetragen, genauer: aus
den Lebensumständen der Spätzeit, die, es kann nicht oft genug
wiederholt werden, nicht unbedingt etwas über die zu Beginn des
Ersten Weltkriegs herrschenden Verhältnisse aussagen müssen.

2. AUSSEHEN

Zu den von der Forschung viel verhandelten Eigenheiten der Erzählung gehört das Aussehen des Türhüters.[183] So behauptet
etwa Giuliano Baioni, der Türhüter sei als Ostjude gezeichnet, weil
er Pelz, Pelzmütze, Schläfenlocken und einen tatarischen, also
zweigeteilten Bart trage.[184] Offenbar hat Baioni den Text gar
nicht richtig gelesen, denn von Mütze und Schläfenlocken ist hier
so wenig die Rede wie von einem Backen- und Kinnbart, denn nur
ein solcher kann, allgemeiner Übereinkunft zufolge, durch das von
Baioni gebrauchte Adjektiv näher bestimmt werden. Im Text heißt
es lediglich, der Türhüter trage einen Pelzmantel, habe eine »große   / en
Spitznase« und einen »langen, dünnen, schwarzen tatarischen
Bart«.
    Die Attribute, die den Türhüter auszeichnen, werden auch von
anderen Interpreten im Sinne Baionis gedeutet: Ritchie Robertson
etwa vertritt die Auffassung, der Türhüter sei einem Ostjuden ähnlich, und zwar wegen seines Pelzmantels, seiner großen Spitznase
und seines langen Bartes, den er sich »steif und schütter« vorstellt
wie die Bärte der Männer, die als Zuschauer am ersten Verhör K.s
im Untersuchungszimmer beteiligt sind.[185] Unerfindlich bleibt

allerdings, inwiefern Spitznase und Vollbart jüdische Prägung verraten sollen, sind sie doch nicht einmal von der Karikatur und der antisemitischen Propaganda als ethnische Merkmale gebraucht worden.

Gleichwohl erscheint auch Gerhard Kurz die Physiognomie des Türhüters ostjüdisch, zumal er der Meinung ist, dessen Pelzmantel habe eine religiöse Bedeutung: In der »poetischen Diskurswelt« sei der Türhüter als positive, mahnende Figur zu bezeichnen. [186] Nicht weniger verkehrt ist es, wenn Ralf R. Nicolai im Blick auf andere Werkstellen die Auffassung vertritt, der Pelz des Türhüters evoziere Sexualität, Tierhaftigkeit und Nomadentum. Aufgrund der zusätzlichen Annahme, daß dessen Attribute sein Wesen bestimmten, folgert Nicolai, der Türhüter befinde sich am äußersten Rande dessen, was dem Anblick des zivilisierten Kulturmenschen noch erträglich sei. Da er außerdem voraussetzt, das Gesetz sei dem Mann vom Lande zugänglich, wird dieses angeblich triebhaft-naturnahe Äußere des Türhüters zur alleinigen Ursache dafür, daß der Mann vom Lande sich nicht zum Eintreten entschließen kann. [187]

Für eine derartige Pelz-Symbolik gibt es freilich in Kafkas Erzählschaffen keine Belege. Da man zu seinen Lebzeiten mehr unter der Kälte litt, die Heizungen schlechter, die Verkehrsmittel zugiger waren und der Tierschutz weniger ausgeprägt, war der Gebrauch von Pelzen auch selbstverständlicher und verbreiteter als heute. [188] Pelzröcke legte man besonders im Winter an, wenn man sich den Unbilden der Witterung aussetzen mußte. So heißt es beispielsweise in einem *Der Hüter der Gesetze* betitelten Bericht aus dem Jahr 1915 von einem der an Prager Brücken postierten Maut-Einnehmer, er habe einen Pelzrock getragen. [189]

Der junge Schloßbeamte, der in Kafkas letztem Roman im tiefsten Winter Klamms Abreise vom Herrenhof organisiert, ist in dieser Weise gekleidet, aber auch sein Kutscher, der im Hof mit einem Schlitten wartet, dessen Inneres vorsorglich mit wärmenden Pelzen ausgelegt ist. [190] Der Landarzt in der gleichnamigen Erzählung, der mit seinem Pferdefuhrwerk im Schneegestöber einen Kranken aufsucht, trägt ebenfalls einen Pelz. [191] Kafka erwähnt ihn, als der Arzt, von seiner Visite zurückkehrend, nicht in der Lage ist, sich dieses Kleidungsstück anzulegen und sich deswegen als Nackter bezeichnet, der, »dem Froste dieses unglückseligsten Zeitalters ausgesetzt«, ziellos durch die Nacht irren muß. [192] Wenn also im

Schloß betont wird, der Landvermesser besitze trotz der herrschenden winterlichen Verhältnisse keinen Pelz,[193] dann soll damit
seine Armut verdeutlicht werden, die ihrerseits wiederum als Bild
geistiger Besitzlosigkeit verstanden werden kann.[194] Sofern
Pelze in Verbindung mit Frauen erwähnt werden wie in der *Verwandlung* oder in dem Stück *Ein Brudermord,* wäre eher an eine
erotische Komponente zu denken;[195] und eine ausführliche
Briefstelle, in der Kafka seine Abneigung gegen Pelze darstellt, die
von Frauen um den Hals getragen werden, läßt keine religiösen
Implikationen erkennen[196]. Der Pelzmantel des Türhüters ist
also aufgrund der von ihm auszuübenden Tätigkeit genauso natürlich wie der entsprechende Aufzug des Schloßbeamten, Kutschers
oder Landarztes und bedarf deswegen keiner weiteren Ausdeutung; man könte höchstens sagen, daß Kafka seine Erzählfigur
entsprechend der Wichtigkeit der Institution gekleidet hat, die sie
bewacht; und daß er ein Kleidungsstück verwendete, in dem er die
später benötigten Flöhe wirklichkeitsgetreu plazieren konnte.
   Von diesen Flöhen ist übrigens in der Sekundärliteratur kaum
die Rede, obwohl sie doch in der vergleichsweise kurzen Erzählung
ein auffälliges Merkmal darstellen. Ihre Bedeutung ist offensichtlich die gleiche wie im wirklichen Leben. Sie bringen zum Ausdruck, der Türhüter sei ungepflegt und schmutzig. In diesem Sinn
pflegte Kafkas Vater zu sagen: »Wer sich mit Hunden zu Bett legt
steht mit Wanzen auf.«[197] Deswegen verbietet sich die Annahme, Kafka habe den Türhüter als positive Figur darstellen wollen. Vielmehr beabsichtigte er, ihm auf diese Weise ein Signum der
Gerichtszugehörigkeit zu verleihen. Die Welt des Gerichts zeichnet
sich nämlich durch vergleichbare Mängel aus: Die Wächter, die K.
zum Aufseher rufen, »vergessen«, »ihn zum Bad zu zwingen«,[198]
sollen also als wenig reinlichkeitsbewußt erscheinen und unterschlagen seine Wäsche. Die Richter sind Frauenjäger, und die
Kanzleien enge, dumpfe Löcher mit Dachluken, durch die Ruß
herunterfällt.[199]
   Betrachtet man *Vor dem Gesetz* unter entstehungsgeschichtlichem
Aspekt, scheint der Umstand bedeutsam, daß die Türhüter, die vor
den Eingängen der zahlreichen Prager Adelspaläste und Behörden-
einrichtungen postiert waren, ebenso zum Lokalkolorit der Heimatstadt Kafkas gehörten (vgl. Abbildung 1)[200] wie die Hausmeister, die an der Innenseite der Portale entsprechende Aufgaben
wahrzunehmen hatten. Es ist deswegen selbstverständlich, daß sich

Ein Prager Türhüter vor dem Ersten Weltkrieg

2. AUSSEHEN

im Eingangsbereich der Bank, in der Josef K. beschäftigt ist, ein solcher »Portier« aufhält. [201]

Prager Schriftsteller-Kollegen Kafkas haben sich von dieser Einrichtung literarisch anregen lassen. So ist beispielsweise der Vater der Titelgestalt in Rilkes 1899 veröffentlichter Erzählung *König Bohusch* ein solcher Türhüter, der vor dem *Palais Thun-Hohenstein* auf der *Kleinseite* seinen Beruf ausübt. [202] Zu seiner Ausrüstung gehört ein Stab, dessen oberes Ende ein goldglänzender Knopf ziert. Außerdem trägt er einen Dreispitz und einen »riesigen dunkelblauen Tressenpelz, dessen Kragen mit dem mächtigen Vollbart zu verschmelzen« scheint. [203]

Auch Franz Werfel hat sich mit den Prager Türhütern beschäftigt. In seiner Gedichtsammlung *Wir sind* (1913), die Kafka bekannt sein mußte, [204] findet sich der folgende, Kindheitseindrücke des Autors verarbeitende Text:

Der göttliche Portier

Da ich an dir vorüberlief als Knabe,
Wuchst du ins Tor unendlich aufgehoben.
Dein Dreispitz rührte Wappensterne oben.
Allmächtig sank dein Bart, Mann mit dem Stabe!

Wie ich mich kindlich auch vergangen habe,
Gestickter Greis, du tratst herein zu loben,
Warst sänftlich grausem Kindertraum verwoben,
Wo ich mich gelb einstürzen sah im Grabe.

Nun wieder, Bibelgott, erscheint dein Bild!
Aus Kindernächten wallt dein breitgelockter
Erzväterbart, der goldne Brust umqillt.
Die winterlichen Tressen klingen mild,
Und tief beruhigt mich dein weißbeflockter
Allgütiger Pelz, der durch die Sphäre schwillt. [205]

In diesem Text begegnen Zeremonialstab, die Art der Kopfbedekkung, [206] der lange Vollbart und – es schneit – ein Pelzmantel mit Goldbesatz. Man kann sagen, daß beide Darstellungen sich ziemlich genau an der Prager Wirklichkeit ausrichten. Zeitgenössische Photographien zeigen nämlich, daß die Prager Türhüter einen Stab in der Hand zu halten pflegten, Zweispitze und wallende Vollbärte oder Backen- und Kinnbärte trugen sowie in einer Art Uniform steckten, die in einen Pelzkragen auslief.

Nun hat Johannes Urzidil die Behauptung aufgestellt, Kafka sei durch die Beobachtung seiner Umwelt zur Gestaltung seiner Erzählung angeregt worden. Natürlich ist nicht auszuschließen, daß der Einfall, in einem Erzähltext ein Gebäude von einem Türhüter bewacht sein zu lassen, durch die Kenntnis der Prager Verhältnisse befördert wurde. In diesem Zusammenhang wäre die Frage zu stellen, ob solche Wächtergestalten, die Kafka auch für den Innenbereich des von ihm erwähnten Gesetzes voraussetzt, in einem Text des 20. Jahrhunderts mit dem Begriff Türhüter überhaupt angemessen bezeichnet sind. Eine mögliche Antwort könnte sein, daß die Amtsdiener Wiener Behörden in der Zeit der Donaumonarchie, die abgelegte Fräcke von höheren Beamten zu tragen pflegten, auf denen glitzernde Blechscheiben angebracht waren, ebenfalls Türhüter genannt wurden, [207] was beweist, daß eine der Erzählung entsprechende Ausweitung des Ausdrucks bereits in Kafkas Umfeld geläufig war.

Es ist jedoch auffällig, daß Kafkas Wächtergestalt gerade derjenigen Attribute ermangelt, die sie als einen Verwandten Prager Türhüter kenntlich gemacht hätte. Es fehlen nicht allein die Kopfbedeckung und das Würde verleihende Gold der Tressen an der Vorderseite des Mantels, sondern auch Voll- oder Backenbart und Stab, obwohl der letztere zur ursprünglichen Konzeption gehört hatte [208]. Urzidil irrt also mit seiner These, diese Gestalt sei »eine direkte Spiegelung« der von Kafka beobachteten Prager Verhältnisse. [209]

Kafka könnte also höchstens die Idee, einen Türhüter als literarische Gestalt zu verwenden, seinem Umfeld entnommen haben, nicht aber deren Ausgestaltung im Einzelnen. Allenfalls könnte man sagen, er habe zusätzlich das hochfahrende Wesen des Türhüters der äußeren Wirklichkeit abgelauscht, das sich in solchen Positionen zu bilden pflegt. In diesem Sinn sei dem schon erwähnten Bericht über den Prager Maut-Einnehmer das Wort gegeben, in dem es über diesen Sachverhalt heißt:

> Es ist vielleicht ein braver Mann; aber es ist ein Mensch wie Menschen sind und es schlummern auch in seiner weiten Seele die Instinkte der Mächtigen, Wohlwollen, Bedauern, (wobei er die rechte Hand nach der Art des Polizeimannes, der Halt gebietet, abweisend von sich streckt) oder aber selbst Geßlersche Härte. [210]

Jedenfalls beabsichtigte Kafka, eine abweisende, angsteinflößende Figur zu schaffen, und wählte deswegen einen mongolischen, fremdländischen Typus, der imstande war, dem ausgesprochenen

Verbot Nachdruck zu verleihen und den Ankömmling daran zu hindern, ins Gesetz einzutreten. Die Verwendung des Ausdrucks »tartarisch« für die Art seiner Barttracht will deswegen keinesfalls, wie Gerhard Kurz behauptet, auf den Tartaros anspielen, »den tiefsten Ort des Todes«, [211] obwohl schon der französische König Ludwig der Heilige durch den zusätzlich eingefügten Konsonanten darauf hinweisen wollte, daß das Auftreten der Tataren in Europa den bösen Geistern des Tartaros gleiche [212]. Denn Kafka hatte zwar im Manuskript zunächst »tatarisch« geschrieben und nachträglich, unsicher über die richtige Schreibung, ein »r« eingeflickt, [213] das er beibehielt, als er den Text für die Veröffentlichung in der zionistischen Wochenschrift *Selbstwehr* vorbereitete. [214] In den darauffolgenden, von ihm überwachten Drukken [215] hat er aber das Wort, das offenbar in dieser volksetymologisch verfälschten Schreibweise in Prag üblich war, [216] in seine ursprüngliche Gestalt zurückversetzt, also das »r« wieder herausgestrichen, was gewiß nicht geschehen wäre, wenn ihm an den von Kurz behaupteten Assoziationen zur griechischen Unterwelt gelegen gewesen wäre.

Von der Aufgabe her, die dem Türhüter zuerteilt ist, wäre eine Stilisierung als Prager Type genauso funktionslos gewesen wie eine Profilierung als Ostjude. Falls letztere gleichwohl aber doch beabsichtigt war, hätte diese Figur mit entsprechenden Merkmalen versehen werden müssen, also mit Schläfenlocken und Kaftan und vor allem mit einer Kopfbedeckung, die in jedem Fall unumgänglich war, weil sie das wichtigste Kennzeichen überhaupt darstellte. [217] Andererseits ist das bloße Vorhandensein eines Bartes allein kein Indiz dafür, daß ein Ostjude dargestellt werden sollte, nicht einmal ein Jude überhaupt, es sei denn, man spreche wie Werfel in seinem Gedicht von einem »Erzväterbart«, der eindeutig der religiösen Überlieferung des *Alten Testaments* zuordenbar ist. Baioni, Robertson und Kurz müssen allein schon deswegen in die Irre gehen, weil zu Kafkas Zeit eine einheitliche ostjüdische Barttracht überhaupt nicht existierte: Der Belzer Rabbi, den Kafka 1916 in Marienbad sah, trug den für chassidische Führergestalten langen, weißen Patriarchen-Bart und dazu eine hohe Pelzmütze, die ihn nach Meinung des Beobachters äußerlich am meisten charakterisierte. [218] Ähnlich sahen die Bärte der zahlreichen ostjüdischen Badegäste aus, die während der Saison die böhmischen Kurorte frequentierten, wobei allerdings die Farben von weiß über rot bis ins Schwarze gehen konnten. [219] Andererseits fühlte sich Kafka angesichts der Dorfziegen, die er 1917 in Zürau beobachtete, an Volksgenossen erinnert, und zwar aus dem gesamten jüdischen Raum. In einem Brief spricht er in diesem Zusammenhang von

> äußerlich vollkommen jüdischen Typen, meistens Ärzte, doch gibt es auch Annäherungen an Advokaten, polnische Juden und vereinzelt auch jüdische Mädchen. Besonders Dr. Mühlstein, der Arzt, der mich behandelt, ist stark unter ihnen vertreten. [220]

Wenn also wallende weiße Bärte und Ziegenbärte gleichermaßen bei Ostjuden vorkommen und letztere zugleich auch Prager Intellektuelle zieren können, wie kann dann eine tatarische Barttracht als ostjüdisch gedeutet werden? Was sollte Kafka daran gehindert haben, sie als solche zu bezeichnen, wenn er sie in diesem Sinne hätte verstanden wissen wollen? Vielmehr ist anzunehmen, daß er den Begriff im metaphorischen Sinn [221] benützt und dabei auf redensartliche Vorbilder zurückgegriffen hat, die sich offenbar aufgrund der Tarareneinfälle gebildet hatten und die unzugängliche Wildheit dieser Nomaden zum Ausdruck bringen wollen. [222] Eine entsprechende Verwendung begegnet jedenfalls in literarischen Texten: So spricht der Prager Schriftsteller Hans Klaus bei der Charakterisierung eines Arztes von einem »Tartarengesicht«, [223] Thomas Mann im *Zauberberg* vom tatarischen Gesicht der Russin Clawdia Chauchat, [224] und Siegfried Lenz verleiht in seiner masurischen *Liebesgeschichte* der alten Guschke einen »tatarischen Blick«, den sie dem Holzfäller Gritzan entgegenschleudert, weil er ihr Dienstmädchen von der Arbeit abhält [225]. Unter dem tatarischen Bart, den Kafka seinem Türhüter verpaßt hat, ist nun keineswegs ein Vollbart zu verstehen, denn Backen- oder Kinnbärte waren bei den Tataren unbekannt oder, genauer gesagt, das Bild, das man sich in Europa von diesen Völkerschaften machte, zeigte sie stets mit einem dunklen Oberlippenbart. [226] Dieser war entweder breit nach links und rechts ausgezogen und manchmal wie ein Vatermörder aufgezwirbelt oder lang und dünn, so daß seine Spitzen zu beiden Seiten der Nase viertelkreisförmig nach unten fielen. Abbildung 2 zeigt eines der typischen Trachten- oder Rassebilder, die seit dem 18. Jahrhundert in Europa als modischer Wohnungsschmuck Verwendung fanden. [227] Der Tatar, der darauf zu sehen ist, trägt genau den gleichen Bart wie Kafkas Türhüter. Jeder Versuch, diese Manneszier als Indiz für das Judentum

Typischer Tatar (1819)

dieser Figur in Beschlag zu nehmen, ist damit endgültig unmöglich geworden.

Nicht besser steht es um die angeblich jüdische Nase des Türhüters. Wenn man schon typisch jüdische Nasen aufspüren will, so wären diese gewiß nicht als spitz, sondern als gehökert und breit zu bezeichnen. Kafka selbst beobachtete in jüdischen Gesichtern eine »breitflächige«, »gepreßte« [228] oder, wie Thomas Mann sagen würde, »niedergedrückte« [229] Nase.

IV. Kapitel
DAS GESETZ

1. UNTERTANEN

Das Verfahren, dem sich Josef K. im *Proceß* ausgesetzt sieht, wird im Text als Strafprozeß bezeichnet, der jedoch nicht vor einem »gewöhnlichen Gericht« geführt wird. [230] Die Schuld des Angeklagten, Grundlage seiner Verurteilung und Hinrichtung, kann also nicht auf der juristischen Ebene angesiedelt werden. Da *Vor dem Gesetz* im *Dom*-Kapitel des Romans zu dem Zweck erzählt wird, den angeklagten Josef K. über eine Art Präambel des Gesetzes zu informieren, welche die Beziehungen zwischen Angeschuldigten und verurteilendem Gericht regelt, darf man davon ausgehen, daß Binnenerzählung und Roman, die auf vielfältige Weise miteinander verknüpft sind, denselben Gebrauch vom Begriff des Gesetzes und den ihm verpflichteten Organen machen. Dies gilt jedenfalls unter der inzwischen interpretatorisch immer wieder bestätigten Voraussetzung, daß der *Proceß* (wie überhaupt Kafkas literarische Hervorbringungen) eine homogene Textur bildet, deren einzelne Teile, bis hinunter zu Requisiten und anderen randständigen Details, funktional aufeinander bezogen sind. Die Erzählbestandteile bilden ein aus Verweisungsketten und vielfältigen Querverbindungen bestehendes Textgewebe, in dem, abgesehen von den Unzulänglichkeiten, die durch den fragmentarischen Charakter vieler Werke verursacht werden, jedem Element ein bestimmter Stellenwert zukommt.

Wer also gleichwohl den Begriff Gesetz als kodifiziertes Regelwerk im Sinn des bürgerlichen Strafgesetzbuchs und das Schicksal des Mannes vom Lande als Scheitern vor gesellschaftlichen Instanzen deutet, müßte zumindest überzeugende Argumente dafür anführen, warum sich Kafka in *Vor dem Gesetz* eines anderen Sprachgebrauchs befleißigt haben sollte als im Kontext des Romans. Die materialistischen Interpretationen, die sich dieser Sehweise verschrieben haben, erfüllen diesen methodischen Anspruch nicht, sondern tragen ihre Auffassung ohne Rücksicht auf den beschrie-

benen Sachverhalt in die Erzählung ein. So behauptet Herbert
Kraft, *Vor dem Gesetz* spiegle eine Wirklichkeit wider, in der Zwecke
zum Vorteil einer Instanz verordnet würden, die sich nicht zu legi-
timieren brauche, wohl aber mit Mythos und Glanz ihre beherrschende gesellschaftliche Stellung im Interesse einer Klasse zu
kaschieren wisse. [231] Unter dieser Voraussetzung muß die Aussage des Mannes vom Lande, das Gesetz solle doch jedem und
immer zugänglich sein, als noch unerfüllte Forderung nach Gerechtigkeit erscheinen, nach dem gleichen Recht für jeden, sei doch
Gesetz per definitionem das, was für alle gelte. Ein Gegner, der die
Macht habe, die legitimen Ziele des einzelnen zu behindern, be-
trüge den Ankömmling, indem er ihm den Eintritt in dieses Gesetz
verweigere, das sein eigenes sei, weil der allein ihm bestimmte
Zugang verboten werde. [232] Da man überdies wisse, daß nicht
alle vom Gesetz ausgeschlossen worden seien, müsse es noch andere Tore geben,

> die im Bild nicht gezeigt sind, wie sie auch in Wirklichkeit nicht allen
> bekannt wurden; durch die in der Geschichte der Menschheit diejenigen
> den Zugang zum Gesetz fanden, die dieses Gesetz dann zu ihrem Wohl
> veränderten oder behielten, auch den Türhüter bezahlten, um weiteren
> Zutritt auszuschließen. [233]

Kraft fordert »Mut zur Wörtlichkeit«, [234] verstößt aber selbst
gegen diesen Grundsatz, wenn er das Gesetz als soziale Gerechtigkeit sowie im Sinn des Naturrechts oder der Menschenrechte versteht. Hätte er den Text beim Wort genommen, hätte er den Begriff
in seiner unspezifischen Offenheit belassen müssen. Stattdessen
überträgt er ihn genauso wie die von ihm gerügten Deuter auf eine
andere Ebene, nur daß er die vorherrschende idealistische Sicht
durch eine materialistische ersetzt.

Ein weiterer Einwand gegen diese Auffassung: Der ideologische
Überbau, mit dessen Hilfe das Verhalten des Türhüters erklärt
werden soll, findet sich nicht in der Erzählung. Kraft ergänzt das
Geschehen genauso seinen Vorgaben gemäß wie die metaphysi-
schen und theologischen Spekulationen, die er zu Recht anpran-
gert; freilich mit dem Unterschied, daß er beim Türhüter ansetzt,
die anderen beim Mann vom Lande. Selbst wenn man einräumen
wollte, daß solche Ergänzungen, die einer Bankrotterklärung literaturwissenschaftlicher Textdeutung gleichkommen, methodolo-
gisch zulässig seien: Von welcher Einsicht leitet sich die Berechti-

gung her, den Text gerade an dieser Stelle und auf diese Weise weiterzuspinnen?

Eine anderer Kritikpunkt betrifft die Behauptung, das Gesetz solle als allgemein verbrieftes Grundrecht gelten, ist sie doch mit dem Schlußsatz der Erzählung unvereinbar, in dem der Eingang zum Gesetz dem Mann vom Lande vorbehalten wird. Denn wie kann das Allgemeine, dem jedermann unterworfen sein soll, zugleich das Individuelle sein, das Kraft durchaus unzutreffend durch den Begriff des Eigenen ersetzt? Diese semantische Opposition wird auch nicht durch den Mann vom Lande beseitigt, der sich anfänglich darüber wundert, daß das Gesetz nicht »jedem und immer zugänglich« sei, am Ende seines Lebens jedoch davon ausgeht, daß alle danach streben. Einerseits nämlich handelt es sich bei diesen Textstellen keineswegs um Aussagen des Erzählers, hinter denen die Stimme des Autors selbst vermutet werden könnte, sondern um Bewußtseinsinhalte einer parteilich urteilenden Erzählfigur, die in gewisser Beziehung durch den Türhüter widerlegt werden. Andererseits kommt hier nur der eine Pol der in sich gegensätzlichen Vorstellungen in den Blick, nämlich das Allgemeine. Wollte man aber gleichwohl darauf beharren, daß dieses Allgemeine zugleich das Besondere sei, wäre doch wohl evident zu machen, was Kafka mit solch befremdlicher, weil schwerlich vorstellbarer Auffassung bezweckt haben könnte.

Schließlich: Selbstverständlich ist es möglich, unter gewissen Perspektiven sogar geboten, *Vor dem Gesetz* ohne Berücksichtigung des *Proceß*-Kontextes zu deuten. Allerdings sollte in diesem Fall das Ergebnis nicht mit dem Roman kollidieren, dem das Prosastück zugehört. Nach Kraft handelt die Erzählung davon, wie einzelne von gesellschaftlich dominierenden Kräften ausgeplündert und an der Verwirklichung ihres Menschseins gehindert werden. Das aber ist kein Thema des Romans, und Kraft muß, um es zu einem solchen zu machen, das Gericht als Macht bestimmen, »die aus bestimmten gesellschaftlichen Bedingungen erwächst«, nationalsozialistische Gerichtsbarkeit antizipiert. [235] Ein solches Verständnis hätte aber, bei aller sonstigen Problematik, zur Voraussetzung, daß das Gericht, der Praxis totalitärer Staaten entsprechend, von sich aus Verdächtigen nachstellt, in der Bevölkerung Opfer sucht, aber gerade dies wird im Eingangskapitel zurückgewiesen, wo es heißt, die Behörde werde, wie das Gesetz es fordere, von der Schuld der Bürger angezogen und nur in diesem Fall tätig. [236]

Vergleichbar problematisch ist es, *Vor dem Gesetz* als Ausdruck einer in der Donaumonarchie herrschenden Behördenwillkür verstehen zu wollen. Bekannt geworden ist in diesem Zusammenhang vor allem der Versuch Ernst Fischers, den Handlungsgang der Erzählung mit den beruflichen Erfahrungen Kafkas in Verbindung zu bringen. Fischer versteht das Gesetz als versteinerte juristische Institution, die einschüchtert und abweist, wenn der einzelne ihr gegenübertritt und sein Recht sucht:

> Die Haltung des entkräfteten, vor aufgetürmten Machtapparaten sich ohnmächtig fühlenden Kleinbürgers ist Gehorsam, der falsche Gehorsam, das passive Frage- und Antwort-Spiel, schließlich der Versuch, den Türhüter zu bestechen. [237]

Kafka, so Fischer weiter, gebe eine Darstellung der entfremdeten, verdinglichten, entmenschlichten Welt unter den Verhältnissen des Spätkapitalismus, die er als österreichischer Staatsbeamter gekannt habe. Er formuliere die Erlebnisse des Untertanen gegen die Auswüchse des bürokratischen Systems, die als Auflehnung, Resignation und Niederlage in Erscheinung träten.

Diese Auffassung vergewaltigt die Eigenart der Erzählung noch stärker als Krafts Geschichtsspekulation, konkretisiert aber dafür die dargestellte Wirklichkeit als Lebenserfahrung des Autors. Diese allerdings kennt der Marxist Fischer im vorhinein als längst feststehendes Vorurteil, das lediglich noch auf den Text appliziert zu werden braucht. Hätte Fischer die vorhandenen Lebenszeugnisse ernsthaft studiert, hätte er allerdings feststellen müssen, daß Kafkas Büroerfahrungen anderer Art waren. Schon zu der Zeit, als *Vor dem Gesetz* entstand, war Kafka stellvertretender Leiter der wichtigsten Abteilung der *Arbeiter-Unfall-Versicherungs-Anstalt für das Königreich Böhmen in Prag*, in die er im Herbst 1908 eingetreten war. Die Behörde war für damalige Verhältnisse sehr groß – sie beschäftigte etwa 250 Angestellte –, aber auch wiederum nicht so unübersichtlich, daß die Urheber der Verordnungen und Befehle im Dunkel der Anonymität geblieben wären. Schon gar nicht könnte dies für Kafka gelten. Er war keineswegs ein kleines Rädchen im Getriebe des bürokratischen Apparats, das von ungreifbaren Kräften bewegt wurde, sondern einer der führenden Köpfe der Verwaltung, der selbst das Räderwerk der Organisation antrieb und in Gang hielt oder, um ein anderes Bild zu gebrauchen, auf der Klaviatur dieses hochdifferenzierten Instruments ausgezeichnet zu spielen wußte. Er kannte die Tricks, um kleinen Leuten selbst dann zu ihrem Recht oder zu Entschädigungen zu verhelfen, wenn die gesetzliche Grundlage ihrer Ansprüche umstritten war, und er packte reguläre Dienstgeschäfte in der Regel aus ungewöhnlicher Perspektive an, die seine Kollegen staunen machte. [238]

Aber selbst wenn man diesen Einwand nicht akzeptieren und annehmen wollte, Kafka habe entgegen eigenen Erfahrungen sich mit kleinen Leuten identifiziert und herrschende Trends Prager Behörden zur Darstellung bringen wollen, ist Fischers Hypothese unhaltbar. Nicht nur hätte aufgrund historischer Quellen glaubhaft gemacht werden müssen, daß Mißstände der behaupteten Art typisch für die Verwaltungseinrichtungen der böhmischen Metropole waren, sondern *Vor dem Gesetz* selbst müßte auch zu erkennen geben, daß der Ankömmling vor Gericht sein Recht sucht, während er in Wirklichkeit in das Gesetz eintreten will, eine Vorstellung, die im bürgerlichen Justizapparat gar keine Entsprechung hat.

2. *GATTUNGEN*

Einige Interpreten sind der Überzeugung, *Vor dem Gesetz* thematisiere religiöse, insbesondere jüdische Sachverhalte. Sie behaupten, das Stück stehe in der Nachfolge talmudischer, kabbalistischer oder chassidischer Texte oder speise sich aus neutestamentlichen Parabeln. Tatsächlich sind in der Erzählung selbst, aber auch in ihrem Umfeld, Elemente vorhanden, die zu einer solchen Auffassung verleiten könnten.

Da *Vor dem Gesetz* in einem Dom und von einem Geistlichen vorgetragen und gedeutet wird, ließe sich vermuten, dieser Text handle von Gegebenheiten, die christliche Glaubensinhalte zumindest tangieren. Eine Stütze für eine solche Auffassung glaubt man in dem Umstand gefunden zu haben, daß Kafka in seinem Tagebuch die vom Gefängnisgeistlichen vorgetragenen Interpretationen des Stücks als Exegese bezeichnet, also dafür einen Begriff benützt, der für theologische Textdeutungen verwendet wird. Außerdem wird *Vor dem Gesetz* im gleichen Zusammenhang als Legende bezeichnet, [239] gattungsmäßig also in einer Weise klassifiziert, die herkömmlicherweise für Erzählungen religiösen Inhalts, im Alltagsgebrauch allerdings auch für unglaubwürdige Geschehnisse benützt wird.

Aber solche Hinweise greifen nicht wirklich. Denn der Ausdruck Exegese ist gleichermaßen für die Auslegung römischer Rechtsquellen in Gebrauch und Kafka infolgedessen im Verlauf seines Jurastudiums vertraut geworden. Da *Vor dem Gesetz* nach der Aussage des Geistlichen im *Dom*-Kapitel in den einleitenden Schriften zu einem Gesetz überliefert ist, das die Grundlage des gegen K. in Gang gesetzten Verfahrens bildet, ist es nur folgerichtig, daß die dieser Präambel zugehörigen Erläuterungen von Kafka als Exegesen bezeichnet werden, ohne daß er damit hätte präjudizieren wollen, das den Roman beherrschende Gerichtswesen sei der Sphäre bürgerlicher Rechtsformen zuzuordnen. Das gleiche gilt für den Begriff Kommentar, den der Geistliche für die von ihm angeführten Deutungen des Stücks verwendet, rechnet doch auch er in gleicher Weise der theologischen und der juristischen Sphäre zu.

Was die Bezeichnung Legende betrifft, so wird sie im *Schloß* für einen bloß ausgedachten, unverständlichen Sachverhalt verwendet, der auf diese Weise abgewertet werden soll. [240] Dazu stimmt, daß Josef K. den Eindruck hat, die ihm vorgetragenen Auslegungen der Geschichte beträfen »unwirkliche Dinge« [241]. Scheint in diesen Fällen Alltagsgebrauch vorzuliegen, so wird das Wort an einer Stelle des *Proceß*-Romans offenbar im technischen Sinn verwendet: Titorelli, der Maler, weiß K. von Freisprüchen aus alter Zeit zu berichten, von Gerichtsfällen, über die sich lediglich Legenden erhalten hätten, worauf sein Besucher antwortet, bloße Legenden könnten seine Auffassung über das Gericht nicht ändern. [242] Zwar werden auch die religiöser Thematik verpflichteten Chassidischen Geschichten, die Martin Buber in seinen ersten Büchern bearbeitet und ins Deutsche übersetzt hatte, von Kafka als Legenden bezeichnet. [243] Aber zu seinen Lebzeiten wurden volkstümliche Überlieferungen, Episierungen typischer Lebenssituationen und menschliche Schicksale auch dann Legenden genannt, wenn sie nicht dem religiösen Bereich im engeren Sinn zurechneten. Ein solcher Text mußte lediglich Anteile aufweisen, die den Horizont empirischer Erfahrung überstiegen oder im übertragenen Sinn zu verstehen sein. [244]

So hatte Kafka beispielsweise im Juni 1914 Hans Blochs *Legende von Theodor Herzl* gelesen, die ihm von der Schwester des Verfassers zugeschickt worden war. Die Erzählung beschreibt zunächst, wie ein jüdischer Gelehrter auf einer Eselin durch die lebensbedrohende Sonnenhitze der Wüste Palästinas reitet, bis er von hebräisch sprechenden Dorfbewohnern begrüßt wird. Nachdem er sich als Sammler vergessener Sagen zu erkennen gegeben hat, die er verbreiten will, um seine Landsleute aufzurichten, wird er einem alten, blinden Rabbi zugeführt, der die Überlieferungen seines Volkes als einziger in seinem Gedächtnis bewahrt hat. Dieser erzählt nun die eigentliche Legende, die, ohne an theologischen Fragestellungen interessiert zu sein, Hauptstationen der jüdischen Geschichte darstellt und die Wiedergeburt des jüdischen Volkes im Sinne des Zionismus propagiert: Die Zeit des Exils wird als Leben in der Tiefe eines finsteren Bergwerks geschildert. Die Aufklärung bringt die Befreiung, während die sich anschließende Phase der Assimilation zur Ablehnung der angestammten Kultur führt. Mit dem Auftreten Theodor Herzls, der als Benjamin in Erscheinung tritt und auf diese Weise die damalige Generation junger Zionisten repräsentiert, wendet sich das Blatt. Denn seine übernatürlichen Kräfte stärken die Anhänger der neuen Bewegung über seinen Tod hinaus, so daß er sie dem Gelobten Land zuzuführen vermag, das er, Mose vergleichbar, selbst noch nicht zu betreten vermocht hatte. [245]

Kafka geht in zwei Briefen an Grete Bloch mit diesem Text, über den er nichts »entscheidend Gutes« zu sagen weiß, für seine Verhältnisse überraschend scharf ins Gericht. [246] Die Gestaltung der Dorfbewohner erschien ihm zwar wahrhaftig, die Darstellung insgesamt jedoch lediglich Ausdruck allgemeiner zionistischer Sehnsucht, die jedem nationalbewußten Juden erreichbar sei:

> [...] unüberwindbar bleibt für mich der trockene Aufbau der ganzen Allegorie, die nichts ist als Allegorie, alles sagt, was zu sagen ist, nirgends ins Tiefere geht und ins Tiefere zieht. [247]

Tatsächlich handelt es sich bei der *Legende von Theodor Herzl* um eine formgerechte Allegorie, die sich bekanntlich dadurch der Erklärung fügt, daß eine Zug-um-Zug-Übertragung aller bildhaftgegenständlichen Details auf die eigentlich gemeinte Sachebene vorgenommen wird. Kafkas Vorbehalte betreffen jedoch weniger die angewandte Methode, zu der die Gattung nötigt, sondern die freilich eng damit zusammenhängende Tatsache, daß sich Bloch in der bloßen Veranschaulichung eines bereits bekannten, gedanklich festumgrenzten Sachverhalts durch ein Erzählgeschehen erschöpft. Auf diese Weise, so könnte man Kafkas Einwände paraphrasieren, muß der literarische Text als bloße Dublette geschichtlicher Vorgänge erscheinen und gewinnt kein wirkliches Eigenleben. Solche Kritik sollte die Deuter vorsichtig machen, die sich *Vor dem Gesetz* nähern. Zahlreiche Beispiele erhellen, daß Kafka bei seinen eigenen Gestaltungen den ästhetischen Grundsätzen zu folgen pflegte, die er der Beurteilung von Werken anderer zugrunde legte. [248] Deswegen ist die Annahme naheliegend, daß er auch bei der Niederschrift seiner Legende in dieser Weise verfuhr, sich ihm also die Beziehungen zwischen Bild und Sinn offener, vielschichtiger und, logisch gesehen, weniger eindeutig darstellen sollten, als das bei einer allegorischen Schreibweise der Fall gewesen wäre.

Aus dieser Perspektive fällt überraschendes Licht auf die eingangs herausgestellten Formeigentümlichkeiten dieses Textes. Es ist nicht von der Hand zu weisen, daß die beobachteten Widersprüche, Vieldeutigkeiten, Auslassungen und Leerformeln verhindern wollen, daß sich das Verständnis des Lesers im Wiederfinden ihm bereits bekannter Sachverhalte erschöpft. Schon aus diesem Grunde müssen Übertragungen des Handlungsgangs auf eine andere Ebene als nicht sachgemäß abgelehnt werden, pflegen sie doch mit einer semantischen Verengung einherzugehen, die das Textgeschehen in die Eindeutigkeit rationaler Begriffssprache umsetzt und damit seiner innovatorischen Sprengkraft beraubt.

So wichtig die eben angeführten Zusammenhänge auch sein mögen, so wenig darf man die von Kafka gewählte Gattungsbezeichnung überstrapazieren. Die von ihm verwendeten Benennungen eigener Werke sind nämlich alles andere als von schulmäßiger Korrektheit. Erzählungen, die durch eine Abfolge in Situationen, also durch szenische Bewegtheit und epische Progression definiert werden können, sind ihm in der Regel »Geschichten«, [249] so auch das *Das Urteil,* [250] das in den zu seinen Lebzeiten erschienenen Einzeldrucken den Untertitel *Eine Geschichte* trägt, und, im Gespräch zwischen Josef K. und dem Geistlichen, *Vor dem Gesetz* [251]. Die letzte von ihm verantwortete Veröffentlichung, die *Erstes Leid, Josefine, Eine kleine Frau* und *Ein Hungerkünstler* unter dem Titel der zuletzt genannten Erzählung vereint, vermerkt als Zusatz: *Vier Geschichten.* Demgegenüber heißen Texte von eher statischem oder bildhaftem Charakter, wie sie in der *Betrachtung* von 1912 vorherrschen oder in der *Landarzt*-Sammlung von 1920 vorkommen, Stückchen, Prosastücke oder kleine Prosa. [252] Unter einer Erzählung hingegen versteht Kafka hauptsächlich die geordnete mündliche oder schriftliche Darstellung von tatsächlichen Ge-

schehnissen in Alltagszusammenhängen, also eine deutlich im außerliterarischen Bereich angesiedelte Gattung. [253]

Nun wird allerdings dieser gleichsam private Sprachgebrauch
gelegentlich dadurch aufgehoben, daß Kafka sich in bestimmten
Zusammenhängen des allgemein üblichen Gebrauchs dieser Begriffe befleißigt. So werden in Briefen an Verlage oder Redaktio-
nen *Urteil, Verwandlung* und *In der Strafkolonie* Novellen und Erzählungen genannt, wobei diese Bezeichnungen sowohl unter-
einander als auch mit dem manchmal im gleichen Zusammenhang
verwendeten Ausdruck Geschichte synonym sind. [254] Deswegen
wählte er für den *Landarzt*-Band, der auch *Vor dem Gesetz* enthält,
den Untertitel *Kleine Erzählungen,* [255] obwohl dies doch Prosastücke oder im Einzelfall höchstens Geschichten waren, und gab
dem Erstdruck des *Hungerkünstlers* in der literarischen Monatsschrift *Die neue Rundschau* den Untertitel *Erzählung* [256].

Legende, Geschichte oder, wie es einmal im Tagebuch heißt,
Türhütergeschichte, [257] Prosastück und Erzählung – die Vielzahl
der Etikettierungen, die Kafka für *Vor dem Gesetz* gebraucht, lassen
sich nicht für die Deutung des Textes nutzbar machen: Interpretationsergebnisse, die allein durch analytische Textarbeit zu gewinnen sind, können nicht durch die Ausdeutung ungenauer und einander widersprechender Gattungsbezeichnungen erschlichen
werden.

Schließlich scheint im Blick auf textexterne Deutungshilfen ins
Gewicht zu fallen, daß Kafka *Vor dem Gesetz* zunächst in der Prager
zionistischen Wochenschrift *Selbstwehr* veröffentlicht und einmal
geäußert hat, er werde von Chassidischen Erzählungen mehr angezogen als von allen anderen Ausdrucksformen des jüdischen Gei-
stes [258]. Aber auch dieser Sachverhalt bildet kein Argument für
die Prägung der Legende durch religiöse Vorstellungen. Wollte
man sich darauf berufen, wären theologische Deutungen eher auszuschließen, weil der Zionismus Prager Spielart, dem Kafka zur
Zeit der Niederschrift der Legende nahestand, sich bewußt in
einen schroffen Gegensatz zu den Überlieferungen des orthodoxen Judentums gestellt hatte. [259]

3. GLAUBENSINHALTE

Theologisch interessierte Deuter erhoffen sich Aufschlüsse über den Charakter der Erzählung freilich eher von dem Begriff Gesetz, der in diesem Zusammenhang natürlich in erster Linie die Aufmerksamkeit auf sich zieht. Stellvertretend für viele sei Walter H. Sokel zitiert, der Kafka mit folgender Bemerkung in die Falle geht: »Die erste Frage, die sich stellt, ist diese: Was ist unter dem Wort ›Gesetz‹ zu verstehen.« [260] Obwohl die Formbetrachtung der Legende ergeben hat, daß jede darauf bezügliche Antwort den Text und seine Intentionen verfehlen muß, sollen die Auffassungen, die zu dieser Vorstellung entwickelt wurden, im Folgenden angeführt und aufgrund der Prämissen bewertet werden, denen sie selbst verpflichtet sind. Dabei wird sich herausstellen, daß keine dieser Hypothesen der Erzählung gerecht wird.

Marthe Robert behauptet, die Legende handle vom jüdischen Zeremonialgesetz. Kafka sei von einem Dilemma bestimmt gewesen, einen Kompromiß finden zu müssen

zwischen der Unmöglichkeit, nicht Jude zu sein, und der Unmöglichkeit, es noch immer zu sein oder es in einem authentischen Sinne wieder zu werden. [261]

Er bewahre einerseits jüdische Glaubensreste, die als unverständliches und unentzifferbares Gesetz in Erscheinung träten und deswegen nicht hinreichten, sein Handeln zu bestimmen; andererseits jedoch sei er genötigt gewesen, einen persönlichen Verhaltenskodex zu erschaffen, der aber, weil seiner Angst entsprossen, ihm nur wenig Linderung habe verschaffen können. [262] Daraus ergebe sich für die Legende: Der Mann vom Lande hätte sich über die prahlerischen und zugleich kindlichen Drohungen des Türhüters, der die Forderungen der jüdischen Tradition verkörpere, hinwegsetzen sollen. Auf diese Weise hätte er den von keiner Autorität verbotenen, empfohlenen oder aufgezwungenen Weg beschritten, der, weil für ihn allein bestimmt, geeignet gewesen wäre, ihn zum Ziel seiner Wünsche zu bringen. Indem er sich jedoch dem tyrannischen Türhüter beuge, nicht wage, sein persönliches Gesetz über kollektive Tabus zu stellen, weiche er von den Überlebensstrategien ab, die seinem eigenen Innern entstammten und deswegen der jüdischen Überlieferung entgegengesetzt seien. Der Mann vom Lande sei deswegen verloren wie Kafka selbst, der allerdings die ihm in der Realität fehlende Entscheidungsfreiheit im Schreiben gefunden habe. [263]

Diese Auslegung läßt sich am Text nicht verifizieren: Wenn der allein dem Mann vom Lande vorbehaltene Eingang durchschritten werden soll, damit sich das Leben des Ankömmlings unter einem selbstgeschaffenen Verhaltenskodex erfülle, der Türhüter aber die Autorität jüdischer Überlieferung vertritt, ergibt sich die abwegige, von der Interpretin offenbar gar nicht bemerkte Schlußfolgerung, das Gesetz der Subjektivität werde von einem Türhüter bewacht, der als Vertreter des jüdischen Zeremonialgesetzes ausgerechnet dem damit unvereinbaren Gegenpol zurechnet.

Ein weiterer Einwand: Marthe Robert bezieht das Material, das ihr eine Identifizierung und nähere Bestimmung des die Erzählung beherrschenden Zentralbegriffs erlaubt, aus den Lebenszeugnissen und Erzähltexten Kafkas, in deren Thematik sie Probleme des Autors gespiegelt sieht. Dabei wird ein Zirkelschluß begangen, indem hypothetisch aus literarischen Werken auf lebensgeschichtliche Sachverhalte rückgeschlossen wird, die dann ihrerseits wieder als Hintergrund zur Erhellung der Legende benützt werden. Bei dieser philologisch höchst anfechtbaren Verfahrensweise entsteht aber noch ein anderes Problem. Da Kafka nicht allein seinem Judentum, sondern auch anderen Lebensbereichen wie der Ehe oder seinem Schreiben ambivalent gegenüberstand, finden sich in seinen Tagebüchern und Briefen natürlich zahlreiche antagonistisch geprägte Aussagen und Konstellationen von der Art, wie sie das Verhältnis zwischen Mann vom Lande und Türhüter kennzeichnen. Deswegen ist es nicht möglich, aus der Fülle des so strukturierten Materials gerade den Gegenstandsbereich zuverlässig herauszufiltern, der möglicherweise den Hintergrund der Legende bildet. Die richtige Auswahl kann nur mithilfe von Textstrukturen getroffen werden, also aufgrund interpretatorischer Arbeit. Mit anderen Worten: Biographisches Material dieser Art kann lediglich schon vorhandene Interpretationsansätze absichern oder verstärken, keinesfalls aber begründen.

Aber selbst wenn man die genannten Vorbehalte zurückstellte, müßte man erwarten, daß sich die ausgemachte Lebensproblematik als solche im Werk präsentiere oder daß wenigstens erklärt würde, warum es im Prozeß literarischer Verarbeitung zu Veränderungen kam. In der Deutung Marthe Roberts herrscht demgegenüber eine unerklärte und unerklärliche Diskrepanz zwischen auto-

biographischer Problemstellung und deren Spiegelung im Erzähltext. Denn während die Interpretin den Autor an seiner Subjektivität scheitern läßt, soll die von ihm geschaffene Erzählfigur gerade
umgekehrt daran kranken, daß sie die Radikalität eben dieser Subjektivität vermissen lasse.

Schließlich: Die schlechte Quellenlage, die für die zweite Hälfte
des Jahres 1914 hinsichtlich Kafkas Lebensgang besteht, läßt eine
Deutung, die sich darauf beschränkt, Motivparallelen zwischen
Werk und autobiographischen Zeugnissen zu finden, überhaupt
nicht zu. Es ist deswegen kein Zufall, daß die von Marthe Robert
beigebrachten Belegstellen aus Briefen, Tagebüchern und Erzähltexten anderer Lebensabschnitte entstammen, insbesondere den
später liegenden Jahren der Krankheit. Es gibt jedoch keinen
Beleg dafür, daß sich Kafka während der Monate, in denen er den
Proceß schrieb, mit dem jüdischen Zeremonialgesetz auseinander-
gesetzt hätte. Vielmehr beschäftigte er sich in dieser Zeitspanne
mit dem Zionismus Prager Couleur, der in einem beträchtlichen
Gegensatz zur Orthodoxie mit ihrer Betonung der Ritualgesetze
stand. Gerade wenn unterstellt wird, er habe in engem Zusammenhang mit seinen Problemstellungen geschrieben, ist es nicht erlaubt, unbesehen, das heißt ohne nähere Prüfung und besondere
Rechtfertigung, Material aus einer bestimmten Lebensphase zur
Deutung von Texten mit anderer Zeitstellung heranzuziehen.

Noch problematischer verhält es sich mit der Auffassung John
Sandfords. Er sieht im Mann vom Lande den Juden der Kafka-
Generation, der seine Verwurzelung in ländlicher Überlieferung
aufgegeben hat, aber keinen Zugang zum verheißenen neuen
Leben in der Stadt findet. Diesem Typus trete in der Figur des
Türhüters ein innerer Widerpart entgegen, der durch Gegenargu-
mente alle Schritte und Entschlüsse blockiere, die Kafka und seine
Altersgenossen aus ihrer Außenseiterposition hätten herausführen
können. [264] Das Gesetz erscheint hier als Gemeinschaftsideal, als
Bild des sich unter dem Zeichen der Assimilation verwirklichenden
mittelständischen Gemeinwesens. Aber auch in diesem Fall beruht
das Verständnis des Ausdrucks allein auf dessen Einbettung in
einen außerliterarischen, nämlich sozialgeschichtlichen Kontext, in
dem das Muster gesehen wird, das im Arrangement der Erzählung
repräsentiert ist. Im Blick auf den Mann vom Lande wird allerdings
der Wortlaut der Legende in die Deutung einbezogen, aber gerade
dieser Umstand führt den Interpreten in die Irre. Denn zu der

ländlichen Herkunft des Ankömmlings, die, wie schon ausgeführt, möglicherweise die Einfältigkeit dieser Figur beglaubigen und die Verbindung mit dem Romanganzen sichern soll, gibt es in der Geschichte des Prager Judentums, jedenfalls soweit Kafka und sein Lebenskreis in Frage kommen, keine Entsprechungen. Sandford verwechselt Kafka und seine Altersgenossen, die als Intellektuelle in Prag aufgewachsen waren, mit der vorausliegenden Generation, die ihre ländlichen Ghetto-Wohnsitze verlassen hatte, um in den Städten ihr Glück zu machen. Kafka selbst rügte die Überanpassung seines Vaters an die Verhältnisse des etablierten jüdischen Mittelstandes, weil sie Geschäftliches mit Religiösem vermenge und den materiellen Nutzen, das Fortkommen in der Gesellschaft, zur alleinigen Richtschnur des Handelns mache.[265] Einer so verstandenen Assimilation nachzueifern, sah er umso weniger Anlaß, als er sich seit 1911 vermehrt den Wurzeln seines Volkstums zugewandt und sich im Lauf der Jahre nationaljüdische Überzeugungen zu eigen gemacht hatte.

Nicht weniger spekulativ gibt sich die Deutung Maria Wolfs. Sie behauptet, Kafkas Prosastück handle vom Glauben an das alttestamentliche Gesetz im Sinne protestantischer Theologie. Weil der Türhüter durch seine vage Verheißung das Leben des Mannes eschatologisch bestimmt habe, müsse er »als Figur der älteren Prophetie gelesen werden, die zwischen Jahwe und den Gläubigen stand und für die Erfüllung des Gesetzes im Leben sorgte«. Weil er aber am Schluß der Erzählung erkläre, der Eingang sei allein für den Mann vom Lande bestimmt gewesen, der ausschließlich in den Kategorien des Alten Bundes gedacht habe, könne dieser auch in der Weise christlich gedeutet werden, daß Religion im Sinne individueller Glaubensakte aufzufassen sei.[266]

Gewiß bestimmen die Aussagen des Türhüters das Leben des Mannes vom Lande, denn die Art und Weise, wie dieser darauf reagiert, lassen Eigenarten seiner Persönlichkeit sichtbar werden: Furchtsamkeit, Geduld, Schwerfälligkeit und Unselbständigkeit des Denkens sowie Autoritätsgläubigkeit, nicht jedoch über den Verlauf seines Erdenlebens hinausweisende Endzeiterwartungen oder gar eine theologisch genau umschriebene Gläubigkeit im Sinn des orthodoxen Judentums. Andererseits kann der Türhüter jedoch nicht als alttestamentlicher Prophet verstanden werden, der seine Offenbarungen bekanntlich direkt von Gott erhält und gegen die etablierten theologischen Institutionen handelt, erscheint er doch als Funktionär einer Institution, wäre also, wenn man sich schon auf die von Wolf behauptete Konstellation einlassen will, eher als Vertreter der Gegenpartei der Priester zu bezeichnen. Gegen das ihm zuerkannte Amt spricht außerdem, daß er, was die Interpretin großzügig übersieht, als unterster Repräsentant in einer Reihe gleichartiger Gestalten erscheint oder dies wenigstens vorgibt. Er behauptet, schon den Anblick wenig ranghöher angesiedelter Kollegen nicht mehr ertragen zu können, während die alttestamentlichen Propheten sogar die Gegenwart des Höchsten aushalten müssen. Auch die Flöhe in seinem Pelzkragen läßt Maria Wolf unter den Tisch fallen, weil sie ganz und gar nicht zum Bild einer solchen Sehergestalt passen. Wenn der Türhüter schon gehaltlich aufgefüllt, also in seiner Bedeutung spezifiziert wird, sollte dies wenigstens in der Weise geschehen, daß alle auf ihn bezüglichen Elemente des Textes bei seiner Charakterisierung berücksichtigt werden.

Schließlich ist zu bedenken, daß Individualität keineswegs eine Besonderheit christlicher Glaubensformen darstellt. In einem Aphorismus Kafkas aus der Züraer Zeit wird sie beispielsweise eindeutig jüdischer Verheißung zugeordnet.[267] Es ist also offensichtlich, daß Maria Wolf die von ihr propagierte Sehweise nicht aus dem Text entfaltet,[268] sondern a priori vorausgesetzt und dann verzweifelt an einzelnen Details unter Vernachlässigung des Gesamtzusammenhangs festzumachen versucht hat.

Was speziell das vorgeblich christliche Moment der Legende wie überhaupt des gesamten *Proceß*-Romans betrifft, so darf vielleicht auf das folgende Faktum aufmerksam gemacht werden: Kafka ist in einem rein jüdischen Familienmilieu und Freundeskreis aufgewachsen und besaß im Jahr 1914 keineswegs die theologischen Kenntnisse, und schon gar nicht des in Prag ganz bedeutungslosen Protestantismus, die Voraussetzung dafür gewesen wären, sich ernsthaft mit Vorstellungen wie der Bundestheologie auseinanderzusetzen.[269] Wie also sollte in einem literarischen Werk problematisiert werden, was im Kopf seines Erzeugers gar nicht vorhanden sein konnte? Derartiges kann nur für möglich halten, wer Kafka zum Propheten der Moderne stilisiert und ihn demgemäß mit hellseherischen Fähigkeiten ausstatten muß, die auf der Ebene literaturwissenschaftlicher Überlegungen, die Objektivierbarkeit und Überprüfbarkeit fordern, kein Thema sein können.

4. LEERFORMELN

Es ist leicht zu sehen, daß die vorgestellten Ausdeutungen des Begriffs Gesetz einen spekulativen Charakter tragen; man erkennt auch, warum dies der Fall ist: Indem Kafka den Ausdruck Gesetz in seiner Erzählung ohne nähere Zusätze verwendet, gebraucht er ihn als Leerformel, der ein grenzenloser »Spielraum der Suggestion« [270] zugeordnet ist. Das bedeutet, daß er den Begriff in seiner semantischen Vieldeutigkeit belassen hat, der ihm im allgemeinen Sprachgebrauch eigen ist.

In ähnlicher Weise verfährt er bei der Gestaltung des Titels und der Eingangssituation, wo heterogene Darstellungselemente so zusammengefügt sind, daß mögliche Lesererwartungen enttäuscht und landläufige Sinnfindungen ausgeschlossen werden. In diesem Zusammenhang ist darauf hinzuweisen, daß der Ausdruck *Vor dem Gesetz* Nebenbedeutungen hervorruft, vielleicht sogar hervorrufen soll, die dem Rechtsdenken entstammen. Gemäß diesen Vorstellungen sind die Menschen gleich oder ungleich, schuldig oder unschuldig *vor* dem Gesetz, stehen *vor* den Schranken des Gesetzes oder *vor* ihrem Richter. Außerdem können sich in diesem Spiel produktiver Anverwandlung redensartliche Wendungen einstellen, die besagen, daß man zu *stehen* hat, wenn man *vor* Gott oder seinen Richter tritt. Dadurch aber, daß der Mann vom Lande *in* ein Gesetz eintreten will, das überdies als Gebäude vorgestellt ist, *vor* dem er sein Leben *versitzt,* müssen dem Leser diese naheliegenden Assoziationen als zumindest teilweise unstimmige Gedanken in Erscheinung treten, die seine Lektüre als Hintergrundsvorstellungen begleiten und als undeutlich mitgeführte Verstehensvoraussetzungen irritieren können.

Allerdings werden im Verlauf der Erzählung zusätzliche Bestimmungen eingeführt, die eine Spezifizierung des Gesetzes zu erlauben scheinen; doch lehrt nähere Betrachtung, daß dies ein Trugschluß ist, der, wenn er nicht erkannt wird, dazu führen muß, daß sich der Leser in den Fangeisen verfängt, die der Erzähler ausgelegt hat. Das zeigt sich schnell, wenn man herauszufinden versucht, in welcher Weise sich das Gesetz aufgrund der Tatsache inhaltlich entfaltet, daß es als Gebäude mit einer hierarchisch gegliederten und dem Interessenten unzugänglichen Raumfolge in Erscheinung tritt – wenn man diese Kennzeichnung überhaupt für zutreffend halten will, werden doch in der Exegese der Legende erhebliche

Zweifel an der Zuverlässigkeit des Türhüters laut, der als einziger über das Innere des Gesetzes Bericht erstattet. Aber wie auch immer, eine Einrichtung dieser Konstruktion, die Gesetz genannt werden kann, ist nicht unter den vorstellbaren Gegebenheiten des menschlichen Lebens zu finden, es gibt sie überhaupt nicht; wenn aber doch, dann als Bild für anderes: Es als solches zu behandeln, fehlen jedoch die Rahmenbedingungen, die eine gegründete Zuordnung zu der eigentlich gemeinten Sinnebene erlaubten. Die angebliche semantische Bestimmung des Gesetzes schlägt also, gerade wenn sie ernst genommen wird, ins Gegenteil um. Wer sich ihrer bedient, sieht sich genötigt, mögliche Zuweisungen des Begriffs zu bestimmbaren Sachverhalten als widersinnig zu erkennen und wieder aufzugeben. Die vielfach zu beobachtende Praxis der Interpreten, alle unverständlichen Textdetails als Metaphern anzusehen, die, sachgemäß übertragen, der vertrauten, vernünftigen Welt der Erscheinung zugeordnet werden können, verbietet sich deswegen im vorliegenden Fall.

Zu den wenig beachteten Textdetails, die gleichfalls in diesem Zusammenhang anzuführen sind, gehört die Tatsache, daß das ins Gesetz führende Tor stets geöffnet ist, wenigstens während der Zeit, die der Mann als Wartender davor verbringt. Dieser Erzählbestandteil verbindet *Vor dem Gesetz* mit dem *Schloß*, wo an einer Stelle gesagt wird, die Türen der Sekretäre sollten nach einem alten Spruch immer offen stehen. [271] In den biblischen Schriften findet sich diese Vorstellung nicht, so oft dort auch von Toren die Rede ist, die aufgetan sind oder geöffnet werden sollen. Denn entweder werden an den betreffenden Stellen Bedingungen an den Eintritt geknüpft, aufgrund bestimmter Vorgaben die Forderung gestellt oder der Wunsch geäußert, bisher verschlossene Tore sollten sich auftun. [272] Ein ähnliches Bild ergibt sich aus den kabbalistischen Schriften. [273]

Dieses Ergebnis war vorhersehbar, denn in der Alten Welt waren Stadt-, Palast- oder Tempeltore Schutzvorrichtungen, die in der Regel und vor allem während der Nacht geschlossen wurden, so wie es noch in der ersten Hälfte des letzten Jahrhunderts mit den Toren der Fall war, die von der Prager *Altstadt* aus ins *Judenghetto* führten. [274] Man kann also nicht sagen, daß Kafka in diesem Punkt überkommene Vorstellungen aufgreife und sich darüber mit seinen Lesern verständige. Allerdings findet sich im *Midrasch* eine Passage, an der es im Blick auf den zwischen Gott und Israel geschlossenen Bund heißt: »Die Tore sind geöffnet zu jeder Stunde, und wer hinein zu gelangen sucht, gelangt hinein.« [275] Dies ist eine Bildvorstellung, deren Sprengkraft und Radikalität von den Zeitgenossen unmittelbar verstanden werden konnte: Die Tore des Heils sind hier gegen alle Gewohnheit ununterbrochen geöffnet, weil Gott seinen Bundesgenossen ein Angebot ohne Bedingungen gemacht hat und deswegen auf Einlaßkontrollen verzichten kann.

Es ist natürlich denkbar, daß Kafka bei der Lektüre jüdischer Schriften irgendwo auf diese oder eine verwandte Vorstellung gestoßen ist und sich davon bei der Gestaltung der Legende anregen ließ. Genau so gut ist es aber möglich, daß er diese Idee aus seiner Tätigkeit als Büroangestellter entwickelt und beispielsweise als Denkbild für seine und/oder seiner Kollegen Bereitschaft gebraucht hat, jederzeit für Besucher erreichbar zu sein. Vielleicht ist dieser Gedanke jedoch auch aus dem architektonischen Prager Ambiente entstanden, denn im Gegensatz zu den Gepflogenheiten in der Antike zeigen zeitgenössische Abbildungen, die sich von Prager Türhütern erhalten haben, daß sie offene Portale zu bewachen pflegten. [276] Obgleich diese Wächter natürlich als Statussymbole dienten, wurden sie vielfach auch als wirkliche Kontrollinstanzen benötigt: Denn es wäre zu umständlich, zu unhandlich gewesen, beispielsweise für jeden einlaßberechtigten, gar mit dem Wagen vorfahrenden Besucher des *Palais Thun-Hohenstein* eigens dessen über fünf Meter hohe Flügeltüren öffnen und kurz darauf wieder schließen zu müssen. Also öffnete man die Eingänge einmal am Morgen, stellte aber Wächter davor, die den Einlaß regelten. Wie immer man sich freilich die Herkunft dieses Erzählbestandteils erklären mag, theologische Implikationen für die Deutung der Legende entstehen jedenfalls dadurch in keinem Fall.

Auch eine immanente Betrachtung vermag dem Verständnis des fraglichen Begriffs nicht aufzuhelfen. Das Gesetz solle jedem und immer offenstehen, hatte der Mann vom Lande zunächst angenommen. An dieser Vorstellung scheint er bis zum Ende seines Lebens festzuhalten, beruht doch die entscheidende Frage, die er dem Türhüter stellt, auf der Annahme, daß »alle« nach dem Gesetz »streben«. Der Leser muß diese beiden Kennzeichnungen im Zusammenhang sehen. Aber gerade dies verhindert, daß es zu einer klärenden Erläuterung des Sachverhalts kommt, denn die beiden Aussagen widersprechen einander: Wie kann man etwas erstreben, sich darum mühen, das offen daliegt und damit zugänglich ist?

Deswegen und weil es sich bei diesen Eigenschaften um eine eher formale Besonderheit handelt, die, wenn man will, zahlreichen Gegebenheiten des menschlichen Lebens zuerteilt werden kann, ist es nicht möglich, mit ihrer Hilfe den Charakter des Gesetzes näher zu bestimmen.

Das wichtigste Merkmal des Gesetzes ist natürlich der Glanz, der gegen Ende der Erzählung aus seiner Tür bricht und von vielen Interpreten als Ausstrahlung Gottes angesehen wird. In der Diskussion um dieses Textelement spielt die vom Prager Studenten-Verein *Bar-Kochba* herausgegebene Sammelschrift *Vom Judentum* eine beträchtliche Rolle, an der unter anderem Hugo Bergmann und, als noch nicht eigentlich der zionistischen Bewegung zugehöriger Gast, Max Brod mitarbeiteten. Der in Kafkas Besitz befindliche Band [277] enthält Auszüge aus dem Buch *Sohar*, das seinen Titel von dem göttlichen Glanz herleitet, in dem sich nach jüdischer Vorstellung der verborgene Gott entäußert. Von diesem Glanz ist allerdings in der angeführten Veröffentlichung nicht direkt die Rede, wohl aber vom Licht des Urquells, dem ein eigener Abschnitt gewidmet ist. Es heißt da:

> Also sprach Rabbi Jizchak: Das Licht, das der Hochgebenedeite im Schöpfungswerk geschaffen – sein Strahlen ging von Weltenende zu Weltenende, und dann blieb es verborgen. Aus welchem Grunde? Damit die Sündigen nicht seiner genießen. Es bleibt aber bewahrt für die Geläuterten (Zaddikim). So heißt es ausdrücklich: »Licht ist gesät für den Geläuterten, für jene aber, so geraden Herzens sind, Freudigkeit.« Bis daß die Welten zur Veredlung kommen und schließlich zur Einheit – bis zu jener künftigen Welt bleibt es verborgen und verwahrt. [278]

Die Behauptung von Ritchie Robertson, Kafka habe aus dieser Stelle möglicherweise das Bild des Glanzes entwickelt, den der Mann vom Lande im Sterben aus der Tür des Gesetzes hervorbrechen sieht, [279] ist freilich weder zu beweisen noch wahrscheinlich: Denn im kabbalistischen Text ist doch davon die Rede, das göttliche Strahlen sei vor den Augen der Sünder verborgen, so daß nicht einzusehen ist, warum es der vor dem Gesetz scheiternde Mann vom Lande in der Stunde seines Todes zu sehen bekommt, der Türhüter aber, jedenfalls nach der Auffassung der Exegese, [280] davon ausgeschlossen bleiben soll. Aber selbst wenn dieser gravierende Gegensatz nicht bestünde, wäre es nicht erlaubt, den unvergänglichen Glanz der Legende im Sinn der jüdischen

Mystik zu verstehen. Denn dies hätte zur Voraussetzung, daß man andere Quellen und sogar ein rein profanes Verständnis ausschließen müßte. Nun spricht aber Kafka selbst in Aphorismen vom Licht der Wahrheit und dem von ihr ausgehenden Strahl des Lichts, ohne damit irgendwelche theologische Absichten zu verbinden. [281] Auch das sprichwörtlich gebrauchte Licht der Welt, als das Christus seine Jünger nach den Worten des *Matthäus-Evangeliums* bezeichnet, [282] darf in diesem Zusammenhang angeführt werden. Diese Formulierungen erlauben Herleitungen aus allgemein verbreiteten Phraseologismen, die es verbieten sollten, diese Lichterscheinung in einem theologisch eng definierten Sinn zu verstehen.

Andererseits erwecken das ewige Licht, die goldenen Kreuze, die auf einem Gemälde dargestellte Grablegung Christi sowie das am Ende des Kapitels erwähnte Standbild eines Heiligen in einem Dom, in dem ein Kaplan *Vor dem Gesetz* vorträgt, im Leser selbstverständlich Assoziationen, die auf den christlichen Bereich verweisen. Karl Erich Grözinger sucht diesen Zusammenhang mit dem Hinweis zu bestreiten, Kafka habe einmal das Innere der Prager *Alt-Neu-Synagoge* als kirchenmäßig bezeichnet. [283] Aber wenn diese Stelle etwas zum Verständnis des fraglichen Sachverhalts beiträgt, dann doch nur die Einsicht, daß Kafka an eine Kirche dachte, wenn er im jüdischen Tempel weilte, nicht umgekehrt, daß er Synagoge meinte, wenn er das Wort Dom niederschrieb und mit den ihm zugehörigen Attributen versah.

Überhaupt muß in diesem Zusammenhang auf die Lichtregie aufmerksam gemacht werden, die Kafka in diesem Teil seines Romans verfolgt. Ob man allerdings soweit gehen kann wie Silvio Vietta, der davon spricht, Kafka deute durch die zunehmende Verfinsterung der Szenerie im Dom darauf hin, daß religiöse Heilsbotschaften ihre Strahlkraft verloren hätten, darf bezweifelt werden. [284] Unbestreitbar ist jedoch, daß das symbolisches Verständnis hervorlockende Dunkel im Verlauf des Kapitels immer mehr zunimmt. Es umgibt K. schon zu dem Zeitpunkt, an dem er die schlechten Nachrichten vom Stand seines Verfahrens vernimmt, [285] verstärkt sich aber noch, wenn er mit dem Geistlichen im dunklen Seitenschiff auf und ab geht, denn jetzt ist bereits künstliches Licht nötig, um sich in dem riesigen, aber leeren Gotteshaus zurechtzufinden. K. trägt deswegen eine kleine Handleuchte, die ihm vom Kaplan überlassen worden ist. Während er sich über die Legende unterhält, verlischt diese Lampe, so daß er vollständig die Orientierung verliert.

Lesarten zu dieser Stelle zeigen, daß Kafka ursprünglich einen etwas anderen Handlungsverlauf geplant hatte: K. sollte, abgelenkt durch die Überlegung, ob sich der Geistliche ihm gegenüber »wie alle anderen« Angehörigen des Gerichts verhalte, die ihm überlassene Traglampe vernachlässigen, die schließlich zu rauchen begonnen hätte. Bei dem sich anschließenden Versuch, den Docht niedriger zu schrauben, wäre sie endgültig erloschen. K.s Gesprächspartner hätte ihn bei der Hand nehmen und in die Sakristei führen sollen, wobei er Anlaß zu der folgenden Überlegung gehabt hätte:

> K. war es sehr willkommen, daß er den eigentlichen Dom verlassen durfte, der hohe, weite mit den Augen nur im kleinsten Umkreis zu durchdringende Raum bedrückte ihn, schon öfters hatte er im Bewußtsein der Nutzlosigkeit dessen nach oben geblickt, immer war ihm nur Dunkel von allen Seiten förmlich entgegengeflogen. An der Hand des Geistlichen eilte er hinter ihm her. [286]

Vielleicht hätte auf diese Weise noch deutlicher zum Ausdruck kommen sollen, daß K. mit der ihm gewährten, wie man wohl sagen muß, Erleuchtung nichts anfangen kann und daß er – so hat man das räumliche Arrangement der Figuren in dieser Szene zu deuten – sich in der Hand des Geistlichen befindet. Jedenfalls aber wäre in dieser Version die das Kapitel beherrschende, sich in der Legende fortsetzende Hell-Dunkel-Symbolik noch schärfer hervorgetreten. Denn auch dort wird es am Ende zunächst dunkel um den Helden. Aber während der Mann vom Lande sozusagen vor dem Gesetz verlischt, dringt aus dessen Tor ein unverlöschlicher Glanz hervor, der in Opposition zur Endlichkeit des menschlichen Daseins tritt und vom aufmerksamen Leser als Motiventsprechung zum ewigen Licht im Dom verstanden werden kann: Auf diese Weise erhöht sich sogar noch seine Bedeutung. Die an sich schon positiv konnotierte Lichterscheinung führt anschaulich das Ausmaß des Scheiterns vor Augen, dem der Mann vom Lande unterliegt.

Es ist aber nicht statthaft, diesen Glanz inhaltlich auszudeuten, denn außer seiner Dauer und Herkunft aus einem gänzlich unbestimmbaren Gebäude läßt sich nichts über ihn sagen. Durch diese Schwächung fester Denotate zugunsten von Nebenbedeutungen wird das Nicht-Gesagte beim Lesen zu einem verführerischen Produktivitätsanreiz, der, wie die Rezeptionsgeschichte der Erzählung zeigt, zu exzessiven Projektionen geführt hat. Außerdem darf in diesem Zusammenhang nicht vergessen werden, daß das Innere des Gesetzes lediglich in den perspektivisch eingeschränkten Behauptungen und Gedanken der beteiligten Figuren in Erscheinung tritt, [287] wozu auch gehört, daß verschwiegen wird, ob der Mann vom Lande etwas sieht, als er zu Anfang durch die Tür ins Innere blickt. Erst als es um ihn dunkel wird, sein Leben sich neigt, erkennt er den Glanz im Innern, die Verlockung erreicht also in dem Augenblick ihre höchste Intensität, in dem er ihr nicht mehr zu erliegen vermag. Walter H. Sokel schreibt deswegen über diese zwielichtige Einrichtung des Gesetzes:

> Das Gesetz ist eine Verhöhnung menschlicher Erwartungen. Immer soll es offen stehen und läßt uns doch nicht ein. Aus seinem Inneren bricht ein unverlöschlicher Glanz. [...] Doch ist auch dieser Glanz eine Neckerei und Verhöhnung des Mannes. Denn gerade dann scheint ihm der Glanz, wenn es zu spät ist, sich an ihm zu erfreuen. Der Glanz ist ein einziger Spottruf, der ihm die Herrlichkeit, die ihm sein ganzes Leben lang vorenthalten, im Augenblick zeigt, wo er nie mehr hoffen kann, zu ihr zu gelangen, ja, sie noch lange zu sehen. Diese grausame Ironie erinnert an das Manöver einer Kokotte, die den, den sie abweist, mit einer letzten Enthüllung ihrer Reize noch quält. [288]

Durch diesen Mechanismus wird die möglicherweise im Leser aufkeimende Vermutung, es handle sich um eine Manifestation des Höchsten, wieder aufgehoben, denn ein solches Spiel verträgt sich natürlich weder mit jüdischen noch christlichen Heilsvorstellungen. Es besteht demnach ein Unterschied zwischen den, möglicherweise vom Autor gewollten, Auffüllungen im primären Leseprozeß und literaturwissenschaftlichen Textdeutungen, die sich mit der Einsicht begnügen müssen, daß Kafka an dieser Stelle einen zweischneidigen und rätselhaften Sachverhalt präsentiert, während er zugleich, wie so oft in seinem Werk, dem Leser die zu seiner Auflösung notwendigen Informationen verweigert.

Ein Blick auf die Erzählung *Elf Söhne* bestätigt, daß es interpretatorisch unsolide wäre, die Lichterscheinung der Legende inhaltlich präziser festzulegen. Es heißt da:

> Mein neunter Sohn ist sehr elegant und hat den für Frauen bestimmten süßen Blick. So süß, daß er bei Gelegenheit sogar mich verführen kann, der ich doch weiß, daß förmlich ein nasser Schwamm genügt, um allen diesen überirdischen Glanz wegzuwischen. [289]

Obwohl das hier beschriebene Strahlen der Augen infolge des ihm beigegebenen Adjektivs überirdisch eher noch ausdrücklicher, eindeutiger auf den transzendenten Bereich zu verweisen scheint, ist es als wenig beständige physiognomische Ausdrucksbewegung behandelt. Es stellt einen Gegensatz zu dem »mit Schlaf gefüllte[n] Blick« dieses Sohnes dar, der als dessen Lieblingshaltung bezeichnet wird. [290] Bisher ist niemand auf den Gedanken gekommen, den vergleichsweise nüchtern gezeichneten jungen Mann mit der Kabbala in Verbindung zu bringen, was beweist, daß sich die theologische Deutung der Legende gar nicht aus einer Einzelstelle herleitet, sondern als Vorverständnis des Kontextes vorweg besteht. Zum andern ist offensichtlich, daß an dieser Stelle ein säkularisierter Sprachgebrauch einer ursprünglich religiösen Vorstellung vorliegt. Kafka verwendet sie in den *Elf Söhnen* als bloße Metapher, die das gleichsam unbegreifliche Ausmaß der dem Sohn eigenen Verführungskraft veranschaulichen soll; nichts spricht dagegen, einen vergleichbaren Gebrauch für die Legende vorauszusetzen.

Die Untersuchung des Titels, der offenen Türen und des Glanzes ergibt demnach, daß mithilfe dieser Erzählbestandteile keine Bedeutungsfestlegungen des Gesetzes getroffen werden können, weil es sich dabei um Attribute handelt, die den semantischen Gehalt der Bezeichnung nicht einschränken. Der Interpret vermag zwar die Wirkung solcher Stellen auf emotional betroffene Leser zu beschreiben, die sie, in welcher Weise auch immer, gehaltlich auffüllen und damit eigennützig in Gebrauch nehmen können, aber für seine eigenen wissenschaftlichen Deutungen darf er die auf diese Weise zustande kommenden Assoziationen und Projektionen nicht benützen.

5. RAUMFOLGEN

Zu den Vorstellungen, die das Gesetz kennzeichnen sollen, gehört sein Charakter als Gebäude, dem eine besondere Raumaufteilung eigen ist. Dieser Punkt bedarf einer gesonderten Betrachtung, verquickt er sich doch in vielen literaturwissenschaftlichen Untersuchungen mit der Frage, inwieweit *Vor dem Gesetz* auf dem Hintergrund jüdischer Überlieferungen zu verstehen sei.

In der Regel kann ein Textbestandteil nur dann als Entlehnung aus einer wie auch immer gearteten Vorlage bestimmt werden, wenn er in Aufbau und Sprachform seine ursprüngliche Gestalt bewahrt hat, also als Textecho wiedererkennbar ist. Schnitzeljagden ohne Schnitzel zu betreiben, ist müßig, besonders dann, wenn es sich um Gemeinplätze des europäischen Denkens oder allgemein verbreitete Überlieferungselemente handelt, die einem Autor auf unterschiedlichste Weise zugekommen sein können.

Außerdem ist in Rechnung zu stellen, daß natürlich nicht in jedem Fall eine Übernahme fremder Vorbilder angenommen werden muß. Ein Arrangement, wie es in *Vor dem Gesetz* vorliegt, bedarf nicht unbedingt der Vorlagen. Es ist Kafka und seiner vielfach unter Beweis gestellten Erfindungsgabe durchaus zuzutrauen, daß er es selbst zu entwickeln wußte, handelt es sich im vorliegenden Fall hinsichtlich des stofflichen Ausgangspunktes doch keineswegs um ungewöhnliche, einzigartige Geschehniszusammenhänge, sondern um einfache Sachverhalte, die durch seinen Prager Erfahrungskreis angeregt sein konnten. Wie schon ausführlich dargelegt, bewachten Türhüter die zahlreichen Paläste seiner Heimatstadt. Ausgedehnte Raumfolgen sind ein hervorstechendes Merkmal solcher Bauten, die, dringt man zu ihrem Mittelpunkt vor, immer prächtiger, zugleich aber von dienstbaren Geistern in entsprechender Stellung überwacht werden. Natürlich gibt es unter diesen Domestiken, die den Eintritt verweigern und sich dabei überheben wie der Türhüter in *Vor dem Gesetz*, indem sie ihre Bedeutung betonen, über die Strenge ihrer Herrschaft berichten oder von Räumen erzählen, die niemand betreten darf. Solche der Lebensanschauung entlehnten Vorstellungen macht sich beispielsweise ein Märchen wie das Kafka wohlbekannte [291] Dornröschen zunutze, wo das Unglück seinen Lauf nimmt, als die Heldin gegen ein bestehendes Verbot verstößt und ein Zimmer des väterlichen Schlosses ansieht. Nimmt man solche Zusammenhänge, wie Kafka es gewohnt war, im übertragenen Sinn, entstehen Bildvorstellungen, die zu Keimzellen epischer Darstellung werden können. Dies geschieht in seinem Fall sehr früh. Denn wenn er schon 1902 in einem Brief schreibt, manches Buch wirke auf ihn »wie ein Schlüssel zu fremden Sälen des eigenen Schlosses«, [292] dann zeigt eine solche Formulierung, wie Gebäudekomplexe, die er durchschritten oder von denen er gelesen haben mag, als Metapher verwendet werden, die der Veranschaulichung eigener psychischer Gegebenheiten dienen. Die zahlreichen Deutungen versteckt zugrunde liegende Annahme, Kafka habe der Formulierungshilfe, der Nachhilfe

durch volkstümliche Überlieferung bedurft, um *Vor dem Gesetz*
schreiben zu können, ist deswegen nicht einleuchtend und schon
gar nicht unumgänglich.

Wird aber gleichwohl die Behauptung aufgestellt, die Legende
sei von jüdischen Quellen abhängig, müssen zu ihrer Begründung
die Gesetze der Philologie Anwendung finden. Ein Beispiel vermag
das Gemeinte zu veranschaulichen. In Kafkas Erzählung *Ein altes
Blatt* werden Nomaden beschrieben, mit denen sich die Einheimi-
schen nicht verständigen können. Ihre Wildheit wird in der Tatsache sinnenfällig, daß sie einen lebenden Ochsen, der ihnen als
Nahrung zugeführt wird, von allen Seiten anspringen, »um mit
den Zähnen Stücke aus seinem warmen Fleisch zu reißen«. [293]
Das gleiche Detail begegnet in Thomas Manns *Tod in Venedig*.
Im fünften Kapitel träumt die Hauptfigur von einem antiken Dio-
nysosfest, in dessen Verlauf die Teilnehmer sich »reißend und
mordend« auf die mitgeführten Böcke hinwerfen, »dampfende
Fetzen« Fleisches herausreißen und verschlingen. [294] Der gleiche Sachverhalt findet sich außerdem in Erwin Rohdes Buch *Psyche*, in dem es über den thrakischen Dionysosdienst heißt, die Schar
der Anhänger dieses Gottes habe sich im Verlauf der Feier auf die
zum Opfer erkorenen Tiere gestürzt, sie gepackt und »mit den
Zähnen das blutige Fleisch« abgerissen, »das sie roh verschlingen«. [295]

Die Ähnlichkeit zwischen den drei Texten ist so offensichtlich
wie erstaunlich. So ist die Übereinstimmung zwischen *Vor dem
Gesetz* und dem *Tod in Venedig* in diesem Punkt beispielsweise größer als mit allen Texten, die im Lauf der Zeit als angebliche Vorlagen für Kafkas Legende ausgemacht wurden. Trotzdem ist diese
allein aufgrund einer stofflichen Übereinstimmung geschaffene
Bezugsbrücke interpretatorisch nicht gangbar, weil in Kafkas Formulierungen keineswegs Stileigentümlichkeiten Thomas Manns
durchschlagen. Damit soll keineswegs ausgeschlossen werden, daß
Kafka an der fraglichen Stelle durch den *Tod in Venedig* beeinflußt
worden sein könnte, ganz im Gegenteil, es gibt sogar Indizien, die
nahelegen, daß dieser tatsächlich das Vorbild abgegeben hat. Nicht
nur, daß Kafka nach Werken Thomas Manns förmlich hungerte, er
war vielmehr auch regelmäßiger Leser der *Neuen Rundschau*, in
welcher der *Tod in Venedig* 1912 gedruckt wurde. [296] Aber der
Wortlaut des *Alten Blattes* allein reicht, selbst in Verbindung mit
den erwähnten Rahmenbedingungen, eben nicht aus, einen sol-

chen Zusammenhang zu begründen, zumal im *Alten Blatt* nicht von griechischen Bacchanten, sondern von Nomaden in China die Rede ist. Ganz anders stellt sich das Verhältnis Thomas Manns zu Erwin Rohdes Buch dar. Es entsprechen sich nicht nur einzelne Erzählzüge, sondern Thomas Mann übernimmt, mit zahlreichen wörtlichen Übereinstimmungen, die gesamte Schilderung des Festverlaufs. Dies und die Tatsache, daß er erwiesenermaßen Rohdes Buch gekannt hat, bilden zusätzliche Argumentationshilfen, die die postulierte Beziehung glaubwürdig erscheinen lassen.

Demgegenüber mißachten die Interpreten der Legende, die Kafka von Kabbala und Ostjudentun abhängig sehen, die Regeln, die solche Zusammenhänge philologisch begründen könnten. Werner Hoffmann beispielsweise geht von der Aussage des Türhüters am Schluß des Textes aus, die er als Ausdruck ostjüdischer Glaubensweise versteht. Er sieht *Vor dem Gesetz* durch zwei Chassidische Geschichten beeinflußt, die Martin Buber 1921 in seinem Buch *Der große Maggid und seine Nachfolge* veröffentlicht hat. In den einzelnen Erzählbestandteilen und in der Bildlichkeit gibt es allerdings keine Vergleichspunkte mit Kafkas Text. Die Ähnlichkeit besteht lediglich darin, daß diesen angeblichen Quellen ein Sinn eignen soll, der Kafkas Legende ebenfalls auszeichne. [297] Der behauptete Zusammenhang zwischen den erwähnten Werken wird also lediglich durch interpretatorische Arbeit hergestellt und steht schon deswegen auf tönernen Füßen.

Gegen Hoffmann spricht jedoch nicht nur, daß die von ihm ausgemachten ostjüdischen Werke keine prägnanten Spuren in Kafkas Erzählung hinterlassen haben, sondern es muß auch bezweifelt werden, ob er die chassidischen Texte richtig deutet. Denn der eine handelt von den verschiedenen Wegen zu Gott, nicht von der Individualität oder Einzigartigkeit dieser Zugänge, [298] und der andere verweist den Menschen auf sich selbst als seiner Seligkeit Schmied [299]. Den naheliegenden Einwand schließlich, daß Kafka mit den erwähnten Geschichten zum Zeitpunkt der Entstehung seiner Erzählung noch gar nicht vertraut sein konnte, glaubt Hoffmann mit folgender Argumentation entkräften zu können:

Es hat nicht viel zu bedeuten, ob Kafka die beiden Geschichten gekannt hat. Er war mit der chassidischen Lehre, die sie versinnbildlichten, durch seine Beziehungen zu der ostjüdischen Schauspielertruppe, die in den Jahren 1910 und 1911 in Prag gastierte, durch seine Freundschaft mit Georg Mardochai Langer, einem Kabbalaforscher aus dem Kreise der

Chassidim, durch Familienbeziehungen (vgl. Tagebuchaufzeichnungen vom 23. Dezember 1911) und Lektüre vertraut. [300]

Ein merkwürdiges Argument: Sollte Kafka tatsächlich in der behaupteten Weise mit dem Chassidismus bekannt gewesen sein, hätte es nahegelegen, die Vorstellungen dem Verständnis der Erzählung nutzbar zu machen, die er von den angeführten Gewährsleuten empfangen haben könnte, anstatt Bezugstexte zu wählen, die erst sieben Jahre nach deren Entstehung veröffentlicht wurden.

Immer wieder ist behauptet worden, die in Kafkas Erzählung vorausgesetzte hierarchisch gegliederte Raumfolge des Gesetzes sei von religiös bestimmten Texten angeregt worden und deswegen Bild einer göttlichen Einrichtung, die in den unendlich gestuften, selbst dem Eingeweihten nicht durchschaubaren Instanzen des *Proceß*-Romans ihre erwünschte Parallele finde. Zusammen mit dem Aussehen des Türhüters und dem allein dem Mann vom Lande bestimmten Eingang bilden diese Säle das Skelett für Textdeutungen aus dem Geiste des Judentums. Die Abfolge der das Gesetz untergliedernden Räume, die, so pflegt man sich das Bild zu ergänzen, in einem unzugänglichen Machtzentrum endet, erscheint Deutern entsprechender Couleur als Darstellung des verborgenen Gottes, dem sich der Mensch über verschiedene Stufen der Erkenntnis anzunähern suche.

In diesem Zusammenhang sei darauf hingewiesen, daß die Vorstellung einer unendlich gestuften Raumfolge gleichfalls in dem Stück *Eine kaiserliche Botschaft* begegnet, das bemerkenswerte Eigenarten mit der Legende teilt. Zunächst steht es als Binnenerzählung innerhalb des Fragments *Beim Bau der Chinesischen Mauer* in einem ähnlichen Verhältnis zum Kontext wie *Vor dem Gesetz* zum *Proceß*. Es kann als spiegelbildliche Umkehrung des Geschehens gelesen werden, von dem die Legende berichtet. Die Hauptgestalt dieser von Kafka gleichfalls innerhalb seiner *Landarzt*-Sammlung veröffentlichten Erzählung, der kaiserliche Bote, nimmt seinen Ausgangspunkt am Ende und im Zentrum einer unabsehbaren Raumfolge, die wegen ihrer Ausdehnung niemals durchschritten werden kann. Der Botschafter des sterbenden Kaisers bewegt sich zwar durch die nicht endenwollenden Räumlichkeiten des innersten Palastes, wird jedoch niemals dessen äußerstes Tor erreichen und damit auch nicht den ihn in fernster Ferne erwartenden einzelnen Untertanen, dem sein Auftrag gilt. Er kommt mit seiner Botschaft so wenig voran und zum Ziel wie der Mann vom Lande, der nicht einmal in das allein ihm bestimmte Tor des Gesetzes einzutreten vermag, ganz zu schweigen davon, daß er die dahinter liegenden Räumlichkeiten durchmessen und in dessen Inneres vordringen könnte. Es ist jedoch äußerst merkwürdig, daß *Eine kaiserliche Botschaft* trotz dieser auffälligen Übereinstimmungen mit Kafkas Legende in der Regel nicht als in gleicher Weise von religiösen Vorstellungen geprägtes Werk verstanden wird, obwohl doch, anders als in *Vor dem Gesetz*, mit dem in seinem Palast lebenden Kaiser, der als Abbild der Sonne erscheint, eine Gestalt zur Verfügung steht, die geradezu danach zu verlangen scheint, als göttlicher Befehlsgeber verstanden zu werden. Es scheint fast, als sei den Interpreten das entscheidende Indiz dafür, ein solches Gebäude als Bild des Himmels zu deuten, das Vorhandensein eines Türhüters, nicht etwa eines mit göttlichen Attributen versehenen Herrschers.

Es ist natürlich nicht zu leugnen, daß sich Raumfolgen und diesen zugeordnete Türhüter öfters in der religiösen Literatur des Judentums belegen lassen, und so hat sich der Fleiß der Forscher der Aufgabe zugewandt, entsprechende Texte auszumachen, die Kafka als Vorlage gedient haben könnten. Ulf Abraham etwa sieht in *Vor dem Gesetz* eine nachbiblische jüdische Legende verarbeitet, die vom Gang des Mose auf den Berg Sinai handelt. In diesem Text gehen dem Empfang der zehn Gebote vier Auseinandersetzungen des Gesetzgebers mit Türhütern voraus, die, von Mal zu Mal mächtiger werdend, ihnen zuerteilte Regionen bewachen. Erst nachdem sie überwunden sind, kann Mose unter Gottes Hilfe seinen Auftrag als Gesetzgeber seines Volkes durchführen. Kafka nehme, so Abrahams These, auf diese Überlieferung Bezug, wandle sie aber um, indem er einen gleichsam ungerufenen Mose in seiner Ratlosigkeit vor einem Gesetz schildere, zu dem ihm der Zugang verbaut sei, weil er nicht glauben könne, daß es gemeint sei. Deswegen greife er zu landläufigen Erfahrungen, die dem Umgang mit einer korrupten Bürokratie entstammten und natürlich keinen Erfolg haben könnten. Für Abraham ist *Vor dem Gesetz* Ausdruck der westjüdischen Existenz Kafkas, in der das Gesetz zwar noch existiere, aber als unerfüllbar gewordenes Gebot Schuldgefühle hervorrufe. [301]

Allerdings beschränkt sich die Ähnlichkeit zwischen den beiden Texten auf das Vorhandensein von Türhütern, auf ein bloßes Erzähldetail also, das in vielen Schriften, besonders der Antike, zu belegen ist. Bewacht wird Unterschiedliches: in der Legende ein unerläutertes Gesetz, von dem eine Täuschung ausgeht, in der angeblichen Vorlage der Dekalog. Das von Abraham angeführte Persönlichkeitsmodell hat Kafka tatsächlich verwendet, jedoch erst in den Jahren der Krankheit, als Beschreibung der dadurch entstandenen Situation und exemplifiziert nicht an der Gestalt des Mose, sondern am biblischen Abraham. [302] Wie soll aber, was in der Spätzeit und in eindringlicher Auseinandersetzung mit Kierkegaards *Furcht und Zittern* erdacht wurde, für die Probleme der Verlobungsjahre Gültigkeit haben und als Modifizierung eines ganz anderen Traditionszusammenhangs entstanden sein? Verwunderung erregt in diesem Zusammenhang besonders auch der Umstand, daß Abraham den biblischen Abraham zum autobiographischen Bezugspunkt wählt und nicht den Gesetzgeber Mose, der sich schon allein aufgrund dieser Funktion mit dem Gegenstandsbereich der Legende berührt. Vor allem aber hat Kafka Mose in einer Weise gesehen, die dem Schicksal des Mannes vom Lande überraschend ähnelt. Die Bestimmung dieses Volksführers erfüllt sich nämlich darin, daß er an der Schwelle des gelobten Landes stirbt, ohne es betreten zu haben. [303] Es bleibt Abrahams Geheimnis, warum er diesen naheliegenden Zusammenhang unberücksichtigt läßt und stattdessen dem biblischen Abraham den Vorzug gibt, obwohl diese Gestalt keine Ähnlichkeit mit dem in Kafkas Legende geschilderten Lebensgang aufweist.

Und wie kommt Abraham zu der Behauptung, Kafka habe die zehn Gebote aufgrund seiner westjüdischen Existenzform für unerfüllbar gehalten und deswegen Schuldgefühle entwickelt? Eine solche Position läßt sich weder direkt noch indirekt aus den Lebenszeugnissen herleiten, und so versucht es Abraham gar nicht erst. Sie stünde zudem in den zeitgenössischen Diskussionen über die jüdische Überlieferung einzigartig da. Denn als Folgen westjüdischer Vereinzelung und Verstädterung in der Diaspora, des Lebens also unter dem Gesetz der Assimilation, wird der Verlust des Volkscharakters und der Verbindlichkeit des jüdischen Zeremonialgesetzes beklagt, [304] nicht aber die Unerfüllbarkeit des Dekalogs, der so selbstverständlich wie im christlichen Bereich in Geltung stand.

Angreifbar ist weiterhin, daß abwechselnd autobiographisch und dann wieder vom Text aus argumentiert wird, ohne daß darüber reflektiert wird, wann und warum das eine oder das andere angebracht ist: Woher will der Interpret wissen, daß der Ankömmling, der doch als unbedarfter Mann vom Lande gezeichnet ist, Erfahrungen im Umgang mit bürokratischen Einrichtungen hat, von denen ohne nähere Prüfung angenommen wird, sie seien korrupt? Aber selbst, wenn man diesen Einwand vernachlässigen wollte: Wenn es »landläufig« ist, daß die Behörden bestechlich sind, warum hat dann der Mann vom Lande »selbstverständlich« mit seinen entsprechenden Versuchen keinen Erfolg? Ist der Türhüter a priori über jeden Verdacht erhaben, da er doch die Bestechung de facto duldet, wenngleich verbaliter leugnet, und die Legende in den einleitenden Schriften zu einem Gesetz steht, dessen Vertreter sich, wie der Verlauf des *Proceß*-Romans zeigt, im höchsten Grade als korrupt erweisen? Und schließlich: Wo ist in Kafkas Text von einer Schuld oder auch nur von einem Fehlverhalten des Mannes vom Lande die Rede? Abraham kann diese Frage lediglich deshalb positiv beantworten, weil er von Schuldgefühlen Kafkas weiß, die zum Teil religiöser Natur gewesen sein mögen, nicht aber aufgrund interpretatorischer Einsichten.

Eine andere Quelle will Strother B. Purdy ausfindig gemacht haben. Er schließt aus dem Umstand, daß bestimmte, auf die Rechtssprechung bezügliche Abteilungen im *Babylonischen Talmud* mit der bildhaften Bezeichnung erstes, mittleres und letztes Tor belegt werden, das in Kafkas *Proceß* geschilderte Verfahren habe in erster Linie einen jüdischen Hintergrund. Und als Beispiel für den Geist, den *Vor dem Gesetz* atme, führt er eine talmudische Erzählung an, die den folgenden Handlungsgang aufweist: Ein Mann klopft an das Palasttor eines Königs, mit dem er befreundet ist, um eine Bittschrift zu überbringen. Als ihm schließlich geöffnet wird, hat er seinen Platz bereits verlassen, so daß sich der enttäuschte Herrscher seinerseits zurückzieht. Aber wenn es schon drei Tore sein sollen, obwohl in der Legende eine viel größere Anzahl vorausgesetzt wird: Wäre es dann nicht naheliegender, an die Prager Burg mit ihren drei Höfen zu denken, die sich dem Besucher sukzessive durch Tore erschließt, deren äußerstes seit jeher von Wachsoldaten besetzt ist, die Kafka zu beobachten pflegte? [305]

Joachim Rosteutscher wiederum will eine andere talmudische Geschichte als Vorlage gefunden haben. Handelte Purdys Text von der Natur des jüdischen Gebets, mit der Kafka in der Legende nun wirklich nichts zu schaffen hat, so kommt hier ein nach Unterweisung strebender Junge an ein Gebäude, das als Domizil des Gesetzes zu verstehen ist:

115

DAS GESETZ

Er öffnete die Tür des Hauses und trat ein. Er blickte sich um und sah,
daß er in einer großen Halle stand. Die Halle war leer und kein lebendi-
ges Wesen befand sich darin, aber sie war voll Licht, wie das Licht am
Mittag. Er blickte sich um und siehe, in der Halle war eine zweite Türe. Er
öffnete auch die zweite Türe und trat in ein zweites Zimmer. Und siehe,
auch das zweite Zimmer war leer und auch dieses war voll Licht, wie das
Licht am Mittag. So durchschritt der Knabe sieben Zimmer. [306]

Es gibt keine Anzeichen dafür, daß Kafka durch die bisher angeführten Texte bei der Niederschrift seines Prosastücks geleitet oder
wenigstens teilweise beeinflußt wurde. Denn es besteht lediglich
eine vage Ähnlichkeit in stofflichen Einzelpunkten, also auf der
inhaltlichen Ebene: Abraham weiß von erfolgreich überwundenen
Türhütern, die aber keine Gebäudeteile bewachen, sondern Regionen, Purdy von Toren, denen keine Saalfolge zugeordnet ist, sowie
von einem verschlossenen Palasttor, an dem sich Bewohner und
Bittsteller verfehlen, Rosteutscher schließlich ortet sieben durch-
schrittene Räumen, die aber nicht von Türhütern bewacht sind.
Keiner der beigebrachten Texte kennt die Verbindung von hierarchisch gegliederter Abfolge geschlossener Räume, deren Tore
von abweisenden Türhütern bewacht sind.
  Um eine Abhängigkeit Kafkas von den vorgestellten Überlieferungen behaupten zu können, würde nicht einmal die Annahme
genügen, er habe alle drei Texte studiert, diese gleichsam verglei-
chend übereinandergelegt, in einem produktiven Selektionsprozeß
den einzelnen Vorlagen Passendes entnommen und auf diese
Weise das Arrangement seiner Legende entwickelt. Denn in diesem
Fall müßten einzelne Formulierungen oder ganz spezifische Konstellationen der verschiedenen Ausgangstexte erhalten bleiben, die
dadurch identifizierbar sind und stets voneinander gesondert werden können. Davon kann im vorliegenden Fall natürlich keine Rede
sein, ja es begegnen in diesen angeblichen Quellen nicht einmal
die für Kafkas Legende wichtigen stofflichen Substrate, die keinesfalls ausreichen, die behaupteten genetischen Abhängigkeiten zu
begründen. Es fehlt nämlich in diesen Geschichten sowohl die
Vorstellung, daß einem Einlaßbegehrenden der Eintritt in ein Tor
verweigert wird, als auch der eigenartige Gedanke, daß dieses Tor
zugleich als allein ihm bestimmter Eingang bezeichnet wird: Mose
wird der Zugang zum Berg Sinai bloß erschwert, der Bittsteller der
talmudischen Erzählung möchte allein sein Gesuch abgeben (es
wird nicht vorausgesetzt oder suggeriert, daß er zu diesem Zweck

116

die Räumlichkeiten des Palastes durchschreiten müsse), und der zum Gesetz strebende Junge besichtigt ohne Schwierigkeit sieben lichtdurchflutete Säle.

Die Interpreten können nicht einmal wahrscheinlich machen, geschweige denn beweisen, daß Kafka diese Erzählungen überhaupt bekannt waren, gibt es doch dafür in seinen Lebenszeugnissen keine Hinweise. Es lassen sich auch keine zeitgenössischen Ausgaben nachweisen, in denen sie enthalten wären, so daß ganz unbegreiflich bleibt, wie Kafka, der kein Bücherwurm und deswegen wissenschaftlichen Recherchen in Bibliotheken abgeneigt war, auf sie gestoßen sein könnte.

Anders verhält es sich mit der These von Fritz Strich, der die Auffassung vertreten hat, Kafka habe sich bei der Niederschrift seiner Legende auf eine Erzählung in Bubers *Baalschem*-Buch gestützt, das ihm zu diesem Zeitpunkt tatsächlich bekannt sein mußte. [307] Der fragliche Text lautet:

> Ein König baute einst einen großen und herrlichen Palast mit zahllosen Gemächern, aber nur ein Tor war geöffnet. Und als der Bau vollendet war, wurde verkündet, es sollten alle Fürsten erscheinen vor dem Könige, der in dem letzten der Gemächer throne. Aber als sie eintraten, sahen sie: da waren Türen offen nach allen Seiten, von denen führten gewundene Gänge in die Fernen, und da wieder Türen und wieder Gänge, und kein Ende stand vor dem verwirrten Auge. Da kam der Sohn des Königs und sah: eine Spiegelung war all die Irre, und er sah seinen Vater sitzen in der Halle vor seinem Angesicht. [308]

Aber auch in diesem Fall sind die Parallelen zu Kafkas Prosastück so dürftig, daß von einer genetischen Abhängigkeit nicht gesprochen werden kann: Die Übereinstimmungen beschränken sich auf den Umstand, daß der Palast, der das Göttliche verkörpert, nur einen Eingang und unzählige Räumlichkeiten aufweist. Diese sind jedoch in Bubers Text weder bewacht noch hierarchisch gegliedert, sondern vielmehr als Labyrinth gedacht, eine Vorstellung, die zwar gelegentlich bei Kafka in ganz andersartigen Zusammenhängen belegbar ist, aber keineswegs die Welt des *Processes* kennzeichnet.

Eine Quelle ganz anderer Art will Manfred Voigts gefunden haben. Er vertritt die These, die im zweiten Jahrhundert entstandene pseudoaristotelische *Schrift von der Welt*, die 1907 in einer deutschen Fassung im Eugen Diederichs Verlag veröffentlicht wurde, gehöre zum historischen Hintergrund der Legende. Dort wird an einer Stelle das Walten Gottes mit der Hofhaltung des persischen Großkönigs verglichen. Der Herrscher thront in einem wunderbaren Palast, in dem es eine Flucht von Vorzimmern sowie viele Vorhöfe gibt, die durch Stadien voneinander getrennt sind. Die vornehmsten und erprobtesten Männer sind über die ehernen Tore und die mächtigen Umwallungen gesetzt, welche die gesamte Anlage schützen. Andere sind als Türhüter oder Horcher angestellt, welche die ausgedehnten Vorhöfe bewachen, so daß der König alles sehen und hören kann, was in seinem Bereich geschieht.[309] In diesem Text fehlt jedoch die in der Legende erwähnte Hierarchie der Räumlichkeiten, während andererseits die Tore und Mauern als störende, überständige Bildbestandteile hervortreten. Vor allem aber: Was hätte Kafka darstellen wollen, falls er tatsächlich diese Allegorie aufgriff, ist doch sein Gegenstand das Gesetz, nicht ein persönlich vorgestellter Bewohner eines ausgedehnten Gebäudekomplexes.

Wie Gershom Scholem, der Kafka schon früh eine Seelenverwandtschaft mit der Kabbala nachgesagt hatte,[310] behauptet Heinz Politzer, *Vor dem Gesetz* sei vor dem Hintergrund dieser jüdischen Geheimlehre zu verstehen: Einem Schöpfungsmythos dieser vielfältig verzweigten mystischen Strömung zufolge sind den sieben Planetensphären Herrscher zugeordnet, die dem Reich des Bösen, der Materie zugehören und der Befreiung der Seele entgegenwirken. Wenn dieser unvergängliche Teil des Menschen, im Tod entkörperlicht, in seine himmlische Lichtheimat zurückstrebt, muß er diese Regionen durchqueren. An den Pforten der Paläste, die passiert werden müssen, stehen Wächtergestalten, die den Eintritt Unwürdiger verhindern sollen, wobei eine allmähliche Steigerung der ethischen Anforderungen von unten nach oben festzustellen ist. Nach Politzers Auffassung bewahrt Kafkas Legende dieses Gefüge, weil vor dem Eingang zum Gesetz, den der Mann vom Lande durchschreiten wolle, ein Bewacher stehe, hinter dem eine unzählbare Menge anderer Wächterfiguren vorzustellen sei. Daß sich Kafkas Türhüter in dieser Weise figürlich veräußerlicht, deutet Politzer als Zugeständnis des Unsichtbaren an die beschränkte Auffassungskraft des Mannes vom Lande, der den auf Alltagsverrichtungen eingeschränkten Berufsmenschen verkörpere. Der glaubenslose Ankömmling wird auf seiner Seelenfahrt und Selbstsuche abgewiesen; denn die gnostische Spekulation habe in der Phantasie des zeitgenössischen Schriftstellers Kafka eine nihilistische Wendung angenommen.[311]

Hans Dieter Zimmermann hat sich diese Auffassung mit geringen Abwandlungen zu eigen gemacht. Gegenüber dem Prokuristen
Josef K., der direkt mit dem Bösen konfrontiert sei, befinde sich
der Mann vom Lande jedoch in einem anderen Handlungsbereich,
habe das Gericht längst hinter sich gelassen und stehe unmittelbar
vor dem Gesetz, in das aber, Brüskierung jüdischer Überlieferung,
nicht nur, wie in der Kabbala, dem Unwürdigen, sondern jedermann der Eintritt verweigert werde, weil der Glanz dieser höchstens erahnbaren höheren Welten jenseits menschlicher Denk- und
Vorstellungskraft liege.

In dieser Argumentation werden ungeprüft Deutungsvorausset-
zungen benützt, die im Text keine Stütze haben. Wie begründet
sich die These, in Kafkas Legende würden alle Menschen vom
Gesetz abgewiesen, wenn doch einzig und allein der Mann vom
Lande Gegenstand der Erzählung ist? Und wie kann der Ankömmling vor dem Gesetz selbst stehen, wenn der Türhüter lediglich die
niedrigste, erste Stufe in einer Reihe immer mächtiger werdender
Instanzen darstellt, ganz zu schweigen davon, daß seine Flöhe und
die Art und Weise, wie er den Mann vom Lande um seinen ganzen
Besitz bringt, durchaus nicht jenseits menschlicher Vorstellungskraft liegen?

Auch Karl Erich Grözinger will den kabbalistischen Hintergrund
der Legende belegen. Er führt zu diesem Zweck aus der *Rechnit
Chochma*, einem Hauptwerk der jüdischen Mystik, das bis heute
nicht ins Deutsche übersetzt worden ist und schon aus diesem
Grund Kafka verschlossen bleiben mußte, die folgende Passage an:

> Wenn einer in das Heilige gelangen will, hat er sogleich mehrere Anklä-
> ger. Und wenn er nicht würdig ist, gleicht er einem Menschen, der vor das
> Angesicht des Königs treten will: Bevor er eintritt, den König zu sehen,
> gibt es da mehrere Tore, eines nach dem andern. Und über jedes Tor sind
> eherne Wächter gesetzt, die hüten jenes Gut [der Weisheit], damit da
> keiner hineingeht, der nicht würdig ist einzutreten. Darum, wenn ein
> Sünder eintreten will, um die Geheimnisse der Tora kennenzulernen,
> verwirren ihn einige Strafengel [...], damit er nicht an den Ort komme,
> der nicht der seine ist. Wer aber gut ist, dem werden alle Ankläger und
> Strafer zu Verteidigern, und sie führen ihn zu dem verwahrten Gut hin-
> ein. [312]

Grözinger ergänzt dieses Material um das von Jizchak Lurja stammende Buch von der Seelenwanderung, in dem das menschliche
Leben als nächtlicher Aufstieg in die himmlischen Thorakammern

erscheint, bis es schließlich zu der es erlösenden Fülle der Erkenntnis gelangt, welche das Licht Gottes selbst ist. Andere kabbalistische Überlieferungen, auf die Scholem bereits aufmerksam gemacht hatte, werden von Grözinger mit diesen Vorstellungen vereint: Sie wissen davon, daß die Thora jedem einzelnen Juden ein besonderes, nur ihm allein bestimmtes und erfaßbares Gesicht zuwende, das er wahrnehmen müsse, um seiner Bestimmung gerecht zu werden. Von diesem Aufstieg, so Grözinger, werde der Mann vom Land ausgeschlossen, der als des Gesetzes unkundiger Am-ha'aretz zu denken sei. [313]

Offensichtlich treten in diesen Texten Vorstellungen in Erscheinung, die mit den Erzählbestandteilen in Kafkas Legende Ähnlichkeiten aufweisen. Sie bezeugen die von Türhütern bewachte, als Gesetz bezeichnete Raumfolge, die sich durch überirdische Lichterscheinungen auszeichnet, sowie den individuellen Zugang, der gegebenenfalls verweigert werden kann. Gleichwohl ist schwer vorstellbar, daß Kafka von dieser Überlieferung geprägt worden sein sollte. Es handelt sich dabei nicht um einen einzelnen Text, der zu rezipieren gewesen wäre, ja nicht einmal um verschiedene Dokumente, sondern um ganz unterschiedliche Traditionsströme, von denen Kafka hätte genaue Kenntnis haben müssen, obwohl die Schriften, die sie dokumentieren, teilweise bis heute nicht ins Deutsche übersetzt worden sind. Auch bleiben die Übereinstimmungen durchweg auf der Ebene des Gegenständlichen, es fehlen die Textechos, die Entsprechungen in einzelnen Formulierungen, die allein eine genetische Abhängigkeit begründen könnten. Gegen Grözingers Annahme spricht außerdem, daß Jiří Langer, der als Vermittler in Frage käme, in seinen Veröffentlichungen über die Kabbala die in Frage stehenden Sachverhalte überhaupt nicht erwähnt. Bleibt man im Felde der Wissenschaft, wird man zu dem Schluß genötigt, daß es sich in den genannten Fällen um Parallelen handelt, die gänzlich unabhängig voneinander entstanden sind, es sei denn, man bekenne sich zu der Annahme Gershom Scholems, Kafka und der Kabbala sei ein archetypischer Fundus gemeinsam gewesen, aus dem er zu schöpfen vermochte, ohne die Geheimlehren seiner Volksgenossen studiert zu haben. [314] Eine solche These hätte freilich zur Voraussetzung, daß die ethnische Herkunft eines Menschen für bestimmte geistige Strukturen verantwortlich gemacht werden könnte, eine Spekulation, die empirisch bisher nicht belegt werden konnte.

5. RAUMFOLGEN

Die Deuter, die sich *Vor dem Gesetz* unter dem Einfluß jüdischer Überlieferungen entstanden denken, verstoßen nicht nur gegen die Regeln, die bei Quellenuntersuchungen zu beachten sind, sondern sie machen vielmehr auch eine grundsätzlichen Denkfehler, wenn sie glauben, mit ihren Thesen zugleich sichergestellt zu haben, daß *Vor dem Gesetz* Probleme des Judentums zur Darstellung bringe. Eine solche Auffassung würde bedeuten, daß die Verständnisebene eines Textes gleichsam automatisch durch den Gegenstandsbereich der Vorlagen bestimmt wäre, die bei dessen Konstituierung verwendet werden. Demgegenüber haben Untersuchungen zu Kafkas Schaffensprozeß ergeben, daß solche Zusammenhänge nur in seltenen Fällen bestehen.

Es zeigt sich nämlich, daß Kafka bei der Genese einer Erzählung zuweilen Texte unterschiedlicher Herkunft verwendete. Wer also davon ausgeht, die in diesen Schriftdokumenten behandelten Themen schlügen auf sein Werk durch, muß sich die Frage gefallen lassen, in welcher Weise sich in einem derart determinierten Werk überhaupt eine einheitliche Sinnebene entfalten könne. Soll man das *Urteil* etwa zionistisch deuten, weil Kafka während der Niederschrift einen solcher Problematik verpflichteten Roman seines Freundes Max Brods vor Augen hatte und sich in Einzelheiten darauf bezog? [315] Oder soll man in den Mittelpunkt stellen, daß Bauform und charakteristische Details sich an ihm bekannte Volksstücke anlehnen, die traditionellen jüdischen Lebensformen des Ostens Ausdruck verleihen? [316] Aus einer solchen Alternative rettet auch nicht die Behauptung, beide Quellen konvergierten doch immerhin in einer ihnen gemeinsamen jüdischen Problematik. Denn Kafka hatte, wie er selbst in seinem Tagebuch festhält, bei der Entstehung zusätzlich aus seiner Kenntnis Sigmund Freuds, einem Prosastück Jakob Wassermanns sowie aus Werfels dramatischem Fragment *Die Riesin* Nutzen gezogen, das seine Spuren an einer ganz bestimmten Textstelle hinterlassen hat und durchaus von den Wirkungen der anderen Quellen zu unterscheiden ist. [317]

Das *Urteil* ist also ein typisches Beispiel dafür, daß Kafka bei der Konzeption seiner Erzählwerke Vorlagen heterogenster Herkunft miteinander in Verbindung brachte und dann zu ganz eigenen, neuartigen Darstellungen verwob, deren Herkunft im Einzelnen aber stets erkennbar bleibt. Andere Beispiele zeigen, daß er seine Quellen oft ganz unorganisch oder punktuell benützte, daß er also manchmal nur einzelne Formulierungen, sinnliche Details, zuweilen auch wiederum ganze Strukturen übernommen hat, selbst wenn ihm die auf diese Weise gestalteten Sachverhalte fremd oder für den Text, den er gerade in Arbeit hatte, ohne Bedeutung waren. [318] Um die Konsequenzen zu verdeutlichen, die sich aus dieser Verfahrensweise für die interpretatorische Arbeit ergeben müssen, sei auf *Ein altes Blatt* verwiesen: Folgte man der Argumentation der Schnitzeljäger, müßte man diese Erzählung als Darstellung einer dionysischen Entgrenzung verstehen, weil Kafka die darin auftretenden Nomaden vermutlich nach Thomas Manns *Tod in Venedig* gestaltete, wo ein Kultfest des Dionysos beschrieben ist. In Wirklichkeit fand Kafka bei Thomas Mann, wenn überhaupt, ein Erzählelement, das auf anschauliche Weise unzivilisierte Wildheit vorzustellen vermochte, ohne daß er deswegen doch das geistige Kolorit dieser Vorlage zu beachten brauchte.

Ganz ähnlich könnte es sich mit *Vor dem Gesetz* verhalten haben: In der Reihe *Schaffstein's Grüne Bändchen*, die zu seiner Lieblingslektüre gehörte, [319] erschien 1912 unter dem Titel *Im Neuen China* eine Reisebeschreibung, in der es über ein nahe Mukden gelegenes Monument heißt: »Und wie in das Heiligtum des Todes selbst schritt ich jetzt durch das dritte und letzte Tor hindurch.« [320] Und über die nationalen Heiligtümer Pekings ist in dieser Schrift zu lesen:

> Dafür trieben sich allerlei schmutzige Türhüter an den Toren herum, die auf nichts weiter erpicht waren, als von den Fremden möglichst viel Geld zu erbetteln, und die darum zu jeder Verletzung ihrer Pflicht bereit waren. [321]

Da außerdem an anderen Stellen des Textes hierarchisch gegliederte Raumfolgen in chinesischen Palästen und Heiligtümern erwähnt werden, darf man behaupten, daß zwischen der Legende (sowie der *Kaiserlichen Botschaft*) und diesem Reisebericht ähnliche Übereinstimmungen bestehen wie mit den jüdischen Texten, die nach Meinung der angeführten Interpreten für deren Entstehung von Wichtigkeit waren. Es ist aber bezeichnend für die Qualität des in der Kafka-Forschung vorhandenen oder besser nicht vorhandenen Methoden-Bewußtseins, daß bisher niemand die Auffassung vertreten hat, Kafka habe in *Vor dem Gesetz* Besonderheiten des chinesischen Denkens, der fernöstlichen Philosophie darstellen wollen oder sich von der Götterwelt Chinas inspirieren lassen, obwohl die Bezugsstellen seit 1975 bekannt waren. [322] Immerhin ist ein langanhaltendes Interesse Kafkas an der chinesischen Kultur nachweisbar, das sich nicht nur in seiner Lektüre niederschlug, [323] sondern auch Erzählungen wie *Eine kaiserliche Botschaft, Beim Bau der Chinesischen Mauer, Die Abweisung, Zur Frage der Gesetze* und *Ein altes Blatt* prägte, die mehr oder weniger direkt auf China Bezug nehmen. Andererseits gibt es in seinen Lebenszeugnissen keinen einzigen Hinweis darauf, daß er sich jemals mit der Kabbala im allgemeinen oder gar mit den ihr eigenen Schöpfungsberichten oder Gerichtsvorstellungen beschäftigt hätte. Man hätte wenigstens erwarten können, daß Interpreten, die *Vor dem Gesetz* aus solchen Vorstellungen erklären wollen, sich darüber äußern, warum ein Buch, das Kafka gelesen haben konnte, als möglicher Erzählhintergrund übergangen wird, während Texte, von denen niemand sagen kann, ob und auf welche Weise sie ihm bekannt geworden sein könnten, zur einzigen Grundlage der Deutung gemacht werden.

Damit soll nicht etwa behauptet werden, der erwähnte Reisebericht habe bei der Entstehung der Legende Pate gestanden. Es bedarf, wie schon ausgeführt, überhaupt nicht der Annahme irgendwelcher Vorlagen. Vielmehr führen die vorgestellten Überlegungen zwangsläufig zu dem Ergebnis, daß Gegenstandsbereich, Thematik und geistiger Hintergrund der Texte, die Kafka als Vorlagen für seine Erzählwerke dienten, zwar für deren Verständnis nicht in jedem Fall belanglos sein müssen, Textdeutungen jedoch nicht begründen können. Selbst wenn also der Nachweis gelänge, daß er bei der Genese seiner Legende von jüdischen Volksüberlieferungen beeinflußt worden wäre, und selbst vorausgesetzt, diese Übernahmen beträfen nicht allein Einzelheiten, sondern ganze Handlungsabläufe, dürfte man nicht unbesehen daraus schließen, er habe mit diesem Material zugleich die Bedeutungen übernommen, die in diesen Vorlagen transportiert werden.

Die Deuter, die einen kabbalistischen Hintergrund der Erzählung annehmen, lassen schließlich auch die Frage unbeantwortet, was es für einen Sinn haben sollte, wenn Kafka in einem literarischen Werk Sachverhalte präsentiert, die, dem Leser gar nicht erkennbar, einer mittelalterlichen Geheimlehre entstammen. Gewiß ist nicht zu leugnen, daß Kafka eine gewisse Affinität zu mystischen Vorstellungen eigen war, denen sich beispielsweise ein vorübergehendes Interesse an den Lehren Rudolf Steiners verdankt, [324] aber es ist nicht zu erkennen, in welcher Weise er einem Menschenbild zugeneigt haben sollte, das in keiner Weise den Grundsätzen verpflichtet war, die für gebildete, aufgeklärte, der Glaubensüberlieferung ihres Volkes skeptisch gegenüberstehende jüdische Intellektuelle des 20. Jahrhunderts zu den selbstverständlichen Denkvoraussetzungen gehörten.

Überblickt man die bisher angeführten Deutungsversuche, so muß man zu dem Schluß kommen, daß die Behauptung, *Vor dem Gesetz* sei auf einem religiösen Hintergrund zu lesen, unbeweisbar ist und daß insbesondere die talmudischen, chassidischen oder kabbalistischen Texte, die darauf eingewirkt haben sollen, keine greifbaren Spuren im Text hinterlassen haben.

6. KONTEXTE

Was für *Vor dem Gesetz* zutrifft, muß nicht zwangsläufig auch für den *Proceß* als Ganzes oder gar für Kafka überhaupt gelten. Sollte sich herausstellen, daß er zu der Zeit, als dieser Roman entstand, in beträchtlichem Umfang mit dem Chassidismus oder gar der Kabbala befaßt war, wären entsprechende Abhängigkeiten selbst dann nicht ganz von der Hand zu weisen, wenn nur geringe Übereinstimmungen zwischen dieser jüdischen Vorstellungswelt und einzelnen Werkstellen existierten. Um in dieser Frage zu gesicherten Ergebnissen zu gelangen, ist es deshalb nötig, alle Argumente zu prüfen, die als Beleg für eine entsprechende Prägung des Romans angeführt worden sind.

In diesen Zusammenhang gehört die Behauptung Hans Dieter Zimmermanns, Kafka sei die Tradition der Kabbala, der er sich nach Denkweise und Lebensgefühl nahe geglaubt habe, mindestens bruchstückhaft zugänglich gewesen, und er habe beabsichtigt, solche Überlieferung, die »durch Kenntnisse ins Bewußtsein gehoben« worden sei, auf seine Weise literarisch »fortzusetzen«.[325] Demgegenüber ist festzuhalten, daß die Lebenszeugnisse nicht erkennen lassen, ob Kafka sich überhaupt jemals ernsthaft für die Kabbala interessiert hat. Natürlich ist eine solche Einschätzung der autobiographischen Quellen nicht ganz unproblematisch, denn dieses Material ist naturgemäß lückenhaft und gibt infolgedessen nur ein unvollständiges Bild von seiner geistigen Physiognomie. Die Unredlichkeit der Deuter, die *Vor dem*

Gesetz auf der Basis jüdischer Geheimüberlieferungen verstehen wollen, liegt aber darin, daß sie ihren Lesern einzureden suchen, eine entsprechende Beschäftigung Kafkas sei für die fragliche Zeitspanne nachgewiesen, während es sowohl die zeitgeschichtlichen Rahmenbedingungen als auch seine geistige Entwicklung äußerst unwahrscheinlich machen, daß er schon vor der Niederschrift der Legende mit kabbalistischen Vorstellungen in so enge Berührung gekommen ist, daß diese ihn bei der Konzeption des *Proceß*-Romans hätten leiten oder wenigstens neben anderem beeinflussen können.

Es ist nicht zu bestreiten, daß Kafkas Begegnung mit der ostjüdischen Schauspielertruppe, die im Herbst 1911 und im darauffolgenden Winter in Prag gastierte, zu einem Bewußtseinswandel führte, der ihn fortan seine jüdische Herkunft bewußt erleben ließ und ein dauerhaftes Interesse an der Geschichte seines Volkes, am Ostjudentum und dem Zionismus hervorbrachte, den er noch während seines Studiums als »fixe Idee« belächelt hatte [326]. Es ist jedoch unrichtig, wenn daraus gefolgert wird, seine Beschäftigung mit den erwähnten Gegenstandsbereichen habe in den darauffolgenden Jahren in unverminderter Stärke angehalten und in kontinuierlicher Steigerung schließlich zu einer ausgeprägt jüdischen Haltung geführt, die in Späterzählungen wie *Forschungen eines Hundes* und *Josefine, die Sängerin oder Das Volk der Mäuse* in Erscheinung trete.

Eine genauere Betrachtung der Zeugnisse vermittelt ein anderes Bild. Zunächst ist offensichtlich, daß er die Hinwendung Max Brods zum Zionismus, die sich im Lauf des Jahrs 1913 zu wirklicher Bekennerschaft intensiviert hatte, zunächst nicht mitvollzog, ja sogar ablehnte, so daß aufgrund dieser Entwicklung sogar eine vorübergehende Entfremdung zwischen den beiden Freunden eintrat. [327] Im Rückblick charakterisiert er diese Zeit durch den Begriff »Antizionismus«, läßt ihr aber eine Lebensphase unmittelbar folgen, die er durch den »Zionismus« bestimmt sein läßt. [328] Damit stimmen Tagebucheintragungen aus den Jahren vor dem Ersten Weltkrieg überein, in denen er seine Distanz zum Judentum sowie seine Interesselosigkeit an Belangen betont, die mit der Überlieferung seines Volkes zusammenhingen. Diese Skepsis gründet teilweise in Kafkas damaliger Neigung zur Isolation, die der Grundeinstellung des Zionismus zuwider lief. So heißt es etwa am 8. Januar 1914:

Was habe ich mit Juden gemeinsam? Ich habe kaum etwas mit mir gemeinsam und sollte mich ganz still, zufrieden damit daß ich atmen kann
in einen Winkel stellen. [329]

Demgegenüber will Hans Dieter Zimmermann aus Aufzeichnungen Kafkas im Jahr 1913 »eine anhaltende Beschäftigung mit religiösen Fragen« herauslesen, [330] was freilich nur gelingt, wenn
die betreffenden Aussagen willkürlich umgedeutet werden. Jedenfalls notierte Kafka am 17. Dezember 1913, also eben in der Zeit, in
der er sich nach den Erinnerungen seines besten Freundes ausdrücklich vom bewußt gelebten Judentum distanziert hatte:

> Vortrag Bergmann ›Moses und die Gegenwart‹. Reiner Eindruck. Wie
> sich der Mensch hinaufgehoben hat, er hat sich wirklich irgendwo in der
> Höhe festgeklemmt. [...] – Ich habe jedenfalls damit nichts zu tun. [331]

Zimmermann, der seinen Ausführungen die entstellte, weil gekürzte Version der Tagebuchstelle zugrunde legt, die innerhalb der
Gesammelten Werke gedruckt wurde, vertritt die Auffassung, Kafka
konfrontiere die Reinheit der biblischen Geschichte mit seinem
eigenen Sündenbewußtsein. [332] Aber das Adjektiv »rein« wird in
dieser Notiz gar nicht im ethischen Sinn gebraucht, sondern will
die Art der Wirkung bezeichnen, die der Vortragende in seinen
Zuhörern hervorgebracht hatte, während Kafka im letzten Satz betont, er habe mit Bergmanns idealistischen Höhenflügen, die natürlich dessen zionistischer Grundhaltung entstammten, nichts zu
schaffen.

Auch die beiden anderen von Zimmermann beigezogenen Tage-
buch-Einträge verändern das Bild nicht. Der Umstand, daß Kafka
im Dezember 1913 ohne Kommentar (jedoch in Anführungszei-
chen) verzeichnet hatte: »Der Donnerschrei des Entzückens der
Seraphim«, [333] bedeutet keinesfalls, daß er im Sinn der Kabbala
von der Hierarchie der Welten spricht, [334] von einer solchen
wußte oder sich gar damit auseinandersetzen wollte, ja er zeigt
sogar nicht einmal an, daß er an religiösen Belangen Anteil nahm.
Vielmehr las er gerade Dostojewskis *Brüder Karamasoff,* denen er
dieses Zitat entnahm, einem Werk also, das gewiß nicht im Verdacht steht, jüdische Geheimlehren verbreiten zu wollen [335].

Schließlich behauptet Zimmermann, in der folgenden, schon an-
deutungsweise gewürdigten Eintragung werde Christus im Zusammenhang einer Situation erwähnt, die der des Mannes vom
Lande erstaunlich genau entspreche: [336]

Die Furcht vor der Narrheit. Narrheit in jedem geradeaus strebenden, alles andere vergessen machendem Gefühl sehn. Was ist dann die Nicht-Narrheit? Nicht-Narrheit ist vor der Schwelle, zur Seite des Einganges bettlerhaft stehn, verwesen und umstürzen. Aber P. und O. sind doch widerliche Narren. Es muß Narrheiten geben, die größer sind als ihre Träger. Dieses Sich-spannen der kleinen Narren in ihrer großen Narrheit ist vielleicht das Widerliche. Aber erschien den Pharisäern Christus nicht in gleichem Zustande? [337]

Die Stelle handelt davon, wie sich Kafka von Familienangehörigen – wahrscheinlich seiner Schwester Ottla und seinem Schwager Josef Pollak – angewidert fühlte, weil er sie der Narrheit einer »geradeaus strebenden« Lebensweise unterworfen glaubte. Ihr wird antithetisch der Aussteiger entgegengestellt, der sich bürgerlichem Erwerbssinn und Karrieredenken verweigert und deswegen als Außenseiter der Gesellschaft seine Tage beschließt. Diese Deutung wird durch eine spätere Notiz bestätigt, in der von der Narrheit anderer die Rede ist, die im Leben vorwärts kommen wollen und dabei übersehen, »daß alles nur ein Anfang und nicht einmal ein Anfang ist«. [338]

Natürlich mußte dem skrupulösen Kafka, der sich selbstquälerisch an allem die Schuld gab, was ihn selbst betraf, solche Verurteilung ihm Nahestehender sofort als Ausdruck unerträglicher Selbstgerechtigkeit erscheinen, die durch eine gegenläufige Formulierung zu relativieren war: Urteilte er nicht wie ein Pharisäer, dem vielleicht gerade das als Narrheit des religiösen Gegners widerlich war, was dessen prophetische Sendung ausmachte? Mit anderen Worten: Die Christus verlachenden Frömmler im *Neuen Testament* und die Aussage vom Bettler, der im Leben nicht vorankommt, sind weder innerlich miteinander verbunden noch im eigentlichen Sinne gebraucht, sondern es sind Metaphern, deren Bildebenen nicht mit den Aussagen selbst verwechselt werden dürfen, die sie verdeutlichen wollen.

Kafka hat erst wieder im Verlauf des Ersten Weltkriegs vermehrt an jüdischen Fragen Anteil genommen und sich tatsächlich in dieser Zeit zu einem bewußten und überzeugten Vertreter der nationaljüdischen Bewegung entwickelt, und das nicht ohne innere und äußere Gründe: Infolge der militärischen Niederlagen der österreichischen Armee im Osten, die dazu führten, daß große Teile Galiziens bald nach dem Beginn der Kampfhandlungen aufgegeben werden mußten, wurde Prag seit Ende 1914 mit Flüchtlingen aus diesen Gebieten überschwemmt. Es waren größtenteils Ostjuden,

die wegen ihrer kulturellen Andersartigkeit zur geistigen Auseinandersetzung herausforderten. Dies gilt auch besonders für Kafka,
der, vorbereitet durch die Lemberger Theatergruppe, jetzt zum
erstenmal Judentum als Volk erlebte. Er beobachtete die humani-
täre Betreuung dieser Flüchtlinge, an der die Eltern Max Brods
maßgeblich beteiligt waren, und studierte ihre Lebensformen. Auf
diese Weise wurde er auch mit einzelnen ostjüdischen Mädchen
bekannt, die Brod in einer Notschule unterrichtete. [339] So heißt
es beispielsweise am 16. September 1915 in seinem Tagebuch:

> Anblick der polnischen Juden, die zum Kol Nidre gehn. Der kleine
> Junge, der, unter beiden Armen Gebetmäntel, neben seinem Vater her-
> läuft. Selbstmörderisch nicht in den Tempel zu gehn. [340]

Hier zeigt sich eine gegenüber Dezember 1913 stark veränderte
Geisteshaltung. Durch die Trennung von Felice Bauer und die Aufgabe des Schreibens Anfang 1915 war ein Sinnverlust entstanden,
der durch den Aufbau anderer Lebensziele ausgeglichen werden
mußte. Anstelle der Verwirklichung in der Gemeinschaft durch die
Ehe oder durch das Schreiben [341] trat jetzt die geistige Teilhabe
an einer Bewegung, die sich der Wiedererweckung des jüdischen
Volkes verschrieben hatte. *Vor dem Gesetz*, könnte man sagen, ist
gleichsam an einer Grenzscheide zweier Lebensepochen entstanden. Einerseits bestanden wohl noch, wenn vielleicht auch in abgeschwächter Form, die Vorbehalte, die Kafka im Vorjahr gegenüber
zionistischen Positionen geltend gemacht hatte, andererseits begann die Auseinandersetzung mit den galizischen Flüchtlingen das
kulturelle Leben der Prager Zionisten zu beherrschen, die auch ihn
zu fesseln und vermutlich allmählich die Stelle einzunehmen begann, die bisher Felice und das eigene Schreiben innegehabt hatten. Seit dem Jahr 1915 gibt es jedenfalls zahlreiche Hinweise, daß
Kafka der nationalen Wiedergeburt aufgeschlossen gegenüberstand, zugleich freilich auch, skrupulös seine schwache Veranke-
rung im Gemeinschaftsleben bedenkend, zögerte, sich als vollwer-
tiges Mitglied dieser Gruppierung anzusehen. [342] Als sicher darf
aber gelten, daß er sich fortan in einem weiteren, gleichsam undog-
matischen Sinne dieser nationaljüdischen Strömung zurechnete,
sich deswegen nicht mehr, wie noch während der Studienjahre, als
Deutscher mosaischer Konfession verstand, sondern als deutschsprechender Jude oder, wie er sich zuweilen ausdrückt, als
Halbdeutscher [343]. Erst nachdem die galizischen Kriegsflücht-

linge die Städte der Donaumonarchie bevölkert, ja überflutet hatten, konnte sich unter den westjüdischen Gebildeten ein gesteigertes Interesse an den Erzählungen des Ostens und damit überhaupt an der jüdischen Volksüberlieferung ausbilden. Die Folge war, daß jetzt auch Chassidische Geschichten häufiger ins Deutsche übersetzt und gedruckt wurden. Es läßt sich nachweisen, daß Aphorismen und Erzähltexte Kafkas, die seit Ende 1916 entstanden, davon beeinflußt worden sind. [344]

Ist es also wegen der geistigen Entwicklung Kafkas im fraglichen Zeitraum kaum glaublich, daß er schon vor der Niederschrift des *Proceß*-Romans mit kabbalistischen Vorstellungen bekannt geworden sein sollte, so wird ein solcher Zusammenhang noch viel unwahrscheinlicher, wenn man seinen Umgang mit den Personen bedenkt, die ihn möglicherweise mit der Welt des Ostjudentums hätten bekannt machen können, in der Gedanken der jüdischen Mystik noch lebendig waren. Kafka hatte sich im Herbst 1911 mit Jizchak Löwy angefreundet, einem Mitglied der damals in Prag gastierenden Lemberger Theatergruppe, die in einem Kaffeehaus jiddische Volksstücke darbot. Die zahlreichen Erwähnungen Löwys und seiner Berichte in den Tagebüchern lassen erkennen, daß er Kafka aus seinem Leben, von seiner künstlerischen Entwicklung, dem jüdischen Theater und, vor allem, der jiddischen Literatur berichtete, vereinzelt aber auch von den in seiner russischen Heimat herrschenden religiösen Sitten, Gebräuchen und Einrichtungen sowie vom *Talmud* und vom Leben der Chassidim.

Löwy gehörte jedoch keineswegs selbst dieser Erweckungsbewegung an, die vielleicht im christlichen Bereich am ehesten den Lehren der Katharer oder pietistischen Vorstellungen vergleichbar ist. Sie zeichnet sich durch einen zum Teil dogmatischen Pantheismus aus, der von Neuplatonismus und Gnosis durchstrahlt, also dualistisch angelegt ist und dieses System auf den Stamm des talmudischen Judentums aufgepfropft hatte. [345] In seiner Jugend war Löwy, wie Kafka im Tagebuch formuliert, ein *Talmud*-Schüler, »der studierte und seines wohlhabenden Vaters Geld ausgab«, [346] dabei jedoch aufgrund seiner Hinneigung zum Theater, insbesondere zu Verdi und Wagner sowie westlich-weltlicher Lektüre, in einen unüberbrückbaren Gegensatz zu den im Osten herrschenden traditionellen jüdischen Glaubensgemeinschaften geriet. [347] Es ist durchaus denkbar, daß Kafka damals mehr vom Chassidismus erfuhr, als seine Tagebücher bezeugen. Ein Erinnerungartikel Löwys beschreibt beispielsweise ausführlich, wie er im Alter von elf Jahren seinen frommen Großvater zu einem chassidischen Lehrer begleitete, der ihm durch seinen grauweißen, bis zum Gürtel reichenden Vollbart auffiel. Dem Bericht ist deutlich anzumerken, wie ihn die religiöse Atmosphäre dieser Glaubensgemeinschaft und die Gottesdienste beeindruckten, an denen er bei dieser Gelegenheit teilnahm. [348] Löwy hatte also eigene Erfahrungen mit dieser religiösen Gemeinschaft und damit indirekt Vorstellungen von der Kabbala, die in diesen Kreisen in verwässerter Form lebendig geblieben waren und an Kafka weitergegeben worden sein könnten. Immerhin überliefern dessen Tagebücher folgenden, auf einer Erzählung Löwys beruhenden Eintrag, in dem mystisches Gedankengut berührt wird:

> Nach der Kabbala bekommen am Freitag die Frommen eine neue, vollkommen himmlische, zartere Seele, die bis Samstagabend bei ihnen bleibt. [349]

Bedeutend können die chassidischen und kabbalistischen Vorstellungen, die Kafka auf diese Weise vermittelt wurden, jedoch nicht gewesen sein. Löwys Kindheitseindrücke schlossen keineswegs die Kenntnis chassidischer Literatur ein. Außerdem war er ein kindliches Gemüt, das ganz im Theaterspielen und Rezitieren aufging und keineswegs als ernsthafter Wissensvermittler in Betracht kam. Dem entspricht es, daß in einem Zeitungsbeitrag, in dem er sein Zusammensein mit Kafka beschreibt, von solchen Belehrungen gar nicht die Rede ist. Hier spricht er nämlich lediglich davon, seinem Prager Freund Werke jiddischer Dichter zu Gehör gebracht zu haben. [350]

Solche Texte konnten Kafka natürlich auch durch Prager Veranstaltungen zukommen, so etwa im Januar 1914, als Rudolf Schildkraut, ein Mitglied des Berliner Reinhardt-Ensembles, auf einem Festabend des Vereins zionistischer Hochschüler *Bar-Kochba* unter anderem Gedichte und eine Erzählung ostjüdischer Autoren vortrug. [351] Es darf in diesem Zusammenhang als bezeichnend gelten, daß die Parallelen aus der jüdischen Tradition, die Iris Bruce zur 1912 entstandenen *Verwandlung* beigebracht hat, lediglich belletristischen Erzähltexten, keinesfalls aber kabbalistischen Schriften entstammen, ganz abgesehen davon, daß es sich in keinem Fall um Vorlagen handelt, welche die Konzeption dieser Erzählung beeinflußt haben könnten. [352]

Als weiterer Vermittler ostjüdischen Gedankenguts ist Hugo Bergmann zu nennen, der schon als Schüler mit seinem Freund und Klassenkameraden Kafka religiöse Fragen diskutiert hatte, [353] als Student Zionist geworden war und deswegen früh Hebräisch lernte. Er war es, der Kafkas Intimus Max Brod auf Theodor Herzl aufmerksam machte und so dessen Wendung zum Nationaljudentum einleitete. [354] Bergmann hatte im September 1903 eine Reise nach Galizien unternommen und war dabei zweimal mit dem Chassidismus in Berührung gekommen. Einmal nahm er an einer der für diese Bewegung charakteristischen *Dritten Mahlzeiten* am Sabbatausgang teil, die er, obgleich von der Weihe und Innerlichkeit der alten Lieder ergriffen, mit folgenden Worten bewertet: »Warum mußte erst dieser furchtbar verdummende Aberglaube kommen, um das Volk zu erlösen von Buchstaben und Worten?« [355]

Als Kafka im September 1915 in einem Prager Vorort ebenfalls eine derartige Sabbatfeier besuchte, die von dem aus Galizien geflüchteten Rabbi von Grodeck geleitet wurde, urteilte er überraschend ähnlich: »Genau genommen war es etwa so wie bei einem wilden afrikanischen Volksstamm. Krasser Aberglauben.« [356] Das war gewissermaßen die typische Reaktion des zivilisierten Westjuden. Man fühlte sich von der Tatsache abgestoßen, daß sich die mystischen Erfahrungen der chassidischen Lehrer mit magischen Praktiken paarte, die ein ungebrochenes Vertrauen auf die Kraft des heiligen Namens und des Amuletts zeigten. [357] Franz Werfel unterlag in abgewandelter Form ebenfalls dieser Abneigung. Auch er hatte nämlich mit Langer zusammen den Rabbi von Grodeck aufgesucht und sich dabei vor allem an der Unempfindlichkeit gestoßen, mit der die Anhänger des Rabbi dem in der Wohnung herrschenden Schmutz begegneten. Sie schien ihm mit der geforderten inneren Reinheit unvereinbar und führte ihn zu dieser Schlußfolgerung: »Was hatte ich mit diesen Menschen zu schaffen, mit dieser fremden Welt?« [358]

Das andere Mal wurde Bergmann von einem Wunderrabbi empfangen, dessen Ahnungslosigkeit so groß war, daß der Besucher kaum das Lachen unterdrücken konnte. [359] Während des Gesprächs drängte sich eilig eine Frau am Famulus oder Gabbai vorbei, der traditionsgemäß die Aufgabe hatte, seinen Herrn vor unerwünschten Besuchern abzuschirmen. Es ist anzunehmen, daß Bergmann seinen Prager Freunden von diesen Erlebnissen erzählt hat.

Die Behauptung Ritchie Robertsons freilich, Kafka habe durch Jizchak Löwy von diesen Dienern erfahren, ist also keineswegs naheliegend, und seine These gar, der Türhüter in *Vor dem Gesetz* sei
nach dem Bilde solcher Gabbaim gestaltet, entbehrt, angesichts der
weiten Verbreitung derartiger Wächterfiguren in Texten und in der
äußeren Wirklichkeit, jeder plausiblen Begründung. [360] Im Blick
auf ostjüdische Geistigkeit konnte Kafka von dem nüchternen, phi-
losophisch geschulten Bergmann während der Studienjahre jedenfalls kaum etwas lernen.

In dieser Hinsicht möglicherweise bedeutsamer war der 1889 im
polnischen Siedlce geborene jüdische Student Abraham Grünberg,
der Ende November 1914 als Kriegsflüchtling aus Krakau nach
Prag gekommen war, wo er die beiden vorausgehenden Jahre ge-
lebt hatte. [361] Grünberg muß bald Verbindung mit den jüdischen Intellektuellen der Stadt aufgenommen haben. Kafka jedenfalls erwähnt ihn in einer Tagebucheintragung vom 6. November
1915 mit größter Hochachtung und in Formulierungen, die eine
längere Zeit der Bekanntschaft oder wenigstens Beobachtung voraussetzen. [362] Grünberg hatte literarische Ambitionen, veröffentlichte 1916 unter dem Titel *Ein jüdisch-polnisch-russisches Jubiläum* eine Schrift über die Pogrome, die er in seiner Heimatstadt
erlebt hatte; er übergab sie Kafka am 29. November dieses Jahres
mit einer handschriftlichen Widmung. [363] Die Untersuchung, die
keinen Hinweis darauf liefert, daß Grünberg Beziehungen zum
Chassidismus unterhielt, wurde von Max Brod im Dezember dieses
Jahres im *Prager Tagblatt* besprochen. [364] Brods Artikel *Bußtag*,
der im Oktober 1916 in der *Selbstwehr* erstgedruckt wurde, [365]
läßt den Schluß zu, daß er zu diesem Zeitpunkt bereits in engem
persönlichen Kontakt mit Grünberg stand. Brod leitet diesen Beitrag nämlich mit der Bemerkung ein, es sei Sitte, in den zehn
Bußtagen zwischen dem jüdischen Neujahr und dem Versöhnungsfest die Gräber der großen Weisen des Volkes aufzusuchen. In
diesem Zusammenhang sei er von einem ostjüdischen Freund, bei
dem es sich nur um Grünberg handeln kann, aufgefordert worden,
mit ihm zusammen der letzten Ruhestätte des Prager Oberrabbi-
ners Ezechiel Landau Reverenz zu erweisen, der übrigens bezeichnenderweise ein Feind des Chassidismus war. Der unter dem unmittelbaren Eindruck dieses Unternehmens geschriebene Bericht
zeigt sich von der Unmittelbarkeit erschüttert, mit der galizische
Fromme vor dem Prager Grabmal dieses Gelehrten ihre kla-

gende Andacht verrichteten, und schließt mit der Aufforderung, dieses innige »Verhältnis zur geistigen Vergangenheit Israels« in einer westlicher Lebensform entsprechenden Weise nachzuahmen. [366] Anfang 1918 schließlich hatte Grünberg eine größere autobiographische Skizze fertiggestellt, aus welcher der Journalist und Schriftsteller Ernst Feigl im *Klub deutscher Künstlerinnen* vortrug. [367] Brod war von dieser Arbeit so angetan, daß er sie einem Verlag zur Publikation empfehlen wollte. [368]

Aber so sehr Grünberg Kafkas Kenntnisse über das Ostjudentum bereichert haben mag, auf die Entstehung der Legende kann sich das nicht ausgewirkt haben, denn aller Wahrscheinlichkeit nach lag *Vor dem Gesetz* zu dem Zeitpunkt bereits vor, als die beiden miteinander bekannt wurden. Die Erzählung ist nämlich nicht, wie bisher angenommen werden mußte, im Dezember 1914 geschrieben worden, sondern schon um die Mitte des Vormonats. Eine genaue Untersuchung der handschriftlichen Befunde durch Malcolm Pasley hat ergeben, daß die zeitliche Abfolge, in der die einzelnen Manuskriptteile des *Proceß*-Romans entstanden sind, nicht dem Ablauf der dargestellten Ereignisse entspricht, sondern daß Kafka bei der Niederschrift einzelne Handlungsabschnitte übersprang und daß er überdies zuweilen an mehreren Kapiteln gleichzeitig arbeitete. Für die im *Dom* spielenden Szenen lassen sich aufgrund des Schriftduktus vier verschiedene Arbeitsphasen unterscheiden. Die dritte, lediglich etwa zwei Textseiten umfassende, welche *Vor dem Gesetz* einschließt, läßt sich aufgrund der Schriftgröße, die sich im Verlauf der Niederschrift gesetzmäßig änderte, auf Mitte November datieren. [369]

Selbst wenn Grünberg etwas früher nach Prag gekommen sein sollte, als es die polizeilichen Unterlagen belegen, scheint nicht glaublich, daß er, kaum daß er in der Stadt eingetroffen war, sich mit dem menschenscheuen Kafka angefreundet haben sollte, zumal er damals beträchtlichen Schikanen der Polizei ausgesetzt war, die ihn überwachte, weil sie in ihm wegen seiner russischen Staatsangehörigkeit einen Spitzel vermutete. Als überzeugter Zionist [370] und westlicher Bildung zuneigender Philosophie-Student [371] wäre er auch kaum der rechte Partner gewesen, um Kafka tiefere Einblicke in Chassidismus und Kabbala zu vermitteln.

Wie aber steht es mit Jiří Langer, dem Bruder des tschechischen Dramatikers František Langer, der 1913 und 1914 den Rabbi von

Belz in Galizien aufgesucht, die Lehren und Gebräuche dieser Bewegung angenommen hatte, [372] mit Veröffentlichungen über die Kabbala hervortrat und Max Brod »unendlich viel« Belehrung »in den kabbalistischen und in sonstigen jüdischen Wissensgebieten« zuteil werden ließ [373]? Ganz auszuschließen ist es nicht, daß Kafka und Langer zwischen dessen beiden Aufenthalten in Galizien flüchtig zusammengetroffen sind, aber doch äußerst unwahrscheinlich: Bis zum Juli 1914 war Kafka von seiner unglücklich verlaufenden Beziehung zu Felice Bauer absorbiert worden. [374] In dieser Phase war weder Neigung noch Gelegenheit, sich mit Langer abzugeben. Man muß in diesem Zusammenhang bedenken, daß der Umgang mit ihm wegen seiner strengen Beachtung chassidischer Sitten Anforderungen stellte, die ihm beispielsweise den Vorwurf Werfels eintrugen, ein Psychopath zu sein. So erlitt er beispielsweise »einen Nervenanfall«, als er sah, daß Werfel am Sabbat einen Stock trug oder zwischen zwei Frauen hindurchging. [375]

Auch unmittelbar nach der Rückkehr Langers von seiner zweiten Reise nach Galizien sind Begegnungen mit Kafka schwerlich denkbar. Langer war bei Kriegsausbruch in seine Heimat zurückgekehrt und sofort eingezogen worden. Das Verhalten, das er beim Militär an den Tag legte, wurde als Gehorsamsverweigerung gedeutet, so daß er verurteilt und in ein Militärgefängnis eingeliefert wurde. Als František Langer, der als Militärarzt diente, im Vorfrühling oder Frühjahr 1915 [376] Heimaturlaub bekam, erfuhr er von den Schwierigkeiten, denen sich Jiří als Wehrdienstverweigerer ausgesetzt sah. Es gelang ihm, den Bruder für geisteskrank erklären zu lassen, so daß er aus der Armee entlassen werden konnte, ein Vorgang, den der Betroffene als Wundertat dem Belzer Rabbis verbuchte. [377]

Vor allem aber: Da kaum ein Zweifel darüber bestehen kann, daß der in einer Tagebuchnotiz vom 25. März 1915 erwähnte »Westjude der sich den Chassidim assimiliert hat«, Langer meint, darf schon aufgrund dieses Sachverhalts als sicher gelten, daß die beiden zu diesem Zeitpunkt noch nicht persönlich miteinander bekannt waren, denn in diesem Fall hätte Kafka den Namen dieses sehr auffälligen Zeitgenossen wissen müssen. [378]

In Kafkas Lebenszeugnissen wird Jiří Langer in den Jahren 1915, 1916, 1917 und 1921 erwähnt. Da die auf den Frühherbst des Jahres 1915 fallende erste namentliche Erwähnung einige Monate später liegt als der Zeitpunkt, an dem Langer vom Militär freikam, und dieser von Kafka zunächst aus der Ferne beobachtet wurde, ist die Annahme naheliegend, man habe sich im Lauf des Sommers angefreundet. Diese Rekonstruktion stimmt einerseits mit der Tatsache überein, daß die Tagebuchnotiz vom 14. September 1915 nicht die erste Begegnung der beiden dokumentieren kann,[379] entspricht aber andererseits auch den Erinnerungen František Langers.[380] Wahrscheinlich war Max Brod der Vermittler. Er erhielt eines Tages Langers Besuch, der ihn wegen einer Veröffentlichung zur Rede stellte, die er unter religiösen Gesichtspunkten als unerträglich empfand.[381]

Im September 1915 also schleppte Langer[382] die beiden Freunde zu dem schon erwähnten Treffen mit dem Rabbi von Grodeck in die Prager Vorstadt Žižkov,[383] Anfang Oktober erzählte er Kafka Chassidische Geschichten,[384] die diesen zu eigenen Gestaltungsversuchen anregten,[385] und am Ende des Jahres erzählte er von der Haltung ostjüdischer Frommer gegenüber westlicher Literatur und anderem Weltwissen[386]. Bald darauf muß er zu seinem chassidischen Lehrmeister, dem die Flucht aus dem inzwischen von den Russen besetzten Galizien gelungen war, zurückgekehrt sein, denn in dessen Gefolge begegnete ihm Kafka zufällig im Juli 1916 in Marienbad.[387] Spätestens im Herbst des darauffolgenden Jahres hat sich Langer, der in Geldschwierigkeiten war, jedoch wieder in Prag aufgehalten. In dieser Zeit – Kafka befand sich in Zürau auf Erholungsurlaub – ist er mehrfach mit Max Brod zusammengetroffen,[388] verbrachte dann aber den Rest des Krieges neuerlich im Gefolge des Belzer Rabbis[389].

Seinen eigenen Erinnerungen zu glauben, begann Langer schon im Jahr 1913, in die Welt der Kabbala einzudringen. Nachdem er im Verlauf seines ersten Aufenthalts in Galizien zunächst den *Talmud* studiert hatte, widmete er sich zwei kabbalistischen Hauptwerken, die er während der Zeit mit sich führte, in der er eingezogen war.[390] Nach dem Ende des Weltkriegs beschäftigte er sich mit dem Werk Freuds,[391] eine wichtige Voraussetzung seines im Frühjahr 1923 erschienenen,[392] ursprünglich hebräisch geschriebenen Buches *Die Erotik der Kabbala*[393]. Er gab sich jetzt weniger streng in der Befolgung der Ritualgesetze, und sein Bruder, der ihn 1920 wiedersah, war außerordentlich überrascht, daß er sich neuerdings mit weltlichen Büchern beschäftigte. Dies hatte er, wie eine Tagebuchnotiz Kafkas vom 25. Dezember 1915 zeigt,

vorher mit der Begründung abgelehnt, daß man sich nach Überlieferungen der Chassidim frühestens vom vierzigsten Lebensjahr an
mit nichtreligiösen Dingen abgeben dürfe; [394] er selbst war zu
diesem Zeitpunkt erst einundzwanzig. [395]

Als Kafka in eine nähere Beziehung zu Langer trat, hatte er die
Arbeit am *Proceß* längst aufgegeben, weil seine Schaffenskraft seit
Monaten versiegt war. Aber selbst wenn diese Begegnungen gegen
die erhaltenen Zeugnisse schon zuvor stattgefunden haben sollten,
hätten sie aller Wahrscheinlichkeit nach nichts zur Konzeption seiner Legende beitragen können. Denn der Umstand, daß Langer zu
diesem Zeitpunkt schon im Besitz kabbalistischer Schriften war,
bedeutet nicht zwangsläufig, daß er auch sofort darüber gesprochen hätte, überhaupt darüber hätte sprechen können, und dazu in
einer Art und Weise, die Kafka bei der Konzeption des *Proceß*-
Romans anzuregen vermochte. Denn dies hätte unter anderem umfassende Kenntnisse im Hebräischen vorausgesetzt, die sich Langer
in der kurzen Zeit, die er sich mit dieser Sprache beschäftigt hatte,
unmöglich erworben haben konnte.

Bezeichnenderweise wissen Langers eigene Erinnerungen an
Kafka lediglich von dessen Interesse am Hebräischen, [396] ein
Umstand, der darauf hindeutet, daß der Kontakt zwischen den
beiden während des Krieges wenig intensiv, [397] das Schwerge-
wicht dieses Bekanntschaft also in den letzten Lebensjahren Kafkas
gelegen war. In dieser Zeit der Krankheit setzte er sich intensiv mit
der Sprache seiner Väter auseinander, die er seit dem Sommer
1917 zu erlernen suchte [398]. Die Kabbala scheint erst 1921
Thema der Gespräche zwischen Langer und den Freunden gewesen zu sein. Der früheste Beleg dafür entstammt einem an Kafka
gerichteten Brief Brods vom Januar dieses Jahres, [399] und damit
stimmt überein, daß Langer offenbar erstmals Mitte 1921 mit
Studien über die jüdische Mystik hervorgetreten ist. Damals
brachte die *Selbstwehr,* die von Kafkas Freund Felix Weltsch herausgegeben wurde, unter dem Titel *Der Weg zum Garten der Mystik* die
Vorrede zu Langers Erstling *Erotik der Kabbala,* der zu diesem
Zeitpunkt noch *Einführung in die Kabbala* hieß und offensichtlich
noch nicht fertiggestellt war. [400] Als das Buch 1923 erschien,
äußerte Max Brod, der es für den Druck stilistisch überarbeitet
hatte, in einer Besprechung, der Verfasser habe »viele Jahre lang
das Thema, über das er schreibt, nicht bloß studiert, sondern mit
gläubige[m] Herzen tief durchlebt«. [401] Das Werk enthält Teile,

die für Brods Roman *Rëubēni, Fürst der Juden* (1925) von Bedeutung waren, so biographische Passagen über Salomo Molcho, den
von mystischen Vorstellungen geprägten Gegenspieler des Titel-
helden, den er, von Langer entsprechend belehrt, [402] am 21.
Februar 1921 in einem an Kafka gerichteten Brief erwähnt [403].
Dieser, seit Mitte Dezember von Prag abwesend, antwortete Anfang
März:

> Du schreibst von Salomo Molcho als hätte ich schon jemals von ihm
> gehört. Ich habe doch viel versäumt in dem Vierteljahr. [404]

Diese Aussage scheint die Vermutung nahezulegen, daß sich Langer erst nach dem Krieg so intensiv mit kabbalistischen Problemen
befaßt hat, daß er anderen darüber Auskunft geben konnte oder
wollte. Kafka jedenfalls hatte noch Ende 1920 keine Ahnung
davon, und so ist es gewiß kein Zufall, daß der Begriff Kabbala zum
ersten und einzigen Mal selbständig [405] in einer Tagebucheintragung Kafkas in Erscheinung tritt, die auf den 16. Januar 1922
datiert werden kann. Sie lautet:

> Diese ganze Litteratur ist Ansturm gegen die Grenze und sie hätte sich,
> wenn nicht der Zionismus dazwischen gekommen wäre, leicht zu einer
> neuen Geheimlehre, einer Kabbala entwickeln können. Ansätze dazu
> bestehn. Allerdings ein wie unbegreifliches Genie wird hier verlangt, das
> neu seine Wurzeln in die alten Jahrhunderte treibt oder die alten Jahr-
> hunderte neu erschafft und mit dem allen sich nicht ausgibt, sondern
> jetzt erst sich auszugeben beginnt. [406]

In der Edition der Tagebücher innerhalb der *Gesammelten Werke*
erscheint diese Betrachtung als vierter und letzter Abschnitt einer
autobiographischen Betrachtung, in der unterschiedliche Auffassungen über einen Nervenzusammenbruch entwickelt werden, den
Kafka einige Tage zuvor erlitten hatte. Es ist allein die Formulierung »Ansturm gegen die Grenze«, die den zitierten Passus ausdrücklich mit diesem Kontext verbindet. Denn im unmittelbar vorhergehenden Absatz spricht Kafka von seiner sich auf dramatische
Weise verstärkenden Einsamkeit, die dann im gleichen Zusammenhang versuchsweise als »Ansturm gegen die letzte irdische Grenze«
gedeutet wird.

Die Interpreten haben deswegen wie selbstverständlich die Aussage über die Kabbala als Selbstcharakterisierung verstanden. Dies
aber ist zum einen deswegen problematisch, weil Kafka in diesen
seiner inneren Verfassung gewidmeten Notizen sein literarisches

Schaffen gar nicht erwähnt, sogar, könnte man schließen, gar nicht erwähnen konnte, weil er zum Zeitpunkt der Niederschrift, von ganz unbedeutenden Ausnahmen im Sommer 1920 abgesehen, seit fünf Jahren nichts Nennenswertes mehr hervorgebracht hatte. Zum andern aber hängt das den fraglichen Absatz eröffnende Demonstrativpronomen in der Luft; es hat im vorausliegenden Text keinen grammatikalischen Bezugspunkt, so daß der Verdacht aufkommt, die gesamte Notiz über die Literatur sei eine eigenständige Weiterführung oder Folgerung aus dem Vorherigen, die zwar durch die dort verwendete Metaphorik angeregt wurde, aber direkt nichts damit zu tun habe. Ein Blick in die jetzt vorliegende *Kritische Ausgabe* der Tagebücher bestätigt diese Vermutung, ist doch der zitierte Passus in Kafkas Manuskript durch einen Querstrich von den ihm vorhergehenden Aussagen deutlich abgesetzt und demnach als selbständige Eintragung zu werten. Damit aber läßt sich der Begriff Kabbala nicht mehr ohne weiteres zur Kennzeichnung des eigenen Werks verstehen, ja es ist nicht einmal sicher, ob Kafka lediglich eine bestimmte Richtung der von Juden geschaffenen Literatur seiner Zeit meinte oder diese insgesamt. Fest steht nur, daß er den Bereich, den er im Auge hatte, durch psychische Mechanismen bestimmt sah, denen er selbst ebenfalls unterlag.

So läßt sich der Tagebuchstelle für den vorliegenden Zusammenhang lediglich entnehmen, daß Kafka Anfang 1922 mit dem Wort Kabbala etwas anzufangen wußte. Denn schon die Behauptung, er habe literarische Texte, welcher Herkunft auch immer, unter dem Einfluß der jüdischen Kabbala gesehen, wird vom Text nicht mehr gedeckt. Kafka spricht von einer neuen Geheimlehre, einer Kabbala, verwendet also letzteren Begriff bloß vergleichsweise, als Metapher, denn er setzt voraus, daß die beschriebene Wirkung der Kabbala dem Zionismus zeitlich vorausgegangen sei, was als Prag betreffende Wirklichkeitsaussage unmöglich der Fall sein kann. Der Ausdruck bezeichnet also literarische Chiffrierungen, von denen man, wegen des bestehenden Gegensatzes zum Zionismus, der das jüdische Gemeinschaftsleben fördern wollte, höchstens sagen kann, sie seien mystisch und individualistisch fundiert.

Nach der Auffassung der Interpreten, die Kafkas *Proceß* durch das Gedankengut der Kabbala bestimmt sehen, soll die in Prag herrschende gottesdienstliche Praxis gleichfalls dazu beigetragen haben, Kafkas Kenntnisse von dieser religiösen Strömung des Judentums zu mehren. So hat Karl Erich Grözinger die These aufgestellt, Kafkas Judentum sei »von jenem bürgerlich zionistischen Brods erheblich verschieden« gewesen. Von den ihm begegnenden Ausprägungen des Judentums sei er am meisten mit einer volkstümlichen, in Predigten, Gebeten und im religiösen Alltag sich manifestierenden popularisierten Form der Kabbala und darüber hinaus der jüdischen Volkserzählung vertraut gewesen. [407] Die Begründung: *Das Urteil, Der Proceß* und *In der Strafkolonie* seien während und also unter dem Eindruck der hohen jüdischen Herbstfeiertage entstanden, in deren Verlauf nach der jüdischen Festtagsliturgie »vor dem himmlischen Richterstuhl das alljährliche Gericht über alle Menschen, über jeden einzelnen, stattfindet«. Das bedeute unter anderem, daß beispielsweise das den *Proceß* beherrschende Thema des Gerichts dem »unmittelbaren Kontext« dieser jüdischen Gerichts- und Sühnetheologie verpflichtet sei. [408]

Das alles ist, wie Thomas Mann sagen würde, Moschus und persisches Rosenwasser, denn Grözinger verpaßt Kafka in Unkenntnis der Prager Verhältnisse nicht nur ein anderes jüdisches Gewand, als er es selbst getragen hat, sondern er muß auch dessen Werk gegen den Augenschein lesen, ein dort obwaltendes Geheimnis postulieren, das unter der Oberfläche des Textes verborgen und bloß dadurch zu entschlüsseln sei, daß man diesem Erzählwerk immer solche Bedeutungen unterlege, die seinem Wortlaut widersprechen.

Zunächst: Die zeitliche Koinzidenz von Textentstehung und jüdischen Festtagen ist in keinem der drei Fälle wirklich gegeben. Das *Urteil* entstand in der Nacht vom 22. auf den 23. September 1912, also einen Tag nach dem Jom Kippur, der in diesem Jahr auf den 20. und 21. des Monats fiel. Aber wie sollen denn die Nachwehen des Versöhnungstages die psychische Spannungslage Kafkas befördert haben, die zur Niederschrift der todesschwangeren Erzählung führte, wenn doch am Ausklang dieses hohen und schönsten Tags unter den Gemeindegliedern unbeschreibliche Freude zu herrschen pflegt, weil Gott ihnen ihre Sünden verziehen, sie entschuldet hat? [409] Die Vorstellungen, die Kafka bei der Niederschrift begleiteten, die darüber hinaus feststellbaren Vorlagen, welche die Gestalt des Textes mitformten, und schließlich die Thematik der Erzählung, die damit endet, daß der Held von seinem Vater zum Tode verurteilt wird, weisen in eine andere Richtung.

Vor allem aber stehen bedeutendere zeitliche Auslöser für die Genese der Erzählung zur Verfügung, in der offensichtlich die von Kafka geplante Ehe mit Felice und deren Folgen als literarisches Problemlösungsspiel vorweggenommen sind. Dazu gehört vor allem die Tatsache, daß er am 20. September einen Briefwechsel mit Felice Bauer begann, der das Ziel hatte, das ihm nur flüchtig bekannte Berliner Mädchen für sich zu erobern. Allerdings ist zu vermuten, daß der Kol Nidre, der Vorabend des Versöhnungstags, der in diesem Jahr auf eben diesen 20. September fiel, dazu beigetragen hat, daß sich Kafka, um es auf diese Weise auszudrücken, mit der Gesellschaft versöhnte, indem er sein Junggesellen-Dasein aufzugeben trachtete und heiraten wollte. Grözinger übergeht nicht allein diese Verquickung autobiographischer Problemstellungen mit dem jüdischen Festkalender, sondern er verschweigt auch, daß Kafka beim Besuch jiddischer Theaterstücke im vorausliegenden Winterhalbjahr mit den religiösen Vorstellungen in Berührung kam, welche die zwischen Neujahrstag und Jom Kippur liegenden Bußtage bestimmen. [410] So ist etwa in Jakob Gordins Stück *Gott, Mensch und Teufel*, das sich im Rahmen der jüdischen Orthodoxie bewegt und von Jizchak Löwy am 25. Oktober 1911 vorgetragen wurde, [411] von der Unvermeidbarkeit des Gerichtstags die Rede, dem der Held durch seine Sühnetat zuvorkommt. [412] Kurz zuvor hatte Kafka schon Abraham Scharkanskys Stück *Kol Nidre* gesehen, das ihm die mit dieser Bezeichnung verbundenen religiösen Vorstellungen gleichfalls nahe bringen mußte. [413] Es bedarf also keinesfalls der Annahme kabbalistischer Einflüsse, ja nicht einmal der Voraussetzung, Kafka habe aus religiösen Gründen Prager Synagogen besucht, um zu erklären, warum der Jom Kippur und sein theologischer Hintergrund mehr als andere jüdische Festtage auf ihn eingewirkt hat.

Kafka war sich natürlich bewußt, daß die zehn Tage zwischen dem jüdischen Neujahrsfest und dem Versöhnungstag – keineswegs jedoch, wie Grözinger behauptet, um *Proceß* und *Strafkolonie* mit diesem Sachverhalt in Verbindung bringen zu können, die gesamte Zeitspanne zwischen August und Oktober – dem Problem der menschlichen Sünde und der dadurch notwendigen Entsühnung gewidmet waren. Auch ein Schriftsteller, der im christlichen Milieu erzogen wird und lebt, weiß um die Bedeutung der Adventszeit oder der Karwoche. Man kann sogar noch einen Schritt weitergehen und sagen, daß Kafka für die religiöse Vorstellung von Schuld und Versöhnung, die er als Glaubensrest aus Kindertagen in sich bewahrt haben mag, [414] besonders empfänglich war, weil aufgrund einer ungünstig verlaufenen Persönlichkeitsentwicklung unablässig Schuldgefühle vorhanden waren, die infolge äußerer Anreize, wie sie die Bußtage darstellten, sensibilisiert und aktualisiert zu werden vermochten. Für einen solchen Zusammenhang könnte sprechen, daß er diesen Begriff mehrfach in autobiographischen Zusammenhängen gebraucht, [415] während andererseits erkennbar ist, daß das jüdische Neujahrsfest offensichtlich bedeutungslos für ihn war. [416]

Auch ein Aphorismus aus der Zürauer Zeit läßt sich diesem Zusammenhang einordnen: »Nur unser Zeitbegriff«, heißt es da, »läßt uns das Jüngste Gericht so nennen, eigentlich ist es ein Standrecht.« [417] Hier wird die Vorstellung des Gottesgerichts in einer Weise formuliert, die dem Erleben der jüdischen Gemeinde während der Bußtage entspricht. Die zeitgenössischen Berichte über die zwischen Neujahrsfest und Versöhnungstag stattfindenden Gottesdienste, die Kafkas Hebräischlehrer Friedrich Thieberger gesammelt hat, wissen davon, daß die Synagoge in dieser Zeit als Gerichtssaal verstanden wurde, [418] weil das endzeitliche Gericht unmittelbar in den gegenwärtigen Augenblick gesetzt wurde, die Ewigkeit, von jenseitiger Ferne befreit, den einzelnen mit starker Hand erfaßte und unmittelbar, ohne weiteres Verfahren, richtete [419] – es herrschte sozusagen Standrecht. Aber man darf aus dem Gesagten gleichwohl nicht folgern, der synagogale Gottesdienst habe den Mittelpunkt der jüdischen Interessen Kafkas gebildet, der Zionismus demgegenüber die Randzone, denn Art und Umfang der zu seinem Judentum vorliegenden Zeugnisse belegen, daß allein die umgekehrte Gewichtung den Tatsachen entspricht.

Es gibt andererseits aber auch Anzeichen dafür, daß die in Kafkas Lebenszeugnissen begegnende Gerichtsvorstellung sich höchstens am Rande aus theologischen Vorstellungen speist, denen er sich gelegentlich in Prager Synagogen ausgesetzt sah. Denn einerseits war das ihm eigene Schuldbewußtsein stets gegenwärtig. Es bedurfte keiner äußeren Anlässe, um seine Wirksamkeit zu entfalten. [420] Dazu kommt, daß er sich zwar manchmal vom Judentum »hergenommen« fühlte, wenn er in den Tempel ging, [421] es auch für »selbstmörderisch« hielt, sich solchen Besuchen zu verweigern, [422] daß er sich jedoch – und diese Aussage wird von Grözinger unterschlagen – weigerte, an synagogalen Gottesdiensten teilzunehmen, weil er nicht die dafür notwendigen religiösen Voraussetzungen mitzubringen glaubte: »Es fällt mir gar nicht ein«, schrieb er deswegen an Felice, »in den Tempel zu gehn. Der Tempel ist nicht etwas, an das man sich heranschleichen kann.« [423] Dementsprechend sind die in seinen Lebenszeugnissen belegbaren Gerichtsvorstellungen keineswegs theologisch bestimmt. Sie sind Bilder für die Problematik des menschlichen Zusammenlebens, [424] die sich in seiner Aussage treffen, er wolle keineswegs einem höchsten Gericht entsprechen, sondern allein einem »Menschengericht«, [425] so daß die Vermutung erlaubt ist, die von ihm mehrfach gebrauchte Bezeichnung Versöhnungstag sei gar nicht in technischem Sinn, sondern lediglich als Metapher für die psychischen Vorgänge gemeint, die er in sich beobachtete, wenn ihn Schuldgefühle quälten.

Was die *Strafkolonie* betrifft, so ist zu sagen, daß sie frühestens am 8. Oktober 1914 begonnen worden sein kann, [426] also erst mehrere Wochen nach dem Versöhnungsfest dieses Jahres. Andererseits ist der Anfang des *Proceß*-Roman schon in der ersten Augusthälfte des Jahres 1914 entstanden, [427] unter dem Eindruck der ersten Entlobung von Felice und dem Beginn des Weltkriegs, Vorgänge, die Kafka mehr erschütterten als das die Bußtage einleitende Neujahrsfest, das erst etwa sechs Wochen später, am 21. September, gefeiert wurde.

Weiterhin muß Grözinger entgegengehalten werden, daß der Prager Zionismus vor dem Ersten Weltkrieg keineswegs im Bürgertum verwurzelt war, sondern Kafka und seinen Freunden in der Ausprägung entgegentrat, die vom Verein jüdischer Hochschüler *Bar-Kochba* propagiert wurde. Die Vertreter dieser Bewegung sahen sich in einen starken, für Prager Verhältnisse ganz ungewohnten Gegensatz zu ihren mittelständischen Elternhäusern gestellt, der im Lauf der Jahre nur in wenigen Einzelfällen überwunden werden konnte. [428] Vor allem aber befanden sich diese zionistischen Studenten vor dem Ersten Weltkrieg in einer Kampfstellung zur Prager Kultusgemeinde, die das bürgerliche Prag repräsentierte. [429] Als Kafka und Max Brod um 1910 von dieser sehr akademischen Sicht der Dinge enttäuscht waren, entdeckten sie als »Gegenpol« keineswegs die Festtagsliturgie der jüdischen Orthodoxie, sondern die Auftritte ostjüdischer Schauspieltruppen, [430] die eine freilich unterschiedlich verlaufende Entwicklung der Freunde zum Nationaljudentum einleiteten [431]. In der Wertschätzung des jüdischen Volkstheaters stimmten die beiden Freunde vollkommen überein. Die Begeisterung, mit der Kafka in seinen Tagebüchern über die aus dem

Osten zugereisten Schauspieler und die von ihnen dargebotenen
Stücke spricht, hat seine Entsprechung darin, daß die Initiative zum
Besuch derartiger Veranstaltungen von Brod ausgegangen war, [432]
der auch in Veröffentlichungen Originalität und Gefühlsintensität
dieser volkstümlichen Literatur des Ostens hervorhob [433].

Daß die Hinneigung zum Judentum als Volksgemeinschaft der
zentrale Punkt in Kafkas jüdischem Selbstverständnis war, spiegelt
sich auch in seinen Aktivitäten: So besuchte er zionistische Veranstaltungen, hielt seine Verlobte Felice zur Mitarbeit am zionistisch
orientierten *Jüdischen Volksheim* in Berlin an, las entsprechende Bü-
cher und äußerte sich, anders als Grözinger will, seit den Kriegs-
jahren stets positiv zu Brods zionistischen Aktivitäten, so wenn er
sich über einen Artikel des Freundes begeisterte, der sich dem
Thema *Krähwinkelei im Zionismus* verschrieben hatte. [434] In diesen Zusammenhang gehört nicht zuletzt ein im Sommer 1917 be-
gonnenes Hebräischstudium, das, wie die in Kafkas Nachlaß erhaltenen Sprachübungen beweisen, eindeutig von zionistischen, nicht
etwa von religiösen Motiven bestimmt war. [435]

Während Grözinger diese Tatsachen verschweigt, führt er zur
Stützung seiner These lediglich gelegentlich bezeugte Synagogen-
besuche an, deren Verlauf er durch Bußpredigten mit kabbalistischem Hintergrund bestimmt sieht, ohne irgendwelche Zeugnisse
für diese Behauptung beibringen zu können. [436] Aber die Prager
Kultusgemeinde hatte sich im Lauf des 19. Jahrhunderts an das
Deutschtum assimiliert und war deswegen dem Liberalismus und
der Aufklärung verhaftet. Sämtliche größeren Synagogen hatten
ihre gottesdienstliche Ordnung in diesem Sinn modernisiert, die
orthodoxen Elemente der Liturgie beschnitten oder gar beseitigt.
Entsprechend hatten die an diesen Synagogen tätigen Rabbiner
ausnahmslos studiert und promoviert, hatten also eine wissenschaftliche Schulung erhalten, die sie für die magischen Praktiken
des Chassidismus genauso unempfänglich machten wie für die dieser Lehre eigenen mystischen Bestandteile. [437] Mit Ausnahme
von Kafka und, in etwas geringerem Maße, Max Brod sind deswegen die Erscheinungsformen des ostjüdischen Volkslebens von den
Prager Intellektuellen ausnahmslos abgelehnt worden. Vergleich-
bares gilt von dem Teil der jüdischen Bevölkerung, welcher der
tschechischen Kultur zuneigte. Die Erinnerungen František Langers geben dafür ein gutes Beispiel ab, zeigen sie doch auf Schritt
und Tritt, wie fremdartig der durch seinen Bruder Georg verur-

sachte Einbruch des Chassidismus in der Familie empfunden wurde. Daß man also in den jüdischen Kreisen der Stadt, und gar in einem Festgottesdienst, der Kabbala gehuldigt habe, ist so wahrscheinlich wie die Vorstellung, der Erzbischof von Köln werde in einer Weihnachtspredigt oder in Gebeten dem Gedankengut der Katharer Raum geben. Die Erinnerungen der Zeitgenossen sprechen dann auch eine eindeutige Sprache. Der Schriftsteller Jakob Loewenberg (1856–1929) berichtet, daß die Predigten, die in jener Zeit an Kol Nidre abgehalten wurden, nichts enthielten, was nicht auch in einer Kirche hätte gesagt werden können, gipfelten sie doch in der folgenden Ermahnung: »Tut Buße, reinigt euer Herz, versöhnt euch mit euren Nebenmenschen, erst dann könnt ihr Versöhnung von eurem Gott verlangen.« [438] Und der Prager Philosoph Felix Weltsch, der von der religiösen Dimension im Werk seines Freundes Kafka überzeugt war, weiß in seiner einläßlichen Darstellung dieses Problemkreises nichts von kabbalistischen Vorstellungen unter der Prager Judenschaft. [439] Wenn es in der Stadt Strömungen gab, die das Bild orthodoxer Glaubenspraxis überschritten, dann war es, Weltsch zu glauben, eine durch das bestehende religiöse Vakuum befestigte Neigung zum Romantizismus, also die Rückwendung auf die jüdische Geschichte und die Sagen, die sich um die alte Judenstadt rankten. [440] Kafkas Lebenszeugnisse zeigen die Richtigkeit dieser Aussage. Selbst während seiner antizionistischen Phase war er nämlich an solchen Altprager Geschichten interessiert, insbesondere solchen, die im Judenviertel lokalisiert waren. Wovon sie handelten, läßt sich wenigstens ungefähr bestimmen. Zum einen waren offenbar antiquarisch erworbene Teile der berühmten *Sippurim*-Sammlung von Wolf Pascheles in seinem Besitz, die in der Mitte des vorigen Jahrhunderts erschienen war und, wie der Untertitel des Werks verheißt, volkstümliche Erzählungen, Mythen, Chroniken, Denkwürdigkeiten und Biographien berühmter Juden aller Jahrhunderte bot, die sich aller theologischer Spekulationen enthalten. [441] Zum andern verschaffte ihm beispielsweise der Vater von Felix Weltsch Einblick in einen Fundus Prager Ghetto-Anekdoten, [442] die zur Überlieferung und geistigen Identität dieser Familie gehörten und Gegenstand anspielungsreicher Zitation in Gesprächen waren. In diesen Geschichten, die später auszugsweise veröffentlicht worden sind, ist von kabbalistischem Ideengut nicht ein Hauch zu verspüren. [443]

Der Schwäche seiner Position wohl bewußt, sucht Grözinger den
Eindruck zu erwecken, als sei Kafka durch Überlieferungen innerhalb seiner Familie zusätzliches Wissen von gelehrten Vorfahren
zugeflossen, dem Kabbalistisches beigemengt gewesen sein
könnte. [444] Aber solche Vermutungen sind abwegig, denn die
beiden Stellen, die in diesem Zusammenhang herangezogen werden, machen keine Aussagen darüber, ob die frommen und gebildeten Ahnen aus der mütterlichen Linie irgendwelche Kenntnisse
über jüdische Geheimlehren hatten. Aber selbst wenn dies der Fall
gewesen sein sollte, wäre das unerheblich gewesen, weil die Kette
der Überlieferung längst gerissen war: Zwar lebte Kafkas Großvater
mütterlicherseits bis zu seinem Tod im Jahr 1910 in Prag, aber bis
zu diesem Zeitpunkt war der Enkel assimilantisch und antijüdisch
eingestellt. Angewidert von der Art und Weise, wie der Vater seinen
Glauben praktizierte, suchte er als Student und während der ersten
Berufsjahre alles zu vergessen, was ihn an die Überlieferungen
seines Volkes erinnerte. [445] Der ungebildete, verhaßte Vater, der
lediglich von den Leiden seiner Kindheit zu erzählen pflegte,
konnte diese Lücke nicht ausfüllen, als sich Kafka später dem Judentum zuwandte. Auch in gebildeteren Familien stand es um
diese Dinge keineswegs besser. So berichtet beispielsweise Max
Brod, die einzigen jüdischen Traditionselemente, die sich während
seiner Kindheit in der Familie wenigstens noch eine Zeitlang gehalten hätten, seien gewisse Bräuche des Laubhüttenfestes, des
Tempelweihfestes und des Pessachfestes gewesen. [446]

Es ist nicht leicht zu beurteilen, was Kafka bis Ende 1914 vom
Ostjudentum aus Büchern erfahren hat. Die Darstellungen, die er
nach Ausweis seiner Lebenszeugnisse las, vermittelten ihm in der
Regel lediglich gängiges Allgemeinwissen über den Chassidismus,
die Orthodoxie, den *Talmud*, die jüdische Aufklärung und Mystik.
So heißt es etwa in Jakob Fromers Buch *Organismus des Judentums*,
das er Anfang 1912 las, innerhalb eines lediglich zehn Seiten umfassenden, dem Ostjudentum gewidmeten Abschnitts:

> Es gibt nur noch wenig Rabbis und Chassidim alten Schlages, die das
> Studium der Kabbala hochhalten und ihr Verhältnis zu Gott künstlerisch
> zu gestalten wissen. Die meisten sind zum Talmud zurückgekehrt und
> üben alles, was geschrieben steht, ganz wie es seit jeher im Judentum der
> Brauch war. [447]

Etwas mehr über die Welt des Ostens konnte er aus der schon erwähnten, sehr ausführlichen Literaturgeschichte von Pinès erfahren, die er »gierig« und mit einer Freude las, wie dies bisher bei vergleichbaren Werken niemals der Fall gewesen war[448]. Die Tagebuchexzerpte, die er aus diesem Anlaß angelegt hat, zeigen allerdings, daß er mehr an den großen Schriftsteller-Namen interessiert war als an Kabbala und Chassidismus, die nur in einer einzigen Eintragung bedacht werden:

> Baalschem, ehe er Rabbi in Miečeboz war, lebte er in den Karpathen als Gemüsegärtner später war er Kutscher seines Schwagers. Die Erleuchtungen kamen ihm auf einsamen Spaziergängen. Zohar »Bibel der Kabbalisten«. [449]

Anders verhält es sich vielleicht mit den Büchern Martin Bubers, insbesondere mit den *Geschichten des Rabbi Nachman, ihm nacherzählt* (1906) und der *Legende des Baalschem* (1908), die dem westlichen Europa die Welt der Chassidim zu vermitteln suchten, wobei freilich gerade die magischen Aspekte außer Betracht blieben, welche diese Bewegung maßgeblich prägten. Kafka, der Buber Anfang 1913 persönlich kennen und schätzen gelernt, ihn aber wahrscheinlich schon Jahre zuvor als Vortragsredner in Prag erlebt hatte, [450] fand diese Werke in stilistischer Hinsicht »unerträglich«, [451] mag aber gleichwohl Einzelnes daraus rezipiert haben. Auch durch den Besuch von Vorträgen, die sich mit dem Chassidismus beschäftigten, konnte er seine Kenntnisse über diese Bewegung schon vor dem Ausbruch des Ersten Weltkriegs erweitern. [452] Soweit sich diese Quellen überprüfen lassen, kamen aber dabei in keinem Fall kabbalistische Gerichtsvorstellungen zur Sprache, die nach Meinung einiger Interpreten vorzugsweise den *Proceß* beeinflußt haben sollen. Eine Abhängigkeit Kafka könnte also lediglich dadurch belegt werden, daß im Text dieses Romans Spuren mystischen Gedankenguts in Erscheinung treten.

Grözinger will diesen Hintergrund allein schon in dem Umstand angedeutet finden, daß der Weg der drei Romanhelden Kafkas »durch die Gerichte« führe. [453] Offenbar hat er den *Verschollenen* und das *Schloß* gar nicht gelesen, denn sonst müßte er wissen, daß in diesem Werken keine Gerichtsinstanzen beschrieben werden. Einschränkend sei weiter bemerkt, daß die von ihm angeführten Vorstellungen ganz unterschiedlichen Quellen entnommen und keineswegs das alleinige Merkzeichen der jüdischen Mystik darstellen, vor allem nicht in der Form, in der sie im Chassidismus wirksam wird: Es ist bezeichnend und ein Argument gegen die von Grözinger und seinen Gesinnungsgenossen vermuteten Zusammenhänge, daß Jiří Langers Buch *Die Erotik der Kabbala* ohne den Gedanken des Gerichts auskommt; Langer aber wäre wohl der erste und einzige gewesen, der Kafka über diesen Zentralgedanken der Kabbala hätte unterrichten können.

Die Art und Weise, wie Langer sein Thema beleuchtet, läßt sich nicht mit Zufällen, Mißgriffen oder Mißverständnissen erklären, sondern ist durch die tatsächlich im Osten herrschenden Verhältnisse bedingt. Denn das Neue am Chassidismus war weniger die Popularisierung der Ideen eines mystischen Lebens mit Gott und in Gott, sondern die Übertragung scholastischer Theosophie in ein das persönliche Leben der Gläubigen bestimmendes Ethos. Auf diese Weise wurde die Immanenz Gottes in allen Dingen das spezifische Charakteristikum dieser Erweckungsbewegung. Sie schlägt im Lauf ihrer Entwicklung einerseits die Brücke zur Orthodoxie, verlagert aber andererseits ihr Interesse vom theologischen System auf Erzählungen und Legenden, die das Leben der frommen Zaddikim zum Zweck der Erbauung behandeln. In ihnen verbinden sich die magischen Fähigkeiten ihrer Heroen mit ihren mystischen Verzückungen, deren Darbietung schließlich etwas vom Vollzug eines religiösen Ritus an sich hatte. [454] Die drei chassidischen Geschichten in Kafkas Tagebuch, die ihm Langer im Herbst 1915 erzählt hatte, entsprechen vollkommen dieser Kennzeichnung. [455]

Das chassidische Ideengut, das ihm durch Erzähltexte oder durch persönliche Vermittlung zugekommen sein kann, zeigte demnach gar nicht mehr jenes ursprüngliche theologische System des Weltschöpfungsmythos und der damit verbundenen Gerichtsthematik, die neuerdings als Hintergrund des *Proceß*-Romans ausgegeben werden, ja, mehr noch, der für den Chassidismus charakteristische Enthusiasmus sowie die ihm eigene pantheistische Auffassung, daß Gott alles umgebe und erfülle, sind mit der gnostischen Vorstellung, die Welt sei eine Schöpfung des Teufels, sogar gänzlich unvereinbar. Der pauschale Hinweis, Kafka habe sich für den Chassidismus interessiert, bedeutet deswegen keineswegs, ihm seien damit auch zugleich die dualistischen Vorstellungen zugeflossen, die für gewisse Traditionsströme der in sich außerordentlich heterogenen jüdischen Mystik kennzeichnend sind.

Grözinger stellt freilich diesen Sachverhalt gar nicht in Rechnung. Er sieht vielmehr Kafkas *Proceß* nicht durch ein subjektives Gewissensgericht, sondern durch ein transzendentes göttliches Strafgericht bestimmt, dessen Entscheidungen unmittelbar auf das menschliche Leben einwirkten. Die mythologische Denkweise der Kabbala habe dieses himmlische Gericht und die Gnade in eine weitgefächerte Gerichtshierarchie zergliedert, welche von der Gottheit bis herab in kleinste Details der Welt reiche:

> Gerade die himmlischen Zwischenhierarchien mit ihrem bunten Gerichtspersonal, ihrer labyrinthischen Verschachtelung gehen an ihren untersten Stufen in verwirrender Ununterscheidbarkeit in den irdischen Alltag des Menschen über, in seinen Schmutz, in seine Hinterhältigkeit und Boshaftigkeit. Die Gerichtshierarchien sind so, weil sie ein Spiegelbild der menschlichen Bosheit selbst sind. Menschliches Leben in dieser Welt ist darum stets ein Leben inmitten des Gerichts, menschliches Leben und seine Geschichte sind Gericht, sie schwanken zyklisch zwischen Verurteilung und vorübergehendem Freispruch und enden mit der Exekution. [456]

In diesen Ausführungen werden Vorstellungen der Kabbala und aus dem *Proceß* so ineinandergeschoben, daß nicht mehr erkennbar ist, welcher Bereich eigentlich beschrieben werden soll. Gerechtfertigt wird dieses Verfahren mit der Behauptung, Kafka sei produktiv mit den ihm überkommenen Traditionen verfahren, so daß diese im Text des Romans nicht mehr in ihrer ursprünglichen Form erkennbar seien. Grözinger geht unter der Voraussetzung an seinen Gegenstand heran, daß Kafka von der Kabbala abhängig sei, obwohl dieser Sachverhalt philologisch gesehen erst ein mögliches Ergebnis der Untersuchung sein könnte. Auf diese Weise ist der Spekulation Tür und Tor geöffnet, denn bei solcher Verfahrensweise existiert kein brauchbares Kriterium mehr, das zu unterscheiden erlaubte, an welchem Punkt der literarischen Permutation die produktive Aneignung einer Vorlage aufhört und die davon unabhängige, selbständige Erfindung beginnt. Dementspechend kann Grözinger, ohne das Vorhandensein entsprechender Textechos im *Proceß* belegen zu müssen, die Auffassung vertreten, Kafka habe die kabbalistischen Hierarchien so sehr in die irdische Wirklichkeit herabgeholt, daß die Himmelsgerichte zur kleinen schmutzigen Vorstadtschmiere geworden und Gerichtspersonal sowie Tagungsorte entsprechend dem irdischen Leben gestaltet seien. [457] Die unübersehbare Abfolge von einander übergeordneten Instanzen, deren Machtfülle sich auf jeder Stufe vergrößere, scheine es zu ermöglichen, die durch Korruption, ungezügelte Sexualität und andere Pflichtversäumnisse diskreditierten unteren Gerichte gleichwohl als Organe göttlicher Gerechtigkeit aufzufassen, zeigten sie sich doch als entfernteste Ausstrahlungen transzendenter Heilsordnungen, die in dem Maße einen höheren, edleren Charakter annähmen, in dem sie sich dem geheimen Mittelpunkt der gesamten Organisation annäherten. [458]

Unter philologischer Perspektive zeigt sich freilich schnell, daß die kabbalistische Gerichtsmetaphorik mit Kafkas *Proceß* nichts zu tun hat. Die Kabbala beschreibt ein himmlisches Gericht, das ohne Unterlaß in Sälen tagt, die unterschiedliche Seinsqualitäten verkörpern. [459] Es kann zu jeder Stunde beginnen, wobei alles, sogar die Welt der Dinge, gegen den Menschen Zeugnis ablegen kann. Diese Ankläger, die von Gott beauftragt sind, menschliche Schuld einzufordern, gehören selbst nicht zum Gericht. Auf diese Weise wird die Herrschaft Gottes über den sündigen Erdenbürger so radikal wie möglich zum Ausdruck gebracht. Dabei ist die Angst vor Strafe das Mittel, mit dem die Vertreter dieser religiösen Ordnung die Befolgung der erlassenen Ritualgesetze durchzusetzen suchen. Demgegenüber ist das von Kafka gezeichnete Gericht zwar, wie gezeigt, kein Strafgericht im gewöhnlichen Sinn des Wortes, aber wenn seine Organe andererseits enge Beziehungen zu den bürgerlichen Gerichten unterhalten, kann es sich auch nicht um eine in der Transzendenz angesiedelte Einrichtung handeln. Weiterhin weist das im *Proceß* beschriebene Gericht zwar eine hierarchische Gliederung auf, aber nie ist davon die Rede, daß die Verhandlungen täglich vor sich gehen. Voruntersuchungen finden vielmehr in größeren Zeitabständen und, nicht gerade eine Entsprechung zu den himmlischen Sälen der Kabbala, in einer ausgeräumten Privatwohnung statt, während die eigentlichen Gerichtsverhandlungen, eine für den religiösen Bereich gar nicht zu verifizierende Besonderheit, sowohl vor dem Angeklagten als auch vor seinen Verteidigern, die in dem von Grözinger dargestellten System ebenfalls keinen Platz haben, geheim gehalten werden. [460] Im Gegensatz zur Kabbala fordern die von Kafka dargestellten Instanzen nichts ein, sie werden vielmehr von der Schuld angezogen, und dementsprechend kann der Kaplan im *Dom*-Kapitel auch sagen: »Das Gericht will nichts von Dir. Es nimmt Dich auf wenn Du kommst und es entläßt Dich wenn Du gehst.« [461]

Das könnte man von einem göttlichen Gericht niemals behaupten, wohl aber beispielsweise von der Instanz, mit der sich Rodion Raskolnikoff in *Schuld und Sühne* auseinanderzusetzen hat. Da aus Kafkas Lebenszeugnissen erhellt, daß er Dostojewskis Werk gut gekannt hat, und sich überdies beweisen läßt, daß er zahlreiche wichtige, die Konzeption des Gerichts betreffende Vorstellungen aus diesem Roman verwendet hat, [462] könnten mögliche Übernahmen aus der Kabbala überhaupt erst dann ernsthaft in Betracht gezogen werden, wenn sie sich nicht besser oder gleich einleuchtend aus *Schuld und Sühne* herleiten lassen. Grözinger, durchweg monokausal argumentierend, zieht diese, für die Genese des *Proceß*-Fragments wichtige Lektüre überhaupt nicht in Betracht, sondern scheint zu glauben, daß Kafka in einem so wichtigen Kernbereich seines Denkens ausschließlich von einer jüdischen Geheimlehre beeinflußt gewesen sein könne. Seine Ausführungen schließen die merkwürdige Konsequenz ein, als habe es für Kafka keinerlei andere Möglichkeit gegeben, mit theoretischen Schriften oder Literaturwerken vertraut zu werden, die das Problem menschlicher Schuld in einer Weise zur Darstellung bringen, die ihn betroffen machen mußte.

Nicht weniger bedeutsam ist ein anderer Punkt: Wer einen irgendwie gearteten theologischen Hintergrund des *Proceß*-Romans voraussetzt, muß erklären, warum die in diesem Werk gezeigten Vertreter des göttlichen Gerichts korrupt und Frauenjäger sind. Diese Erklärung kann dadurch erfolgen, daß eine unendliche Abfolge in der Seinshierarchie und den ihr jeweils zugeordneten Institutionen vorausgesetzt wird, deren einzelne Stufen sich in Charakter und Stellung zum göttlichen Zentrum kontinuierlich verändern: Je mehr sich diese Emanationen der Schöpfung von ihrem Ausgangspunkt entfernen, so wird in dieser gnostischen Spekulation behauptet, desto stärker materialisieren sie sich, bis sie auf den untersten Ebenen qualitativ umschlagen und, so auch Grözinger in dem angeführten Zitat, zum Spiegelbild menschlicher Unzulänglichkeit und Bosheit werden.

Wer einen solchen Hintergrund für den *Proceß* voraussetzt, muß zugleich annehmen, daß sich die in diesem Werk erwähnten höheren Gerichte weniger minderwertig zeigten als die ihnen unterstellten, und gerade dies läßt der Text an keiner Stelle erkennen. Denn über den Zustand dieser stets nur erwähnten, nicht etwa gezeigten Einrichtungen erfährt K. und damit auch der Leser gar nichts. Denn der Roman wird aus K.s Optik erzählt und kennt deswegen nur die erste Instanz, über die sein Verfahren nicht hinauskommt. Geradezu grotesk mutet in diesem Zusammenhang die Behauptung an, der von der Kabbala geforderte Aufstieg der menschlichen Seele in die Himmelshallen, der im Zustand der Ekstase oder nach dem Tode erfolgt, finde in K.s »Aufsteigen« zu den Dachböden der Gerichte seinen »Nachhall«, [463] denn diese Amtsräume gehören ebenfalls zur untersten Instanz des Gerichts, ganz abgesehen davon, daß K. beim Besuch dieser schmutzigen Kanzleien nicht etwa enthusiastisch aus sich heraustritt, sondern nur – Kreislaufbeschwerden bekommt. [464] Vor allem aber ist in diesem Zusammenhang in Rechnung zu stellen, daß das, was hier nachhallt, Casanovas Flucht aus den Bleikammern von Venedig ist, denn dieser Text hat erwiesenermaßen die Vorlage für die auf Dachböden spielenden Szenen des Romans abgegeben. [465]

Genauso fragwürdig ist es, wenn Ritchie Robertson sich bei den Sitzungssälen des Gerichts an die »Talmudhochschulen« erinnert fühlt, von denen Jizchak Löwy erzählt hatte. [466] Diese »Jeschiwes«, so hatte Kafka erfahren, seien meist »in einem alten unbrauchbaren Gebäude untergebracht« gewesen, wo es in Sommernächten entsetzlich heiß gewesen sei und gestunken habe. [467] Aber zwischen den jüdischen Lehranstalten des Ostens und den Kanzleien im *Proceß* bestehen mehr Differenzen als Vergleichspunkte. Beiden gemeinsam ist lediglich die Hitze, während sie sich hinsichtlich der Bauwerke unterscheiden, die sie beherbergen. Denn Kafkas Gericht findet sich auf zahlreichen Dachböden städtischer Mietshäuser, also in Gebäuden, die durchweg zugleich anderer Zweckbestimmung dienen, während Löwy eben dies für die Jeschiwes ausgeschlossen hatte.

Ergänzend sei in diesem Zusammenhang auch auf das *Schloß* verwiesen, dessen bürokratischer Apparat sich ebenfalls von der Kabbala herleiten soll. In diesem Werk nun erhält der Leser tatsächlich einen Einblick in die hierarchische Stufung einer hochdifferenzierten Behörde, die allerdings den Vorstellungen der Kabbala nicht entspricht. Denn die Bürochefs, die den oberen Rängen der dargestellten Verwaltungseinrichtung zugehören, sind nicht weniger hinter den Frauen her als die ihnen untergebenen Sekretäre oder deren Knechte, welche die beiden untersten Ebenen der Schloßhierarchie bilden.

Als ob er gemerkt hätte, daß der Hinweis auf gnostische Weltschöpfungsmythen doch nicht ausreiche, das Wesen der Josef K. begegnenden Gestalten zu begründen, fühlt Grözinger sich bemüßigt, der Rolle der Sexualität gesonderte Überlegungen zu widmen. Ihr Hervortreten im *Proceß* wird damit erklärt, daß in der Kabbala zu den Gerichten auch die Mächte der Verführung gehörten. [468] Im osteuropäischen Judentum sei gelegentlich die Auffassung vertreten worden, daß der, welcher die höhere Stufe des Büßers erreichen wolle, sich erst in den Bereich der Sünde begeben müsse, um Buße tun zu können: Der Umgang mit Frauen gewinne also heilbringende Kraft, das Sexuelle werde zum Steigbügel der Erlösung. [469] Dem ist entgegenzuhalten, daß auch für andere dualistische Erlösungslehren wie beispielsweise die christliche Gnosis oder die Katharer eine derartige Zweischneidigkeit des geschlechtlichen Bereichs kennzeichnend ist. Die weite Verbreitung dieser Vorstellung, die in Kafkas Fall überzeugender aus Entwicklungsstörungen herzuleiten ist, [470] macht sie wenig geeignet, Abhängigkeiten einzelner seiner Werke von bestimmten Vorlagen herzuleiten, ganz abgesehen davon, daß der Vorwurf des Geistlichen im *Dom*-Kapitel, K. suche zuviel Hilfe bei Frauen, [471] auf eine ganz andere Bedeutung dieses Bereichs hinweist als Grözinger glauben machen will.

Verräterisch ist weiterhin, daß sich Grözinger in diesem Zusammenhang nicht auf Jiří Langers Buch *Die Erotik der Kabbala* beruft, das doch schon im Titel einschlägige Erkenntnisse verheißt. Die Lektüre verdeutlicht freilich sehr schnell, warum diese Erwartungen enttäuscht werden: Langers Darstellung zeigt, daß er selbst, chassidischem Brauch zufolge, Begegnungen, Berührungen, ja selbst den Blickkontakt mit Frauen mied, also der Partei der Asketen zurechnete. Deswegen verwundert es nicht, daß er sich über die angeblich heilbringende Kraft sexueller Ausschweifung ausschweigt. Die Titelformulierung bezieht sich denn auch gar nicht auf das Verhältnis der Geschlechter zueinander, sondern auf die homosexuelle Komponente im chassidischen Gemeinschaftsleben, die schwerpunktmäßig herausgearbeitet wird.

Paläste von Engeln bewacht, die als Verkörperung qualitativ unterschiedlicher Weltsphären gedacht werden, wandernde Seelen, aufgehalten und gemartert, weil sie aus der Verstrickung des Materiellen in ihre himmlische Heimat zurückkehren wollen – das ist mitnichten der Stoff, aus dem der Gegenstandsbereich des *Proceß*-Romans gewoben ist. Die Deuter, die gleichwohl am kabbalisti-

schen Hintergrund dieses Werks festhalten, müssen deswegen
nicht nur behaupten, daß Kafka die von ihm übernommenen My-
thologumena bis zur Unkenntlichkeit verändert, ja verstümmelt
habe, sondern zugleich voraussetzen, daß die Elemente, aus denen
sich der Erzählgang des Romans zusammensetzt, nicht das bedeuten, was sie zu bedeuten vorgeben. Alle Erzählbestandteile müssen
als hintergründige Rätsel genommen werden, die angeblich erst
dann Sinn machen, wenn sie vom Interpreten entschlüsselt, nämlich als etwas ganz anderes verstanden worden sind als ihr Wortlaut
zu erkennen gibt oder wenigstens nahelegt. Man kann unter solchen Voraussetzungen, wie geschehen, Kafkas Werke ganz nach
Wunsch und Belieben als Ausdruck einer latenten Homosexualität
des Autors, als Darstellung des christlichen Trinitätsdogmas, der
Aufarbeitung der Geschichtsspekulationen Nietzsches oder welcher Lehre auch immer verstehen, die der jeweilige Interpret
glaubt, propagieren zu müssen. Aber da die Texte zu Recht die
Schlüssel verweigern, welche diese angeblich versiegelten Türen
des Sinns aufzubrechen geeignet wären, haftet den auf diese Weise
gewonnenen Deutungen nicht nur der Makel spekulativer Willkür,
sondern auch der Verdacht an, in der Methode der Aneignung
gefehlt zu haben.

Ein besonders instruktives Beispiel für das Gesagte bildet die
Untersuchung des *Proceß*-Romans durch Frank Schirrmacher.
Schirrmacher sieht wesentliche Handlungspfeiler durch Anspie-
lungen auf die *Genesis*, den *Talmud*, auf Kant, Nietzsche und die
Kabbala gekennzeichnet, die in der Legende ihren Höhepunkt hätten. Diese Bezugnahmen auf kanonische Texte der Metaphysik
seien, ihres Sinns beraubt, auf ihre Buchstäblichkeit reduziert und
so chiffriert worden, daß sie als Phänomene unverständlich blieben, wenn sie nicht einer entsprechenden interpretatorischen
Rückverwandlung unterzogen würden. [472]

Die von Schirrmacher propagierte Rekonstruktion der von Kafka
vorgenommenen Dekonstruktion kabbalistischer Überlieferungen
geschieht vor allem mithilfe des allegorischen Auslegungsverfah-
rens, das es erlaubt, wichtige Erzählumstände als Bestandteile my-
thologischer Vorstellungen zu verstehen. Da Josef K. zu Beginn des
Romans »verleumdet« worden sei, dem Autor aus Gustav Roskoffs
Geschichte des Teufels [473] bekannt sein müsse, daß das Wort Satan
»Verleumder« bedeutet, und weil schließlich gemäß dem *Sohar* an
jedem jüdischen Neujahrstag das Gericht über die Welt ergehe und

der Widersacher die Anklage führe, sei die im Eingangskapitel geschilderte Verhaftung zeitlich auf das Neujahrsfest festzulegen, wofür zusätzlich spreche, daß die erste Untersuchung zehn Tage später, also am Gerichtstag stattfinde, eine Zeitspanne, die im *Sohar* dem Gläubigen als Bußzeit bis zum Eintreten des Versöhnungstags bleibe. [474] Diesem Zusammenhang ordnen sich die drei Bankbeamten ein, die während K.s Vernehmung durch den Aufseher anwesend sind. Es handle sich um die drei Todesboten, die nach der Darstellung des *Sohar* in der Todesstunde des Menschen erscheinen und ihm die Sünden vorrechnen, die er während seines Erdenwallens begangen hat. [475] Die »Gesetzbücher« schließlich, die K. auf dem Tisch des Untersuchungsrichters entdeckt und als »Roman« identifiziert, der von den Plagen handelt, welche Grete von ihrem Mann Hans zu erdulden hat, [476] werden als durchsichtig parodierte Plagen Israels, der Braut des Herrn, gelesen. [477]

Wie jede allegorische Deutung eines nicht als Allegorie ausgewiesenen literarischen Werks wohnt auch dieser Auslegung keine Überzeugungskraft bei. Es eignet ihr eine Beliebigkeit, die kritische Beobachter dazu ermuntert, Übertragungen anderer Art vorzunehmen, die in gleicher Weise plausibel scheinen und auf diese Weise die verwendete Auslegungstechnik ad absurdum führen. Die Deutung der drei Bankbeamten etwa beruht lediglich auf ihrer Dreizahl und einem bereits vorgängig festgelegten Kontext, während sie merkwürdigerweise ihre von der Tradition geforderte Aufgabe gar nicht wahrnehmen. Wenn der *Proceß*, wie Schirrmacher glaubt, tatsächlich »in chronologischer Folge« auf metaphysische Glaubensmodelle anspielt, [478] wäre es genauso naheliegend, in diesen drei Figuren eine Wiederverkörperung der drei Männer zu sehen, die Abraham in *Genesis 18* einen Sohn verheißen und von der christlichen Überlieferung im allegorischen Sinn als typologische Abschattung des dreieinigen Gottes verstanden worden sind. Eine solche Annahme hätte wenigstens den Vorteil, daß auf solche Weise tatsächlich ein Traditionselement dekonstruiert worden wäre, was von den in der abendländischen Überlieferung unbekannten Todesboten des *Sohar* nicht behauptet werden kann.

Auch läßt sich die Einsicht nicht unterdrücken, daß autobiographischen Ausdeutungen mehr Überzeugungskraft innewohne, jedenfalls unter der Voraussetzung, es solle die Eigengesetzlichkeit des Textes zerstört und das Verständnis auf einer anderen Ebene angesiedelt werden. Schirrmachers Verständnis des Erotikons beruht allein darauf, daß das Wort Plagen im *Alten Testament* zur Kennzeichnung göttlicher Strafen dient, die, weil sie inzwischen als Geflügeltes Wort Eingang in den allgemeinen Gebrauch gefunden haben, dem Bewußtsein des Deuters als naheliegende Assoziationsmöglichkeit stets gegenwärtig sind.

Aber wenn schon Entschlüsselungen aufgrund zufälliger begrifflicher Konnotationen vorgenommen werden sollen, böte es sich an, zunächst auf den Autor und seine Welt Bezug zu mehmen. Denn der Ausdruck begegnet einerseits in der *Verwandlung*, und zwar zur Benennung der Leiden, welchen Grete durch ihren Bruder, den verwandelten Gregor, ausgesetzt ist. [479] In diesem Fall blieben sogar der Name des Opfers, die Beziehung zwischen Mann und Frau und die erotische Komponente erhalten, die Schirrmacher erst mithilfe einer weiteren allegorischen Operation herstellen muß, um das Berichtete mit dem biblischen Vorgang in Verbindung bringen zu können. Andererseits wird der Begriff in den Lebenszeugnissen Kafkas dazu verwandt, die Art seiner Beziehung zu Felice zu beschreiben. Er fühlte sich der Braut gegenüber als Prügler, der unablässig auf sie einschlug, ohne daß sie daran Schuld trage: [480] »ich fühle nicht nur meine Plage, sondern die Plage, die ich Dir antue noch viel mehr.« [481] Aus solcher Perspektive könnte dann die dem Untersuchungsrichter vorliegende Schrift als eine Darstellung der Qualen angesehen werden, der Felice durch den um sie werbenden Kafka nach dessen eigener masochistischer Betrachtungsweise ausgesetzt war. Damit soll nicht gesagt werden, daß die Romanstelle damit richtig verstanden sei; vielmehr sei lediglich darauf aufmerksam gemacht, daß die vorgeschlagenen autobiographischen Deutungen größere und schlüssigere Vergleichs- und Berührungspunkte zwischen Romantext und außerliterarischer Wirklichkeit aufweisen als die willkürlich anmutenden Allegoresen Schirrmachers.

Schließlich ist die behauptete Datierung der Verhaftung Josef K.s auf den Neujahrstag objektiv unrichtig. Kafkas Roman durchläuft, wenn auch, weil der Text Fragment geblieben ist, mit Lücken, einen zwölfmonatigen Zyklus, der sich unter anderem in entsprechenden jahreszeitlichen Festlegungen konkretisiert. Die Details, die Rückschlüsse auf die jeweils herrschenden Witterungsverhältnisse zulassen, machen deutlich, daß Josef K. im Frühsommer verhaftet wird, [482] nicht im September, dem Monat also, in den der jüdische Jahreswechsel fällt. Schirrmachers Betrachtung der Le-

155

gende bringt als zusätzlichen Gesichtspunkt lediglich den Hinweis auf das »Studium« des Mannes vom Lande, das auf eine entsprechende Beschäftigung der Kabbalisten mit dem »Körper der Schrift« anspielen solle. [483] Wie alle von Schirrmacher behaupteten Bezüge liegt auch hier eine ganz willkürliche Zuordnung vor, die sich allein schon deswegen verbietet, weil sie dem geistigen Zuschnitt des Mannes vom Lande denkbar wenig entspricht.

Angesichts dieser Vorgehensweise fragt man sich wirklich, warum Kafka den Text seines Romans überhaupt so formuliert hat, wie dies tatsächlich geschah, und wie er wohl hätte verfahren müssen, wenn die von ihm gemachten Aussagen das hätten bedeuten sollen, was sie auf der semantischen Ebene tatsächlich aussagen. Schirrmacher zertrümmert das gesamte Handlungsgefüge in voneinander unabhängige Vorstellungssplitter, die, bevor sie Sinn machen, erst andersartigen Geschehensmustern zugeordnet werden müssen, die selbst wieder durch willkürliche Umdeutungen weniger Einzelpunkte gefunden werden.

Gegen die Auffassung, Kafka habe kabbalistisches Gedankengut vertreten, spricht weiterhin sein Verständnis des biblischen Schöpfungsberichts, der wie die ganze *Genesis* als Teil der *Thora* zu den heiligen Schriften des Judentums rechnet. Denn in diesem Zusammenhang erscheint nirgends die gnostische Vorstellung, die Welt sei eine Schöpfung des Bösen, der es zu entkommen gelte. [484]

Auch Max Brod hat die Welt des Materiellen und ihre Erscheinungen in einer den Vorstellungen seines Freundes vergleichbaren Weise bewertet, wenn er in einem Bekenntnisbuch das Judentum als Diesseitswunder verherrlicht, um es auf diese Weise vom asketischen, weltverneinenden Christentum abzusetzen, [485] während die Deuter, die Kafka eine Nähe zur jüdischen Mystik unterstellen, gerade umgekehrt eine angebliche Weltflüchtigkeit des Judentum voraussetzen müssen.

Außerdem darf nicht vergessen werden, daß die kabbalistischen Deutungen des *Proceß*-Romans und damit der Legende ein dualistisches Weltbild Kafkas voraussetzen, das, wenn überhaupt, in den Lebenszeugnissen erst in späteren Jahren in Erscheinung tritt: Für die Zürauer Zeit existieren zwar Aussagen, die eine Aufspaltung der Welt in zwei gegensätzliche Seinsarten vorauszusetzen scheinen. [486] Man darf aber nicht vergessen, daß diese Notizen aus der Anfangszeit der Krankheit stammen, in der Kafka versuchte, der Lungentuberkulose, die im September 1917 festgestellt worden war, einen Sinn abzugewinnen, was ihm nur dadurch gelang, daß er Gemeinschaftsbindungen wie die Ehe, um die er in den vorausliegenden Jahren vergeblich gekämpft hatte, radikal abwertete und als sinnvolle Lebensmöglichkeit überhaupt verwarf. Aber auch später hat Kafka keinen strengen Dualismus vertreten, denn ein Zürauer Aphorismus formuliert seine damalige Position in einer Weise, die das Böse als eigenständige Gegenkraft im Sinn der angeführten Weltschöpfungsmythen verneint:

> Es gibt nichts anderes als eine geistige Welt; was wir sinnliche Welt nennen, ist das Böse in der geistigen, und was wir böse nennen, ist nur eine Notwendigkeit eines Augenblicks unserer ewigen Entwicklung. [487]

Für die der Krankheit vorausliegende Lebensphase kann aber selbst von einer solchen im eingeschränkten Sinn dualistischen Geisteshaltung Kafkas schwerlich die Rede sein. In einer Tagebucheintragung vom 4. Mai 1915 schreibt er beispielsweise, eine Frau zu haben, die ihn verstehe, bedeute »Gott haben«. [488] Diese Aussage steht in denkbar größtem Gegensatz zu der Behauptung Zimmermanns, Kafka denke sich die Welt als vom Teufel geschaffen und sehe in den Frauen das Verführungsmittel des Bösen. [489]

Nimmt man alles zusammen, was kritisch über die Versuche zu sagen war, den *Proceß* unter den Einfluß der Kabbala zu stellen, muß man zu dem Ergebnis kommen, daß diese Hypothese eine glatte Erfindung darstellt, für die es weder in den Lebenszeugnissen noch im Werk Kafkas Anhaltspunkte gibt. Auch von diesen Kontexten her besteht also kein Anlaß, *Vor dem Gesetz* auf dem Hintergrund dieser jüdischen Geheimlehre zu deuten.

V. Kapitel
SINN

1. METHODEN

Auf welche Weise sind die Ergebnisse zu verstehen, die sich aus der Analyse der beigezogenen Forschungspositionen ergeben haben? Zunächst ist festzuhalten, daß keine der bisher behandelten Untersuchungen die Bedingungen erfüllt, die man an Textdeutungen mit literaturwissenschaftlichem Anspruch stellen muß. Ob es sich um die Stringenz der Gedankenführung handelt oder um die Begründung der aufgestellten Hypothesen, das Verständnis einzelner Stellen, die Beschreibung des Textgeschehens als Ganzes, die Einbettung der Legende in übergreifende Zusammenhänge – die vorgebrachten Gedankengänge hielten einer Überprüfung nicht stand. Daß in absehbarer Zeit aufgrund besserer Materialkenntnis brauchbarere Ergebnisse zustandekommen könnten, ist nicht zu erwarten. Denn Kafka und sein Werk sind seit Jahrzehnten derart intensiv beackert worden, daß ein detailliertes Wissen über fast alle Sachfragen zur Verfügung steht, das sich in naher Zukunft kaum noch auf spektakuläre Weise vermehren dürfte.

Es stellt sich deswegen die Frage, auf welche Weise dieser unbefriedigende Zustand verbessert werden könne. Eine erste, neuerdings an Boden gewinnende Antwort bestünde darin, die vorliegenden Befunde anders zu bewerten, sie nämlich als rechtmäßige Ergebnisse interpretatorischen Bemühens aufzufassen. In letzter Zeit hat sich nämlich die Auffassung verdichtet, die in den bisherigen Kafka-Deutungen von Anfang an begegnende, gegenwärtig sogar vorherrschende Art der Literaturbetrachtung sei in den Texten selbst angelegt, also vom Autor gewollt. Der Leser, so wird argumentiert, könne Kafkas Erzählwerken keine eindeutigen Informationen entnehmen. Er sehe sich einerseits Deutungsaufforderungen gegenüber, erfahre jedoch andererseits nicht, in welche »Bedeutungssysteme« hinein »Analogieanweisungen« erfolgen sollten.[490] Die besondere Stellung der Erzählung im Kontext sowie die ihr eigenen formalen Besonderheiten und stofflichen

Arrangements provozierten im Leser kategoriale Sinnerwartungen und aktivierten generalisierendes System- und Regeldenken, prophezeiten jedoch zugleich die Unzulänglichkeit und den Mißerfolg aller seiner diesbezüglichen Bemühungen. [491] Überzeugt davon, daß Kafkas Bildreden metaphorische Verschlüsselungen darstellten, die aufgelöst werden müßten, mache sich der Leser auf die Suche nach Merkmalen, die solche Aufforderungen enthalten könnten, und sei geneigt, in solcher Auslegungsbemühung hinter jeder beliebigen Texterscheinung ein bedeutsames Zeichen zu sehen. Lasse er sich aber auf dieses Deutespiel ein, verliere er die Fähigkeit, Bild- und Sachebene, Zeichen und Anzeichen zu unterscheiden. Auf diese Weise könne jedes Textelement als allegorisches Bild verstanden werden, vermöge kulturelle und emotional besetzte Bedeutungsfelder zu mobilisieren, die diesem scheinbar zugeordnet seien. Dadurch aber gerate der Interpret allmählich in die Lage des Mannes vom Lande, der den Eintritt in das Gesetz über dem Studium der Läuse im Pelzkragen des Türhüters versäume. [492]

Das gleiche Problem ergebe sich für Josef K. als Adressaten der Botschaft, die *Vor dem Gesetz* transportiere: Es sei für ihn lebenswichtig, sie zu verstehen und entsprechend der gewonnenen Einsicht zu handeln. Je nachdem aber, wie er vorgehe, komme er zu dem Ergebnis, er müsse sich wie der Mann vom Lande verhalten oder genau das Gegenteil tun. Wie Versuchstiere, die man in Experimenten unentscheidbaren Situationen aussetzt, verharre er in Untätigkeit und zeige Verhaltensmerkmale der Angst, Aggressivität und emotionalen Desorientierung. [493]

Diese Bemerkungen mögen Richtiges beschreiben, wenngleich sie die im *Dom*-Kapitel herrschenden Verhältnisse nur in Details treffen. Es ist aber die Frage, welche Folgerungen daraus zu ziehen sind. Einzelne Fachvertreter sind unter dem Einfluß des sogenannten Dekonstruktivismus, der vor allem von Literaturtheoretikern wie Jacques Derrida und Herold Bloom entwickelt worden ist, aufgrund solcher Befunde zu der Auffassung gekommen, nicht der Autor, sondern der Leser habe zu bestimmen, was ein literarisches Werk zu bedeuten habe. Wahr und gemeint sei allein, was der einzelne darin auffinde, so daß jede Deutung so überzeugend sei wie die andere. In diesem System erscheint der Interpret nicht mehr als Hermeneut, der eine im Text verborgene Bedeutung ans Licht heben will, sondern als eine Art Mit-Autor, der virtuell angelegte Sinn-Potentiale aktualisiert, indem er Teile oder Konfigurationen des fiktiven Geschehens mit anderen, auch nichtliterarischen Diskursen entstammenden Vorstellungen verknüpft. Innerhalb eines solchen Rahmens kann dann *Vor dem Gesetz* als undeutbare Parabel erscheinen, die als Leerform möglicher Sinngebungen lediglich die Projektionen der Deuter aufrufe und widerlege. [494]

Das ist eine Einladung, Erzählwerke existentiell in Gebrauch zu nehmen, und in der Tat zeigen die von Schriftstellern stammenden produktiven Anverwandlungen der Legende, daß auf diese Weise verfahren werden kann, allerdings um den Preis, daß jetzt Offenheit, Unbestimmtheit und Widersprüchlichkeit des Textes platter, eindimensionaler politischer Demagogie Platz gemacht haben, zu deren Erzeugung es gewiß nicht einer solch komplexen Vorlage bedurft hätte. [495] Dasselbe gilt für die Textproduktionen im Literaturuntericht, mit deren Hilfe Schüler ihre Rezipientenrolle kreativ aufzufüllen suchen. [496]

Die dekonstruktivistische Literaturtheorie erlaubt es auch, als Notwendigkeit und Vorzug zu erklären, was unter anderer Optik als Skandalon zu gelten hätte, die Tatsache nämlich, daß die herkömmlichen Kafka-Deutungen mehr über den geistigen Hintergrund des Interpreten auszusagen scheinen als über das zu erklärende Werk. Sie entheben den Kritiker der schwierigen Aufgabe, nach Kafkas eigenen literaturtheoretischen Vorstellungen zu fahnden, zumal diese gar nicht als zusammenhängende Aussagen vorliegen, sondern in Form von einzelnen Leseeindrücken, deren Relevanz für das eigene Werk jeweils noch zu überprüfen wäre.

Die Fachvertreter, die der eben referierten Literaturauffassung zuneigen, haben freilich nicht erläutert, inwiefern Kafkas ästhetische Grundsätze und die Art seines Schaffens mit derartigen Vorstellungen zu versöhnen sind, und dieses Versäumnis kann auch nicht mit dem Hinweis entschuldigt werden, seine Schaffensweise und insbesondere die Art seiner ästhetischen Maßstäbe seien für die Textanalyse nicht relevant. Möglicherweise ist dies zutreffend, möglicherweise aber auch nicht. Eine heute entwickelte Literaturtheorie, die Werken der Vergangenheit übergestülpt wird, darf jedoch ihre Tauglichkeit nicht allein a priori behaupten. Derrida und seine Gesinnungsgenossen gehen gewissermaßen davon aus, daß die abendländische Kultur an ihr Ende gelangt, alles gesagt worden ist, was Gegenstand der Kunst werden konnte. Sie geben sich gleichsam als saturierte Bürger, deren Überzeugungen nicht mehr durch neuartige, bewußtseinsverändernde Kunstäußerungen in Frage gestellt werden können. Das Spiel der Literatur, so ihre These, ist ausgereizt. Damit es weitergeht, darf es jeder neu definieren.

Es ist nicht auszuschließen, ja sogar wahrscheinlich, daß gegenwärtig Texte auf dieser Grundlage entstehen. Ob Kafkas Erzählungen und Romane jedoch dazugehören, wäre durch induktiv angelegte Forschungen erst noch plausibel zu machen, vor allem durch den Nachweis, daß unter Vernachlässigung der historischen Rahmenbedingungen bessere Interpretationsergebnisse erzielt werden als unter Verwendung etablierter philologischer Methoden. Da dies bisher unterblieben ist, kann der Verdacht nicht von der Hand gewiesen werden, das Werk des Prager Autors diene den in Beweisnot befindlichen heutigen Literaturtheoretikern wegen seines hohen Rangs lediglich als Experimentierfeld und Demonstrationsobjekt, das ihren Behauptungen die Weihen der Klassizität verleihen soll. Schon aus diesem Grunde muß diese modische Auffassung vom Wesen und Nutzen wissenschaftlicher Textarbeit kritisch hinterfragt werden.

So liegt es nahe, die eingangs gestellte Frage, welche Folgerungen aus den vorliegenden Deutungen der Legende gezogen werden müßten, anders zu beantworten. Wenn übersetzende Analogiebildungen und Metaphernauflösungen nicht zu überzeugenden Erkenntnissen geführt haben, und dies dürfte aufgrund der vorstehenden interpretationskritischen Betrachtungen als erwiesen gelten, so bedeutet das nicht zwangsläufig, daß Werkzusammenhänge als bloße Projektionsflächen angelegt sind. Die Willkürlichkeit der erzielten Ergebnisse könnte nämlich auch bedeuten, daß nicht die richtigen Auslegungsmethoden angewandt wurden. Es scheint beispielsweise denkbar, daß Kafka zwar inhaltliche Festlegungen seiner Erzählung verhindern wollte, nicht aber Sinndeutungen überhaupt. *Vor dem Gesetz* ist als Beispielerzählung angelegt, nicht als Parabel oder Allegorie, gehört also nicht zu den Gattungen, die, wenngleich in unterschiedlicher Weise, eine Auslegung auf einer Ebene verlangen, die jenseits der Erzählhandlung anzusiedeln ist.

Für den Modellcharakter der Beispielerzählung ist zwar, wie bei der Parabel, die Art des Gegenstandes, an dem exemplifiziert wird, ohne grundsätzliche Bedeutung für das Verständnis, aber daraus folgt nicht, daß Sachverhalte abgebildet werden, die außerhalb des dargestellten Lebensbereichs lägen. Aussage und mögliche Lehre des paradigmatisch gemeinten Sachverhalts bilden sich vielmehr im stofflichen Arrangement selbst ab, das seinerseits von den ihm zugrunde liegenden Strukturmustern gesteuert wird.

Inwieweit diese poetische Verfahrensweise, die freilich noch durch eine Analyse des Textes bestätigt werden muß, für Kafka überhaupt charakteristisch ist, kann in diesem Zusammenhang nicht entwickelt werden. Es ist aber anzunehmen, daß beispielsweise die bildhaft-änigmatisch verdichteten kleinen Stücke der *Landarzt*-Phase eine andere Verstehensgrundlage erfordern als die *Verwandlung*, in der ein Familienkonflikt dargestellt ist. Allerdings gibt es einen schlagenden Beweis dafür, daß in bestimmten Texten der gewählte Gegenstandsbereich unerheblich, nur die Anordnung der Textbestandteile von Belang ist, so daß sich in diesen Fällen Deutungen verbieten, die auf Analogiebildungen beruhen. Das entsprechende Material sei im Folgenden wenigstens auszugsweise ausgebreitet.

Zu den vielfach belegten Selbstdeutungen Kafkas gehört die Vorstellung, ihm sei nichts geschenkt worden, alles, Vergangenheit, Gegenwart und Zukunft müßten erst und immer wieder erworben werden, [497] so daß jeder Augenblick in unbedingter Anspannung mit der Erschaffung der entsprechenden Lebensvoraussetzungen zu verbringen sei, eine Tätigkeit, deren alle Kräfte bindende Anstrengung dazu führe, daß im Vorfeld des Daseins verharre, wer ihr erliege [498]. Im Februar 1922 bringt er diesen Zusammenhang unter dem folgenden Denkbild im Tagebuch zur Darstellung:

> Teaterdirektor, der alles von Grund auf selbst schaffen muß, sogar die Schauspieler muß er erst zeugen. Ein Besucher wird nicht vorgelassen, der Direktor ist mit wichtigen Teaterarbeiten beschäftigt. Was ist es? Er wechselt die Windeln eines künftigen Schauspielers. [499]

Der Gegenstand der Darstellung, das ungewöhnliche Leben eines Intendanten, ist für das Verständnis der Stelle ganz belanglos, so daß auch Übertragungen auf die Kunst, insbesondere auf die Art und Weise, wie Kafka seine Werke schrieb, unangebracht wären. Denn in einem Brief an Milena Jesenská hatte er zur Darstellung des gleichen Sachverhalt eine ganz andere Ebene der Veranschaulichung gewählt. Er fühle sich ihr gegenüber, heißt es da, wie ein Flaneur, der vor jedem einzelnen Spaziergang nicht nur sich waschen, kämmen usw. müßte [...] sondern auch noch, da ihm vor jedem Spaziergang alles Notwendige immer wieder fehlt, auch noch das Kleid nähn, die Stiefel zusammenschustern, den Hut fabricieren, den Stock zurechtschneiden u. s. w. [500]

Die Bedeutung dieser Metapher erhellt unter anderem aus der Tatsache, daß sie im *Schloß* gleichsam erzählerisch entfaltet worden ist. Nicht nur die Vorbereitungen, die das Zimmermädchen Pepi zu treffen hat, bevor es die Nachfolge Friedas als Schankmädchen antreten kann, entsprechen strukturell und in ihrem Ausmaß der Tätigkeit des Spaziergängers, der, Robinson vergleichbar, sich aus dem ihn umgebenden zivilisatorischen Nichts die Voraussetzungen für den geplanten Stadtbummel erst schaffen muß, sondern es werden auch der Held des Romans und seine Verhältnisse nach dem gleichen Muster entwickelt. [501]

Als Bildkürzel für diesen ganzen Vorstellungszusammenhang darf gelten, was Kafka, wenige Tage, bevor er sein eigenartiges Theatermodell dem Tagebuch anvertraute, auf diese Weise zu Papier brachte: »Man kann sein Leben nicht so einrichten wie ein Turner den Handstand.« [502] Wenn ein solcher Mensch, der lediglich die Bodenfläche, die seine beiden Hände bedecken, zur Ausführung seiner Übung benötigt, nur einen Augenblick das Gleichgewicht verliert, muß er zwangsläufig scheitern, und deswegen sollte ein ganzes Leben nicht auf ein derart unsicheres, instabiles Fundament gegründet werden. Offenbar war diese Notiz im Tagebuch ein Versuch, die augenblicklich herrschenden Verhältnisse durch einen Appell zu korrigieren, den der Schreiber an sich selbst richtet, hatte dieser sich doch unter dem Eindruck der beginnenden Tuberkulose unter eben das Gesetz zu stellen versucht, das die Metapher vom handstehenden Turner verbildlichte. Dabei hatte er zur Ausformulierung seiner Absichten ein strukturell verwandtes Bild verwendet, in welchem die handelnde Figur gleichsam umgedreht, also auf ihre Füße gestellt wurde:

Das Glück begreifen, daß der Boden, auf dem du stehst, nicht größer sein kann, als die zwei Füße [,die] ihn bedecken. [503]

In den gleichen Zusammenhang gehört ein von Atlas handelnder Aphorismus. Stemmt sich der Dauerturner, der infolge seiner Haltung alle Lebenskraft für den Handstand verbraucht, mit den

Armen vom Erdboden ab, um das Gewicht seines herabdrückenden
Körpers kompensieren und im Gleichgewicht halten zu können, so
muß der Heros der Antike, gleichsam als spiegelbildlich verkehrte
Variante dieser Figur, die über ihm befindliche Erdkugel unablässig in die Höhe drücken, so daß ihm die Hände gebunden und
damit keine Möglichkeiten bleiben, anderes zu verrichten.[504]
Ein weiterer Gegenstandsbereich, der den gleichen Sachverhalt
aus etwas anderem Blickpunkt beleuchtet, ist die seit der Frühzeit
Kafkas belegte Vorstellung von der Lebensweise eines Junggesel-
len, über den es im Tagebuch heißt:

> ihm gehört nur der Augenblick, der immer fortgesetzte Augenblick der
> Plage, dem kein Funken eines Augenblicks der Erholung folgt [...] er
> hat nur soviel Boden als seine zwei Füße brauchen, nur soviel Halt als
> seine zwei Hände bedecken, also um soviel weniger als der Trapezkünst-
> ler im Variete, für den sie unten noch ein Fangnetz aufgehängt
> haben.[505]

Die Beschaffenheit dieses Bildes verbindet es sowohl mit Atlas und
dem handstehenden Turner als auch mit dem Helden der Erzählung *Erstes Leid*, der als weitere Verkörperung dieser Kafkaschen
Grundbefindlichkeit angesehen werden darf. Denn dieser Artist
hat sein Leben derart eingeschränkt, daß er Tag und Nacht auf dem
Trapez bleibt, so daß er schließlich ausruft: »Nur diese eine Stange
in den Händen – wie kann ich denn leben!«[506] Da er ins Boden-
lose fällt, wenn er die Stange, die er unablässig umklammert, in
einem Augenblick der Unachtsamkeit losläßt, ist er in gleicher
Weise an die ihn definierende Tätigkeit gefesselt wie die erwähnten anderen Gestalten.
Wenngleich zu beachten ist, daß das Denkbild, das allen angeführten Veranschaulichungen zugrunde liegt, im Lauf der Jahre
gewissen Wandlungen unterworfen war, weil seine Bewertung
schwankte oder sich die Bestandteile, die es konstituierten, anders
akzentuierten, ist doch offensichtlich, daß Junggeselle, Theaterdi-
rektor, Turner, Atlas, Trapezkünstler, Pepi und der Landvermesser
K. lediglich Figurationen oder Hilfsvorstellungen für ein immer
gleichbleibendes Strukturmuster darstellen, mit dessen Hilfe sich
der Schreiber selbst zu kennzeichnen sucht.
Für den *Proceß* hat Karlheinz Fingerhut entsprechende Struktur-
botschaften beschrieben. Dazu gehören Parallelen und Oppositionen zwischen dem Eingangs- und Schlußkapitel des Romans. Sie

dienen dazu, Entwicklungen zu kennzeichnen, die K. unter dem Einfluß des Gerichtsverfahrens gemacht hat, ohne sie im einzelnen inhaltlich beschreiben zu müssen oder zu können. [507] In gleicher Weise existieren Übereinstimmungen zwischen diesem Roman und anderen Teilen des Kafkaschen Schaffens. So erinnern die Strukturmuster, die einzelnen Aphorismen zugrunde liegen, an Modelle, die Teile des *Proceß*-Geschehens bestimmen. Bildreden wie »Ein Vogel ging einen Käfig suchen« oder »Noch spielen die Jagdhunde im Hof, aber das Wild entgeht ihnen nicht, so sehr es jetzt schon durch die Wälder jagt«, [508] formulieren beispielsweise das Tätigwerden eines an sich unbeweglichen Apparates, die Umkehrung des landläufigen Verhältnisses von Flucht und Verfolgung und die Unvermeidlichkeit des bevorstehenden Endes, die auch für das Verfahren typisch sind, dem Josef K. ausgesetzt ist. [509]

Die gewichtigen interpretatorischen Folgerungen aus diesem seit langem bekannten, in seiner methodologischen Bedeutung jedoch bisher unzureichend gewürdigten Sachverhalt sind offenkundig: Aus dem angeführten Material ergibt sich nämlich als unausweichliche Folgerung, daß die Bedeutung zumindest einiger Kafka-Texte allein in der Anordnung der stofflichen Details, nicht aber in den Bedeutungen liegt, die diesen selbst innewohnen. Es ist deswegen verkehrt, ohne nähere Prüfung von Künstler-Erzählungen Kafkas zu sprechen, wie dies immer wieder geschieht; denn offensichtlich sind Figuren wie der Trapezkünstler genauso austauschbare Verkörperungen bestimmter Gesetzmäßigkeiten des Lebens wie die Welt des Prozesses.

Aus solchen Überlegungen leitet sich ein weiteres Argument gegen Deutungen der Legende her, die sich Schnitzeljagden verdanken: Denn selbst, wenn sich zeigen sollte, daß sich *Vor dem Gesetz* aus kabbalistischen Quellen speise, könnte dieses Prosastück nicht ohne weiteres als Erzählung gelesen werden, die diesem Gegenstandsbereich auch bedeutungsmäßig verpflichtet ist. Denn wer könnte angesichts der eben ausgebreiteten Zusammenhänge unbesehen behaupten wollen, Kafka habe hier ein religiöses Problem dargestellt?

Die vorliegenden Befunde lassen sich, jedenfalls beim gegenwärtigen Stand der Forschung, mit dekonstruktivistischen Auffassungen nicht vereinen: Die Vorstellung nämlich, Kafka habe die aus anderen Werken willkürlich und unorganisch entnommenen Textbausteine wegen der ihnen eigenen semantischen Faszination verwendet und damit im Leser Assoziationen erwecken wollen, die dessen kulturellen Erinnerungsschatz aktivieren, ist nicht nur äußerst unwahrscheinlich, weil das von ihm verwendete Sprachmaterial jahrzehntelang so wenig Eigenleben entwickelt hatte, daß man von einem geschichtslosen, hermetisch geschlossenen Erzählen Kafkas sprechen zu müssen glaubte, sie steht vielmehr auch im Widerspruch zu den erwähnten Werkstrukturen, in denen die verwendeten Bausteine, welcher Herkunft auch immer, ihrer semantischen Wirkkraft entkleidet und anderen Erzählabsichten dienstbar gemacht werden. Bevor man also *Vor dem Gesetz* als unbegrenzte Projektionsfläche für Leserassoziationen freigibt, sollte man erst den Versuch machen, das dieser Erzählung zugrunde liegende, jenseits des Stoffes angesiedelte Modell ans Tageslicht zu heben und auf mögliche Entsprechungen zu Werkteilen gleicher Bauart zu überprüfen.

2. ANTINOMIEN

Kafkas Legende beginnt mit den Worten: »Vor dem Gesetz steht ein Türhüter«. Dieses Sachverhalt wird im Fortgang der Handlung auf zweierlei Weise verdeutlicht. Einmal wird erkennbar, daß der Wächter nicht, wie man vielleicht denken könnte, neben dem Eingangstor Posten bezogen hat, sondern direkt davor. Zum andern erfährt der Leser, daß dieses Tor offensteht. Mit der Präsentation dieser Situation ist bereits der Gegensatz zwischen der zum Einlaß bestimmten Öffnung in der Wand des Gesetzes und der späteren Mitteilung des Türhüters angedeutet, welche die Benützung dieses Eingangs verbietet. Dieser Gegensatz wird zum Widerspruch, wenn einerseits im Fortgang der Erzählung berichtet wird, das Tor zum Gesetz stehe »wie immer« offen, andererseits aber an deren Ende vom Türhüter behauptet wird, er müsse das Tor jetzt schließen, dessen Bestimmung es gewesen sei, den Mann vom Lande aufzunehmen. Denn wenn diese beiden Aussagen miteinander verglichen werden, entstehen zwei sich ausschließende, wenngleich nicht vollkommen gleichrangige Klassifizierungen des Gesetzes: Die erste Formulierung hat die Autorität des Erzählers für sich, also einer dem dargestellten Geschehen übergeordneten Instanz, deren Aussagen nicht ohne besondere Gründe in Zweifel gezogen werden dürfen, die andere erscheint dagegen als in ihrem Wahrheitsgehalt nicht überprüfbare Behauptung einer Erzählfigur, die allerdings ihre Gewichtung dadurch erhält, daß sie als den Text rundende und abschließende Pointe zu verstehen ist, auf welche die ganze Darstellung zuläuft.

Zwar wird in dem Gespräch, das K. und der Geistliche über die Legende führen, unter anderem die Frage aufgeworfen, ob der Türhüter den von ihm bewachten Eingang wirklich werde schließen können, wobei Kommentatoren angeführt werden, die der diesbezüglichen Aussage des Türhüters mißtrauen. Aber die Argumente, die in diesem Zusammenhang angeführt werden, sind, wie sich zeigen wird, alles andere als überzeugend, so daß unentscheidbar bleibt, ob der Türhüter die Wahrheit sagt oder lügt.

Der unversöhnliche Gegensatz zwischen dem stets offenen, ab einem gewissen Zeitpunkt jedoch als geschlossen zu denkenden Tor darf nicht mit der Doppeldeutigkeit verwechselt werden, die dem Begriff offene und geschlossene Tür für sich allein oder im gegenseitigen Wechselspiel im allgemeinen Sprachgebrauch eigen ist. Die offene, das heißt passierbare Tür bedeutet nicht nur die tatsächlich geöffnete, sondern auch die geschlossene, wenngleich unverschlossene. Andererseits kann unter einer geschlossenen Tür sowohl eine versperrte, also gar nicht zu öffnende gemeint sein als auch eine lediglich ins Schloß einrastende, aber nicht verriegelte oder mithilfe eines Schlüssels verschlossene. Die offene, aber geschlossene Tür und die geschlossene, die geöffnet werden kann, sind nur scheinbar miteinander unvereinbar, denn in Wirklichkeit handelt es sich um ein und denselben Sachverhalt, der alltagssprachlich lediglich aus zwei unterschiedlichen Perspektiven betrachtet wird, die gegensätzliche Benennungen hervorbringen.

Ähnlich verhält es sich mit den Begriffen Türhüter, Türsteher, Pförtner, Portier und Beschließer, denen qua definitionem eine Doppelfunktion als Einlaßverweigerer und Einlaßgewährer zukommt, die aber in aller Regel nicht gleichzeitig, sondern in verschiedenen Situationen und damit also zu unterschiedlichen Zeitpunkten besteht. Immerhin erweist sich die von Kafka getroffene Auswahl der die Erzählung konstituierenden Objekte insofern als glücklich für die erstrebte Homogenität der Darstellung, als Doppeldeutigkeiten der genannten Art, die im Text als Vorformen und Verwandte formgerechter sprachlicher Oppositionen wirksam werden können, auf ihre Weise zu der semantischen Offenheit beitragen, die *Vor dem Gesetz* auf allen Ebenen der Gestaltung auszeichnet.

In sich gegensätzlich sind auch die Gedanken, die sich der Mann vom Lande vom Gesetz macht. Zunächst versteht er es als Einrichtung, die »jedem und immer zugänglich« sei. Entsprechend dieser Voraussetzung wird der ihm überraschend den Eintritt verwehrende Türhüter als unglücklicher »Zufall« verstanden, der den vorgestellten reibungslosen Verlauf der Ereignisse verhindert. Wenn der Mann aber am Ende der Erzählung davon ausgeht, daß alle nach dem Gesetz »streben«, dann wird damit dessen vorher behauptete Zugänglichkeit eingeschränkt, denn diese Vorstellung schließt Bemühungen ein, die Schwierigkeiten und Hindernisse voraussetzen.

Im Eingangssatz der Erzählung zeigt sich ein weiterer Gegensatz, wird hier doch einem räumlich vorgestellten Gebäudekomplex die abstrakte Bedeutung eines Gesetzes zugewiesen. Dieses Spannungsverhältnis wird im Verlauf der dargestellten Ereignisse wieder aufgegriffen und vertieft: Als der Mann vom Lande sich unmittelbar nach seiner Ankunft bemüht, durch das geöffnete Tor ins Innere des Gesetzes zu schauen, sieht er nichts, genauer: schweigt sich der Text darüber aus, was er bemerkt haben könnte. Nachdem er jedoch am Ende seines Lebens unbeweglich und fast blind geworden ist, bricht aus eben diesem Tor ein Glanz hervor, der wegen seiner Unverlöschlichkeit einer anderen Sachebene zugehörig scheint und gerade deswegen als legitime Ausprägung des Gesetzes verstanden wird. Mit anderen Worten: Das Gesetz definiert sich sowohl als materielle Raumfolge ohne Ausstrahlung als auch als unstoffliche Lichterscheinung, die diesem Bauwerk inkorporiert ist. Zwar erscheinen diese Bestimmungen zu unterschiedlichen Zeitpunkten, aber da erläuternde Hinweise fehlen, die es erlaubten, sie als einander ablösende Manifestationen ein und desselben Sachverhalts zu erkennen, bestehen sie für das deutende Verständnis des Lesers de facto gleichzeitig.

Zwischen den beiden aufeinander verweisenden Stellen, die den Mann vom Lande als Beobachter des Eingangstores zeigen, besteht aber noch eine andere Opposition, die wie folgt formuliert werden kann: Solange man sich um das Gesetz müht, scheint es sich zu verbergen; demjenigen aber, der unfähig geworden ist, es zu erreichen, offenbart es sich. Fast könnte man meinen, Kafka habe mithilfe dieser Entgegensetzung eine Erkenntnis beschreiben wollen, die er Jahre später in einem Aphorismus auf diese Weise zum Ausdruck bringt: »Wer sucht, findet nicht, aber wer nicht sucht, wird gefunden.« [510]

Aber nicht allein die das Geschehen eröffnende Situation ist durch solche Sinnkontraste gekennzeichnet, sondern auch das Verhalten des Türhüters. Seine Aussagen sind in sich widersprüchlich und mit seinem Handeln unvereinbar, auch wenn dies dem Mann vom Lande verborgen bleibt und selbst für den Leser, der die Erzählung als Ganzes überblicken kann, erst dann zu erkennen ist, wenn er sämtliche ihm zur Beurteilung des Geschehens vorliegenden Informationen auf ihren Wahrheitsgehalt hin überprüft hat. Diese Widersprüche zeigen sich zunächst in der kleinen, vielfach mißverstandenen Passage, die damit eröffnet wird, daß der Türhüter zur Seite tritt und dadurch dem Mann vom Lande einen Blick ins Innere verstattet. Ob dies zufällig geschieht, weil der Türhüter vor dem Eingang auf und ab gehen muß, [511] läßt sich nicht entscheiden, wohl aber läßt sich am Manuskript ablesen, daß Kafka daran gelegen war, die dem Verhalten des Türhüters eigene Widersprüchlichkeit besonders hervorzuheben. Nachdem sich der Mann vom Lande gebückt und ins Innere des Gesetzes geblickt hat, um zu erkunden, was ihn dort erwarte, sollte er in folgender Weise darauf hingewiesen werden, daß er damit etwas Unerlaubtes getan habe:

> Als der Türhüter das merkt, drängt er ihn mit seinem Stab fort und sagt: Du darfst auch nicht hineinschauen. [512]

Diese Version, die übrigens deutlich gegen jene Deutungen spricht, die von einer Ernsthaftigkeit des bereits bestehenden Eintrittsverbots nichts wissen wollen, hätte einerseits dessen weitere Radikalisierung bedeutet, andererseits jedoch die Stellung des Türhüters in einer Weise geschwächt, die mit der Konzeption der Erzählung nicht zu vereinbaren war. Der Türhüter hätte nämlich ein Verbot aussprechen müssen, das vom Mann vom Lande bereits übertreten worden war. Dadurch hätte der Eindruck entstehen können, als fehle dem Türhüter die Macht, seine Anordnungen durchzusetzen, als sei es für den Mann vom Lande ein leichtes, auch dessen frühere Verordnungen zu mißachten. Damit offenbar nicht zufrieden, hat Kafka diese Formulierung getilgt und durch die folgende Aussage ersetzt:

SINN

Als der Türhüter das merkt, lacht er und sagt: »Wenn es dich so lockt, versuche es doch, trotz meines Verbotes hineinzugehn.«

Die korrigierte Fassung beläßt die Autorität des Türhüters, verzichtet jedoch auf das zunächst eingeführte Zusatzverbot. Hingegen werden dessen anfängliche Mitteilungen durch Wiederholung bestätigt, gleichzeitig aber dadurch erweitert, daß zusätzlich ihr Gegenteil in Geltung gesetzt wird: Es gelten zugleich das Verbot und die Aufforderung, in das Gesetz einzutreten. Der in dieser Doppelbotschaft liegende Widerspruch wird freilich durch die von Kafka gewählte Sprachform verschleiert. Die eine der beiden miteinander konkurrierenden Teilaussagen wird nämlich syntaktisch als Einräumung behandelt, so daß man meinen könnte, sie sei mit der ihr entgegengesetzten Hauptaussage vereinbar, während sie tatsächlich auf der semantischen Ebene zu ihr in einem derartigen Widerspruch steht, daß das Satzgefüge seines Sinnes beraubt wird. Man könnte auch sagen, Verbot und Gebot seien gleichermaßen aufgehoben. [513] Dieser Sachverhalt ist deswegen bedeutungsvoll, weil der in Frage stehende Textteil als Gelenkstelle der Handlung anzusehen ist. Nur an dieser Stelle wird der Mann vom Lande zum Handeln genötigt. Die übrigen Äußerungen des Türhüters sind Anweisungen, etwas zu unterlassen, belanglose Fragen oder einfache Feststellungen, keineswegs aber Aufforderungen, die infolge der ihnen eigenen Autorität zwar den Charakter von Befehlen annehmen müssen, aber wegen ihrer inneren Widersprüchlichkeit nicht befolgt werden können. [514]
Die nicht dem Wortlaut, wohl aber der Sache nach bestehende Antinomie geht Sinnverbindungen mit dem sie umgebenden Kontext ein, die weitere Irritationen bewirken. Die Aufforderung des Türhüters, der Mann vom Lande möge trotz des bestehenden Verbots in das Gesetz eintreten, wird nämlich von einem Lachen begleitet, das später, in der Exegese, zu einer seltsamen Deutung Anlaß gibt. Im Verlauf seines Gesprächs mit K. führt der Geistliche einen Kommentar an, in dem behauptet wird, der Türhüter habe sich an dieser Stelle einen »Spaß« mit dem Mann vom Lande erlaubt, eine Auffassung, die, falls sie vom Leser für zutreffend gehalten wird, natürlich ebenfalls geeignet ist, die in der Aussage des Türhüters liegende Widersprüchlichkeit zu verdecken: Denn was nicht ernst genommen wird, muß auch nicht auf seine Folgerichtigkeit hin überprüft werden. Daß das Lachen eine andere Bedeu-

170

tung haben muß, zeigt der unmittelbare Fortgang der Handlung: Der Türhüter droht dem Mann für den Fall, daß er tatsächlich seiner Direktive folge und das Tor durchschreite, mit seiner und der Macht seiner Kollegen. Wenn er dies für notwendig und damit für denkbar hält, daß der Mann das Tor tatsächlich passiert, kann es sich, wie auch eine gestrichene Stelle der Exegese nahelegt, nicht um einen Scherz gehandelt haben. Das Lachen ist deswegen als abschätzige, böse Ausdrucksbewegung zu verstehen, die den Mann in seinen Bemühungen entmutigen und verunsichern und dadurch davon abhalten will, der zugleich ausgesprochenen Aufforderung des Türhüters zu entsprechen. [515]

Wie man sieht, ist ein neuer Gegensatz entstanden, und zwar zwischen der verbalen und nichtverbalen Ebene der Mitteilung. Er darf nicht mit dem Inhaltsaspekt und dem Beziehungsaspekt der Verständigung in eins gesetzt werden, denn beide Kanäle scheinen eher gleichrangig zu sein. Unter linguistischer Optik ließe sich deswegen sagen, der bestehende Widerspruch liege auf der Ebene der Modalität. Ein bestimmter Aussagegehalt, das Eintreten in das Gesetz, wird mithilfe eines illokutiven Indikators, des Imperativs, als Aufforderung kenntlich gemacht, das heißt, der Türhüter hat dem Mann vom Lande zu verstehen gegeben, daß eine Information übermittelt wurde, die eine zukünftige Handlung trotz eines entgegenstehenden Verbots hervorrufen soll. Die auf diese Weise ausgerichtete Aussage erhält nun durch das ihr beigegebene Lachen eine weitere Qualifizierung, welche die vorausgesetzte Handlungskompetenz wieder in Frage stellt oder für unausführbar erklärt. [516]

Das weitere Verhalten des Türhüters ist ebenfalls durch Widersprüche ausgezeichnet, auch wenn diese nicht den Charakter formgerechter Antinomien aufweisen. Der Türhüter führt Befragungen in der Art eines Polizisten oder Richters durch, stellt dabei aber nur »teilnahmslose Fragen«. Diese Einvernahmen sind also Scheingefechte; man könnte behaupten, er verhöre, ohne zu verhören. Ein ähnliches Ergebnis zeigt sich hinsichtlich seiner Integrität als Beamter. Er will, seinen eigenen Worten zufolge, die Gaben des Mannes vom Lande nur angenommen haben, damit dieser nicht der Meinung sei, etwas zu versäumen, was der Verfolgung seiner Ziele dienlich sein könne. Er leugnet, bestechlich zu sein, während sein Handeln einen Grad von Korruptheit zeigt, welcher die Bezeichnung Bestechlichkeit gar nicht verdient, läßt er sich doch für eine

Leistung bezahlen, der er nicht zu erbringen beabsichtigt. In gewisser Beleuchtung scheint er also bestechlich zu sein, in anderer auch wiederum nicht, ohne daß er doch deswegen als unbescholten gelten könnte.

Die Wirkung dieser Gegensätze, Widersprüche und Antinomien besteht zunächst darin, daß der Mann vom Lande selbst eine in ähnlicher Weise strukturierte Vorstellung hervorbringt: Als ihm der Eintritt verboten wird, erinnert er sich daran, daß das Gesetz »jedem« offen stehe. Dabei scheint bemerkenswert, daß Kafka an dieser Stelle nicht – entsprechend der verbreiteten Redewendung, vor dem Gesetz seien »alle« gleich – das Indefinit-, sondern das Distributivpronomen verwendet, welches ein bestehendes Kollektiv in Individuen auflöst. Auf diese Weise entsteht ein inhaltlicher Gegensatz zwischen jedem einzelnen, dem das Gesetz zugänglich ist, und einem einzigen, dem der Zugang zu dieser Einrichtung versperrt ist.

Die Widersprüche können ihre Wirkung auf den Mann vom Lande allerdings nur unter der Voraussetzung entfalten, daß dieser Stellung und Macht des Türhüters nicht anzweifelt, denn diese allein sind es, die den Weiterbestand der widersprüchlichen Botschaften garantieren. Tatsächlich lehnt sich der Mann vom Lande nie gegen den Türhüter auf. Er handelt vielmehr gemäß den Vorgaben, die ihm zuteil werden, nimmt also dessen Botschaften hin, ohne sie zu hinterfragen, und beschließt infolgedessen, eingeschüchtert, »doch lieber zu warten, bis er die Erlaubnis zum Eintritt bekommt«.

Die zuletzt zitierte Passage scheint aus Gründen der Zeichensetzung gelegentlich zu Unklarheiten Anlaß gegeben zu haben. In der Handschrift, der auch der Erstdruck in der *Selbstwehr* folgt, heißt es unter Mißachtung der orthographischen Regel, derzufolge erweiterte Infinitive durch einen Beistrich vom übergeordneten Verb abgetrennt werden müssen: »entschließt er sich doch lieber zu warten«. In der Fassung des *Proceß*-Romans, die innerhalb der *Gesammelten Werke* erschienen ist, liest man dagegen: »entschließt er sich doch, lieber zu warten«. [517] Das Satzzeichen, das vermutlich von Max Brod eingefügt wurde, verleiht der Aussage einen spezifischen Sinn. Sie bringt zum Ausdruck, als habe der Mann vom Lande aufgrund der ihm erteilten Auskünfte zunächst geschwankt, was zu tun sei, anschließend den Entschluß gefaßt, gegen das erlassene Verbot in das Gesetz einzutreten, sich dann

aber schließlich angesichts der bedrohlichen Erscheinung des Türhüters anders besonnen und sich »doch« dazu entschlossen zu
warten.

Auf diese Weise kann der Eindruck entstehen, als sei das Gespräch mit dem Türhüter für die endgültige Entscheidung des
Mannes vom Lande unerheblich und allein dessen furchteinflö-
ßendes Aussehen von Belang gewesen. Eben dies aber wollte Kafka
keineswegs zum Ausdruck bringen, denn als er den Text für den
Druck im *Landarzt*-Band revidierte, bemerkte er offensichtlich das
fehlende Komma, das er so einsetzte, daß der Satz lautete:»entschloß er sich, doch lieber zu warten«. Dadurch wird der Eindruck
vermieden, als habe sich der Mann vom Lande aufgrund der ihm
übermittelten widersprüchlichen Botschaften überhaupt schon zu
einem Entschluß durchgerungen gehabt und diesen dann wieder
verworfen; stattdessen wird jetzt betont, er habe sich aufgrund des
ihm bedrohlich erscheinenden Aussehens des Türhüters entschieden, »doch lieber« zu warten. Diese Formulierung setzt also keine
frühere Wahl anderer Art voraus, sondern will den eben getroffenen Beschluß des Mannes vom Lande vor dessen eigenem Bewußtsein bekräftigen.

Wer den von Brod redigierten Text zugrunde legt, könnte demnach fälschlicherweise zu der Überzeugung kommen, als habe der
Mann vom Land aufgrund der Mitteilungen des Türhüters den
Entschluß gefaßt zu warten. Genauso verkehrt wäre es aber, wenn
man aus der authentischen Lesart den Schluß zöge, die vom Türhüter ausgesprochenen Verbote seien für das weitere Verhalten des
Mannes vom Lande bedeutungslos gewesen. Denn die Tatsache,
daß der Mann vom Lande aufgrund der ihm zugegangenen Doppelbotschaft überraschenderweise zunächst nichts unternimmt, bedeutet nicht, daß diese ohne Folgen geblieben wäre, sondern umgekehrt, daß er auf die ihnen innewohnende Widersprüchlichkeit
nicht angemessen zu reagieren vermochte. Auf diese Weise entstehen dem Mann vom Lande die im Text erwähnten »Schwierigkeiten«, denen er zunächst keine Zukunftsperspektiven oder gar Entschlüsse, sondern lediglich seine bisherige Sicht der Dinge entge-
gensetzen kann.

Daß sich die Geschehnisse in der dargestellten Weise entwickeln,
liegt aber nicht allein am Türhüter und seinen Mitteilungen, sondern auch an der Persönlichkeit des Mannes vom Lande, der von
Anfang an den Worten und Handlungen seines Kontrahenten auch

in den Situationen nicht sachgemäß begegnet, in denen dies möglich wäre. Nachdem der Türhüter sein erstes Verbot ausgesprochen hat, »überlegt« der Mann das Gehörte und fragt dann, »ob er also später werde eintreten dürfen«. Als diese Möglichkeit bejaht wird, gibt er jedoch keinen weitergehenden Gedanken Raum, sondern läßt sich durch die augenblicklich bestehende Situation dazu verführen, einen Blick ins Innere des Gesetzes zu werfen. Die sich daraus ergebenden Mitteilungen des Türhüters blockieren zunächst die notwendig werdenden Entscheidungen des Mannes, die dann schließlich aufgrund einer Äußerlichkeit, dem abweisenden Aussehen seines Kontrahenten, getroffen werden.

Erst bei genauer Betrachtung ist zu erkennen, daß der Mann unter dem Eindruck der für ihn überraschenden Verhältnisse vor dem Gesetz die Frage unterlassen hat, die unter den obwaltenden Bedingungen unbedingt zu stellen war: Nachdem er erfahren hat, daß die Möglichkeit bestehe, eingelassen zu werden, hätte er sich nicht durch das ihm jetzt sichtbar werdende offene Tor ablenken lassen dürfen, sondern weiterdenken und herausfinden müssen, unter welchen Voraussetzungen sein Eintritt überhaupt gestattet würde. Gerade die akzidentiellen Einschränkungen, denen die ausgesprochenen Verbote ihrem Wortlaut zufolge unterworfen sind, fordern zu einem solchen Vorgehen heraus. Sie sollen die Aufmerksamkeit des Lesers darauf lenken, daß sich der Mann vom Lande nicht situationsgerecht verhält. Ob der Türhüter auf eine entsprechende Initiative hin allerdings genötigt gewesen wäre, die wahre Bestimmung des Tores zu offenbaren, soll damit nicht behauptet werden, aber die Auskünfte, Ausflüchte, eventuell auch die Verweigerung weiterer Mitteilungen hätten Entscheidungsprozesse in Gang gesetzt, die das zukünftige Handeln des Mannes gegenüber dem Gesetz hätten leiten können.

Nicht daß der Mann vom Lande das Verbot des Türhüters hätte übertreten sollen, ist demnach der springende Punkt, sondern daß er nicht die Bedingungen zu erkunden suchte, die den ausgesprochenen Verboten zugrunde lagen. Diese Unterlassung liegt auf einer anderen Ebene als die Kritik, die gegen sein Verhalten von literaturwissenschaftlicher Seite erhoben zu werden pflegt: Welchen Nutzen könnte der Mann vom Lande davon haben, ein Verbot zu übertreten, dem nicht nur durch angedrohte Sanktionen Nachdruck verliehen wird, sondern das überdies so angelegt ist, daß der Verstoß sofort bemerkt und bestraft werden kann? Welcher ver-

2. ANTINOMIEN

nünftige Mensch würde sich freiwillig einer solchen Lage aussetzen, es sei denn, er wüßte, er habe Erfolg, käme also unbeschädigt davon? Aber eben dies kann der Mann vom Lande so wenig wissen wie seine Beurteiler. Demgegenüber ist die eingeforderte Befragung des Türhüters mit einem vergleichsweise geringen Risiko behaftet und brächte wie auch immer geartete Ergebnisse hervor, die für die Bewertung des vorliegenden Sachverhalts in jedem Fall dienlich wären. *vgl. Proceß, 7. Kap. „Fragen war die Hauptsache."*

In diesem Zusammenhang ist eine Szene der Erzählung zu würdigen, die merkwürdigerweise bisher kaum die ihr gebührende Aufmerksamkeit erweckt hat. Als der Mann vom Lande am Ende seines Lebens erkennt, daß er der einzige ist, der am Tor des Gesetzes Einlaß begehrt hat, und den Türhüter heranwinkt, um von ihm über diesen Punkt aufgeklärt zu werden, hält ihn dieser für »unersättlich« und fragt zurück: »Was willst du denn jetzt noch wissen?« Es ist offensichtlich, daß dieses Urteil nicht den Tatsachen entspricht. Denn der Mann vom Lande hatte immer nur darum gebeten, eingelassen zu werden, später sogar geschwiegen, während ihm jetzt entgegengehalten wird, er habe sich während seiner Wartezeit vor dem Gesetz durch zahlreiche Fragen unterschiedlichsten Inhalts hervorgetan. Der Türhüter unterstellt dem Mann vom Lande also eine gar nicht zu befriedigende Wißbegierde, während dieser in Wirklichkeit weder dazu imstande ist, die sich aus den Verboten des Türhüters ergebenden Schlußfolgerungen zu ziehen, noch dessen zweideutiges Verhalten zu erkennen vermag. So läßt beispielsweise die Behauptung des Türhüters, er nehme die ihm übergebenen Geschenke nur an, damit der Mann vom Lande nicht glaube, etwas versäumt zu haben, die entscheidende Frage offen, ob es seiner Sache tatsächlich schaden würde, wenn er seine Bestechungsversuche einstellte, oder ob der Türhüter dies bloß vorgibt, um sich weiter bereichern zu können: Warum also verschleudert der Mann vom Lande seine ganze Habe, ohne zuvor den Versuch *Was soll d. Türhüter mit d. Plunder?* unternommen zu haben, die bewußt doppelsinnig gehaltene Erklärung des Türhüters zu hinterfragen und in dieser wichtigen Angelegenheit Klarheit zu erlangen?

Wenn man also überhaupt am Handeln des Mannes vom Lande etwas aussetzen wollte, hätte man hier anzusetzen: Es war mit Sicherheit ein Versäumnis, sich mit den Auskünften des Türhüters begnügt zu haben. Ob daraus allerdings ein Vorwurf oder gar eine Schuld abgeleitet werden kann, ist damit noch nicht ausgemacht.

Eine solche Bewertung wäre nur unter der Voraussetzung erlaubt, daß es die intellektuellen Möglichkeiten des Mannes zugelassen hätten, die vorliegenden Probleme überhaupt zu erkennen, und daß, falls dies der Fall gewesen sein sollte, sein Urteilsvermögen unter den gegebenen Bedingungen nicht beeinträchtigt war – wer aber könnte dies angesichts der Spärlichkeit der von der Erzählung bereitgestellten Informationen behaupten wollen? Aber selbst wenn man sich zu der Annahme entschließen wollte: Darf man allein deswegen von einem selbstverschuldeten Unglück sprechen, weil der Mann einer Krisensituation nicht gerecht wird, die doch vom Türhüter mindestens in gleicher Weise mitverschuldet wird, indem er dem Einlaßsuchenden die Bestimmung des Tores verschweigt?

Jedenfalls besteht eine bemerkenswerte Diskrepanz zwischen dem beobachtbaren Verhalten des Mannes und dessen Beurteilung durch den Türhüter. Sie muß beabsichtigt sein, es fragt sich nur, was damit bezweckt werden sollte. Eine naheliegende Vermutung wäre, daß dem Leser auf diese Weise die Unzuverlässigkeit des Türhüters vor Augen geführt werden solle. Unter dieser Voraussetzung wäre aber schwer verständlich, daß Kafka sich in der Exegese diesen Sachverhalt nicht zunutze macht, sondern statt dessen den Kaplan sagen läßt, die Worte »Du bist unersättlich« deuteten auf eine »schwache Ungeduld« des Türhüters hin oder drückten eine Art freundschaftliche Bewunderung aus, die freilich von Herablassung nicht frei sei. [518]

Das Verblüffende an dieser Auslegung ist nicht nur, daß sie die Berechtigung der Aussagen des Türhüters nicht in Frage stellt, obwohl dessen Glaubwürdigkeit im Lauf des Gesprächs mehrfach in Zweifel gezogen wird, sie überrascht vielmehr auch deswegen, weil sie eine korrekte Beschreibung der Haltung darstellt, die der Türhüter gegenüber dem Mann vom Lande am Ende der Erzählung an den Tag legt; es wird sich nämlich zeigen, daß alle anderen Ausdeutungen einzelner Erzählumstände, mit denen K. bekannt gemacht wird, in ihrer Fehlerhaftigkeit erkannt werden können. Wenn Kafka ausnahmsweise einmal anders verfährt, so mag das bedeuten, daß er den Leser auf eine bestimmte Sehweise einzuschwören gedenkt, indem er diesen an der Leine einer überzeugenden Argumentation entlangführt. Offenbar will er mithilfe der Aussagen des Türhüters sowie der Deutung, die er diesen zuteil werden läßt, verhindern, daß sich die entscheidende Schwäche im

Verhalten des Mannes vom Lande allzuschnell offenbart, eine Strategie, die, wie die Rezeptionsgeschichte der Erzählung zeigt, von durchschlagendem, bis heute anhaltendem Erfolg gekrönt war.

Zu den Gegebenheiten der Erzählung, welche deren Deutung bestimmt haben, gehört der Wortlaut der vom Türhüter ausgesprochenen Verbote. Als der Mann zum erstenmal darum bittet, in das Gesetz eintreten zu dürfen, antwortet ihm der Türhüter, daß er ihm »jetzt den Eintritt nicht gewähren könne«. Da der Mann vom Lande, den allgemeinen Regeln entsprechend, die bei der zwischenmenschlichen Verständigung wirksam sind, unterstellt, der Türhüter beachte das sogenannte Kooperationsprinzip, habe also unter der Voraussetzung gesprochen, er wolle von seinem Gesprächspartner vollständig und richtig verstanden werden, [519] schließt er und der Leser aus dessen Formulierungen, das Verbot solle seine Wirksamkeit lediglich für eine bestimmte Zeitspanne entfalten. Diese Geltungseinschränkung auf der Zeitachse kann aber – immer unter der Voraussetzung, daß der Türhüter die Wahrheit sagt – nur bedeuten, daß das Verbot aufgrund der augenblicklich am Tor herrschenden Verhältnisse erlassen wurde und unter veränderten Bedingungen – neue Befehle aus dem Inneren des Gesetzes, ein Sinneswandel des Türhüters oder eine gewandelte Einstellung des Mannes vom Land – aufgehoben werden kann. Der Mann vom Lande handelt demnach folgerichtig, wenn er dem sich ihm in den Weg stellenden Türhüter die Zusatzfrage stellt, »ob er also später werde eintreten dürfen«. Die ihm zuteil werdende Antwort, in der diese Möglichkeit bejaht wird, bestätigt seine Schlußfolgerungen genauso wie spätere Aussagen des Türhüters, in denen dieser »immer wieder« ausführt, er könne die erbetene Erlaubnis »noch nicht« erteilen.

Der Mann vom Lande und – solange er die Erzählung nicht zuende gelesen hat – auch der Leser müssen also glauben, es bestehe eine prinzipielle Einlaßbereitschaft des Gesetzes, die wirksam werden könne, sobald die dafür vorausgesetzten Rahmenbedingungen erfüllt seien.

Karlheinz Fingerhut vertritt in diesem Zusammenhang die Auffassung, die auf diese Weise rekonstruierte Position des Gesetzes korrespondiere in einer vom Leser erwarteten Weise mit der abschließenden Mitteilung des Türhüters, welche die situativ wirksamen Zulassungsbeschränkungen auf einer grundsätzlichen Ebene der Betrachtung durch die Gewährung eines freien Zugangs zum

Gesetz im Sinne einer sinnvollen semantischen Opposition er-
gänze. Indem er also die Verbote des Türhüters durch andere Gesichtspunkte definiert sieht als dessen Erklärung, das Tor zum Gesetz sei für den Mann vom Lande bestimmt gewesen, löst er die
Widersprüche auf, die entstehen müßten, wenn diese zu unterschiedlichen Zeitpunkten geäußerten Botschaften des Türhüters
miteinander unter der Voraussetzung verglichen werden, sie bezö-
gen sich auf gleiche Situationen und Sachverhalte. [520]

Diese Hypothese hat zunächst das Vorurteil gegen sich, eine
ungewöhnliche, sich dem Verständnis sperrende Antinomie in eine
jedermann plausible Gedankenabfolge verwandelt zu haben. Denn
wie in der Textkritik der Grundsatz, stets der schwierigeren Lesart
zu folgen, davor bewahren soll, daß bestehende Sachprobleme mithilfe von Textveränderungen aus der Welt geschafft werden, sollte
man sich bei Werkanalysen vor Strategien hüten, die dem Denken
lästige Antinomien in Aussagen überführen, die den Gesetzen der
Logik entsprechen und deswegen kein Kopfzerbrechen verursa-
chen.

Vor allem aber enthält Fingerhuts Deutung des Geschehens Voraussetzungen, die am Text nicht verifizierbar sind, und das allein
genügt schon, um sie zu Fall zu bringen. Zum einen muß er davon
ausgehen, der Wortlaut der erlassenen Verbote befinde sich in
Übereinstimmung mit den Gedanken des Türhüters. Daß sich die
Sache in dieser Weise verhalte, die Äußerungen des Türhüters also
keine Lügengebilde darstellen, obwohl ihr Wahrheitsgehalt im
Verlauf der Exegese mehrfach in Zweifel gezogen wird, ist zwar
denkbar; denkbar ist jedoch auch das Gegenteil, denn die Erzählung verwehrt dem Leser jede Einsicht in die Gesichtspunkte, die
den Türhüter bei seinen Entscheidungen geleitet haben könnten.

Fingerhut muß aber nicht nur voraussetzen, daß der Türhüter
die Wahrheit sage, sondern auch annehmen, daß er die ihm vom
Gesetz erteilten Aufträge buchstabengetreu ausführe: Wäre seine
Abweisung willkürlich, entfiele die Sinnkorrespondenz mit der
Schlußaussage. Da aber weder über die Art seiner Stellung noch
über seine Vorgesetzten etwas bekannt ist, kann die Legitimität
seiner Verbote nicht überprüft werden. In der Exegese allerdings
wird dieses Problem behandelt. Einerseits entwickelt der Geistliche Hypothesen darüber, auf welche Weise der Türhüter in Dienst
genommen worden sein könnte; andererseits vertritt er die Auffassung, der Türhüter sei über seine Pflicht hinausgegangen, wenn er

dem Mann eine zukünftige Möglichkeit des Einlasses in Aussicht stellte. Zu jener Zeit scheint es nur seine Pflicht gewesen zu sein, den Mann abzuweisen. Und tatsächlich wundern sich viele Erklärer der Schrift darüber, daß der Türhüter jene Andeutung überhaupt gemacht hat.[521]

Aber diese Ausführungen bewirken keine wirkliche Klärung des Sachverhalts, denn sie zählen entweder nur auf, auf welche Weise die Anstellung des Türhüters erfolgt sein könnte, oder sie handeln davon, in welcher Weise er seine Pflicht erfüllt, so daß die Art des ihm auferlegten Auftrags von der Betrachtung ausgespart bleibt. Denn wenn in den Erläuterungen des Geistlichen ohne weitere Begründung davon die Rede ist, der Türhüter scheine zunächst lediglich die Pflicht gehabt zu haben, ein Verbot auszusprechen, dann wird diese Auffassung nicht allein als bloße Vermutung behandelt, der mit gleichem Recht das Gegenteil entgegengesetzt werden darf, sondern der Leser wird auch gleichsam auf diese vorgegebene Alternative fixiert und vergißt, sich zu fragen, ob die Pflicht des Türhüters bei der Ankunft des Mannes tatsächlich allein darin bestanden habe, ein wie auch immer geartetes Verbot auszusprechen, oder ob es nicht zu seiner Aufgabe gehört hätte, den Ankömmling zugleich über die wahre Bestimmung des Eingangs zu unterrichten.

Sollte es der Auftrag des Türhüters gewesen sein, den Einlaß in das Gesetz ohne Wenn und Aber zu verbieten – wobei offen bliebe, ob er selbst für den Fall, daß er auf eine zukünftige Einlaßmöglichkeit angesprochen würde, in verneinendem Sinn zu antworten gehabt hätte –, dann wäre schon seine erste Formulierung, er dürfe »jetzt« nicht einlassen, ein Pflichtversäumnis gewesen, denn sie läßt den Mann und damit den Leser ergänzen, daß zu einem späteren Zeitpunkt anders entschieden werden könne. In Verbindung mit gewissen Charakterzügen des Türhüters erweist sich nun diese Eigenmächtigkeit nach den Worten des Kaplans als »sehr günstig« für den vor dem Gesetz harrenden Mann, weil dadurch die Bewachung des Eingangs geschwächt wird.[522] Wer dieser von der Exegese vorgezeichneten Auslegungslinie folgt, muß zu der Auffassung gelangen, daß sich dem Ankömmling aufgrund einer vom Türhüter begangenen Pflichtverletzung die eigentlich nicht vorgesehene Chance eröffnet habe, das Tor passieren zu dürfen. Wer dies zugesteht, muß allerdings auch die Konsequenzen sehen, die sich in Gestalt zweier einander entgegengesetzter und zugleich in sich widersprüchlicher Aussagen zeigen.

Nimmt man an, der Türhüter habe dem Mann vom Lande bei seiner Ankunft vor dem Tor die Wahrheit sagen sollen, dann hat es, jedenfalls nach dem ursprünglichen Willen des Gesetzes, eine solche Einlaßmöglichkeit nicht gegeben. Dann aber muß die abschließende Erklärung des Türhüters eine Lüge sein, scheint sie doch vorauszusetzen, daß der Mann in das Gesetz habe eingehen können. Man kann aber mit dem gleichen Recht umgekehrt argumentieren: Wenn man behauptet, der Türhüter müsse dem Mann vom Lande in seiner Sterbestunde die Wahrheit gesagt haben, dann war sein Auftrag zugleich, ihm bei seinem Eintreffen vor dem Gesetz die Wahrheit zu verschweigen und ihm ein gar nicht bestehendes Verbot vorzugaukeln. Wie man sieht, bleibt die Frage nach der Art seines Auftrags in der Schwebe, aber gerade dadurch ergibt sich ein weiteres Argument gegen die von Karlheinz Fingerhut geäußerte Auffassung. Denn wenn auch nur die Möglichkeit besteht, der Türhüter habe das von ihm erlassene Verbot hinsichtlich seines Geltungsbereichs verändert, kann nicht mehr behauptet werden, es sei unter der Voraussetzung formuliert worden, dem Mann vom Lande sei auf einer grundsätzlichen Ebene der Betrachtung der Zugang zum Gesetz gestattet.

Vergleichbare Verständnisschwierigkeiten entstehen, wenn die Legende in Übereinstimmung mit den Aussagen des Geistlichen als Belegstück für eine vom Gesetz und seinen Repräsentanten ausgehende Täuschung betrachtet wird. Diese kann besagen wollen, daß der Türhüter dem Mann vom Lande die wahre Bestimmung des von ihm bewachten Tores erst im Angesicht des Todes enthüllen sollte; sie kann jedoch genauso gut oder zugleich darin bestehen, daß er dem Ankömmling durch den Wortlaut der ausgesprochenen Verbote eine tatsächlich gar nicht vorhandene Einlaßmöglichkeit suggeriert oder vorgaukelt und ihn dadurch veranlaßt, sein Leben vor dem Gesetz ohne Aussicht auf Erfolg zu verwarten. Wenn jedoch nicht auszuschließen ist, daß der Türhüter den Mann vom Lande auf die eben beschriebene Weise in die Irre geführt hat, dürfen die von ihm gebrauchten Formulierungen nicht mehr als glaubwürdiges Indiz dafür angesehen werden, die mit ihrer Hilfe ausgesprochenen Verbote beruhten allein auf konkreten, am Tor des Gesetzes herrschenden Gegebenheiten und könnten deswegen bei entsprechenden Veränderungen aufgehoben werden.

Die von Fingerhut vertretene Auffassung legt überdies die Vorstellung nahe, der Türhüter müsse die in seinem Einflußbereich liegenden Verhältnisse laufend überprüfen, um feststellen zu können, ob sich zwischenzeitlich die Situation in der Weise verändert habe, daß die Erlaubnis zum Eintritt in das Gesetz zu gewähren war. Nun schweigt sich aber die Legende in diesem Punkt bezeichnenderweise nicht nur aus, sondern sie weist sogar an einer Stelle darauf hin, daß sich der Türhüter, jedenfalls was den Teil seiner Nachforschungen betrifft, die sich auf den Mann vom Lande zu beziehen hätten, in einer Weise verhält, die mit einer derartigen Annahme nicht zu vereinbaren ist. Denn wenn erzählt wird, er ermüde infolge der ihm unablässig vorgetragenen Bitten und verhöre den Mann vom Lande, indem er ihm belanglose Fragen stelle, dann kann das nur heißen, daß er an einer ernsthaften Überprüfung seines Gesprächspartners nicht interessiert ist. Der Leser wird daraus den Schluß ziehen können, die dauernd wiederholten Verbote des Türhüters seien unabhängig von den Verhältnissen zustande gekommen, denen der Einlaßsuchende unterlag. Aber auch die entgegengesetzte Annahme ist möglich, denn es ist selbstverständlich nicht auszuschließen, daß die veränderlichen Parameter gar nicht das Verhalten des Mannes, sondern ausschließlich Vorgänge betreffen, die jenseits seiner Verantwortlichkeit liegen.

Eine Würdigung der den Text schließenden Erklärung des Türhüters führt ebenfalls zu Deutungsalternativen, die einander zu widersprechen scheinen. Von Interesse sind in diesem Zusammenhang zunächst die Rahmenbedingungen, unter denen der Türhüter die wahre Bestimmung des Eingangs enthüllt. So läßt sich nicht genau ermitteln, in welcher Weise die Mitteilung des Türhüters von der augenblicklichen Lage des Mannes vom Lande abhängig ist. Der Türhüter »erkennt«, so liest man,

> daß der Mann schon an seinem Ende ist, und, um sein vergehendes Gehör noch zu erreichen, brüllt er ihn an: »Hier konnte niemand sonst Einlaß erhalten, denn dieser Eingang war nur für dich bestimmt, ich gehe jetzt und schließe ihn.

Zunächst sei darauf hingewiesen, daß Kafka an einer Stelle des angeführten Textes durch eine nachträgliche Änderung dafür gesorgt hat, daß nurmehr eine einzige Verständnismöglichkeit bestand, während er bekanntlich sonst im Wortlaut der Erzählung eine solche Eindeutigkeit gerade zu vermeiden suchte. In der handschriftlichen Version nämlich erkennt der Türhüter, daß der

Mann »am Ende« ist, und diese Bezeichnung läßt nicht nur die Deutung zu, daß der Tod unmittelbar bevorstehe, sondern könnte auch besagen, der Mann sei nur mit seinen Kräften oder psychisch am Ende. Indem Kafka für den Erstdruck der Legende die Formulierung »an seinem Ende« wählte, schloß er die Möglichkeit aus, der Mann vom Lande könne nach der ihm erteilten Aufklärung, wieder erholt, etwa noch davon Gebrauch machen und das Tor des Gesetzes durchschreiten wollen.

Im übrigen ist die angeführte Passage jedoch bewußt zweideutig gehalten. Es ist nämlich nicht zu entscheiden, ob der schlechte Gesundheitszustand des Mannes nur dafür verantwortlich ist, daß die Antwort des Türhüters herausgebrüllt, oder ob er der Grund dafür ist, daß sie überhaupt erteilt wurde. Es ist also nicht auszuschließen, daß die Frage des Mannes nur eine notwendige Voraussetzung, nicht aber die Ursache der erteilten Auskunft war. Der Türhüter hätte sich in diesem Fall zum Reden entschlossen, weil er sieht, daß der Mann am Rande des Grabes steht, also endgültig handlungsunfähig geworden ist. Dieses Verständnis der Passage würde den Schluß nahelegen, daß der Mann unter bestimmten Bedingungen die Möglichkeit gehabt hätte, in das Gesetz einzutreten, daß man ihn jedoch darüber im Unklaren lassen wollte. Ähnliche Einsichten ergeben sich, wenn der Wortlaut der Erklärung in die Überlegungen einbezogen wird. Sie erscheint im Text als Antwort auf die Frage des Mannes, »wieso« es komme, daß bisher niemand verlangt habe, in das Gesetz einzutreten. Da Kafka statt des korrekten Interrogativadverbs ›wie‹ einen umgangssprachlichen Pleonasmus verwendet, möchte er der dringlichen Frage Nachdruck verleihen.[523] Indem die Antwort die Menge möglicher Einlaßsuchender, die vom Mann vorausgesetzt wird, auf einen, nämlich ihn selbst, einschränkt, belehrt sie ihn über die wirkliche Zahl zulässiger Bewerber vor dem Tor des Gesetzes und damit über seine herausragende Stellung als einziger Einlaßberechtigter, nicht aber über den Geltungsbereich der ausgesprochenen Verbote. Die Art und Weise, in der diese Belehrung argumentativ mit ihrem Kontext verbunden ist, schließt es aus, sie als notwendige semantische Ergänzung zu den zuvor ausgesprochenen, angeblich situativ eingeschränkten Verboten des Türhüters auf einer dazu in Opposition stehenden grundsätzlichen Ebene der Betrachtung zu verstehen.

Aber wenngleich das vom Türhüter verwendete Sinnfeld nicht sein Gesamtverhalten kommentieren will, enthält es doch Implikationen, die seine anfänglichen Mitteilungen in neuem Licht erscheinen lassen. Einerseits verbindet sich nämlich im landläufigen Sinn mit der Vorstellung, jemandem sei etwas bestimmt, fast zwangsläufig der Gedanke, das auf diese Weise definierte Lebensziel sei erreicht worden oder zumindest potentiell erreichbar gewesen. Diese Verwendungsart liegt einer Stelle in den *Elf Söhnen* zugrunde, wo es heißt, der neunte Sohn habe »den für Frauen bestimmten süßen Blick«, der bei Gelegenheit sogar den eigenen Vater »verführen« könne, besteht die an dieser Stelle ausgesagte Bestimmung doch offensichtlich darin, er sei dazu geschaffen, die Zuneigung des anderen Geschlechts zu gewinnen. [524] Der Leser der Legende wird also zunächst davon ausgehen, das Tor des Gesetzes müsse für den Mann vom Lande wenigstens unter gewissen Voraussetzungen passierbar, die eigentliche Bestimmung des Mannes also letztlich gewesen sein, in das Gesetz einzugehen.

Nun heißt es aber im Text nicht, der Eingang zum Gesetz sei dazu bestimmt gewesen, den Mann vom Lande einzulassen, sondern nur, er sei für ihn bestimmt gewesen. Diese viel allgemeiner gehaltene Ausdrucksweise läßt es zu, die Art der Bestimmung auch in anderer Weise aufzufassen, nämlich in dem Sinn, der Lebensweg des Mannes vom Lande habe sich gerade darin erfüllen sollen, am Tor zuschanden zu werden, also in seinen Erwartungen zu scheitern, weil ihm der Weg ins Innere des Gesetzes vorbehaltlos versperrt war. Daß Kafka ein derartiges Verständnis des fraglichen Begriffs grundsätzlich für denkbar hielt, zeigt eine freilich Jahre jüngere Tagebucheintragung, die vom Ende Moses handelt. Die schon von der talmudischen Auslegungstradition beanstandete Tatsache, daß Mose, dessen Bestimmung es war, seinem Volk ein Gesetz zu geben und nach Kanaan zu führen, angesichts des gelobten Landes starb, ohne dieses betreten zu haben, ist Kafka ein Beleg dafür, daß sich dieses Leben erfüllt habe. Damit aber wird nicht das Gelingen, die Erfüllung, sondern das Scheitern an der Schwelle, am Einlaßtor, zum verheißenen Ziel, zum entscheidenden Merkmal menschlicher Bestimmung erklärt. [525]

Aber auf welche Weise man auch die Schlußaussage des Türhüters deutet, sie ist mit seinen anfänglichen Mitteilungen unvereinbar. Wenn vorausgesetzt wird, der vom Türhüter bewachte Eingang zum Gesetz sei dazu bestimmt gewesen, den Mann einzulassen, hätte der Türhüter ihn nicht zurückweisen dürfen. Wird aber andererseits davon ausgegangen, der dem Mann bestimmte Eingang habe ihm auf jeden Fall verschlossen bleiben sollen, durfte ihm der Türhüter nicht in Aussicht stellen, das bestehende Verbot könne zu einem späteren Zeitpunkt möglicherweise aufgehoben werden.

Ludo Verbeeck greift also zu kurz, wenn er die in den Aussagen des Türhüters zu beobachtende Widersprüchlichkeit darauf beschränkt, daß das Gesetz, das dem Mann vom Lande die Rechtmäßigkeit seines Anspruchs bestätigt, das Tor zu durchschreiten, ihm zugleich verbietet, dies zu tun. [526] Denn es gilt nicht nur, daß dem Mann der Eintritt ins Gesetz verwehrt ist, obwohl der zu ihm führende Eingang ausschließlich für ihn bestimmt ist, [527] sondern auch umgekehrt und zugleich, daß ihm vom Türhüter die Möglichkeit des Einlasses verheißen wird, obwohl diese gar nicht vorhanden ist. Dabei ist für das Verständnis unerheblich, daß der Mann vom Lande erst im Angesicht des Todes und auf seine ausdrückliche Bitte hin die entscheidende Aufklärung über seine Verhältnisse erhält. Denn der Sachverhalt als solcher besteht unabhängig von dem Zeitpunkt, an dem er ihm und damit dem Leser eröffnet wird.

Aufgrund dieser textanalytisch gewonnenen Ergebnisse verbieten sich zwangsläufig Deutungen, welche die Erzählung zu einem folgerichtig aufgebauten, nämlich den Gesetzen der Logik verpflichteten Gebilde erklären wollen, das eindeutige Sinnzuweisungen erlaube. Da sich nämlich die einzelnen Mitteilungen des Türhüters als doppeldeutig und infolgedessen als in sich widersprüchlich erweisen, auch im Vergleich mit dem Kontext der Legende und in der Konfrontation mit den ihnen gewidmeten Teilen der Exegese, muß die alles entscheidende Frage unentschieden bleiben, ob das Gesetz für den Mann vom Lande eine Einlaßmöglichkeit vorgesehen habe oder nicht. Man kann die Äußerungen des Türhüters in diesem Sinne verstehen, aber man kann und – so wäre zu ergänzen, stellt man die Folgerichtigkeit in Rechnung, mit der Kafka auf allen Gestaltungsebenen für entsprechende Verhältnisse sorgt – man soll ihnen auch das Gegenteil entnehmen, ohne daß Gesichtspunkte dafür bereitgestellt würden, die eine Entscheidung zwischen diesen miteinander unvereinbaren Positionen erlaubten. Es ist also anzunehmen, daß Kafka durch diese Konstruktion zum Ausdruck bringen wollte, für den Mann vom Lande existiere eine Einlaßmöglichkeit, und diese existiere zugleich nicht.

Widersprüche von der Art, wie sie für *Vor dem Gesetz* typisch sind, kennzeichnen auch das Gericht, vor dem Josef K. angeklagt ist. An dieser Stelle seien nur einige wenige Beispiele aus einem viel umfangreicheren Belegmaterial angeführt: K. ist zu Beginn des Romans verhaftet worden und soll deswegen andauernd bewacht werden. Andererseits bewahrt er jedoch seine volle Bewegungsfreiheit und kann sein bisheriges Leben ohne Störung fortführen. Er reagiert auf beide Aspekte der Verhaftung und bringt dadurch einen neuen Gegensatz hervor: Zunächst will er seinen Freund, den Staatsanwalt Hasterer, um Rechtsschutz bitten, wird aber vom Aufseher darüber belehrt, daß ein solches Vorgehen die Angelegenheit überhaupt nicht berühre. [528] Später aber läßt er sich bereden, daß der Rechtsanwalt Huld, ein Freund seines Onkels, der ihn in dieser Angelegenheit berät, seine Verteidigung vor dem »auf dem Dachboden« tagenden Gericht übernimmt, obwohl dieser als Anwalt im »Justizpalast« tätig ist. [529] Ein Widerspruch besteht auch zwischen dem Umstand, daß die erste Untersuchung in einer ausgeräumten Privatwohnung stattfindet, und dem Beginn dieser Vernehmung, der sich nach den Erfahrungswerten bestimmt, die K. der bürgerlichen Rechtspraxis entnommen hat. [530] Schließlich kann in diesem Zusammenhang angeführt werden, daß K. für schuldig befunden und verurteilt wird, ohne daß er, wie gleich im Eingangssatz des Romans erklärt wird, irgend etwas Böses getan hätte.

Es gehört zur Erzählstrategie Kafkas, den Leser in dieser Widersprüchlichkeit zu belassen, indem er die Geschehnisse aus der Perspektive K.s. erzählt. Auf diese Weise kann er den Gang der Ereignisse stets so entwickeln, daß er der Verpflichtung enthoben bleibt, das Strafgericht der staatlichen Justiz von der merkwürdigen Paralleleinrichtung sondern zu müssen, die aus korrupten Frauenjägern besteht und von der Schuld angezogen wird. Die eindrucksvollste Stelle dieser Art findet sich im Gespräch zwischen K. und dem Fabrikanten, der auf folgende Weise von seiner Begegnung mit Titorelli erzählt:

> wir kamen ins Gespräch [...] und ich erfuhr nun zu meinem Staunen, daß seine Haupteinnahmequelle das Porträtmalen sei. Er arbeite für das Gericht, sagte er. Für welches Gericht fragte ich. Und nun erzählte er mir von dem Gericht. Sie werden sich wohl am besten vorstellen können wie erstaunt ich über diese Erzählungen war. [531]

Kafka spart die eigentliche Beschreibung des geheimnisvollen Gerichts absichtlich aus, obwohl er die Aufmerksamkeit darauf konzentriert. Dabei erweckt er zugleich den Anschein, folgerichtig vorgegangen zu sein, weil er sich gleichsam darauf berufen kann, K. müsse als Angeklagter die Beschaffenheit dieser Institution kennen, so daß es einem Verstoß gegen die Glaubwürdigkeit der Darstellung gleichkomme, K. mit eben den Kräften bekannt zu machen, mit denen er seit seiner Verhaftung befaßt sei. Durch diesen Kunstgriff aber bleibt der Leser von den entscheidenden Informationen ausgeschlossen und der widersprüchliche Charakter des Gerichts erhalten.

Es verrät wenig Einsicht, wenn Hans Dieter Zimmermann in diesem Zusammenhang von doppeldeutigen Handlungseinheiten spricht. [532] Denn dieser Ausdruck sollte nur verwendet werden, wenn ein Sachverhalt zwei voneinander abgegrenzte, jeweils für sich sinnvolle und miteinander zu vereinende Aspekte umfaßt, die gleichzeitig bestehen, ineinander übergehen oder miteinander abwechseln können, ohne daß das Verständnis darunter leidet. Tatsächlich ist gelegentlich versucht worden, den *Proceß*-Roman in diesem Sinne zu verstehen. Es wird dann beispielsweise angenommen, die anfänglich geschilderte Verhaftung K.s bezeichne sowohl seine In-Haft-Nahme im juristischen Verstande des Worts als auch seine innere Verfassung, der Sache des Gerichts verhaftet, ausgeliefert zu sein. [533]

Ob man nun den Ausdruck Verhaftung auf diese Weise verstehen will oder nicht – der im Eingangskapitel dargestellte Vorgang ist damit jedenfalls keineswegs zureichend beschrieben. Es handelt sich nicht darum, daß eine durch staatliche Sicherheitsorgane vorgenommene Gefangensetzung zusätzlich in einem irgendwie gearteten symbolischen Sinn verstanden werden könnte oder müßte. Der Vorgang erscheint vielmehr als polizeiliche Festnahme, weil er mit einer Einschränkung der Bewegungsfreiheit einhergeht, die, wie ausdrücklich erklärt wird, eine dauernde Bewachung im Gefolge haben werde, zugleich aber als Gefangennahme durch Gerichtsvertreter, die weder uniformiert sind noch einen Verhaftungsbefehl vorweisen können, also nicht als Polizeiorgane identifizierbar sind. [534] Dargestellt wird also, daß K. verhaftet wird, zugleich aber nicht verhaftet wird. Es liegt demnach eine Antinomie vor, deren Eigenart darin besteht, daß zwei miteinander unvereinbare Sätze dem gleichen Gegenstand auf der gleichen Ebene der Betrachtung gleichzeitig zugesprochen werden, ohne daß der dadurch entstehende Widerspruch aufgelöst werden könnte. [535]

2. ANTINOMIEN

Die Aufgabe des Deuters besteht in diesem Fall darin, solche sich ausschließende Teilbotschaften als Gegensatzpaare zu würdigen, die sinntragende Gegebenheiten in einer den Gesetzen der Logik zuwiderlaufenden Weise abbilden. Andere vom Gericht ausgehende Aktivitäten sind ähnlich strukturiert und müssen deswegen auf K. die gleichen negativen Wirkungen haben wie die widersprüchlichen Botschaften des Türhüters auf den Mann vom Lande. Sie zeigen sich im Roman vor allem in der Weise, daß das Gerichtsverfahren im Lauf der Zeit einen immer größeren Raum in K.s Leben einnimmt und ihn schließlich beherrscht, obwohl es immer weniger durch äußerlich faßbare Ereignisse in sein Leben einzugreifen scheint.

Bei der kritischen Beleuchtung der zu *Vor dem Gesetz* vorliegenden Textdeutungen hatte sich gezeigt, daß die Widersprüche in den anfänglichen Aussagen des Türhüters häufig gar nicht bemerkt wurden oder, falls dies doch geschah, sofort zugunsten eines Pols aufgelöst wurden, so daß entweder bloß ein überwindbares Verbot erkannt oder behauptet wurde, dieses Hindernis bestehe gar nicht ernsthaft. Dem eigenartigen Vorurteil verhaftet, nur solche Aussagen für glaubwürdig zu halten, die den Gesetzen der formalen Logik entsprechen, werden die Befunde verleugnet, die sich beim Vergleich der verschiedenen Mitteilungen des Türhüters ergeben müssen. Selbst die wenigen Interpreten, denen die vorliegenden Widersprüche wenigstens teilweise bewußt geworden sind, erfassen ihre Tragweite nur unvollkommen, weil sie dem Einlaßbegehrenden einseitig die Möglichkeit zugestehen, eintreten zu können, oder ihn wegen seines Mißerfolgs schuldig sprechen. [536]

Andere wiederum haben zwar einzelne Widersprüche bemerkt, fühlen sich aber zugleich genötigt, den Ausführungen des Kaplans zuzustimmen, der sie leugnet. Diese Interpreten sehen sich vor die Notwendigkeit gestellt, es zugleich dem eigenen Augenschein und der literarischen Autorität recht zu machen. Sie versuchen, dieses Problem mithilfe einer Unterscheidung aus der Welt zu schaffen. Für das irdisch befleckte, dem Schein verhaftete, nichtreligiöse Auge, so wird behauptet, sollen sich die Widersprüche dadurch auflösen, daß die transzendente Instanz, die in ein unaufhebbares Spannungsverhältnis zur irdischen Welt gebracht wird, als nichtexistent begriffen wird. Andererseits soll die Widerspruchsfreiheit, die der Geistliche den Aussagen des Türhüters attestiert, jedoch

dem Bereich des Religiösen zurechnen, der durch das Vorhandensein von Widersprüchen konstituiert sei: Für den Gläubigen und
mythologisch Denkenden seien die zwischen Transzendenz und
Immanenz auftretenden Divergenzen jedoch nicht nur kein Problem, sondern bildeten sogar die Voraussetzung für die Möglichkeit, sich sinnvoll auf Gegebenheiten wie Gott, Gesetz und Gericht
zu beziehen. [537] Auf diese Weise wird jedoch die Widersprüchlichkeit der in Kafkas Erzählung begegnenden Aussagen für beide
Betrachtungsweisen außer Kraft gesetzt. Denn es ist nicht zu erkennen, in welcher Weise sich Gläubige und Ungläubige in diesem
Punkt unterscheiden und welche Relevanz eigentlich dem Text der
Legende in diesem System zukommt. Denn ob die Existenz des
Jenseitigen anerkannt wird oder nicht, der lästige Widerspruch ist
in jedem Fall verschwunden. Nicht zulässig ist es auch, wenn in
diesem Zusammenhang die in *Vor dem Gesetz* zutage tretenden
Antinomien a priori dem religiösen Sektor zugewiesen werden,
ganz so, als ob dessen Vorhandensein im *Proceß* nicht des Nachwei-
ses bedürftig und Verstehensschwierigkeiten anderer Art gar nicht
vorhanden seien.

Andere Deuter versuchen, die Textbefunde mit den Gesetzen der
Logik zu bekämpfen und das damit Unvereinbare für nicht existent
zu erklären. So liest man zum Beispiel:

> Entweder der Eingang war für den Mann vom Lande bestimmt; dann
> konnte ihm der Eintritt nicht verwehrt werden. Oder aber der Eintritt
> wird ihm verwehrt; dann konnte der Eingang nicht für ihn bestimmt
> sein. [538]

Will man diese Irrwege vermeiden, bleiben zwei Möglichkeiten,
sachgemäß mit den Ergebnissen umzugehen, die sich aus der formalen Analyse der Erzählung ergeben haben. Die erste, puristische
beläßt es bei den festgestellten Befunden. Die Deutung endet in
diesem Fall mit der Systematisierung der vorgenommenen Zergliederung. Die Erzählung zeigt dann, wie ein einfacher Mann in sich
widersprüchlichen Botschaften ausgesetzt wird, damit nicht zurecht kommt und infolgedessen sein Lebensziel verfehlt. Bei diesem Verständnis käme der Exegese die Aufgabe zu, die Leser des
Romans ebenfalls einer solchen Situation auszusetzen und sie
darin festzuhalten.

Die weitergehende Alternative besteht darin, daß versucht wird,
die formalen Arrangements der Legende mithilfe psychologischer

Kategorien zum Sprechen zu bringen. Wird aber nicht gerade dadurch, so mag eingewendet werden, jener verhängnisvolle Schritt der Übertragung auf eine andere Ebene getan, der die vorgestellten Interpretationen so verfehlt erscheinen läßt und ungenießbar macht? Das ist nicht zu befürchten. Denn das von Kafka erzählte Geschehen, die eigenartige Beziehung zwischen zwei menschlichen Figuren, wird keineswegs als Bild für Erscheinungen anderer Art genommen, sondern lediglich innerhalb dieses Rahmens einem vertieften Verständnis zugeführt.

In diesem Sinn ist jede Textauslegung, soweit sie platte Paraphrase überschreitet und menschliches Verhalten betrifft, eine psychologische Aussage, bedient sie sich doch zwangsläufig eines mehr oder weniger ausgeprägten begrifflichen Apparats, der von dieser Disziplin entwickelt wurde, im Lauf der Zeit teilweise in den allgemeinen Sprachgebrauch eingegangen ist und dadurch die Kenntnis der menschlichen Natur bereichert hat.

Wenn etwa zu Beginn des *Verschollenen* davon die Rede ist, Karl Roßmann habe, nachdem er von der Köchin seiner Eltern verführt worden ist, eine »entsetzliche Hilfsbedürftigkeit« ergriffen, [539] so ist man geneigt zu schließen, daß er der Situation nicht gewachsen, also sexuell unreif war. Und wenn in der *Verwandlung* Gregor den im Nebenzimmer postierten Prokuristen mit zueinander in Gegensatz stehenden Aussagen und gar nicht einzulösenden Versprechungen überschüttet, [540] dann bietet sich als Erklärung an, daß er in größter Angst und Verzweiflung gehandelt hat. Die Begriffe Unreife und Angst finden sich nicht in den Texten selbst und sind doch gleichwohl nicht in diese eingetragen worden. Vielmehr handelt es sich um Schlußfolgerungen, die sich unmittelbar aus den dargestellten Vorgängen ergeben. Sie dienen einem besseren Verständnis der jeweils erzählten Geschehnisse, die auf diese Weise im Erfahrungsbereich der Leserwirklichkeit verankert werden, wollen diese also nicht dadurch entwerten, daß sie als Bild für andersartige Sachverhalte genommen werden.

3. FALLEN

Unter dieser Perspektive bietet es sich an, *Vor dem Gesetz* als literarische Verkörperung von Situationen aufzufassen, die durch Beziehungsfallen bestimmt sind. Freilich könnte man Bedenken haben, im Blick auf *Vor dem Gesetz* von Beziehungsfallen zu sprechen, denn dieses Phänomen ist erstmals im Jahr 1956 wissenschaftlich beschrieben worden, konnte also Kafka als psychologisch definierte Beschreibungskategorie gar nicht bekannt sein. Es wird sich aber erweisen, daß es gerade dieser Umstand ist, der eine Erhellung der Legende in dem angegebenen Sinn besonders einleuchtend erscheinen läßt.

Die Situation einer Beziehungsfalle ist dann gegeben, wenn jemand von einer für ihn bedeutungsvollen Person, insbesondere im Familienverband, gleichzeitig einander ausschließende Botschaften erhält, deren Geltung durch Strafen, strafandrohende Symbole oder Sanktionen anderer Art durchgesetzt werden soll. Beziehungsfallen lassen sich allerdings auch in anderen Lebensbereichen nachweisen, beispielsweise in Situationen, die der beharrlichen Verfolgung abstrakter Zielsetzungen dienen und durch wechselseitige Abhängigkeiten zwischen Personen gekennzeichnet sind, die sich nach ihrer beruflichen Stellung und in ihrem sozialen Rang unterscheiden. [541] Die miteinander nicht zu vereinbarenden Teilbotschaften können verschiedenen Ausdrucksebenen angehören, etwa der verbalen und der nichtverbalen, oder unterschiedliche logische Strukturen verkörpern, also beispielsweise als wörtliche und metaphorische Bedeutung einer Formulierung in Erscheinung treten, so daß keine direkte Konfrontation zwischen ihnen stattfindet. Da diese Doppelbotschaften gewöhnlich von einer einzigen Person ausgehen, wird derjenige, dem sie bestimmt sind, zu der Annahme verleitet, er habe in einer gegebenen Situation eine einheitliche Information erhalten, die eine entsprechende Antwort erlaube.

Das Erkennen der Beziehungsfalle wird weiterhin dadurch erschwert, daß den primären Doppelbotschaften weitere folgen können, mit deren Hilfe der bestehende Gegensatz vertuscht oder verleugnet werden soll; weiterhin durch Verbote des Urhebers, seine Äußerungen zu kommentieren, und schließlich dadurch, daß sich dieser seinem Opfer liebevoll zuwendet und auf diese Weise Zweifel an seiner Rechtschaffenheit zerstreut oder gar nicht erst aufkommen läßt. [542] Die meisten dieser Bedingungen kennzeichnen auch Kafkas Legende und die ihr folgende Exegese, die allerdings nicht als lehrbuchhaft-abstrakte Demonstration eines derartigen Geschehens mißverstanden werden sollten, enthalten diese Texte doch, wie gezeigt, auch Widersprüchlichkeiten anderer

Art, die freilich die von den eigentlichen Beziehungsfallen ausgehenden Wirkungen verstärken.

Indem der Mann vom Lande den Eintritt in das Gesetz zu seinem
Lebensziel macht, dessen Erreichung durch einen Türhüter verhindert wird, der ihn mit einer widersprüchlichen Doppelbotschaft
konfrontiert, gerät er in eine derartige Falle. Der Sachverhalt spiegelt sich in dem Gespräch zwischen K. und dem Geistlichen. Denn
ein beträchtlicher Teil der in dieser Szene angeführten Kommentare widmet sich der Frage, inwiefern der Mann vom Lande dem
Türhüter untergeordnet sei oder das Umgekehrte gelte, und reflektiert auf diese Weise, daß Doppelbindungen auf ihren Urheber
zurückschlagen und diesen selbst binden können. [543] Allerdings
relativieren sich die in diesen Ausführungen des Kaplans zum Ausdruck kommenden Einsichten dadurch, daß die Argumente, welche
die Abhängigkeit des einen Kontrahenten vom andern begründen
sollen, einer sachlichen Überprüfung nicht standhalten. Man
könnte deswegen sagen, daß Kafka die bestehende Bindung zwischen Türhüter und Mann vom Lande zwar andeuten, zugleich
aber auch verschleiern wollte.

Daß die Abhängigkeit des Mannes vom Lande emotionale Bestandteile in sich schließt, zeigt sich in seiner Angst vor dem Türhüter. In diesem Zusammenhang klärt sich die schon erwähnte
merkwürdige Tatsache auf, daß Kafka bei der Beschreibung des
Türhüters entgegen den Gesetzmäßigkeiten volkstümlichen Erzählens vergleichsweise detailreich verfährt. Der Grund ist, daß er, bei
folgerichtiger Anwendung der sonst von ihm beachteten Darstellungsgrundsätze, die Furcht des Mannes vom Lande nicht als eine
von dessen Bewußtsein losgelöste, also von einem übergeordneten
Erzähler berichtete Tatsache behandelt wissen will, sondern als
dessen subjektive Wahrnehmung und Bewertung. Ein Nachklang
dieser Zusammenhänge findet sich wiederum in den Ausführungen des Geistlichen. Dort nämlich wird, im Gegensatz zu der im
Text selbst gegebenen Erklärung, das äußere Erscheinungsbild des
Türhüters als Ausdruck einer pedantischen Wesensart gedeutet. [544] Mit anderen Worten: Die Angst des Mannes vom Lande
vor dem Türhüter ist dessen subjektive Empfindung, die am Erzählgeschehen nicht verifiziert werden kann, weil sie in dessen
Verlauf niemals auf die Probe gestellt wird. Im Sinne der psychologischen Theorie könnte man behaupten, der Mann vom Lande
zeige ein paranoides Verhalten, weil er sich durch den fremdländi

schen Eindruck des ihm an Körpergröße keineswegs überlegenen Türhüters bedroht fühle. Die Folge ist, daß der Türhüter Macht über ihn gewinnt und auf diese Weise seinen Botschaften den nötigen Nachdruck verleihen kann. Die Abhängigkeit des Mannes vom Lande vom Türhüter wird außerdem darin sichtbar, daß er sich auf den Schemel setzt, der ihm von diesem gereicht wird; daß er ihn ständig um Einlaß bittet und ihn zu bestechen sucht; daß er ihn ununterbrochen beobachtet und dabei die Wächtergestalten im Inneren des Gesetzes vollständig vergißt; und daß er ihn bis zum Ende seines Lebens als Autorität anerkennt, die gegebenenfalls um Auskünfte angegangen werden kann.

Die eigentliche Doppelbotschaft, der sich der Mann vom Lande ausgesetzt sieht, besteht darin, daß ihn der Türhüter durch sein Beiseitetreten und die ausdrückliche Aufforderung, er möge das Tor durchschreiten, dazu verlockt, sich diesen Vorgaben entsprechend zu verhalten, dabei aber zugleich das zuvor ausgesprochene Verbot aufrecht erhält. Nicht etwa, daß sich der Mann vom Lande deswegen einem Dilemma ausgesetzt sähe; dies nämlich würde lediglich bedeuten, daß er zwischen zwei ihm unangenehmen Möglichkeiten zu wählen hätte; demgegenüber wird ihm im vorliegenden Fall die Wahl als solche unmöglich gemacht.[545] Er muß, weil er die Botschaften nicht intellektuell aufdröseln kann, zu dem Schluß kommen, der Eintritt ins Gesetz sei ihm weder verboten noch erlaubt.[546] Denn weil die Mitteilung des Türhüters eine doppelte Handlungsaufforderung darstellt, würde sie durch Befolgung mißachtet und zugleich durch Mißachtung befolgt.[547] Eine sachgerechte Entscheidung ist also unmöglich geworden. Der Mann vom Lande wird in seiner Entschlußkraft gelähmt, ohne doch wegen des fortbestehenden Wunsches, in das Gesetz einzugehen, den selbstgewählten Kampfplatz verlassen und in seine Heimat zurückkehren zu können.[548]

Es beginnt eine zunehmende »Verhaltenseinengung«:[549] Daß er nach genauerer Betrachtung der ihm den Weg versperrenden, fremdländischen, furchteinflößenden Erscheinung auf dessen Erlaubnis warten will, die als vage Zukunftsmöglichkeit angedeutet wird, ist eine erste unangemessene, wenngleich unvermeidliche Antwort auf die undurchschaubare Lage, in der er sich befindet. Zwar finden sich im Text selbst keine ausdrücklichen Verbote des Türhüters, seine Anweisungen zu kommentieren oder zu hinterfragen, wohl aber, wie sich gleich zeigen wird, in der sich anschließenden Exegese. Aber die Tatsache, daß der Einlaßsuchende als einfacher Mann vom Lande gezeichnet ist und Angst vor dem Türhüter hat, liefert eine hinreichende Begründung dafür, warum diese gedankliche Arbeit in der Erzählung trotzdem unterbleibt.

Personen, die längerfristig Beziehungsfallen ausgesetzt sind, leiden an einem »Mangel an Unterscheidungsvermögen gegenüber den Arten der empfangenen Botschaften« [550]. Sie gelangen zu der Auffassung, sie hätten wichtige, in der Situation liegende Gesichtspunkte übersehen, und dehnen infolgedessen ihre Sinnsuche auf unwahrscheinliche, ja für die anstehende Entscheidung bedeutungslose Phänomene aus. Sie werden also unfähig, zwischen Wichtigem und Unwichtigem zu unterscheiden, und können deswegen aus der Fülle der ihnen begegnenden Informationen nicht mehr diejenigen Bestandteile herausfiltern, die für ihr Handeln bedeutsam wären. Infolgedessen fehlen die Kriterien, Handlungen zu begründen und und motivieren. Deswegen werden die Opfer derartiger Situationen lernen, selbst inkongruente Botschaften von sich zu geben oder auf jede Mitteilung anderer so zu reagieren, als sei sie widersprüchlich. [551] Wenn die Realitätsverluste größer werden, müssen sie durch Wahnvorstellungen kompensiert werden. [552]

Ansätze solcher Verhaltensweise können auch am Mann vom Lande beobachtet werden. Er erkennt nicht die Ursache der ihm durch die Doppelbotschaft erwachsenden Schwierigkeiten, sondern vermag lediglich sein Vorwissen zu reproduzieren, das Gesetz solle doch jedem und immer offenstehen. Die Überlegungen, die er später, nach längerer Zeit des Wartens, anstellt, führen gleichfalls zu unbrauchbaren, seiner Lage nicht angemessenen Ergebnissen: Denn wenn er die Flöhe im Pelz des Türhüters um Hilfe bittet, wendet er seine Aufmerksamkeit bedeutungslosen Randphänomenen zu, während ihm das widersprüchliche Verhalten des Türhüters genauso verborgen bleibt wie die Tatsache, daß seit Jahren niemand am Tor des Gesetzes Einlaß begehrt hatte. Er ist also unfähig geworden, den Bedeutungsgehalt der ihm zukommenden Informationen zu erkennen.

Sogar die für Opfer von Beziehungsfallen typische Unfähigkeit, Wahrnehmungen und Gedanken an die Wirklichkeit rückzubinden, läßt sich im Handlungsgang der Legende belegen, kann doch die Entwicklung des Mannes als allmähliche Verkümmerung seiner Wahrnehmungs- und Denkfähigkeit gedeutet werden, die einen Rückzug auf die eigene Person zur Folge hat: Besteht für die

Zeitspanne, während der er regelmäßig mit dem Türhüter spricht und auf dessen Handlungen reagiert, eine wirkliche Interaktion, so verflüchtigt sich diese im Lauf der Jahre, so daß er nur noch einseitig, später sogar nur noch mit sich selbst kommuniziert. Er verflucht den Zufall, der ihm den Türhüter in den Weg geführt hat, ohne diesen dabei anzusprechen, in einer zweiten Phase sogar, ohne daß diese Äußerungen an dessen Ohr dringen können, bis er das hereinbrechende Dunkel nicht mehr hinreichend von der Außenwelt zu unterscheiden weiß und schließlich, den eingetretenen katatonen Endzustand als Habitus verkörpernd, buchstäblich zu erstarren droht.

Außer Betracht geblieben sind bisher die Widersprüche, die zwischen den anfänglichen Verboten des Türhüters und seiner abschließenden Stellungnahme bestehen. Man könnte versucht sein, diese Antinomien ebenfalls als Teil der Beziehungsfalle zu erklären, in welcher sich der Mann vom Lande befindet, doch ergibt sich bei dieser Annahme ein doppeltes Problem. Einerseits werden diese beiden Teilbotschaften nicht einmal annäherungsweise gleichzeitig mitgeteilt, sondern im Abstand von vielen Jahren. Andererseits aber wird der Mann vom Lande erst im Augenblick seines Todes mit dem gesamten Sachverhalt konfrontiert, so daß dieser für ihn gleichsam folgenlos bleibt.

Die Voraussetzung, unter welcher diese Schwierigkeiten entfallen, ist leicht zu erkennen. Es ist die naheliegende Annahme, die Doppelbotschaft, die von den anfänglichen Enlaßverboten des Türhüters und seiner abschließenden Erläuterung über die Bestimmung des Tores gebildet wird, solle nicht den Mann vom Lande in die Beziehungsfalle locken, sondern den Leser. Für diesen nämlich müssen die sich ausschließenden Teilbotschaften gleichzeitig wirksam werden. Denn nachdem er *Vor dem Gesetz* zuende gelesen hat, sieht er sich sofort genötigt, die überraschende Schlußpointe mit dem Handlungsgang der Erzählung in Beziehung zu setzen, und muß auf diese Weise die sich aus diesem Vergleich ergebenden Gegensätze erkennen, deren Sinn ihm allerdings zunächst verborgen bleibt. Die sich bei der Lektüre des *Proceß*-Romans unmittelbar anschließende Exegese, von der er sich natürlich Aufklärung erhofft, wird jedoch seinen diesbezüglichen Erwartungen keinesfalls gerecht. Denn der Geistliche ist keineswegs an der Entflechtung der bestehenden Widersprüche interessiert, sondern sucht mithilfe unterschiedlicher Gesprächsstrategien gerade zu verhindern, daß die der Legende eigenen Widersprüche als solche erkannt und kritisch hinterfragt werden. In der von Kafka an dieser Stelle seines Romans verwirklichten, *Vor dem Gesetz* und Exegese gleichermaßen umgreifenden Beziehungsfalle teilt also der Kaplan, der im *Dom*-Kapitel als Vertreter des Gerichts in Erscheinung tritt, die Stelle des überlegenen, die Doppelbotschaften aussendenden Partners mit dem Türhüter, der ebenfalls als Repräsentant des Gesetzes gezeichnet ist. Eine solche Aufspaltung in zwei dem gleichen Zweckverband angehörige Personen läßt sich auch in Alltagssituationen belegen. [553]

Im einzelnen verwendet der Kaplan zur Verfolgung seiner Absichten die gleichen Mittel, die von den Urhebern der in der Lebenswirklichkeit begegnenden Beziehungsfallen benützt werden und bei der Beschreibung dieses Phänomens zu Beginn dieses Teilkapitels schon angeführt worden sind. Die erste Möglichkeit besteht darin, sich den Opfern auf liebevolle Weise zuzuwenden und dadurch die eigentliche Stellung des Urhebers zu verschleiern. Sie wird vom Geistlichen in der Weise realisiert, daß er Kommentatoren anführt, welche die Freundlichkeit des Türhüters gegenüber dem Mann vom Lande betonen und auf diese Weise den ungünstigen Eindruck mildern wollen, den dessen Verhalten gegenüber dem Mann vom Lande möglicherweise im Leser hervorrufen könnte. Ein anderes Verfahren besteht darin, die erlassenen Doppelbotschaften mithilfe von Aussagen zu kommentieren, die neue Widersprüche enthalten und deswegen geeignet sind, die ursprünglichen Gegensätze zu vertuschen. Dementsprechend sind auch die Mitteilungen des Kaplans durch zahlreiche Widersprüche gekennzeichnet, die im folgenden Abschnitt im einzelnen vorgestellt werden sollen. Sie haben zur Folge, daß K. die in den Aussagen und im Verhalten des Türhüters vorhandenen Gegensätze verborgen bleiben. Schließlich kann das Erkennen von Doppelbotschaften dadurch verhindert werden, daß deren Urheber die Kommentierung ihrer Mitteilungen verbieten. Im Text der Legende wird dies dadurch bewerkstelligt, daß der Geistliche Kommentare anführt, die keinerlei Kritik am Verhalten des Türhüters zulassen, und dies damit begründen, es handle sich bei dieser Gestalt um einen Diener des Gesetzes, der »dem menschlichen Urteil entrückt« sei. [554]

Dies als richtig vorausgesetzt, verbietet es sich, die im *Proceß* vorkommenden Antinomien in dem unspezifischen Sinne als Be-

SINN

ziehungsfallen zu bezeichnen, in dem dies gelegentlich in der For-
schung geschehen ist. [555] Deswegen ist es auch verkehrt, die in
Kafkas Erzählschaffen in Erscheinung tretenden Widersprüche als
Ausdruck allgemeiner Ausweglosigkeit zu verstehen, die für weite
Bereiche der modernen Literatur kennzeichnend sei. Sie sind dann
Bilder eines entfremdeten Daseins, das verbindliche Sinndeutun-
gen nicht mehr zulasse, und auf diese Weise allgemeiner Überein-
kunft zugeführt worden, während sie für Josef K. das schlechthin
Unaussprechliche, Unfaßliche darstellen, das sein ganzes Leben in
Unordnung bringt und ihn schließlich vernichtet.

So hat etwa Winfried Kudszus, ohne *Vor dem Gesetz* ausdrücklich
zu erwähnen, die Unfähigkeit der Romanhelden Kafkas, das System zu durchschauen, in dem sie sich verfangen haben, sowie ihre
unendlichen Versuche, sinnlose Wahrnehmungen und übermäch-
tige Gegner zu verstehen, als Darstellung einer unerkennbaren
Welt aufgefaßt, deren innere Dialektik gerade in Double-Bind-
Strukturen sichtbar werde. Unter solchen Vorzeichen kann der *Proceß* als paranoides Wahnsystem im Sinn der Freudschen Neurosen-
lehre [556] oder als gigantischer Abwehrmechanismus psychoti-
scher Individuen gedeutet werden, der die Übermacht bedrohli-
cher Beziehungsfallen kompensieren solle. Auch das *Schloß* lasse
gegen Ende die Möglichkeit einer nichtkommunikativen Distanz
von endlosen Widerspruchsketten erkennen, die sich dort aufzulösen begännen, wo der fragmentarische Text anfange abzubröckeln.
Kudszus entkleidet also den Ausdruck Doppelbindung seines
speziellen Sinngehalts und macht ihn zum Sammelbecken für alle
widerspruchsvollen, unverständlichen, eigenartigen oder auch
bloß unvollkommen erscheinenden literarischen Phänomene. Auf
diese Weise zeigen sich ihm Beziehungsfallen im Bereich der
Handlungsführung, der Bildgehalte, der Figurenzeichnung, der
Offenheit und Unabgeschlossenheit der Erzählstrukturen bis hin
zu Kafkas »Neigung zum Bruchstück«, [557] für die es freilich
weder in den Werken selbst noch in den Lebenszeugnissen Belege
gibt [558]. So entsteht der Verdacht, hier werde lediglich ein viel-
berufenes Zeitphänomen mit einem modischen Etikett belegt,
ohne daß erläutert würde, inwiefern solche Bewertung Antworten
auf spezifische Situationen liefern könnte, denen sich Kafkas Figuren ausgesetzt sehen.

Diese Position ist auch deswegen unbefriedigend, weil Kafka als
Vertreter heutiger Weltsicht erscheint, ohne daß die Wurzeln die-

ser merkwürdigen Zeitgenossenschaft aufgrund von Quellen und Dokumenten aufgeklärt würden. Zudem verstellt die von Kudszus vertretene Auffassung den Blick für die Unterschiede, die hinsichtlich des in Frage stehenden Sachverhalts innerhalb Kafkas Erzählschaffen bestehen. Dies gilt auch für Rudolf Kreis, der als erster das Werk des Prager Autors mit dem Begriff Beziehungsfalle in Verbindung gebracht hat. Einerseits weisen die von ihm angeführten Beispiele in keinem Fall die Merkmale auf, die für Beziehungsfallen konstitutiv sind, so daß seine Ausführungen unbelegte Hypothesen bleiben. Andererseits übergeht er in seiner Untersuchung nicht nur *Vor dem Gesetz*, sondern auch das *Urteil* und die Romane, ja er übersieht sogar die im *Brief an den Vater* enthaltenen Doppelbotschaften, obwohl er ausführlich von Kafkas Erziehung handelt. [559]

Gegenüber derartigen Pauschalierungen und Fehlakzentuierungen ist zu betonen, daß die in Kafkas Texten belegbaren Antinomien und Beziehungsfallen keineswegs gleichmäßig über sein gesamtes Erzählschaffen verteilt sind. Sie häufen sich vielmehr im *Urteil*, in den drei Romanen und in den Aphorismen aus der Zürauer Zeit, die einliniger Auflösung in diskursive Begriffssprache spotten. Für die zuerst genannte Erzählung sowie die Gesprächssituationen und Verhörszenen im *Verschollenen* und im *Proceß* hat Ulf Abraham überzeugende Nachweise geführt, auf die hier summarisch verwiesen werden kann. [560]

Was das *Schloß* betrifft, so wäre zu erwähnen, daß K. zwar nach telefonischer Auskunft der Schloßverwaltung als Landvermesser berufen und angestellt worden ist und nach der schriftlichen Aussage seines Vorgesetzten entsprechende Arbeiten zufriedenstellend ausführt, daß er sich jedoch nach seiner eigenen Einschätzung und nach dem Urteil des Lesers anderen Beschäftigungen zu widmen hat. [561] Weiterhin wäre der merkwürdige Umstand anzuführen, daß der angebliche Landvermesser einerseits durch das nächtliche Verhör in Bürgels Zimmer in eine Lage gebracht wird, die es ihm erlauben würde, mit einem Schlag ans Ziel seiner Wünsche zu gelangen, daß sich diese Situation aber andererseits auch gerade dadurch auszeichnet, daß er die ihm dargebotene Chance nicht zu nutzen vermag. [562]

Vor allem aber ist das Kapitel *Kampf um das Verhör* in einer Weise erzählt, die an das Gespräch zwischen K. und dem Gefängnisgeistlichen im *Proceß* erinnert. Es erfüllt die Bedingungen einer Beziehungsfalle, allerdings mit der Besonderheit, daß sich der von der Schloßbürokratie abhängige, ja dieser geradezu ausgelieferte K. zwei sich zuarbeitenden Gegenfiguren gegenüber sieht, die im dialogischen Wechselspiel miteinander unvereinbare Teilbotschaften artikulieren. Das bedeutet natürlich, daß sich die antinomische Struktur der Beziehungsfalle erst sukzessive einstellt, doch geschieht dies innerhalb eines überschaubaren Zeitraums und im unmittelbaren Aufeinanderprall sich widersprechender Behauptungen und Gegenbehauptungen.

In der fraglichen Szene begegnet K. dem ihm unbekannten Dorfsekretär Momus und einer Wirtin, mit der ihn aufgrund früherer Begegnungen eine Art Vertrauensverhältnis verbindet. Er möchte wissen, ob er vor dem Bürochef Klamm erscheinen darf, wenn er sich verhören läßt. Als er die ihm erteilte Antwort im Sinn diskursiver Eindeutigkeit zu präzisieren sucht, wird ihm mitgeteilt, er habe die empfangenen Belehrungen mißverstanden, die im gleichen Atemzug in einer Weise modifiziert werden, daß er aus ihnen das Gegenteil von dem herauslesen muß, was sie ursprünglich ausgesagt hatten. Als er diese neue Version aufgreift und bestätigt wissen will, wird ihm bedeutet, daß er sich irre, die Angelegenheit sich eher im Sinn der zuerst gemachten Mitteilung verhalte. Als er daraufhin versucht, seine Dialogpartner auf die derart veränderte Erklärung festzulegen, schwenken diese neuerlich auf die eben verlassene Gegenposition ein. Auf diese Weise geht die Auseinandersetzung mehrfach hin und her, ohne daß ein Ergebnis erzielt wird: Denn einerseits wird die Durchführung des Verhörs und die Anfertigung eines darauf beruhenden Protokolls als notwendige Voraussetzung dafür erklärt, daß er Klamm sein Anliegen vortragen dürfe. Andererseits wird jedoch zugleich betont, es sei ganz ausgeschlossen, sich auf diesem Wege den Bürochef, den er unbedingt zu sprechen wünscht, geneigt machen zu wollen, da dieser die für ihn angefertigten Protokolle gar nicht zu lesen pflege. [563] Es wird also zugleich behauptet, die angesetzte Vernehmung sei in K.s eigenem Interesse, und sie sei für eben diese Interessen ohne Belang. Die Drohungen der Wirtin, welche die Auseinandersetzung begleiten, sowie der Umstand, daß K. auf ihr Wohlwollen angewiesen ist und Momus den ihm bisher unzugänglichen Bereich des Schlosses verkörpert, dem sein ganzer bisheriger Kampf gegolten hatte, verkörpern in eindrucksvoller Weise die Abhängigkeiten, denen sich die Opfer von Beziehungsfallen ausgesetzt sehen, und lassen diese Szene als besonders klares Beispiel für eine literarische Adaptation dieses Phänomens erscheinen.

4. EXEGESEN

Die Frage, welche Bedeutung das Gespräch zwischen K. und dem Gefängnisgeistlichen für das Verständnis der Legende habe, ist von der Forschung höchst unterschiedlich beantwortet worden. Während einige Literaturwissenschaftler die vorgetragenen Erläuterungen für bare Münze nehmen und sich bei der Deutung der Erzählung maßgeblich davon leiten lassen, bemerken andere Unstimmigkeiten. Die konsequenteste Vertreterin der ersten Gruppe ist Susanne Kessler, die den Charakter der zwischen K. und dem Geistlichen geführten Unterredung mit folgenden Worten kennzeichnet:

> Dieser an exegetischer Bewußtheit und logischer Strenge kaum zu überbietende Text sollte eigentlich endgültig die anmaßende These widerlegt haben, mit der man sich den Dichter hat gefügig machen wollen, daß er abstrakt nicht habe reden können. Mitunter scheint nämlich die Hermetik des Werkes eher in Kafkas hohem Abstraktionsniveau und seiner stringenten Logik zu liegen als in der Subjektivität seiner Bilder. [564]

Die Polemik geht freilich an der Problematik des Textes vorbei. Die Interpretin scheint zu glauben, daß der literarische Wert eines Textes vor allem in solchen Qualitäten liege, welche dem wissenschaftlichen Denken eignen, während doch in Wirklichkeit gerade der Umstand, daß sich Kafka in den fraglichen Romanpartien den Gesetzen der Logik verweigert, bisher verhindert hat, daß dieses Werk endgültig gezähmt und auf die Flaschen des Schulwissens gezogen werden konnte. Die Deutung Susanne Kesslers zeigt denn auch schnell, wie sie sich im Dschungel der Täuschungen, Widersprüche und bewußten Fehldeutungen verirrt, der vom Leser des *Dom*-Kapitels durchschritten werden muß. Ausgangspunkt ihrer Betrachtung ist ein kleines Dialogstück an dessen Ende, in dem es um die Bewertung des Türhüters geht. Der Geistliche behauptet in diesem Zusammenhang, man dürfe nicht an der »Würdigkeit« des Türhüters zweifeln, weil man damit das Gesetz selbst in Frage stellen würde. K. antwortet, wenn man sich dieser Meinung anschließe, müsse man »alles was der Türhüter sagt für wahr halten«, was jedoch den Erkenntnissen widerspreche, die man im Verlauf

199

der Unterredung gewonnen habe. Diese Schlußfolgerung wird vom
Kaplan mit folgenden Worten in Frage gestellt: »man muß nicht
alles für wahr halten, man muß es nur für notwendig halten«. [565]
Susanne Kessler sieht in dieser Aussage einen »Schlüssel«, der den
Sinn der Exegese preisgebe, während es sich in Wirklichkeit um ein
Ausweichmanöver handelt, das die Verschleierung der tatsächlich
vorliegenden Verhältnisse sanktionieren und die Diskussion beenden
soll. Der Trick, der dabei angewandt wird, besteht darin, daß
der vom Kaplan vorgenommene Begriffswechsel mit einem Übergang
auf eine andere Sachebene einhergeht. Wenn über Lüge und
Wahrheit gesprochen wird, steht die Übereinstimmung der in
Frage stehenden Aussagen mit der Wirklichkeit im Vordergrund.
Wenn aber von Notwendigkeit die Rede ist, geht es um die Zwangs-
läufigkeit von Ereignissen, die in einer semantischen Opposition
zum Begriff der Freiheit und Unvorhersehbarkeit steht. Da Wahrheit und Unwahrheit zwangsläufig sein können, ohne dies freilich
immer sein zu müssen, kann der ohne nähere Bestimmungen gebrauchte Ausdruck Notwendigkeit nicht in einem direkten Sinnge-
gensatz zu diesen Vorstellungen stehen, ist er doch in gewisser
Beziehung der übergeordnete Gedanke, dem die Lüge und ihr
Gegenteil subsumiert werden können.

Die Interpretin übersieht diesen Zusammenhang, wenn sie die
vom Text behauptete Notwendigkeit in die folgenden Alternativen
aufspalten möchte: Die erste Denkmöglichkeit bestehe darin, die
beiden einander widersprechenden Erklärungen des Türhüters für
notwendig und zugleich für falsch zu halten. Die zweite erlaube es,
die erste Behauptung als wahr zu bezeichnen, die zweite jedoch als
notwendig und falsch. Und schließlich biete sich an, die erste Aussage als notwendig und falsch zu qualifizieren, die zweite aber als
wahr. Susanne Keßler entscheidet sich für die letzte, ihr allein
plausible Version: Die Schlußmitteilung des Türhüters sei wahr,
das zuvor abgegebene Verbot demgegenüber eine notwendige
Täuschung gewesen. Nur durch diese Täuschung sei der Eintritt
des Mannes von Lande ins Gesetz zu verhindern gewesen, und dies
wiederum die Voraussetzung dafür, daß er des unverlöschlichen
Glanzes ansichtig werde, der aus dem Tor des Gesetzes bricht.
Dieses Leuchten lege nahe, daß der Mann auf eine Weise in das
allein ihm bestimmte Gesetz eingehe, das heißt, daß er das zu
diesem führende Tor jenseits der sinnlichen Welt durchschreite. [566]

Die Argumentation zeigt, wie aus falschen Prämissen abwegige Schlußfolgerungen entwickelt werden: Die Interpretin sieht zwar die in den Aussagen des Türhüters liegenden Widersprüche, kann sie aber nicht anerkennen, weil sie vom Geistlichen geleugnet werden. Mithilfe einer fehlerhaften Begriffsunterscheidung, die den Ausführungen des Kaplans entliehen ist, wird eine unlogische Konstruktion aufgebaut, die es erlaubt, den in der Erzählung selbst vorliegenden Befund mit dessen unzutreffender Beurteilung in der Exegese in Einklang zu bringen. Die Verwendung des ausschließlich positiv konnotierten Begriffs Notwendigkeit führt dazu, daß das Verhalten des Türhüters vernünftig erscheint, während die Analyse der Legende ergeben hat, daß es, wie immer man es auch bewerte, von Widersprüchen durchzogen ist, die Sinngebungen im üblichen Sinn nicht mehr zulassen. Wenn aber die Mitteilungen des Türhüters sinnvoll erscheinen, kann gefolgert werden, daß sich das Warten für den Mann vom Lande auszahle. Er muß sein Lebensziel erreichen. Da jedoch der Textschluß das Gegenteil behauptet, bleibt nur der Ausweg, den Begriff Bestimmung derart im übertragenen Sinn zu verstehen, daß sich gleichwohl das gewünschte Ergebnis zeigt.

Es ist demnach gänzlich verfehlt, die im *Dom*-Kapitel mitgeteilten Auslegungen zum Beurteilungsmaßstab der Legende zu machen. Im Verlauf des exegetischen Gesprächs selbst wird sogar vor einer solchen Vorgehensweise gewarnt. Der Geistliche erklärt nämlich an einer Stelle die von ihm referierten Kommentare als Meinungen, die »nicht zuviel« Aufmerksamkeit verdienten, weil sie der Verzweiflung über die Unveränderlichkeit der Schrift entsprungen seien. [567]

Diese Begründung verdient Beachtung. Wenn nämlich die Verzweiflung der Kommentatoren in der Unveränderlichkeit der Erzählung gründen soll, nicht etwa in ihrer Schwerverständlichkeit – die Legende wird später von K. als »einfache Geschichte« bezeichnet [568] –, dann ist man geneigt anzunehmen, der Text stelle Erkenntnisse bereit, die geeignet seien, das Dasein der Ausleger in Frage zu stellen. Die vom Geistlichen angeführten Deutungen wären demnach auf einer Grundlage entstanden zu denken, die der sterbende K. auf folgende Weise zum Ausdruck bringt: »Die Logik ist zwar unerschütterlich, aber einem Menschen der leben will, widersteht sie nicht.« [569] Man könnte also annehmen, es handle sich, wie Kafka das in seinen Briefen nennt, um »Hilfskonstruktionen«, [570] die das Weiterleben im Angesicht schrecklicher Wahrheiten ermöglichen sollen und deswegen Folgerichtigkeit vermissen lassen. Aus der noch ausführlich zu würdigenden Tatsache, daß die vom Kaplan referierten Kommentare tatsächlich schwere Formmängel und Denkfehler aufweisen, ergäbe sich dann wiederum rückwirkend für den schlußfolgernden Leser, daß der Geistliche an dieser Stelle die Wahrheit spricht. Aber gerade weil Interpreten geneigt sind, sich auf solche ins Allgemeine führende, angeblich das Textganze schlaglichtartig erhellende Kernstellen zu stürzen, ist Vorsicht geboten. Einerseits erweckt Verdacht, daß auf diese Weise Sachverhalten eine rational einsichtige Sinngebung zuerteilt wird, die sich, für sich genommen, solcher Behandlung ganz und gar entziehen. Weiterhin ist zu berücksichtigen, daß der Geistliche in dieser Unterredung als Vertreter des Gerichts auftritt, seine Aussagen also mit den gleichen Vorbehalten zu betrachten sind wie die Mitteilungen des Türhüters. Vor allem aber will Kafka seine Leser täuschen, wenn er *Vor dem Gesetz* als einfache Geschichte bezeichnet, denn das ist sie, wie die bisherigen Darlegungen gezeigt haben, ganz und gar nicht. Sie besteht vielmehr aus einer sich gegenseitig stützenden und zugleich wieder aufhebenden Abfolge von Gegensätzen, Doppeldeutigkeiten und Widersprüchen, die entsprechende interpretatorische Weiterungen zwangsläufig nach sich ziehen müssen.

Die falsche Prämisse, bei der Exegese der Legende handle es sich um einen Text, dessen Stringenz kaum überbietbar sei, führt Susanne Kessler noch in anderer Weise in die Irre. Indem sie voraussetzt, der Türhüter sage die Wahrheit, wenn er den Eingang allein für den Mann vom Lande bestimmt sein lasse, folgt als Konsequenz notwendigerweise, daß er ihn nach dem Ableben des Mannes vom Lande schließen muß. Diese Auffassung aber steht im Widerspruch zu einer Behauptung des Kaplans:

> Zuletzt spricht er [...] vom Eingang und sagt ›Ich gehe jetzt und schließe ihn‹, aber am Anfang heißt es, daß das Tor zum Gesetz offensteht wie immer, steht es aber immer offen, immer d. h. unabhängig von der Lebensdauer des Mannes für den es bestimmt ist, dann wird es auch der Türhüter nicht schließen können. [571]

Die hier gegebene Begründung stellt eine bewußte Irreführung des Lesers dar. Denn die Wendung »wie immer« wird nicht in der gleichen Bedeutung gebraucht, die am Anfang der Legende vorausgesetzt ist. Dort nämlich wird der Ausdruck modal im Sinn von

»gewöhnlich« oder »wie nicht anders zu erwarten« gebraucht. Demgegenüber erscheint dieses Satzglied an der zitierten Stelle temporal auf die Lebenszeit des Mannes vom Lande bezogen, also in der Bedeutung »immerwährend«, »ewig«. Durch diesen unerlaubten Übergang von der modalen auf die temporale Ebene konstruiert der Kaplan zwischen der anfänglich geäußerten Vorstellung des Mannes vom Lande und der Schlußaussage des Türhüters einen Widerspruch, der in Wirklichkeit gar nicht vorhanden und deswegen geeignet ist, die Widersprüche, welche für die Legende tatsächlich konstitutiv sind, in einer Weise zu verschleiern, die der Situation der Beziehungsfalle entspricht. Dadurch soll dem autoritätsgläubigen Betrachter der Beurteilungsmaßstab entzogen werden, so daß er Schwierigkeiten hat, den Text unbefangen zu würdigen, weil Widersprüchliches und logisch Folgerichtiges gleichsam die Positionen getauscht haben.

Anstatt nun zu erkennen, daß der K. mitgeteilte Kommentar auf der offenkundigen Fehldeutung einer Textstelle beruht, versucht Susanne Kessler, ihn mit den dazu im Gegensatz stehenden Worten des Türhüters zu versöhnen. Dies wird durch die Unterscheidung verschiedener Zugangsqualitäten zum Gesetz bewerkstelligt. Das Tor, dem Wortlaut der Legende nach für »alle« offen, sei nicht exklusiv für den Mann vom Lande bestimmt, so daß es nach dessen Tod nicht geschlossen werden könne. Davon sei die vom Türhüter bewachte, dem Tor untergeordnete Tür zu unterscheiden, an deren Seite sich der Mann vom Lande niedersetze, ohne einzutreten. Diese Tür, so sei zu ergänzen, stelle aber auch nicht den allein dem Mann vom Lande bestimmten Zugang dar. Der Türhüter schließe einen dem Mann vom Lande bestimmten »Eingang«, dem eher »eine geistig-abstrakte Dimension« eigne, denn es werde nirgends gesagt, daß diese Passage mit der »Tür« »sach- oder bedeutungsidentisch« sei. Tür und Tor bleiben also offen, wie der Kommentator will, während der Eingang den Worten des Türhüters gemäß geschlossen wird. [572]

Aber diese Auslegung verbietet sich aufgrund der Tatsache, daß die drei fraglichen Begriffe von Kafka als Homonyme gebraucht werden. Die Schlußformulierung der Legende verdankt sich dem Umstand, daß der abstrakte Ausdruck »Bestimmung« besser zu dem Funktionsbegriff »Eingang« paßt als zum Tor, das eine konkrete Öffnung in einer Mauer assoziiert: »dieses Tor [oder diese Tür] war nur für Dich bestimmt« – so hatte Kafka zunächst schreiben wollen, dann aber sofort festgestellt, daß dies fast ein ungrammatischer Satz, zumindest aber eine hölzerne Aussage war, die er spontan in die jetzt in den Drucken erscheinende Fassung verbesserte. [573] Die Identität zwischen Tor und Eingang zeigt sich ebenfalls im Text der Exegese, weil im gleichen Kontext, bei der nächsten Erwähnung des Sachverhalts und offensichtlich, um stilistisch abzuwechseln, davon die Rede ist, der Glanz breche »aus dem Eingang des Gesetzes«. [574] Man darf demgegenüber nicht einwenden, der Begriff »Tor« schließe ein Ausmaß an Öffnung in sich, das sich nur schwer mit den in der Legende vorausgesetzten Proportionen in Übereinstimmung bringen lasse: Der Mann muß sich ja bücken, um ins Innere des Gesetzes blicken zu können. Aber dieser Ausdruck meint in Kafkas Sprachgebrauch nichts anderes als ein Hausportal, das freilich in Prag häufig eine aufwendigere Gestalt annehmen konnte. [575] In das Gebäude, in das Josef K. zur ersten Untersuchung geladen wird, führt deswegen eine »Toreinfahrt«, die sogar das Passieren von Lastfuhren erlaubt, [576] und das heruntergekommene Mietshaus, in dem der Maler Titorelli wohnt, wird über ein großes, lediglich zur Hälfte geöffnetes Tor betreten, das sich zu einem Torgang öffnet [577]: Solche zweiflügeligen Konstruktionen, in die gelegentlich zum bequemeren Gebrauch der Passanten eine zusätzliche, vergleichsweise niedere Tür eingelassen ist, finden sich häufig an Prager Portalen. (Vgl. Abbildung 3) [578] Wenn der Blickpunkt darauf gerichtet ist, in welcher Weise ein Hauseingang gestaltet ist, kann dieser auch einfach als Tür oder, sofern Kafka süddeutschem Sprachgebrauch verpflichtet ist, als Türe bezeichnet werden.

Tür und Tor sind also keineswegs der Sache nach unterschieden. In der Legende ist zweimal davon die Rede ist, der Türhüter werde »das Tor« schließen, das in anderem Zusammenhang »Tür« genannt wird, ohne daß damit eine andere Maueröffnung gemeint sein könnte. Daß zwischen diesen beiden Benennungen kein grundsätzlicher Unterschied besteht, sondern höchstens eine Konnotationen betreffende semantische Abschattung, zeigt das Gespräch zwischen K. und dem Geistlichen. Dort heißt es nämlich an einer Stelle und in Übereinstimmung mit dem Wortlaut der Erzählung, der Türhüter lasse den Mann vom Lande »seitwärts von der Tür sich niedersetzen«, während wenig später für den gleichen Sachverhalt, weil in der Sprachform abgewechselt werden soll, die Formulierung »seitwärts vom Tor« gebraucht wird. [579]

Prager Haustor

Entscheidend für das Verständnis der Unterredung zwischen K. und dem Geistlichen ist der Anlaß, der zur Darbietung der Legende und ihrer Deutung führt. Der Kaplan hatte zunächst und gleichsam in offizieller Funktion seinen Gesprächspartner vom schlechten Stand seines Verfahrens unterrichtet und in diesem Zusammenhang dessen Strategie der Verteidigung getadelt. Danach verläßt er die Kanzel und steigt zu K. hinunter, wobei er ihm schon von weitem die Hand freundschaftlich zum Gruß entgegenstreckt. Dadurch gibt er zu erkennen, daß er sich konträr zum Aufseher zu verhalten gedenkt, der in der Verhaftungsszene die ihm dargebotene Hand K.s ausgeschlagen hatte, [580] und nimmt auf diese Weise für sich ein: [581] Während die beiden im dunklen Seitenschiff des Doms auf und ab gehen, meint K.:

> Du bist eine Ausnahme unter allen, die zum Gericht gehören. Ich habe mehr Vertrauen zu Dir, als zu irgendjemanden von ihnen, soviele ich schon kenne. Mit Dir kann ich offen reden.

Der Kaplan, der, wie besonders am Ende des Kapitels auffällig betont wird, selbst ein Vertreter dieser Institution ist, antwortet mit dem Bemerken, K. solle sich nicht »in dem Gericht« täuschen, und erzählt die Legende, die »von dieser Täuschung« handle. [582]

Aufschlußreich in diesem Zusammenhang ist eine Streichung im Manuskript. Die Wirkung, die der Vortrag auf K. ausgeübt hatte, war von Kafka zunächst in dieser Weise beschrieben worden:

> »Der Mann hat sich also vom Türhüter täuschen lassen«, sagte K. sofort. Er war dem Geistl. [ichen] für die Erzählung dankbar, sie hatte seine gute Meinung über ihn bestärkt. Er rühmte sich nicht wie die andern seiner Kenntnis der Gerichte trotzdem er sie gewiß besaß. [583]

Dann aber tilgte er den zweiten und dritten Satz und formulierte den ersten wie folgt um:

> »Der Türhüter hat also den Mann getäuscht«, sagte K. sofort. [584]

Wenn man sich die wörtliche Rede betrachtet, so fällt der zwischen beiden Versionen bestehende Sinnunterschied ins Auge. In der ersten Fassung sitzt gewissermaßen der Mann vom Lande auf der Anklagebank. Er ist es, der sich hat täuschen lassen, er, so ergänzt man unwillkürlich, hätte besser aufpassen müssen. Mögliche Verfehlungen des Türhüters verschwinden bei dieser Formulierung fast gänzlich aus dem Gesichtskreis. In der zweiten Fassung ist es genau umgekehrt; hier ist allein der Türhüter der Verursacher der Täuschung, welcher der Mann vom Lande als Opfer ausgesetzt ist.

Über die Gründe, die Kafka zu dieser Änderung veranlaßten, kann man natürlich nur Vermutungen anstellen. Karlheinz Fingerhut führt die Varianten als Indiz dafür an, daß Kafka für sich habe unentschieden lassen wollen, welche der beiden miteinander konfrontierten Gestalten als Urheber, welche als Opfer der Täuschung gezeichnet werden sollte. Jedenfalls gestehe der Autor K. in der endgültigen Fassung ein deutlich ablehnenderes Urteil über das Gehörte zu. Dazu passe die ersatzlose Streichung der Bemerkung, K. sei dem Geistlichen für die Erzählung dankbar, denn offensichtlich habe Kafka beabsichtigt, diesen etwas mehr von der Täuschung bemerken zu lassen, »in die er befangen *wird*, nicht in der er befangen *ist*«. [585] Mit anderen Worten: K.s Situation solle nicht als unabdingbares Schicksal verstanden, sondern ein ihm feindliches Subjekt ahnbar werden, das diese Täuschung zu verantworten habe. [586]

Die Wirkung des Textes ist auf diese Weise zutreffend beschrieben. Das bedeutet aber noch nicht, daß eine entsprechende Steuerung des Lesers beabsichtigt und die Ursache der Änderung war. Die beiden Gesichtspunkte sind nicht immer leicht zu trennen und können sich in Einzelfällen überlagern. So hatte beispielsweise Kafka den Geistlichen zunächst sagen lassen: »man muß nicht alles was der T.[ürhüter] sagt, für wahr halten, man muß es nur für notwendig halten«. [587] Wenn er nun den eingeschobenen Relativsatz wieder tilgt, wird die Aussage selbstverständlich im Sinne Fingerhuts ihrer ausdrücklichen Einbettung in die augenblickliche Situation enthoben. Es kann aber nicht übersehen werden, daß sich K. unmittelbar zuvor zu einer Kritik an einer der vorgetragenen Auslegungen genötigt gefühlt hatte, deren Konsequenz es sei, daß man alles, »was der Türhüter sagt«, für wahr halten müsse. [588] Die Ursache der Tilgung dürfte also, wie in Vergleichsfällen häufig zu beobachten, in erster Linie der Wunsch gewesen sein, eine ästhetisch unbefriedigende und überdies unnötige Wiederholung zu vermeiden. [589] Ob Kafka damit zugleich den Geltungsbereich dieser Bemerkung ausweiten oder wenigstens ein solches Verständnis zulassen wollte, ist ungewiß, denn er könnte beispielsweise auch der Auffassung gewesen sein, daß die von ihm gewollte Einschränkung aufgrund des Kontextes weiterhin vorhanden und damit selbstverständlich sei. Aber selbst wenn dies nicht der Fall war, bedeutet das noch nicht, daß er die Lockerung des situativen Elements gewollt habe. Es könnte auch sein, daß er die sich ergebende Verallgemeinerungsmöglichkeit bloß in Kauf genommen hat, als er zwischen zwei Übeln das kleinere zu wählen hatte, sich nämlich zugunsten des Stils und damit zugleich gegen die ihm vielleicht gleichfalls am Herzen liegende Eindeutigkeit der Zuordnung aussprach.

Um wenigstens einen Anhaltspunkt für die Gründe zu haben, die ihn geleitet haben könnten, als er den Gesprächsbeginn umarbeitete, muß zuerst festgestellt werden, zu welchem Zeitpunkt der fragliche Eingriff in den Text erfolgt ist. Der Lesartenapparat der *Kritischen Ausgabe* suggeriert, daß es sich um eine Spontankorrektur im strengsten Sinne des Wortes gehandelt habe. Allerdings werden die Varianten in dieser Edition in der Abfolge dargeboten, die durch die Textprogression gegeben ist. Sie muß im Einzelfall nicht mit der Reihenfolge identisch sind, in der Kafka die Änderungen vornahm, so daß man nur bedingt von einer genetischen Anordnung des handschriftlichen Materials sprechen kann. Im vorliegenden Fall hat Kafka nun nicht mit einem einzigen Federstrich alles für ungültig erklärt, was er durch Neuformulierungen ersetzt wissen wollte, sondern die wörtliche Rede und die beiden nachfolgenden Sätze jeweils für sich durchgestrichen. [590] Das könnte tatsächlich bedeuten, daß er die Aussage K.s unmittelbar nach deren Niederschrift verbessert hätte, also noch bevor er die beiden Sätze zu Papier brachte, in denen dieser die Wirkungen bedenkt, die der Vortrag des Geistlichen in ihm hervorgebracht hat. In diesem Fall entspräche die von der *Kritischen Ausgabe* gewählte Darbietungsform der Chronologie der von Kafka vorgenommenen Textbesserungen.

Das Studium der Handschrift lehrt allerdings, daß eine solche Annahme die Wahrscheinlichkeit gegen sich hat. Denn da in diesem Fall der Raum hinter dem Wort »sofort« noch für die geplante Fortsetzung zur Verfügung gestanden hätte, wäre dieser vermutlich auch, wie in vergleichbaren Fällen an anderen Stellen des Romans, für die beabsichtigte Neufassung verwendet worden. Da aber die gewünschte Änderung in einem kleineren Schriftgrad in dem freien Raum oberhalb der ursprünglich konzipierten Redeäußerung K.s plaziert und durch einen Einweisungsbogen in den Textverlauf eingeschleust wird, ist davon auszugehen, daß die unmittelbar daran anschließenden Passagen zu dem Zeitpunkt schon geschrieben waren, als sich Kafka zu dieser Korrektur entschloß. Andererseits konnte die Umformung dieser wörtlichen Rede keine direkte Folge der Tatsache sein, daß zwischenzeitlich die Aussagen über die Wirkung der Erzählung auf K. kürzer gefaßt, die beiden darauf bezüglichen Sätze also durch die Wendung »von der Geschichte stark angezogen« ersetzt worden waren. Denn K. konnte auch dann von der Legende beeindruckt sein, wenn er den Mann vom Lande für die Täuschung verantwortlich sein ließ. Es besteht nicht unbedingt ein direkter Zusammenhang zwischen der Art und Weise, wie er emotional auf die Legende reagiert oder die Rolle des Vortragenden bestimmt, und der von ihm vorgenommenen Schuldzuweisung. Die Änderung des Eingangssatzes dürfte also erst zu dem Zeitpunkt erfolgt sein, als Kafka mit der Antwort des Geistlichen auf K.s Urteil die Ausarbeitung der Szene fortsetzen wollte. Das aber hieße, daß die zeitliche Abfolge der Korrekturen entgegen der Darstellung im Apparat der *Kritischen Ausgabe* umzukehren wäre.

Wie man auch immer den handschriftlichen Befund deuten mag, fest steht in jedem Fall, daß Kafka zunächst beabsichtigte, im Gespräch über die Legende die Frage zu diskutieren, inwiefern sich der Mann vom Lande vom Türhüter habe täuschen lassen. Dieser Sachverhalt bestätigt aus anderer Perspektive die textanalytisch gewonnene Erkenntnis, daß der Mann vom Lande durch die Unterlassung entscheidender Fragen selbst dazu beigetragen hat, daß er während der Zeit seines Wartens einer Täuschung ausgesetzt war. Daß Kafka in der revidierten Fassung diesen Punkt nicht mehr thematisiert, muß aber weder bedeuten, daß er darin anderen Sinnes geworden sei, noch zu der Schlußfolgerung führen, daß er sich selbst über die Tragfähigkeit dieser Vorstellung im unklaren war. Er befand sich mit der Konzeption des Gesprächs vielmehr an einer Gelenkstelle der Darstellung, an der er sich entscheiden mußte, ob sich die im Folgenden darzustellenden Redebeiträge des Geistlichen vorwiegend auf den Mann vom Lande oder auf den Türhüter beziehen sollten. Offenbar ist ihm erst in dem Augenblick, in dem er die Antwort des Kaplans auf K.s erste Stellungnahme ausformulieren wollte, klar geworden, daß sich die Aufgabe besser mithilfe des Türhüters bewältigen ließ, so daß er genötigt war, das eben Niedergeschriebene entsprechend zu modifizieren.

Im nachhinein, nach dem Vorliegen des gesamten Kapitels, lassen sich die Vorteile dieser Lösung natürlich leichter ausmachen: Von den beiden Figuren der Legende ist der Mann vom Lande als handelnde Persönlichkeit weniger ausgeprägt. Er ist lediglich als Träger von Vorstellungen und Gedanken über Türhüter und Gesetz erzählerisch besser entfaltet als sein Gegenüber. [591] Aber diese Einblicke in sein Innenleben sind bereits Interpretamente, subjektive Erläuterungen zum Geschehen, die sich infolgedessen weniger eigneten, ihrerseits wiederum Ausgangspunkt widersprüchlicher Kommentierungen zu werden. Demgegenüber ist der Türhüter durch ein vergleichsweise reichhaltiges Arsenal von vieldeutigen Aussagen und Handlungen gekennzeichnet, das, sieht man von den beiden Stellen ab, an denen von seiner Ermüdung und seiner überheblichen Haltung während der Verhöre die Rede ist, durch Aussagen über sein Inneres nicht bereichert wird. Auf diese Weise entsteht ein Aufforderungscharakter des Textes, der Beurteilungen dieser Figur geradezu hervorlockt. Kafka gibt ihnen, wenngleich in einer durch die vorgegebenen Rahmenbedingungen verursachten Verzerrung, in der Exegese breiten Raum. Die Tatsache, daß in den Ausführungen des Geistlichen nicht der Mann vom Lande, sondern der Türhüter im Mittelpunkt steht, hat freilich Folgen. Der Geistliche hatte *Vor dem Gesetz* als Beispielerzählung vorgetragen, die verdeutlichen sollte, in welcher Weise sich K. in ihm und seinem Dienstherrn, dem Gericht, täusche. Die eben angeführte, von Kafka wieder getilgte Stelle beweist, daß K. die Legende zunächst auch in dieser Weise verstanden hatte, beginnt er doch die Diskussion darüber mit der Feststellung, der Mann vom Lande habe sich vom Türhüter täuschen lassen. Er begreift also die Initiative des Geistlichen als Warnung, die Gefühle der Dankbarkeit in ihm wachruft. Dieser Zusammenhang erhärtet die aus der Handschrift abgeleitete Vermutung, Kafka habe den Türhüter erst dann zum Verursacher der Täuschung gemacht, nachdem sich K. seiner positiven Stellung zum Geistlichen bewußt geworden ist.

Da jedoch K. seine Position, der Türhüter habe den Mann getäuscht, während der ganzen Unterredung durchhält, muß der Geistliche zwangsläufig in Verdacht geraten, er wolle K. mit seinen Gesprächsbeiträgen täuschen. Denn als Vertreter und Informand des Gerichts nimmt er gegenüber K. die gleiche Stellung ein wie der Türhüter gegenüber dem Mann vom Lande. Diese Vermutung bestätigt sich wiederum im handschriftlichen Zusammenhang. Nachdem der Kaplan seine Analyse des Türhüters in der Sentenz zusammengefaßt hat, man müsse dessen Aussagen nicht ausnahms-

4. EXEGESEN

los für wahr, sondern nur für notwendig halten, schließt K. den die
Auslegung der Legende betreffenden Teil der Unterredung mit
den Worten: »Die Lüge wird zur Weltordnung gemacht.« [592] An
diese Bemerkung hatte sich ursprünglich eine längere Überlegung
K.s angeschlossen, in deren Verlauf er dieses Urteil, das ihm voreilig ohne Kenntnis näherer Umstände gefällt scheint, wieder relati-
viert. In diesem Zusammenhang bedenkt er neuerlich die Rolle
seines Gesprächspartners:

> war der G.[eistliche] doch so wie alle andern, wollte er über K's Sache
> nur in Andeutungen sprechen, ihn dadurch vielleicht verführen und am
> Ende schweigen? [593]

Aber auch diese ganzen Überlegungen sind einer Streichung zum
Opfer gefallen. Karlheinz Fingerhut zu glauben, soll sie den Geltungsbereich des vorausliegenden Urteils erweitern, das dadurch
von der konkreten Situation abgekoppelt worden sei, der es sich
verdanke. Eben deswegen könne es eine größere Verführungskraft
auf Interpreten entfalten, die sich dadurch zu Spekulationen über
Kafkas Weltverständnis inspiriert sähen.

Kafka hatte in der ersten Version das Geschehen bis zu dem
Punkt zu Papier gebracht, an dem K. die Sakristei erreicht, und
dessen Eindruck von den dort herrschenden Lichtverhältnissen
beschrieben:

> »Überall ist es so finster« sagte K. und legte die Hand auf die Augen, als
> schmerzten sie ihn infolge der Anstrengungen sich zurechtzufin-
> den. [594]

Nachdem er diese Ausführungen durch Striche im Manuskript für
ungültig erklärt hatte, führte Kafka die Handlung, direkt an K.s
Wort über die zur Weltordnung erhobene Lüge anschließend, auf
folgende Weise fort:

> K. sagte das abschließend, aber sein Endurteil war es nicht. Er war zu
> müde, um alle Folgerungen der Geschichte übersehn zu können, es
> waren auch ungewohnte Gedankengänge in die sie ihn führte, unwirk-
> liche Dinge, besser geeignet zur Besprechung für die Gesellschaft der
> Gerichtsbeamten als für ihn. Die einfache Geschichte war unförmlich
> geworden, er wollte sie von sich abschütteln und der Geistliche, der jetzt
> ein großes Zartgefühl bewies, duldete es und nahm K.'s Bemerkung
> schweigend auf, trotzdem sie mit seiner eigenen Meinung gewiß nicht
> übereinstimmte. [595]

Fingerhut meint nun, die Folge der vorgenommenen Kürzungen sei gewesen, daß sich die Reaktion des Geistlichen »nun unmittelbar« auf das Weltordnungs-Urteil K.s beziehe, das wider besseres Wissen unkommentiert bleibe und deswegen eine größere Reichweite erhalte. [596]

Dieser Auffassung liegt jedoch ein Mißverständnis des handschriftlichen Zusammenhangs zugrunde, setzt sie doch voraus, als habe sich dieses Schweigen jemals auf etwas anderes bezogen, als sei also die angeführte abschließende Bewertung des Geschehens durch K. zu dem Zeitpunkt schon ausformuliert gewesen, als der Text gekürzt wurde. Das ist jedoch schon deswegen unmöglich, weil sich das zuletzt zitierte Textstück sprachlich keineswegs an die unmittelbar vorausliegende, nur im Ansatz vorhandene Szene in der Sakristei anschließt. Außerdem gibt es sich inhaltlich als veränderte Fassung des Getilgten zu erkennen, das als lediglich neuformuliertes, nicht etwa zugleich in einem anderen Bezugsrahmen stehendes Element darüber berichtet, wie der Geistliche K.s Verdikt aufnimmt. Aus diesen Gründen kann der von Fingerhut vermutete Beweggrund nicht die Ursache der Streichung gewesen sein. Da die in der Sakristei spielenden Teile des *Dom*-Kapitels an keiner anderen Stelle des Romans mehr aufgegriffen wurden, darf vermutet werden, daß es sich dabei um einen von Kafka schnell erkannten erzählerischen Irrweg gehandelt hat. Wäre er weiterverfolgt worden, hätte er die Begegnung zwischen K. und dem Geistlichen beträchtlich verlängert und damit möglicherweise die Wirkung der Legende und ihrer Exegese geschmälert.

Was die davorliegenden Überlegungen K.s betrifft, so zeigt ein Vergleich mit den gleichfalls verworfenen Formulierungen zu Anfang des Gesprächs, daß Kafka von der Vorstellung geleitet war, die Präsentation innerer Vorgänge zu verkürzen, indem er diese in sehr verallgemeinerter Gestalt darbot. Die Wendung, K. sei von der Geschichte stark angezogen worden, liest sich wie eine Inhaltsangabe der Passagen, die ihr ursprünglich vorausgingen und diesen Gedanken mit größerer Anschauungskraft entfaltet hatten. Entsprechend faßt die Aussage, K. habe das Gespräch abschließend bewertet, aber nicht endgültig geurteilt, die Erwägungen zusammen, mit deren Hilfe er vor sich selbst die Behauptung abgemildert hatte, der Geistliche habe die Lüge zur Weltordnung gemacht.

Die Gründe, die Kafka dazu führten, in dieser Weise zweimal Gedanken K.s zusammenzufassen, können nur hypothetisch erschlossen werden. Er mag einer im *Proceß* durchweg zu beobachtenden Neigung gefolgt sein, die dargestellten Vorgänge festlegbarer Bedeutungsgehalte zu entkleiden, denn er beraubte seine Leser auf diese Weise wichtiger Informationen, die dem Verständnis der Exegese nutzbar zu machen waren: Daß in der revidierten Fassung beider Textstellen ausgespart bleibt, wie sich K.s Verhältnis zum Geistlichen im Verlauf der Unterredung verändert, erzeugt jedenfalls jene Offenheit und Unbestimmtheit, die schon bei der Niederschrift der Erzählung selbst zu beobachten und dazu bestimmt war, vorschnelle Festlegungen des dargestellten Geschehens zu verhindern.

Die Neufassung der Redeäußerung, mit der K. das Gespräch über die Legende beginnt, zeigt keine Übereinstimmung mehr mit dem vorweg geäußerten Verständnis des Geistlichen, obwohl K. überraschenderweise vorgibt, sie entspreche inhaltlich eben diesen Rahmenvorgaben: Wenn er nämlich behauptet, der Türhüter habe den Mann getäuscht, macht er den Mann zum Opfer einer vom Türhüter ausgehenden Täuschung, die nach seiner Meinung [597] zugleich den Tatbestand des Betrugs erfüllt [598]. Wenig später insistiert er darauf, eben dies sei die »erste Deutung« des Geistlichen gewesen, während er doch dessen Aussagen entnehmen mußte, der Mann vom Lande sei als Urheber der Täuschung anzusehen, befinde sich also in einem Irrtum über das Gesetz. Interessanterweise nimmt der Geistliche zu dieser Verkehrung seiner Position nicht Stellung, sondern antwortet lediglich auf ein weiterführendes Argument seines Gesprächspartners. Dadurch entsteht eine Unstimmigkeit, die man an einer derart wichtigen Gelenkstelle der Handlung umso weniger einer Läßlichkeit oder einem Versehen zuschreiben kann, als das Problem durch eine Streichung weniger Worte hätte behoben werden können.

Es ist unschwer zu erkennen, warum Kafka auf diese Weise verfuhr: Falls der Geistliche die Fehldeutung, die K. seiner Gesprächsäußerung zuteil werden ließ, zurückgewiesen hätte, hätte es zu einer Auseinandersetzung darüber kommen müssen, ob der Türhüter den Mann vom Lande getäuscht habe oder ob sich dieser im Gesetz täusche oder gar beide Möglichkeiten zugleich gelten könnten. Dadurch wäre in das helle Licht des Diskurses überführt worden, was Kafka nur hintergründig, andeutend behandelt und damit in seiner schillernden Vieldeutigkeit belassen wollte. Hätte der Kaplan K. jedoch zugestimmt, hätte er sich selbst widersprochen, weil er einleitend gesagt hatte, die Legende handle davon, wie sich K. im Gesetz täusche. Im Vergleich zu diesen Möglichkeiten ist sein beredtes Schweigen dem aufmerksamen Leser ein Indiz für die zweifache Täuschung, die in *Vor dem Gesetz* dargestellt wird: Einerseits täuscht der Türhüter als Vertreter des Gesetzes den Mann vom Lande. Er führt ihn durch mißverständlich formulierte Verbote in die Irre, verschweigt ihm Sachverhalte, die zur Beurteilung seiner Lage unerläßlich sind, und verwirrt ihn durch Doppelbotschaften und widersprüchliches Verhalten anderer Art. Zugleich aber täuscht sich der Mann vom Lande im Gesetz, weil er sich dem Türhüter ausliefert, ihm die Fragen nicht stellt, die zur Entscheidung seines Problems unabdingbar wären. Der Mann vom Lande ist also zugleich Urheber eines Irrtums und Opfer eines Betrugs.

Wenn dies »in den einleitenden Schriften zum Gesetz« niedergelegt ist, dann kann der Geistliche als Angehöriger und Vertreter des Gerichts gar nicht anders handeln als der Türhüter: Er muß seinen Gesprächspartner zu täuschen versuchen, der sich seinerseits wiederum über die ihm zugehenden Botschaften täuscht. Angesichts dieser Zusammenhänge kann nicht behauptet werden, die Frage der Täuschung werde »niemals bejaht und nie negiert, sondern von Instanz zu Instanz weitergegeben« bis ins Innerste des unerreichbaren Gesetzes. [599] Denn eine solche Auffassung geht der Oberflächenstruktur des Textes in die Falle, in der sich zwar K., nicht aber der Leser verfangen soll. Auch ist es nicht haltbar, wenn Walter H. Sokel die in der Legende behandelte Täuschung auf eine Selbsttäuschung des Mannes vom Lande reduzieren will, der sich das Gesetz anders vorgestellt habe, als er es bei seiner Ankunft vor dem Tor vorfinde. [600] Diese Auffassung wäre selbst dann unrichtig, wenn ihr die eben entfalteten Sachverhalte nicht entgegenstünden. Denn Sokel verwendet den Begriff Täuschung in einer Weise, die vom Wortlaut der Erzählung nicht gedeckt wird. Gewiß kann man sagen, der Mann vom Lande habe sich bereits in einer Täuschung befunden, als er sich darauf vorbereitete, in das Gesetz einzugehen. Er korrigiert jedoch den Irrtum, in dem er während der von der Legende nicht thematisierten Vorgeschichte befangen war, zu Beginn der eigentlichen Erzählhandlung, also zum frühestmöglichen Zeitpunkt. Im Blick auf den von Sokel beschriebenen Sachverhalt könnte man lediglich dann von einer Täuschung sprechen, wenn der Mann vom Lande die Schwierigkeiten, die ihn vor dem Gesetz erwarten, nicht wahrgenommen hätte.

4. EXEGESEN

Kafka hat den Gang der Exegese in einer der Doppelbedeutung des Begriffs Täuschung entsprechenden Weise gestaltet: Der Kaplan, der von den Gesprächsanteilen her dominiert, befindet sich in einer eigenartigen Lage. Er muß über eine von Gesetz ausgehende Täuschung sprechen, aber als Vertreter eben dieses Gesetzes K. zwangsläufig zugleich über diese Täuschung täuschen. Nach den Gesetzen der Logik wäre die zuletzt gemachte Behauptung unsinnig, denn ein Mann, der sagt, er täusche, erzeugt dadurch im Rezipienten, der sich den Wahrheitsgehalt dieser Aussage klar machen will, einen Selbstwiderspruch, der nicht vernünftig aufgelöst werden kann. [601] Da aber einerseits nicht anzunehmen ist, daß Kafka an dieser Stelle auf dem intellektuellen Niveau eines Bertrand Russel argumentiert, der dieses Paradoxon einer Lösung zugeführt hat, andererseits aber die Gedankenführung des Geistlichen durchaus nicht den Eindruck macht, sie verlaufe jenseits nachvollziehbarer Sinngebungen, kann vorausgesetzt werden, daß er den Sachverhalt anders verstanden wissen wollte.

Die wahrscheinlichste Annahme ist, daß der Geistliche einerseits als Informand in Erscheinung treten sollte, der K. und den Leser zuverlässig über den Stand des Verfahrens und die Gesetzmäßigkeiten unterrichtet, nach denen das Gericht arbeitet. Diese dienstliche Seite seines Wesen tritt besonders in der Phase in Erscheinung, in der er als Kanzelredner in der Öffentlichkeit des Doms, also in gleichsam amtlicher Funktion zu K. spricht. [602] Andererseits tritt er aber auch als »Gefängniskaplan« auf, [603] denn K. ist inzwischen angeklagt und schuldig gesprochen worden, sein Verfahren ist dabei, »allmählich« ins Urteil überzugehen, [604] das heißt, er ist gewissermaßen als Gefangener in Haft und hat Anspruch auf seelsorgerliche Betreuung. Unter diesem Aspekte ist der Vortrag der Legende und die sich daran anschließende Exegese zu sehen, die im Rahmen eines vertraulichen Gesprächs von gleich zu gleich vor sich gehen. Ob nun dieser private Umgang möglicherweise eine Pflichtvergessenheit des Geistlichen bewirkt, wie er selbst fürchtet, oder nicht, ist schwer zu entscheiden, Tatsache ist jedenfalls, daß er als Repräsentant des Gerichts in dieser Situation die gleichen Gesprächsstrategien verwendet wie der Türhüter gegenüber dem Mann: Er verschweigt, verschleiert und verwirrt.

Er verschweigt K., obwohl dieser ihn fragt, seine Meinung darüber, ob der Mann vom Lande nach seiner Kenntnis vom Türhüter getäuscht wurde, und bietet stattdessen eine andere Auslegung an, die seinen Zuhörer von dieser Fragestellung abzulenken sucht, freilich ohne damit Erfolg zu haben. Er verschleiert die wahre Bedeutung der Geschichte, indem er unsachliche und unlogische Deutungen liefert; und als K. ihm entgegenhält, der Türhüter habe seine Pflicht versäumt, weil er den Mann vom Lande, für den der Eingang zum Gesetz bestimmt gewesen sei, hätte einlassen müssen, erhält er zur Antwort, er habe nicht genug Achtung vor der Schrift und verändere den Text. Kann man diesem Standpunkt notfalls beipflichten, so in keinem Fall den Argumenten, die zur Begründung dieser Position angeführt werden:

> Die Geschichte enthält über den Einlaß ins Gesetz zwei wichtige Erklärungen des Türhüters, eine am Anfang, eine am Ende. Die eine Stelle lautet: ›daß er ihm jetzt den Eingang nicht gewähren könne‹ und die andere: ›dieser Eingang war nur für dich bestimmt.‹ Bestände zwischen diesen beiden Erklärungen ein Widerspruch dann hättest du recht und der Türhüter hätte den Mann getäuscht. Nun besteht aber kein Widerspruch. Im Gegenteil die erste Erklärung deutet sogar auf die zweite hin. [605]

Dieser Gedankengang vergewaltigt den Wortlaut der Legende, denn er leugnet die Unvereinbarkeit, die zwischen den beiden Aussagen des Türhüters besteht, und verkehrt sie in ihr logisches Gegenteil. Natürlich sind die beiden am Anfang und Ende der Erzählung stehenden Botschaften aufeinander bezogen, weil sie beide vom Tor des Gesetzes und den darauf bezüglichen Einlaßbedingungen handeln. Außerdem besitzt das zunächst geäußerte Verbot eine Geltungseinschränkung, die am Ende, in der abschließenden Erklärung des Türhüters, zu verschwinden scheint. Das bedeutet jedoch lediglich, daß beide Aussagen im Zusammenhang gewürdigt werden müssen, wodurch ihre innere Widersprüchlichkeit überhaupt erst erkennbar wird, während der Geistliche behauptet, der bestehende Gegensatz werde gerade dadurch aufgehoben. Unstimmigkeiten dieser Art werden, wie die Rezeptionsgeschichte des *Proceß*-Romans lehrt, in der Regel kaum bemerkt, weil sich die Aufmerksamkeit des Lesers auf die näherliegende Frage konzentriert, ob der Wächter pflichtgemäß gehandelt habe. Dieses Problem liegt freilich auf einer ganz anderen Ebene und ist aufgrund des bewußt lückenhaft gehaltenen Materials, das keine Nachrichten über die Auftraggeber des Türhüters und ihre Absichten enthält, gar nicht zu entscheiden.

Die Aussagen des Geistlichen zum Wesen des Türhüters entsprechen ebenfalls nicht den Tatsachen: So deutet er beispielsweise das Äußere dieser Gestalt als Ausdruck eines pedantischen Wesens, obwohl uneinsichtig bleibt, wie eine große Spitznase und ein langer, dünner, schwarzer Bart auf einen derartigen Charakterzug verweisen könnten. Selbst die unkritischsten Interpreten haben sich diese Auslegung nicht zu eigen gemacht, sich freilich auch nicht zu einer Erklärung der doch befremdlichen Tatsache bemüßigt gefühlt, warum sie eine im Roman selbst vorgetragene Deutung der Türhütergestalt verwerfen und durch eigene Verstehensversuche ersetzen, die damit nicht übereinkommen.

Ähnlich problematisch verhält es sich mit der Behauptung, der Türhüter sei nicht geschwätzig, weil er im Lauf vieler Jahre lediglich teilnahmslose Fragen stelle. Diese Auffassung beruht nämlich auf einem unerlaubten Rückschluß von dessen Gesprächsverhalten auf sein Inneres: Der im Text erwähnten Teilnahmslosigkeit müßte richtigerweise Gleichgültigkeit zugeordnet werden. Umgekehrt sollte die behauptete Zurückhaltung im Dialog zur Folge haben, daß es zu wenigen, aber ernsthaften Unterredungen mit dem Einlaßsuchenden kommt, während die vielen nichtssagenen Verhöre des Türhüters auf Gegenteiliges deuten.

Weiterhin ist in den Kommentaren von der Freundlichkeit des Türhüters die Rede. Sie wird damit begründet, daß er sich gleich in den ersten Augenblicken den Spaß erlaubt habe, den Mann vom Lande trotz des bestehenden Verbotes zum Eintritt einzuladen.[606] Auch diese Auffassung steht, wie ausgeführt, im Widerspruch zum Text, der an dieser Stelle von keiner solchen Eigenschaft weiß, denn in diesem Fall hätte der Türhüter den Mann vom Lande anlächeln, ihm wohlwollend zunicken oder durch Ausdrucksbewegungen ähnlicher Bedeutung seine Gewogenheit zum Ausdruck bringen müssen.

Unter den Gegebenheiten, die nach Meinung des Geistlichen den Türhüter als mitleidsvoll erscheinen lassen, gehört »die Annahme der Geschenke«.[607] Das ist wahrlich eine euphemistische Formulierung für die Tatsache, daß der Türhüter den Mann vom Lande um seine gesamte Habe bringt. Er zeigt also keineswegs »Regungen des Mitleids«,[608] sondern er ist ein Schmarotzer, der aus dem Elend des Mannes materiellen Nutzen zieht, ohne dies zugeben zu wollen. Daraus nun aber umgekehrt zu schließen, der Zweck der Behinderung des Mannes vom Lande sei es gewesen, dem Türhüter zu Vorteilen zu verhelfen,[609] greift natürlich ebenfalls zu kurz, denn in diesem Fall wäre nicht einzusehen, welchen Sinn dann die anderen Gesichtspunkten verpflichtete Fortsetzung des Erzählgeschehens überhaupt noch haben sollte.

In diesen Zusammenhang gehören außerdem Aussagen der Kommentatoren, in denen darüber spekuliert wird, ob der Türhüter jemals im Innern des Gesetzes gewesen sei. Sie ähneln den vergeblichen Bemühungen der Interpreten, über die geheimen Gedanken des Mannes vom Lande Aufschluß zu erhalten, gibt doch die Erzählung darüber so wenig Auskunft wie über die Frage, ob sich der Türhüter vor dem Gesetz mehr fürchte als der Mann vom Lande. Es ist deswegen müßig, darüber Aussagen machen zu wollen, ob sich der Türhüter über das Innere des Gesetzes oder seinen Dienst in einer Täuschung befinde oder nicht. Denn es bedarf gar nicht der von K. behaupteten, in ihren Details nicht dargestellten Übertragung dieser möglicherweise vorhandenen Täuschung auf den Mann vom Lande, um diesen zu täuschen. Der Mann wird von den Botschaften des Türhüters getäuscht, und zwar unabhängig davon, ob man unterstellt, dieser unterliege selbst einer Täuschung. Aber eben dieser Sachverhalt wird in der Unterredung verschleiert, weil der Leser dazu verführt wird, darüber zu reflektieren, ob der vom Geistlichen angeführte und von K. aufgegriffene Kommentar seine Richtigkeit habe oder nicht. Denn auf diese Weise bleibt das Urteil des Betrachters im Bann der Frage befangen, ob vom Türhüter überhaupt eine Täuschung ausgehen könne oder nicht, die natürlich unter den zugelassenen Gesprächsvoraussetzungen unentscheidbar bleiben muß.

Schließlich verwirrt der Kaplan durch einander widersprechende Deutungen, die K.s Aufnahmefähigkeit überfordern. So leitet er seinen Vortrag der Legende mit dem Bemerken ein, sie handle von eben der Täuschung, der K. gegenüber dem Gericht unterliege. Nachdem er aber *Vor dem Gesetz* zur Kenntnis gebracht hat, vertritt er die These, von der Täuschung stehe nichts im Text. Da sein Zuhörer gleichwohl darauf beharrt, versucht er, ihn davon abzubringen, indem er sofort eine Auslegung nachschiebt, in welcher der Mann vom Lande gar nicht als Getäuschter erscheint. Nachdem sich K. mit dieser Auffassung angefreundet hat, wird ihm ein weiterer Kommentar zur Kenntnis gebracht, in dem behauptet wird, nicht der Mann vom Lande, sondern der Türhüter sei der Getäuschte. Diese Variante verunsichert, weil sie die bisherige Grundlage des Verständnisses ins Wanken bringt.

4. EXEGESEN

Die zuletzt genannte Position verschleiert aber zugleich, weil sie wiederum vom eigentlichen Problem ablenkt. Dies geschieht auf zweifache Weise. Einmal wird die Diskussion von den Beziehungen zwischen Gesetz und Einlaßsuchendem auf das Verhältnis zwischen Türhüter und Gesetz verlagert, also ein Sachverhalt in den Mittelpunkt der Betrachtung gestellt, der für die Beurteilung der Haltung des Türhüters gegenüber dem Mann vom Lande bedeutungslos ist. Zum andern soll mit der Behauptung, der Türhüter sei dem Mann vom Lande untergeordnet, suggeriert werden, dieser könne, weil er die Beziehung dominiere, nicht von dem ihm unterlegenen Partner getäuscht worden sein. Das ist natürlich ein irreführender Gedanke, ganz abgesehen davon, daß keine Rede davon sein kann, der Mann vom Lande sei dem Türhüter übergeordnet. Die entsprechende Aussage des Kaplans beruht wieder einmal auf einer logisch unrichtigen Zuordnung verschiedener Vorstellungsfelder, die mindestens teilweise miteinander inkommensurabel sind. Denn als Kriterien der Unterordnung erscheinen in dieser Argumentation die Gebundenheit des Türhüters an das Tor des Gesetzes, die Ausrichtung seiner Mission auf den Mann vom Lande sowie ein Wissensdefizit, das er diesem gegenüber habe und das mit der Behauptung begründet wird, er selbst könne den aus der Tür brechenden Glanz nicht bemerken. [610]

Der Fehler dieses Deutung besteht hauptsächlich darin, daß der Ausdruck Abhängigkeit, der in der Tiefenstruktur des Gedankengangs stillschweigend die Vorstellung der Unterordnung ersetzt hat, in einer Weise verwendet wird, die gegen den üblichen Sprachgebrauch verstößt. Abhängigkeit erscheint hier nämlich lediglich als formaler Gegensatz zum Begriff der Unabhängigkeit, und in diesem Sinn ist natürlich der an Tor und Mann vom Lande gebundene Türhüter tatsächlich nicht unabhängig von seinem Gegenüber. Wenn der Türhüter jedoch in dem Sinn, in dem der Begriff allgemein verstanden wird, vom Mann vom Lande abhängig wäre, müßte er auf diesen angewiesen sein. Aber gerade diesen entscheidenden Gesichtspunkt spart der Geistliche aus, wohl wissend, daß die Legende keine Hinweise darauf enthält.

K. bemerkt diese Unstimmigkeiten freilich nicht, sondern tritt dieser unsinnig begründeten Auffassung bei. Sie erlaubt es ihm nämlich, seinen ursprünglichen Gedanken neuerlich vorzubringen: Wenn der Türhüter »getäuscht« sei, müsse sich, so meint er, diese Täuschung notwendigerweise auf den Mann vom Lande übertragen: »Der Türhüter ist dann zwar kein Betrüger, aber so einfältig, daß er sofort aus dem Dienst gejagt werden müßte.« [611] Auf diesen Vorwurf antwortet der Geistliche mit einem weiteren Kommentar, der die vorgetragene Kritik am Türhüter für unzulässig erklärt und darauf zielt, seinem Gesprächspartner den Boden zu entziehen, auf dem man sich bisher bewegt hatte.

Aber nicht nur die Abfolge der großen Gesprächsblöcke ist durch Widersprüche gekennzeichnet, sondern auch die vorgetragenen Kommentare selbst sind in sich widersprüchlich: Einmal ist der Türhüter dem Mann vom Lande untergeordnet, ein andermal übergeordnet. [612] An einer Stelle wird behauptet, der Türhüter werde das für den Mann bestimmte Tor schließen können, dann wieder wird eben dies bestritten. Einerseits wird gesagt, der Türhüter verhalte sich dem Mann gegenüber freundlich und wohlwollend. Insofern aber ausgeführt wird, er habe möglicherweise den Mann vom Lande zu Reue und Trauer veranlassen wollen, verkehrt sich dieses günstige Bild wiederum in sein Gegenteil, denn das kann doch nur bedeuten, daß er ihn im Angesicht seines Todes Qualen bereiten will. [613] Der Geistliche kann demnach als Vertreter einer Machtinstanz verstanden werden, der durch die Herstellung von Unklarheit eine Verzerrung der kommunikativen Situation bewirkt. [614] Sie endet in einer vollständigen Orientierungslosigkeit, die in der Bemerkung K.s bildhaften Ausdruck findet, er könne sich »im Dunkel allein nicht zurechtfinden«. [615]

K. ist also unfähig, sich gegen die Gesprächsstrategien zur Wehr zu setzen, denen er ausgesetzt ist. Er kann die Normsetzungen des Geistlichen nicht aufbrechen, sondern bleibt passiv in der Fehlerhaftigkeit der ihm vorgetragenen Auslegungen befangen, deren Widersprüchlichkeit er nicht zu durchschauen vermag: Statt sich mit ihnen auseinanderzusetzen, möglicherweise sogar die Relevanz des Geschehens für sich selbst zu bestreiten, [616] kennt er nur Zweifel (wenn er den Kaplan nach seiner Meinung fragt), übereilte, kritiklose Beipflichtung (wenn er »sofort« antwortet oder eine These des Geistlichen »gut begründet« findet) oder Ablehnung (wenn er mit einem Kommentator nicht übereinstimmt). Er tastet die ihm vorgetragenen Deutungen lediglich daraufhin ab, welche Folgerungen sich daraus für die von ihm favorisierte These ergeben könnten, der Türhüter habe den Mann getäuscht, so daß man den Eindruck hat, er liefere sich in einer dem Mann vom Lande vergleichbaren Weise seinem Gesprächspartner und dessen zwielichtigen Ausführungen aus. Die belanglosen Fragen, die der Türhüter bei seinen Verhören gebraucht, sind durchaus den bedeutungslosen Kommentierungen vergleichbar, um die der Gefängniskaplan den Vortrag der Legende ergänzt. K. gleicht dem Mann vom Lande aber auch in der Beharrlichkeit, mit der er auf seiner anfänglichen Position beharrt, also immer wieder die eine und einzige Frage bedenkt, ob der Türhüter den Mann vom Lande getäuscht habe. Denn der Mann vom Lande erweist seine fehlende geistige Beweglichkeit ja dadurch, daß er auf das zunächst ausgesprochene Verbot des Türhüters lediglich immer wieder mit neuen Einlaßwünschen antwortet, ohne die Tücken zu erkennen, die in dessen Botschaften verborgen liegen, so daß er schließlich als unglücklichen Zufall wertet, was mindestens teilweise der Regie des eigenen Handelns unterstellt gewesen wäre.

Aber wiederum würde die das Gespräch kennzeichnenden Verhältnisse einseitig verstehen, wer annähme, die Aufgabe des Geistlichen habe allein darin bestanden, K. zu täuschen. Indem K. nämlich den einzigen Gedanken in den Ausführungen des Kaplans unbeachtet läßt, der wirklich zur Erhellung seiner Lage hätte beitragen können, verspielt er die letzte Chance, durchschauen zu können, in welcher Weise das Gericht ihm gegenüber operiert. Dies geschieht dadurch, daß er den vom Geistlichen gebrauchten Begriff der Täuschung einsinnig versteht, also im Mann vom Lande nur das Opfer eines Betrugs und nicht zugleich den Urheber einer Täuschung sieht. Denn dadurch bleibt ihm verborgen, daß auch er selbst sich über die Mitteilungen des Geistlichen in einem Irrtum befindet. Man könnte sagen, der Wortlaut der Legende verleite zu einer solchen Verkürzung, vielleicht aber auch K.s Angst, er könne, wenn er die Worte des Geistlichen in dem von diesem gemeinten Sinn aufgreife, vor sich selbst zugeben müssen, er sei in seinem bisherigen Verhalten dem Gericht gegenüber seines eigenen Unglücks Schmied gewesen. Jedenfalls kann die Macht, die das Gericht durch die Person des Gefängnisgeistlichen auf K. ausübt, nicht ausschließlich dafür verantwortlich gemacht werden, daß er in diesem entscheidenden Punkt als Interpret versagt.

Die Erkenntnisse, die bei der Analyse des *Dom*-Kapitels gewonnen wurden, lassen an Eindeutigkeit nichts zu wünschen übrig. Es hat sich gezeigt, daß der zentrale Gegenstandsbereich des Gesetzes in einer Weise dargestellt ist, der keine inhaltlichen Zuweisungen erlaubt: Der Sinn dieser Einrichtung kann also nicht ausfindig gemacht werden, obwohl sie für den Mann vom Lande von lebenswichtiger Bedeutung ist. Anders verhält es sich mit den Figuren, die dem Gesetz handelnd zugeordnet sind. In diesem Bereich können zwar Setzungen vorgenommen, Plausibilitätserwägungen angestellt werden, die aber in keinem einzigen Fall zu eindeutigen Festlegungen führen. Alle aus dem Wortlaut der Erzählung erschlossenen oder zusätzlich vom Geistlichen beigebrachten, teilweise in sich doppeldeutigen Erkenntnisse über das Verhalten des Türhüters und seines Kontrahenten können in ihr Gegenteil verkehrt werden, ohne daß dadurch ihre Überzeugungskraft geschmälert würde. Aber welchen Pol dieser argumentativ abgestützten Alternativen man auch für zutreffend erklärt, immer ergeben sich an anderen Stellen des Textes damit unvereinbare Widersprüche, die ihrerseits wiederum Konsequenzen für die ihnen gleichfalls zugeordneten Gegenmöglichkeiten des Verstehens haben.

Dem aufmerksamen, geschulten Leser wird nicht entgangen sein, daß die sich aus diesem Sachverhalt ergebende Zahl möglicher Verstehensvarianten nur ansatzweise behandelt worden ist, weil im begrenzten Rahmen der Textzergliederung ein solches System einander ausschließender, zugleich aber voneinander abhängiger oder wechselseitig bedingender Setzungen in seinen Verästelungen nicht übersichtlich darzustellen ist. Aber eben diese Tatsache darf als eigentliches Interpretationsergebnis angesehen werden.

Denn wenn die einzelnen Textbestandteile immer auch etwas anderes und jede dieser Alternativen zugleich das Gegenteil bedeuten können, dies aber jeweils für sich und im Zusammenspiel auf Voraussetzungen beruht, die selbst wieder in dieser Weise organisiert sind, ergibt sich eine als Ganzes nicht zu überschauende Fülle einander sich immer wieder aufhebender, weil durch gleichrangige Gegenmöglichkeiten zu ersetzender Deutungen, die festumgrenzte Sinnzuweisungen unmöglich machen. Dadurch aber wird der semantische Gehalt des Textes derart ausgehöhlt, daß er auf der Ebene der Gegenständlichkeit nichts mehr bedeutet. Aussagekräftig ist demnach allein die dargestellte, in sich vielschichtige Widersinnigkeit als solche, welcher der Mann vom Lande, K. und der Leser ausgesetzt sind, und zwar unabhängig davon, welche Veranschaulichungsbereiche zu ihrer Realisierung eingesetzt werden. An diesem Verständnis ändert sich auch nichts, wenn die den Text konstituierenden Antinomien und Oppositionen als Teil einer Beziehungsfalle verstanden werden, denn dies bedeutet lediglich, daß Kafka die dargestellten Widersprüchlichkeiten für Bestandteile der Wirklichkeit hielt, nicht aber, daß Aussagen darüber gemacht werden, in welchen Alltagssituationen und unter welchen besonderen Bedingungen sie zu beobachten seien.

Wenn aber Kafka seine Leser Beziehungsfallen aussetzen, sie darin festhalten und ihre Versuche, sich das dargestellte Geschehen zurecht zu legen, zuschanden werden lassen wollte, dann scheint unverständlich, daß er zugleich die Möglichkeit eröffnet, diese von Widersprüchen bestimmten Situationen als solche zu erkennen, also darüber zu reflektieren und ihre Wirkungen zu analysieren. Diese Antinomie ist zwar nicht aufzulösen, läßt sich aber gleichwohl so umformen, daß ihr ein Sinn abgewonnen werden kann: Kafka wollte einerseits, daß sich der Leser unreflektiert Beziehungsfallen aussetze und wie die Erzählfiguren darunter leide, er möchte aber zugleich erreichen, daß die Bedingungen erkannt werden, unter denen derartige Situationen in Erscheinung treten. Dies kann, muß aber nicht so verstanden werden, als habe er das Gesetz des Widerspruchs, welches das gesamte *Dom*-Kapitel durchzieht, auf die Spitze treiben und zum allein bestimmenden Faktor des Verständnisses machen wollen. Betrachtet man nämlich die Perspektivgestaltung, die Kafka im *Proceß* durchgehend verfolgt, bietet sich eine andere Erklärung an, ohne die eben gegebene als unrichtig auszuschließen.

Bekanntlich zeichnet sich der Roman durch eine personale Erzählerhaltung aus. Das bedeutet, daß alle Vorgänge aus der Optik K.s dargestellt werden. Die natürliche Folge ist, daß sich der Leser mit dem Perspektivträger identifiziert und die Vorgänge in gleicher Weise wie der Held des Romans nacherlebt. Das ist aber nur die halbe Wahrheit. Die Raffinesse dieser Erzählweise besteht nämlich darin, daß es dem Leser gleichwohl möglich ist, diese formalen Wahrnehmungseinschränkungen zu durchbrechen, wenigstens ein Stück weit hinter die Kulissen der Erzählbühne zu schauen und sich auf diese Weise Zusammenhänge bewußt zu machen, die K. verborgen bleiben müssen.[617] Dies heißt, angewendet auf das *Dom*-Kapitel, daß der Leser nicht bedingungslos dazu verdammt ist, K.s Verwirrung auf Dauer zu teilen, sondern daß er die Möglichkeit erhält, jene gedanklichen Operationen vorzunehmen, die es erlauben, der lähmenden Wirkung der ergangenen Doppelbotschaften zu entkommen.

VI. *Kapitel*
HINTERGRUND

Aufgrund des Gesagten darf als Tatsache gelten, daß Kafka die Hauptfiguren einzelner seiner Werke mit Antinomien konfrontiert, die weder von ihnen selbst noch vom Leser aufgelöst werden können. Dazu kommen immer wieder rätselhafte oder undurchsichtige Textstellen, die zu erklären der Rezipient nicht imstande ist, weil Kafka ihm zugleich mit der Präsentation des zur Auflösung verlokkenden Sachverhalts die Mittel entzieht, die zur Bewältigung dieser Aufgabe nötig wären. Natürlich erhebt sich die Frage, was Kafka zu diesem Vorgehen veranlaßt hat. Eine mögliche Antwort ergibt sich aus seiner Biographie: Die Überprüfung seiner Lebenszeugnisse führt nämlich zu dem Ergebnis, daß er sich selbst andauernd Beziehungsfallen ausgesetzt sah, die von seinen Eltern aufgebaut worden waren. Da nach der Einsicht der Psychologie die Opfer solcher Doppelbindungen den auf ihnen lastenden Druck unter anderem dadurch zu mildern suchen, daß sie ihrerseits selbst wieder Beziehungsfallen produzieren, [618] scheint die Annahme naheliegend, entsprechende Elemente seines Erzählschaffens als Sedimentierungen eigener Lebenserfahrungen zu deuten, eine Vermutung, die durch den Umstand bekräftigt wird, daß Kafka selbst anderen gegenüber gelegentlich Beziehungsfallen benützte. Die Hypothese gewinnt außerdem durch den Umstand an Glaubwürdigkeit, daß das fragliche Phänomen für Kafka während der Zeit eine besondere Bedeutung gehabt haben muß, in der *Vor dem Gesetz* entstand.

Die autobiographische Herleitung der in seinem Werk zutage tretenden Antinomien und Beziehungsfallen empfiehlt sich auch deswegen, weil die Psychologie seiner Zeit noch kein Wissen von diesem im Verborgenen wirkenden Mechanismus hatte. Nach allem, was bisher bekannt ist, hat auch keiner der Schriftsteller, mit deren Werk sich Kafka beschäftigt hat, Beziehungsfallen literarisch dargestellt oder theoretisch beschrieben. Das von ihm geschilderte Phänomen konnte ihm also nur aus eigener Erfahrung bekannt geworden sein, die demnach als einzige Quelle seiner diesbezüglichen Inspirationen anzusehen ist.

1. VATER

Zunächst sei das Belegmaterial aus dem *Brief an den Vater* angeführt, der keineswegs als literarische Fiktion zu verstehen ist, sondern als echter Brief, der den Adressaten allerdings niemals erreicht zu haben scheint. Kafka sucht in diesem Dokument, in dem er seine innere Entwicklung schildert, den schwierigen Dialog mit seinem Vater auf der Ebene des Schriftverkehrs fortzusetzen. An einer Stelle des Schreibens wird berichtet, wie der Vater zu reagieren pflegte, wenn er mit Entscheidungen seiner Kinder nicht einverstanden war. In solchen Fällen äußerte er sich in dieser Weise:

> »Mach, was Du willst; von mir aus bist Du frei; Du bist großjährig; ich habe Dir keine Ratschläge zu geben«, und alles das mit dem fürchterlichen heiseren Unterton des Zornes und der vollständigen Verurteilung, vor dem ich heute nur deshalb weniger zittre als in der Kinderzeit, weil das ausschließliche Schuldgefühl des Kindes zum Teil ersetzt ist durch den Einblick in unser beider Hilflosigkeit. [619]

Bei dem angeführten Sachverhalt handelt es sich keinesfalls um einen einmaligen Vorgang, sondern um ein vielfach wiederholtes Verhaltensmuster, das als Beziehungsfalle wirken mußte. Während auf der verbalen, semantischen Ebene der volljährige Sohn formell davon entbunden wird, dem väterlichen Willen entsprechen zu müssen, wird zugleich auf der nichtverbalen Ebene mithilfe von Ausdrucksbewegungen und durch die Art der Intonation ein damit unvereinbares Verbot ausgesprochen, gegen die Vorstellungen des Sprechers zu handeln. Wenn Kafka in seiner Legende der Aufforderung des Türhüters, der Mann vom Lande möge in das Gesetz eintreten, ein böses Lachen entgegensetzt, das er in ähnlicher Form bei seinem Vater beobachten konnte, [620] dann handelt es sich genau um diesen Typus von Doppelbotschaft, der, wie das Ende des angeführten Zitats zeigt, sein Leben seit den Tagen der Kindheit verdüstert hatte.

Ein zweites Beispiel betrifft Kafkas Heiratsversuche. Sein Wunsch, eine Ehe einzugehen, müsse dem Vater eigentlich sympathisch gewesen sein, meint er im *Brief an den Vater,*

> nur daß es dann in Wirklichkeit so ausfällt wie das Kinderspiel, wo einer die Hand des anderen hält und sogar preßt und dabei ruft: »Ach geh doch, geh doch, warum gehst du nicht?« Was sich allerdings in unserem Fall dadurch kompliziert hat, daß Du das ›geh doch!‹ seit jeher ehrlich

225

gemeint hast, da Du ebenso seit jeher, ohne es zu wissen, nur kraft Deines Wesens mich gehalten oder richtiger niedergehalten hast. [621]

Der zweite Teil des Zitats erklärt das zuvor verwendete Bild, das wiederum die Situation der klassischen Beziehungsfalle zum Ausdruck bringt, in der eine Handlungsanweisung durch gegensätzliche Qualifikationen bestimmt wird: Es gilt gleichzeitig der Wunsch des Vaters, Kafka möge sich selbständig machen und eine eigene Familie gründen, sowie die damit nicht zu vereinbarende Gegenvorstellung, dies zu unterlassen, weil – so läßt sich ergänzen – der Sohn gar nicht dazu in der Lage sei. [622] Auch in diesem Fall beschreibt Kafka nicht ein einzelnes Vorkommnis, sondern eine »seit jeher« bestehende, also seine Entwicklungsjahre einschließende und bestimmende Verhaltensweise des Vaters.

Beziehungsfallen liegen auch dann vor, wenn die einander aufhebenden, für einen abhängigen Partner bestimmten Aufforderungen eines Sprechers nicht im strengen Sinn des Wortes gleichzeitig sind. Denn wenn beispielsweise in Familiensituationen an ein Kind gerichtete, miteinander unvereinbare Botschaften sich in einem solch engen zeitlichen Abstand folgen, daß sie vom Betroffenen im Gedächtnis behalten und deswegen miteinander in seinem Bewußtsein wirksam werden, ist die entstehende Verwirrung fast so groß, wie wenn sie zugleich geäußert worden wären.

In diesem Zusammenhang ist von Bedeutung, in welcher Art Kafkas Vater seine Überzeugungen zu artikulieren pflegte. Seine diesbezüglichen Mitteilungen waren nicht allein im höchsten Grade willkürlich, sondern auch von unvorhersehbarer Dauer, konnten also in jedem Augenblick widerrufen und durch Gegenpositionen ersetzt werden. Dies geschah etwa im Bereich der Politik, wo er gleichzeitig oder nacheinander Tschechen, Deutsche und Juden niedermachte. Wenn Kafka diese sich in schneller Folge ablösenden Wertsetzungen miteinander verglich, mußte er erkennen, daß sie miteinander unvereinbar waren, weil angesichts der in Prag herrschenden politischen Verhältnisse die Verurteilung der einen Volksgruppe fast zwangsläufig eine Aufwertung der ihr feindlich gegenübertretenden anderen nach sich ziehen mußte.

Indem der Vater also mögliche Parteinahmen und Identifizierungen zugleich bestritt und vornahm, machte er ein bestehendes Entweder-Oder zu einem Weder-Noch und zu einem Sowohl-als-Auch. Auf diese Weise erzeugte er zwar keine Beziehungsfallen im strengen Sinn des Wortes, schon weil seine Mitteilungen nicht den ausdrücklichen Charakter von Aufforderungen hatten, aber er führte einen fortwährenden Austausch gegensätzlicher Positionen vor Augen, der im Zuhörer widersprüchliche Vorstellungen über ein und dasselbe Phänomen erwecken mußten. Dasselbe Muster verwendete er bei der Beurteilung von Familienangehörigen. So hatte er die Gewohnheit, unterschiedslos Nah- und Nächstverwandte herunterzumachen, und verschonte bei solchen Gelegenheiten auch seinen Sohn nicht. Wenn aber andere diese Kafka betreffenden negativen Urteile aufzunehmen wagten oder sie aus eigener Einsicht bestätigten, ermunterte er den Betroffenen zur Gegenwehr oder warf die Nestbeschmutzer ärgerlich aus der Wohnung. [623]

Ein anderes Beispiel: Solange sich Kafka, angewidert von der Art und Weise, wie der Vater sein Judentum praktizierte, von der religiösen Überlieferung seines Volkes abwandte, übte Hermann Kafka an diesem Verhalten heftige Kritik. Als er jedoch tatsächlich anfing, sich für jüdische Belange zu interessieren, begann sich der Vater vor allem Jüdischen zu ekeln. [624] Da der Vater also selbst dann eine Gegenposition zur Haltung seines Sohnes einnahm, wenn sich dessen Überzeugungen ins Gegenteil verkehrten, mußte sein Verhalten gegenüber den überlieferten Werten des Judentums als in sich widersprüchlich erscheinen. Die Folge war, daß Kafka, der zeitlebens von den väterlichen Wertmaßstäben abhängig blieb, die ihm entgegentretenden Strukturen verinnerlichte und antagonistische Gefühle gegenüber dem Judentum entwickelte. Diese Doppelgerichtetheit läßt sich quellenmäßig belegen, und zwar in einem Brief an Felice, in dem er sich über seine Stellung zur nationaljüdischen Bewegung in dieser Weise äußerte: »ich bewundere den Zionismus und ekle mich vor ihm«. [625] Die Übereinstimmung mit dem Vater geht an dieser Stelle bis ins Begriffliche: Beide ekeln sich vor dem Zionismus.

In einer ähnlichen Weise erlebte Kafka den Vater am Eßtisch. Da beide Eltern berufstätig waren, fand das Geschäft der Erziehung insbesondere während der gemeinsam eingenommenen Mahlzeiten statt. Wie jede Maßnahme dieser Art erschienen die bei dieser Gelegenheit erlassenen Verhaltensmaßregeln unter dem Anspruch, allgemeinverbindlich zu sein, doch bemerkte Kafka bald, daß der Urheber dieser Gesetze dauernd selbst dagegen verstieß. Auf diese Weise konnte er zwar einen Widerspruch zwischen den vom Vater erlassenen Geboten und seinem Handeln beobachten, aber eine Beziehungsfalle war dadurch natürlich nicht gegeben, weil dessen Erziehungsmaßnahmen nicht einschränkungslos in Geltung standen und zugleich ungültig waren. Sie hatten vielmehr Gültigkeit, aber allein für den Sohn. Die Einsichten, die sich aus dieser Sachlage ergaben, führten allerdings zu einer Situation, die einer Beziehungsfalle ähnelte. Im vorliegenden Fall war es das »Gefühl«, in Schande leben zu müssen, gleichgültig, wie man sich auch zu den väterlichen Erziehungsmaßnahmen verhalte:

> entweder befolgte ich deine Befehle, das war Schande, denn sie galten ja nur für mich; oder ich war trotzig, das war auch Schande, denn wie durfte ich Dir gegenüber trotzig sein, oder ich konnte nicht folgen, weil ich zum Beispiel nicht Deine Kraft, nicht Deinen Appetit, nicht Deine Geschicklichkeit hatte, trotzdem Du es als etwas Selbstverständliches von mir verlangtest; das war allerdings die größte Schande. [626]

Zusammenfassend kann gesagt werden, daß sich der bis zu seinem 31. Lebensjahr in der elterlichen Wohnung lebende Kafka immer wieder Doppelbotschaften oder zumindest widersprüchlichen Informationen ausgesetzt sah. Da er sich innerlich von seinem Vater derart abhängig fühlte, daß er Zeit seines Lebens unselbständig blieb und sich zumindest teilweise von dessen Positionen her definierte, war die klassische Situation einer Beziehungsfalle immer wieder gegeben.

Trotz seiner dauernd einbekannten Unfähigkeit, dem Vater im Gespräch gewachsen zu sein, scheint er sich gelegentlich mit Beziehungsfallen gewehrt zu haben. Jedenfalls überliefern die Lebenszeugnisse einmal ein Beispiel solcher für ihn ungewöhnlicher Schlagfertigkeit: Ende 1917 wurde Kafka von seinem Vater beschuldigt, er habe seine jüngste Schwester in ihren abwegigen Lebensplänen unterstützt. Tatsächlich war Ottla, die der Vater in diesem Zusammenhang als Verrückte, zugleich aber als ein Mädchen von Eisen bezeichnete, von ihrem Bruder ermutigt worden, die Tätigkeit im elterlichen Geschäft in Prag aufzugeben und stattdessen ein im Familienbesitz befindliches Gütchen auf dem Lande zu bewirtschaften, um sich auf diese Weise durch körperliche Arbeit zu verwirklichen.

Dieser Ausbruchsversuch aus der kleinbürgerlichen Welt der Familie brachte den Vater in Rage. Er behauptete, vielleicht gegen besseres Wissen, aber jedenfalls, wie Kafkas Briefe aus Zürau zeigen, in Verkennung der tatsächlich bestehenden Verhältnisse, es sei leicht, auf dem Lande zu leben, wo alle Lebensmittel »in Hülle und Fülle« zur Verfügung stünden, Ottla also keine Entbehrungen auf sich zu nehmen habe. [627] Andererseits aber pflegte er darauf hinzuweisen, daß seine Kinder in Prag »in Saus und Braus« leben könnten, [628] und davon zu erzählen, welche Leiden er demgegenüber in seiner Jugend auszustehen gehabt habe [629]. Als Selbstbemitleidungen und in der Absicht vorgebracht, den eigenen Opfersinn ins rechte Licht zu stellen, verschleiern diese Aussagen die Tatsache, daß sie den Adressaten eine Falle stellten, aus der es kein Entrinnen geben konnte. Denn ob Ottla aus den Klagen des Vaters die Aufforderung ableitete, es ihm gleichzutun und sich nicht von ihm aushalten zu lassen, oder ob sie das Gegenteil für richtig hielt, sich also in seinem Sinne vernünftig gab – sie würde es in jedem Fall verkehrt machen und deswegen Schuldgefühle entwickeln müssen, die auch in den Quellen belegbar sind. [630] Folgte sie nämlich als ungehorsame Tochter den eigenen Wünschen und verließ die Eltern, die ihre Arbeitskraft nötig hatten, wählte sie egoistisch den bequemen Weg, machte sich also in schlimmen Kriegszeiten ein schönes Leben bei reichlichem, gutem Essen, während die Angehörigen in der Stadt darbten. Blieb sie jedoch gehorsam zu Hause, genoß sie unverdientermaßen die Früchte des väterlichen Fleißes, ohne sich in der Weise bewähren zu können, zu der sie durch die Erzählungen des Vaters angeregt worden war. Solche Vorgaben mußten lähmend auf die Entschlußkraft einwirken. Es gilt, was Kafka im *Brief an den Vater* schreibt: »Während Du also von einer Seite durch Beispiel, Erzählung und Beschämung dazu locktest [, von zu Hause auszubrechen], verbotest Du es auf der anderen Seite allerstrengstens.« [631]

Nachdem Ottla Prag verlassen hatte, hörten die Diskussionen über ihr Verhalten keineswegs auf. Als im Familienkreis wieder einmal von ihrer Unbotmäßigkeit die Rede war, mischte sich der Bruder ein und antwortete auf die Bemerkung des Vaters, Otta sei verrückt, »nicht schlecht oder wenigstens verblüffend«, »das Abnormale sei nicht das schlechteste, denn normal sei z. B. der Weltkrieg«. [632] Diese Antwort ist eine an den Vater gerichtete Doppelbotschaft, der in die Falle tappen, also in einen Selbstwiderspruch geraten mußte, ob er nun diese Bewertung der Zeitverhältnisse übernahm oder nicht: Wenn er die Meinung seines Sohnes nicht teilte und den Weltkrieg für abnormal hielt, dann mußte er die seit

Jahren in der Stadt herrschenden Kriegsverhältnisse, unter denen er selbst zu leben und zu leiden hatte, ebenfalls für abnormal halten. Indem aber Ottla der auf diese Weise konturierten Stadt den Rücken gekehrt hatte, verkörperte sie die Gegenposition, also die Normalität und konnte deswegen nicht zugleich verrückt sein. Pflichtete er jedoch der Aussage seines Sohnes bei und erklärte die im Verlauf des Krieges erfolgten einschneidenden Veränderungen des Prager Alltags zur Normalität, dann war es auch normal, daß sein Geschäft fast bankrott war und die Stadt von Hungernot heimgesucht wurde. [633] In diesem Fall war Ottlas Entscheidung zwar abnormal, weil sie dieser Normalität entfloh, aber da sie auf dem Land Gegebenheiten wie in Friedenszeiten antraf, die er unmöglich als abnormal bezeichnen konnte, war sie zugleich auch normal.

Ein anderes Beispiel findet sich an einer Stelle des *Briefs an den Vater*, an der Kafka das innere Gesetz erläutert, unter dem sich seine drei Versuche vollzogen hatten, eine Ehe einzugehen. Beim Heiraten, heißt es da, treffe hinsichtlich seiner Beziehung zum Vater »zweierlei scheinbar Entgegengesetztes so stark wie nirgends sonst zusammen«. [634] Einerseits müsse er, um die größtmögliche Selbständigkeit zu erlangen, der sein ganzes Sehnen und Streben galt, vor dem Vater fliehen, also etwas tun, das »möglichst gar keine Beziehung« zu dessen Welt hatte. Andererseits aber erstrebte er mit gleicher Intensität die Ehe, die »ehrenvollste Selbständigkeit« erlaubte, weil sie »in engster Beziehung« zum Vater stand, der ihm Muster und Maß eines verantwortungsvollen Familienoberhaupts verkörperte. [635] Er hätte sich also zugleich vom Vater entfernen und sich ihm nähern müssen, eine unlösbare Aufgabe, die er in folgenden Formulierungen veranschaulicht:

> Es ist so, wie wenn einer gefangen wäre und hätte nicht nur die Absicht zu fliehen, was vielleicht erreichbar wäre, sondern auch noch und zwar gleichzeitig die Absicht, das Gefängnis in ein Lustschloß für sich umzubauen. [636]

Aber wie konnte Kafka dreimal an die Realisierung eines solchen Plans denken, der für ihn, wie er im gleichen Zusammenhang bemerkt, »etwas von Wahnsinn« an sich hatte? Gewiß zeigt die mit Felice Bauer geführte Korrespondenz an mehreren Stellen, daß die Auseinandersetzung mit der Geliebten immer wieder zu geistigen Grenzsituationen führte, die ihm Angst machten, verrückt zu werden. [637] Hinsichtlich der konkreten Ursachen, die ihn an der Ehe verzweifeln ließen, vermitteln diese Briefe freilich ein anderes, allerdings gleichfalls von Widersprüchen bestimmtes Ergebnis. Einerseits erscheint dort immer wieder das Schreiben, das Kafka nur in nächtlicher Einsamkeit verwirklichen konnte, als Hinderungsgrund eines gemeinsamen Lebens mit Felice. Dieses Argument ist allerdings nur vorgeschoben, eine Schutzbehauptung. Die wirkliche Ursache war offensichtlich seine Angst vor Intimität. Er glaubte, das Zusammenleben zwischen Mann und Frau, besonders die damit verbundene Geschlechtsgemeinschaft, aufgrund seines schwach strukturierten Ichs nicht aushalten zu können. [638] Diese Zusammenhänge werden im *Brief an den Vater* verschwiegen, so daß man in der zuletzt angeführten Passage einen jener »advokatorischen Kniffe« vermuten darf, derer er sich später im Blick auf die Konzeption des Briefs beschuldigen zu müssen glaubte. Er hat überdies dem Adressaten gegenüber selbst zugegeben, er könne bei der Darstellung seiner Lebensprobleme nicht in allen Punkten vorbehaltlos die Wahrheit sagen. [639] Diese Ausführungen haben demnach den Zweck, den Briefempfänger mithilfe einer Doppelbotschaft zum Schweigen zu bringen: Hermann Kafka sollte gezwungen werden zuzugeben, daß er seinen Sohn wegen seines Versagens als Familiengründer fälschlicherweise getadelt hatte, gilt doch für den Gefangenen, als der Kafka in dem angeführten Bild erscheint: »Wenn er [...] flieht, kann er nicht umbauen, und wenn er umbaut, kann er nicht fliehen.« [640]

Die Annahme ist gerechtfertigt, daß die Strategie, auf Doppelbotschaften wiederum mit Doppelbotschaften oder vergleichbar undurchsichtig-widersprüchlichen Vorstellungen zu antworten, zur Gewohnheit werden kann, also auf außerhalb des familiären Rahmens liegende Beziehungsprobleme ausgedehnt wird. Auch dafür finden sich in Kafkas Lebenszeugnissen Belege.

Das in diesem Zusammenhang vielleicht eindrucksvollste Beispiel betrifft sein Sterben. Der Leidende sagte kurz vor seinem Tod zu dem ihn behandelnden Medizinstudenten Robert Klopstock: »Töten Sie mich, sonst sind Sie ein Mörder!« [641] Diese Aussage wird gelegentlich als Beispiel für seine Formulierungsgabe angeführt, die zeige, wie er, gleichsam bis zum bitteren Ende und davon unbeeindruckt, die Kunst des Paradoxons gepflegt habe. Tatsächlich ist jedoch ihr Zweck, den ihn betreuenden Freund in die Falle zu locken: Denn was immer dieser unternimmt, um das Los des Todkranken zu lindern, es wird das Falsche sein: Folgt er Kafkas

Forderung und leistet aktive Sterbehilfe, vergeht er sich gegen sein Berufsethos und wird vor seinem Gewissen zum Mörder, verweigert er sich ihr aber, wird er in den Augen des Sterbenden zum Mörder, weil er dessen Schmerzen nicht bekämpft, sondern ihn daran zugrunde gehen läßt. Klopstock hatte keine Chance, ohne Gewissenszweifel und Schuldgefühle aus dieser Angelegenheit herauszukommen.

In ähnlicher Weise ist Kafkas literarisches Testament zu verstehen, zu dessen Vollstreckung er Max Brod eingesetzt hatte. Obwohl er wußte, daß ihn der Freund für den bedeutendsten Autor der Zeit hielt, ordnete er in einer schriftlichen Verfügung die Vernichtung seiner gesamten literarischen Hinterlassenschaft an. [642] Damit brachte er, wie er wohl wußte, seinen Intimus in eine Lage, aus der er ohne psychische Beschädigung nicht herausfinden konnte: Denn wenn Brod dem ihm aufgetragenen letzten Willen entsprach, verstieß er gegen seine künstlerische Überzeugung, wenn aber nicht, verweigerte er sich dem letzten Willen seines besten Freundes. Es gab keine Lösung der Angelegenheit, bei der er nicht gegen bestehende Normen verstoßen hätte.

Das Beispiel beweist, daß die von Kafka erzeugten Antinomien nicht etwa eine ambivalente Wirklichkeit abbilden, sondern daß er die in seinen Doppelbotschaften verborgenen Probleme selbst arrangiert hat, wobei es für den vorliegenden Zusammenhang belanglos ist, ob er in dieser Hinsicht die Freiheit der Wahl hatte oder nicht. Grundsätzlich jedenfalls hätte er die Möglichkeit gehabt, das Problem seines literarischen Nachlasses auf einfache Weise aus der Welt zu schaffen. Da sein Tod nicht überraschend eintrat, sondern Ergebnis eines mehrjährigen, sich unablässig verschlimmernden Leidens war, hätte er reichlich Gelegenheit gehabt, seine Notizhefte und Tagebücher mit der gleichen Gründlichkeit zu vernichten, wie er dies mehrfach mit anderen Teilen seines Werks und mit den Briefen tat, die er von Felice Bauer, Julie Wohryzek und Milena Jesenská empfangen hatte. [643] Offensichtlich konnte er sich aber so wenig dazu entschließen, dies zu tun, wie er sich, die Gegenmöglichkeit, dazu aufzuraffen vermochte, den noch vorhandenen Teil seines ungedruckten Werks für bewahrenswert zu halten. Eine derartige, sich über Jahre hinziehende Entschlußunfähigkeit ist zwar ungewöhnlich, das Beispiel zeigt aber, daß sie vorkommt. Aus einer solchen inneren Notlage muß aber keineswegs zwangsläufig folgen, daß das anstehende Problem in der von Kafka vorgesehenen Weise zu regeln war, und zwar auch dann nicht, wenn man anerkennt, daß Kafka zu seinem Schaffen ein zwiespältiges Verhältnis hatte, das überdies starken Schwankungen ausgesetzt war. Denn auch wenn sein Urteil innerhalb gewisser Grenzen hin und her pendelte und schließlich in der Schwebe blieb, so folgte daraus keineswegs, daß dieser Sachverhalt als Antinomie in Erscheinung treten mußte. Er hätte beispielsweise Brod testamentarisch zu seinem Nachlaßverwalter bestimmen können, ohne ihm Ausführungsbestimmungen aufzuerlegen. In diesem Fall hätte der Freund nach Gutdünken und ohne Gewissenskonflikte verfahren können, ohne daß Kafka selbst für das Ergebnis verantwortlich war.

Auf Beziehungsfallen mit Beziehungsfallen zu antworten, ist keineswegs die einzige Möglichkeit, sich als Betroffener gegen die Irritationen zur Wehr zu setzen, die von einander widersprechenden, für das eigene Schicksal bedeutsamen Doppelbotschaften auszugehen pflegen. Denn diese Art der Verarbeitung setzt eine gewisse Souveränität und Einsicht voraus, die natürlich während der Entwicklungsjahre und unter psychischen Drucksituationen kaum gegeben waren. Es ist deswegen nicht verwunderlich, daß die angeführten Beispiele ausnahmslos aus Kafkas letzter Lebensphase stammen, der eine langjährige Auseinandersetzung und Analyse seiner Schwierigkeiten mit dem Vater vorausgegangen war. Zu erwarten ist allerdings, daß ein derart selbstquälerischer Charakter wie Kafka, der sich bei Meinungsverschiedenheiten mit den Augen des jeweiligen Diskussionspartners anzusehen pflegte, [644] die antinome Struktur der ihm innerhalb der Familie begegnenden Doppelbindungen verinnerlichen und gleichsam gegen sich selbst kehren würde. Daß dies zuweilen tatsächlich der Fall war, zeigt das folgende Beispiel, welches sein problematisches Verhältnis zum Brotberuf betrifft.

Zu einer gewissen Zeit seines Lebens behauptete Kafka, er könne die ihn krankmachende Tätigkeit in der Prager *Arbeiter-Unfall-Versicherungs-Anstalt* erst dann aufgeben, wenn er eine größere, materiellen Rückhalt liefernde literarische Arbeit in der von ihm gewünschten Qualität fertiggestellt habe. Andererseits aber, damit unvereinbare Gegenthese, sei ein solchen Ansprüchen genügendes Werk nur zu schaffen, wenn dafür regelmäßig zusammenhängende Arbeitsphasen zur Verfügung stünden, was nur unter der Voraussetzung möglich sei, daß man den Dienst bereits quittiert habe, also Herr über seine Zeit sei. [645] Der unauflösbare Widerspruch innerhalb dieser Darstellung ist offensichtlich: Die Kündigung ist Voraussetzung für das geplante Werk, das andererseits aber nur verwirklicht werden kann, wenn die Kündigung bereits erfolgt ist.

Selbstverständlich darf diese Auffassung nicht als Abbild tatsächlicher Verhältnisse verstanden werden, sondern als parteiliche Interpretation unter dem Druck innerer Ängste. Denn lebensgeschichtliche Fakten zeigen, daß es sich um Deutungen handelt, die dazu bestimmt sind, das eigene Versagen als Romancier zu rechtfertigen und Entscheidungen, vor denen er sich fürchtete, zu blockieren. In der Folgezeit war es ihm nämlich durchaus möglich, neben der beruflichen Arbeit her literarische Werke hervorzubringen, die ihn immerhin so zu befriedigen vermochten, daß er sie gegen sonstige Gewohnheit ohne merkbare innere Widerstände zum Druck beförderte, während er andererseits in den Zürauer Monaten, wo er, vom Büro befreit und von Ottla in ländlicher Abgeschiedenheit umsorgt, ideale Arbeitsbedingungen gehabt hätte, ganz bewußt auf das Schreiben verzichtete. Und als er 1922, vor Bürodienst zunächst beurlaubt, später pensioniert und demnach Herr über seine Zeit, neuerlich einen Roman in Angriff nahm, gelang ihm dies, jedenfalls nach seiner eigenen Auffassung, noch viel weniger als bei den vorausliegenden Versuchen. Denn während er aus dem *Verschollenen* und dem *Proceß*, die in spärlich bemessenen Nachtstunden während seiner Berufstätigkeit entstanden waren, wenigstens einzelne Teile für vergleichsweise gelungen und veröffentlichungswürdig gehalten hatte, sprach er jetzt dem *Schloß* jeden objektiven Wert ab und erlaubte sogar lieber den Neudruck der ihm seit jeher minderwertig erscheinenden kleinen Prosa aus der *Betrachtung*, als daß er Teile des neuen Werks für den Druck freigegeben hätte. [646]

Wer lange Beziehungsfallen ausgesetzt ist, verliert, wie schon erwähnt, die Fähigkeit, Gesprächsäußerungen anderer zutreffend zu deuten und einzuordnen. Diese Verstehensschwäche wird häufig durch eine übertriebene Sorgfalt kompensiert, mit der versucht wird, den Sinn der in Erscheinung tretenden Botschaften zu entschlüsseln. Eine mögliche Folgeerscheinung ist eine Art paranoides Verhalten, das hinter jeder Äußerung eine geheime Bedeutung verborgen sieht, die zum Schaden gereichen könne. Ein derart geprägter Mensch wird ein übertriebenes Interesse an Bedeutungen zeigen, die möglicherweise in den ihm zugehenden Mitteilungen enthalten sein könnten, zufällige Vorkommnisse absichtsvoll verstehen sowie Mißtrauen und Eigensinn entwickeln. [647]

Die Art und Weise, in der Kafka mit seiner Umgebung in Kontakt trat, ist ein Musterbeispiel für eine solche Verhaltensweise. So deutete er etwa das Ausbleiben oder die verzögerte Zustellung von Briefen Felicens als Wirkung eines väterlichen Fluchs, der alle menschlichen Bande zerreißen lasse, [648] sah also hinter einem Alltagsphänomen, das aller Wahrscheinlichkeit nach auf natürliche Weise zu verstehen war, ein rational gar nicht nachzuvollziehendes, geheimnisvolles Wirken psychischer oder sogar übersinnlicher Kräfte. [649] Dabei gab es im vorliegenden Fall sehr wohl eine andere Erklärung, und zwar eine einfache dazu, nämlich in Gestalt eines Feiertags im Deutschen Reich, der zur Folge hatte, daß die Post einen Tag liegenblieb – er hätte den Sachverhalt nur aus seinem Kalender abzulesen brauchen. [650]

Ein anderes Beispiel: Kafka glaubte in seiner Jugend, seine Umgebung keinen Augenblick aus den Augen lassen zu dürfen, in der kindischen Annahme, von dort drohe Gefahr; [651] noch während seiner Beziehung zu Felice behauptete er, »die Welt« gehe »ihren ungeheuren Gang« gegen ihn [652]. Er wußte, daß er eigensinnig war, [653] übertrieben und unbeherrscht urteilte, [654] und begründete diese Eigenheiten mit einem bestimmten »Konstitutionsfehler«, [655] der zwar im Sinn typologischer Vorprägung durchaus vorhanden gewesen sein mag, [656] aber gleichwohl entsprechender äußerer Anreize während der Persönlichkeitsentwicklung bedurfte, um sich entscheidungswirksam entfalten zu können. Aufgrund dieses Zusammenspiels zwischen Veranlagung und Erleben bildete sich jedenfalls ein Mißtrauen gegen alles und jeden. [657]

Als weiteres Indiz in diesem Zusammenhang darf eine Erinnerung Max Brods gelten. In seinem Umgang mit Kafka war ihm aufgefallen, daß es für diesen nichts Unwichtiges gab, keine beziehungslosen Alltagsdetails, sondern daß er alles, was ihn umgab, als Zeichen nahm, das als Bild und Spiegel eigener Verhältnisse nutzbar zu machen war. [658] So konnte etwa der Umstand, daß jemand auf der Straße den Namen Karl aussprach, als Verpflichtung aufgefaßt werden, den brachliegenden *Verschollenen* fortzusetzen, dessen Hauptfigur Karl Roßmann heißt. [659] Auf diese Weise gewannen Kafkas Wahrnehmungen ein merkwürdiges Eigenleben. Die Dinge empörten und rächten sich, wie es in der frühen Erzählung *Beschreibung eines Kampfes* heißt, [660] Formulierungen, hinter denen sich die Angst und Unsicherheit einer Persönlichkeit verbirgt, die sich von den Objekten verfolgt glaubt, weil sie die von diesen ausgehende Wirkung nicht sachgemäß einzuschätzen weiß.

Die Psychologen, welche die Wirkungen von Beziehungsfallen untersucht haben, erwähnen als weitere Spielart des Verhaltens die ebenfalls schon gewürdigte Taktik der Betroffenen, alle ihnen zukommenden Mitteilungen für gleich wichtig zu halten, also die Antworten nicht qualitativ zu unterscheiden. Ein solches Verhalten tritt bei Kafka etwas zurück, ist aber doch beobachtbar, wenn man an seine Detailfixierung und an seine Unfähigkeit denkt, die Mannigfaltigkeit der Sinneseindrücke hierarchisch zu gliedern, sie zu verallgemeinern und darüber zu urteilen. Dies fällt besonders in seinen Tagebucheintragungen, aber auch im literarischen Bereich auf, wo Nachlässigkeit, Ungeschick oder Unfähigkeit schwerlich unterstellt werden können. Sichtet man die wenigen Buch-Rezensionen, die er veröffentlicht hat, sowie die Lektüreeindrücke, die sich in seinen Lebenszeugnissen erhalten haben, fällt die Mehrdeutigkeit der Formulierungen genauso auf wie die Suspension eindeutiger Werturteile – übrigens in vollkommener Übereinstimmung mit seinem eigenen Bekenntnis, er sei kein Kritiker und könne nicht analysieren. [661] Die Undurchsichtigkeit, in der ihm die Außenwelt selbst dann erschien, wenn sie ihm in der bereits geordneten Welt literarischer Gestaltung entgegentrat, entsprach der Verschwommenheit der Vorstellungen, die er in seinem Inneren bemerkte, [662] Gegebenheiten, die vielleicht seine Aussage erklären, alles, wozu er durch sein Denken komme, sei undeutlich und minderwertig. [663]

Zu prüfen wäre allerdings, ob sich für die herausgestellten Besonderheiten, die als miteinander in Beziehung stehendes Symptombündel verstanden werden müssen, andere Erklärungsmodelle mit größerer Überzeugungskraft anbieten. Dies ist nicht eigentlich der Fall. Zwar läßt sich erkennen, daß die zuletzt beschriebene Besonderheit der Wahrnehmung den typologischen Modellen C. G. Jungs und Ernst Kretschmers entspricht, die ineinander übertragbar sind. Aber dieser Zusammenhang braucht einer Prägung oder Mitprägung durch die Situation von Beziehungsfallen keineswegs zu widersprechen: Nach Kretschmers Auffassung wäre Kafka dem leptosomen Körperbautypus zuzurechnen, dem ein schizoides Temperament entspricht. Es wäre ihm also eine Konstitution eigen, die als wahrscheinlichste Geisteskrankheit die Schizophrenie erwarten läßt. [664] Bateson zu glauben, geht aber gerade dieses Krankheitsbild in besonderer Weise mit Beziehungsfallen einher. [665] Man könnte sich also vorstellen, daß die Folgeerscheinungen von Beziehungsfallen sich bei schizoiden Temperamenten besonders auffällig bemerkbar machen.

Eine andere, ebenfalls im Zusammenhang mit *Vor dem Gesetz* schon besprochene Möglichkeit, auf Beziehungsfallen zu antworten, besteht darin, schwer entschlüsselbaren Botschaften der Umgebung dadurch zu entgehen, daß man sich auf sich selbst zurückzieht. Dieser Mechanismus zeigt sich deutlich im Verhalten des Mannes vom Lande, der sich gegen Ende seines Lebens vorwiegend mit sich selbst und den Flöhen des Türhüters unterhält, die ihm in keiner Weise gefährlich werden können. Dadurch verringern sich sowohl die Angriffsflächen als auch die Anzahl möglicher Konflikte und Fehldeutungen. Für einen flüchtigen Beobachter mag der Anschein entstehen, er habe einen zurückgezogenen, schweigsamen Menschen vor sich. Ein solches Verhaltensmuster ist schon in der Frühzeit Kafkas nachweisbar, jedenfalls dann, wenn man das Romanfragment *Hochzeitsvorbereitungen auf dem Lande* als Darstellung autobiographischer Sachverhalte gelten läßt, [666] verstärkt sich dann aber unter dem Druck der Lebenskrisen im Lauf der Jahre immer mehr. Seit dem Beginn seiner Beziehung zu Felice, die für ihn der größte und schwierigste Prüfstein seines Verhältnisses zur Gesellschaft war, hatte er sich immer mehr von seinen Freunden und den Freuden der Geselligkeit zurückgezogen und war zum Einzelgänger geworden, obwohl er auch schon vorher schweigsam aus Überzeugung gewesen war und mit seinen Eltern, mit denen er die Wohnung teilte, selten mehr als die Grußworte wechselte. [667]

Unter dem Einfluß der Lungentuberkulose nahm diese selbstgewählte Isolation weiter zu. Seine damals erklärte Absicht, lediglich schon bestehende Persönlichkeitskomponenten konturieren, sich also auf das zweifellos in sich Vorhandene beschränken zu wollen, bedeutete eine konsequente Verringerung möglicher gesellschaftlicher Konflikte, die ihn in den Verlobungsjahren förmlich aufgerieben hatten. Jetzt aber zog er sich für viele Monate auf ein schwer erreichbares Dorf in Nordwestböhmen, später in die Hohe Tatra zurück, wo er selbst von seinen besten Prager Freunden verschont zu bleiben hoffte. [668] Er empfand dieses abgeschiedene Leben als exterritorial, [669] außerhalb des menschlichen Bereichs liegend, freilich mit der fast zwangsläufigen Folgeerscheinung, daß jetzt selbst kleinste Einwirkungen wie bloßes Angeschautwerden oder belanglose Alltagsprobleme wie die Organisation des Essens unerträglich wurden oder zu Zusammenbrüchen führten. [670] Solche Empfindlichkeiten sind auch bei Personen beobachtet worden, die lange Beziehungsfallen ausgesetzt waren. [671]

2. BRAUT

Aus dem Gesagten können Folgerungen für den autobiographischen Hintergrund der Legende gezogen werden. Wenn Kafka erwiesenermaßen Doppelbotschaften ausgesetzt war, und zwar in solchem Maße, daß er sich in einer den Vorhersagen der Psychologie entsprechenden Weise dagegen zu wehren suchte, darf der sich aus Gegensätzen aufbauende und in seiner Gesamtstruktur als Darstellung einer Beziehungsfalle deutbare Text der Erzählung und ihrer Exegese als Objektivierung eigener Lebenserfahrungen verstanden werden. Zu erklären wäre allerdings, warum er sich gerade im Spätjahr 1914 zu einer derart exemplarischen Darlegung dieses ihn seit der Kindheit quälenden Problems genötigt sah. Die Ursache kann nur sein, daß er während dieser Zeitspanne in besonderer Weise unter dem Druck derartiger Widersprüche stand und sich durch literarische Gestaltung davon zu entlasten suchte. Beweisen läßt sich dies allerdings nicht, dazu sind die wenigen lebensgeschichtlichen Quellen zu dürftig.

Es lassen sich aber Plausibilitätserwägungen anstellen, die von der Tatsache ausgehen können, daß sich Antinomien und Beziehungsfallen vorzugsweise in Werken finden, in denen er seine Probleme mit Frauen verarbeitet: Im *Urteil*, das, in den Erschütterungen entstanden, die durch die Aufnahme einer Korrespondenzverbindung mit Felice Bauer hervorgerufen wurden, eine Verlobungsgeschichte tragisch enden läßt. Im *Verschollenen*, der in der Zeit intensivsten Briefkontakts mit der zukünftigen Braut ausformuliert wurde und die Verführung eines jugendlichen Helden durch ein Dienstmädchen zum Ausgangspunkt seiner Vertreibung aus Familie und Heimat macht. In den epischen Großwerken *Proceß* und *Schloß*, in denen der Autor seine Beziehungsprobleme mit Felice Bauer und Milena Jesenská durch literarische Arbeit aufzuarbeiten und zu kompensieren sucht. Und schließlich in den Aphorismen

2. BRAUT

der Zürauer Zeit, in denen das endgültige Scheitern seiner Heiratsversuche infolge der eben festgestellten Lungenkrankheit verarbeitet wird.

Man darf also annehmen, daß sich Kafkas problematisches Verhältnis zum anderen Geschlecht in einer Weise gestaltete, die Antinomien und Beziehungsfallen in besonderer Weise Raum gab. Die Zeugnisse, in denen er seine Stellung zu Felice beschreibt, bestätigen diese Vermutung. Dabei ist für den vorliegenden Zusammenhang unerheblich, wie es zur Ausbildung dieses Sachverhalts kam. Man wird aber kaum fehlgehen, wenn man sich diese Beziehung als Reaktivierung frühkindlicher Verhältnisse vorstellt, wofür auch spricht, daß sich die Braut aus der Vielzahl der ihm begegnenden Frauen dadurch auszeichnete, daß er sich von ihr sexuell nicht angezogen fühlte [672].

Jedenfalls wird in den Lebenszeugnissen dieses qualvolle Verhältnis immer wieder mit Formulierungen bedacht, die nur als Antinomien aufgefaßt werden können. So heißt es im Mai 1913 in einem Brief an die Geliebte, die er gerade besucht hatte, er habe bei der Abreise aus Berlin gedacht: »Ohne sie kann ich nicht leben und mit ihr auch nicht«. [673] Die Aussage gilt in gewisser Beziehung ohne einschränkende Bedingungen, wenngleich dem Begriff Leben in diesem Zusammenhang teilweise metaphorische Bedeutung zukommt; denn Kafka erkrankte, nachdem er fünf Jahre lang einen aussichtslosen Kampf um diese Ehe geführt hatte, an Lungentuberkulose, die später seinen Tod herbeiführte. Da er die angeführte Formulierung im September 1913 in einem Schreiben an Felix Weltsch sowie im Februar 1914 im Tagebuch wiederholt, [674] darf geschlossen werden, daß keine adressatenbezogene Übertreibung vorliegt, sondern daß er seinen Briefpartnern Mitteilung davon machen wollte, wie es tatsächlich um ihn stand.

An anderer Stelle erklärt er Felice, er wolle sie »gleichzeitig« vom Ernst der folgenden beiden Bitten überzeugen: »Behalte mich lieb« und »Hasse mich!« [675] Oder er erkennt, daß es seine »ewige Sorge« sei, sie von sich zu »befreien«, aber »toll« zu werden, wenn er damit einmal Erfolg habe. [676] Es ziehe ihn zwar »in Wirklichkeit« zu ihr hin, jedoch verweise ihn die »innere Stimme« gleichzeitig in seine bisherige Isolation zurück – zwei Strebungen, die nicht miteinander zu vereinbaren seien. [677]

Nachdem die Pfingsten 1914 gefeierte Verlobung schon im Juli wieder in die Brüche gegangen war, riß der Kontakt zwischen den beiden ab, und der innere Konflikt, Felice heiraten zu wollen und sie zugleich nicht heiraten zu wollen, schien ausgestanden. Die kommenden Monate sollten aber zeigen, daß das Problem damit keineswegs gelöst war. Wider Erwarten deutete sich nämlich Mitte Oktober 1914 an, daß die erfolgte Trennung keine endgültige gewesen war. Felice hatte zu diesem Zeitpunkt die Verbindung wieder aufgenommen und Kafka Ende des Monats zu einer ausführlichen schriftlichen Darstellung veranlaßt, in der die Ursachen der Entlobung behandelt werden. Diese Wiederbelebung der totgeglaubten Beziehung führte unter anderem dazu, daß die ehemalige Braut, an die er bisher gedacht hatte, als ob sie »niemals wieder leben könnte«, allmählich »wieder der Mittelpunkt des Ganzen« wurde. [678] Die Annäherung wurde durch den Umstand befördert, daß er die immer wieder auftretende Lähmung seiner Schaffenskraft fürchtete, [679] welche die Arbeit am *Proceß* zum Erliegen zu bringen drohte und sein Leben leer, sinnlos und ungerechtfertigt erscheinen ließ.

Allerdings war die Folge, daß das alte Leid von neuem über ihn hereinbrach, »unverändert wie in der ärgsten Zeit« [680]. Die erstrebte Ehe stellte sich nämlich nach wie vor als »die erbittertste Prüfung« dar, [681] der er jemals ausgesetzt war. Es hatte das peinigende Gefühl, »zwischen Widersprüchen eingespannt« zu sein, die ihn handlungsunfähig machten. [682] Denn der Wunsch, sich durch eine Heirat in der bürgerlichen Gesellschaft zu etablieren und damit die Schuldgefühle abzutragen, die er gegenüber der Sozietät hatte, riefen entsprechend starke Gegenkräfte auf den Plan, ein Zustand, der unverändert bis zum Beginn des Jahres 1915 anhielt. Durch die Begegnung mit Felice hatten sich ihm zwar theoretisch »verschiedene Möglichkeiten hierhin und dorthin« eröffnet, das Ergebnis war aber »ein Verbot« gewesen, sich »überhaupt zu rühren«. [683] Angesichts der inneren Widersprüchlichkeit, die diesem Verhältnis eigen war, spricht er davon, in seine Partnerin »wie verstrickt« zu sein: »reiße ich mich vorwärts, reißt es mich stärker wieder zurück«. [684] Außerdem überfielen ihn ihn den Tagen nach dieser brieflichen Wiederanknüpfung die »Sorgen«, die er sich wegen dieser Beziehung machte, so stark, daß er verrückt zu werden glaubte, nicht wußte, wie er sich »retten« sollte. [685] Das alles kann nur bedeuten, daß den inneren Kräfte, die zur Ehe strebten, von Gegenstrebungen die Waage gehalten wurden, die sich dieser Bindung verweigerten. Mit anderen Worten: Er war so starken Antinomien ausgesetzt, daß Entscheidungen auf allen Lebensebenen blockiert wurden.

Da zwischen dem Zeitpunkt, an dem er den Briefverkehr mit Felice neuerlich begonnen hatte, um das bestehende, problematische Verhältnis zusammenfassend zu beleuchten, und der Mitte November erfolgten Niederschrift der Erzählung höchstens drei Wochen liegen, besteht Grund zu der Annahme, *Vor dem Gesetz* sei unter dem unmittelbaren Eindruck der geschilderten inneren Situation entstanden und solle wie in einem Brennspiegel das Gesetz veranschaulichen, unter dem die beiden zurückliegenden Jahre gestanden hatten: Es ist die Tatsache, daß Kafkas vergebliches Bemühen, die Geliebte zu gewinnen, von unaufhebbaren »Widersprüchen« begleitet war, die ihm eine aussichtslose Pattsituation aufzwangen. [686]

Ergänzend sei bemerkt, daß er die Legende Felice zu Gehör brachte, als er sie im Januar 1915 traf, um mit ihr die in den vorausliegenden Monaten eingetretene Entwicklung zu besprechen. Schon allein dieses Faktum verdient Interesse, scheint es doch anzudeuten, daß *Vor dem Gesetz* etwas mit den Problemen zu tun habe, mit denen man sich konfrontiert sah. Überraschender ist, daß Kafka der Zuhörerin, deren literarisches Verständnis äußerst bescheiden war, fast verwundert zubilligt, sie habe den Text richtig erfaßt, und, mehr noch, daß ihm dessen Bedeutung nach seinen eigenen Worten erst bei dieser Gelegenheit aufgegangen zu sein scheint. [687]

3. BILDER

Daß das Gesetz, unter dem Kafkas Beziehung zu Felice stand, als Strukturmuster der Legende in Erscheinung tritt, läßt vermuten, daß er dieser literarischen Darstellung auch Metaphern nutzbar zu machen suchte, mit deren Hilfe er in den vorausliegenden zwei Jahren seine diesbezügliche innere Situation dargestellt hatte, verdanken sich doch die Formulierungen in seinen Tagebüchern und Briefen derselben produktiven Einbildungskraft wie seine Erzähltexte. Dazu kommt, daß er sich in seinen Lebenszeugnissen plastischer Denkbilder, nicht abstrakter Begriffe bediente, wenn es galt, schwierige Sachverhalte zum Ausdruck zu bringen. Einmal gefunden, konnten diese anschaulichen Sinngeflechte auch in literari-

schen Texturen Verwendung finden. Deswegen gibt es immer
wieder Motivübereinstimmungen zwischen Kafkas autobiographischen Texten, seinen Aphorismen und den Erzählwerken. Tatsächlich lassen sich die wichtigsten Vorstellungen, die *Vor dem Gesetz*
kennzeichnen, in seinen Tagebüchern und Briefen belegen. Die
Entstehungsdaten stellen sicher, daß die fraglichen Bilder aus den
Lebenszeugnissen in die Legende übernommen wurden und nicht
etwa umgekehrt aus diesem Werk in die autobiographischen Texte
eingewandert sind.

So finden sich beispielsweise zu der vom Gesetz ausgehenden
Lichtwirkung Entsprechungen in Kafkas Briefen: Er sei, heißt es
da, durch Felice »in Ratlosigkeit« gestürzt worden, so daß er nichts
sehe und höre, [688] sich ins Dunkel verwiesen glaube [689] und
mit dem Gedanken spiele, sich umzubringen. [690] Zugleich erkennt er freilich in der Braut »das Lebendige wirklich bis zum
Geblendetwerden«: [691] Ihre Existenz habe sich vor ihm »aus
einem unveränderlichen göttlichen Kern« ausgebreitet, [692] eine
Aussage, die durch eine Tagebuchstelle aus dem Jahr 1915 ergänzt
werden kann, in der die gegenseitige Vereinigung als Anwesenheit
Gottes gedeutet wird. An anderer Stelle ist von einer leidvollen
»überirdischen Gerechtigkeit« die Rede, die er bis zu seinem Tod
zu tragen habe. [693] Kombiniert man die Bewertungen, die in
diesen Aussagen Felice zuteil werden, ist man nicht weit von dem
unverlöschlichen Glanz entfernt, der den sterbenden, im Dunkel
sitzenden Mann vom Lande narrt. Dieser wiederum befindet sich in
einer ähnlichen Lage wie Kafka, der in einer Weise von Felice
abhängig war, daß er es für seine Pflicht hielt, selbst gegen ihren
Willen um sie zu kämpfen, bis er sich schließlich angesichts der
überlegenen, unerreichbaren Licht-Erscheinung seiner Sinnes-
wahrnehmungen beraubt und auf die Finsternis seiner eigenen
Existenz verwiesen sieht, die ihn dem Tode nahe bringt.

Auch der Erstarrungsprozeß, dem der Mann vom Lande im Lauf
seines Lebens unterliegt, ist bereits in den Tagebüchern vorge-
dacht worden, und zwar in der schon mehrfach gewürdigten Notiz
vom Dezember 1913, in der Kafka, als Ausweg aus den ihm auferlegten Widersprüchen, [694] ein Bild entwirft, in welchem das äußere Arrangement des Erzählbeginns mindestens angedeutet
scheint. Kafka stellt sich nämlich in dieser Passage vor, als Bettler
»vor der Schwelle« und »zur Seite« eines Hauseingangs zu stehen
und dort sein Leben verwarten zu wollen. Eine an anderer Stelle

überlieferte Abwandlung des gleichen Vorstellungszusammen-
hangs will zum Ausdruck bringen, wie er sich Felice gegenüber zu
verhalten hätte, wenn eine weitere ungünstige Entwicklung seiner
Schaffenskraft die letzten Reste seiner Selbstsicherheit vernichtet
hätte. In diesem Fall entstünde »innerlich« ein Verhältnis,

> das z. B. dem äußerlichen Vorgang entsprechen würde, daß ich nichts
> anderes zu tun hätte, als ewig vor einem Nebeneingang Deines Hauses
> auf Dich zu warten, während Du durch den Haupteingang aus und ein
> gingest. [695]

Wichtig ist hier zunächst die vom Schreiber selbst hergeleitete
Entsprechung zwischen Innen und Außen, der authentische Hinweis darauf, daß sich seinem bildhaften Denken seelische Beziehungen in vorgangshaft geprägten Situationen veranschaulichen
konnten, ein Sachverhalt, aus dem sich folgern läßt, daß Werkteile,
in denen solche Handlungsmuster ohne zusätzliche Leseanwei-
sung erscheinen, als Zeichen psychischer Verhältnisse ausgedeutet
werden können.

Ein zweiter Punkt betrifft die Tatsache, daß Felice in dieser Aussage als große Dame in Erscheinung tritt, die den am Nebenein-
gang wartenden Domestiken-Geliebten gar nicht bemerkt. Das freilich ist eine Konstellation, die sich nicht allein von Kafkas Maso-
chismus herleitet, sondern auch in den Erfahrungen gründet, die er
mit der Geliebten gemacht hatte, in Sonderheit in ihrer Eigenschaft
als Korrespondenzpartnerin. Immer wieder hatte er sich nämlich
darüber zu beklagen, daß sie, die nach seiner Meinung ein viel zu
aufwendiges Leben führte, [696] auf seine Briefe nicht einging, zu
kurz, zu nichtssagend, [697] zu unpersönlich oder gar nicht antwortete und sich statt dessen mit Freundinnen vergnügte, tanzen ging
oder verreiste. Sie zeigte in seinen Augen also ein Desinteresse an
seiner Person und seinen Wünschen gegenüber, das der Haltung
des Türhüters entspricht, der den Mann vom Lande dadurch demü-
tigt, daß er ihm einen Platz seitlich vom Eingang anweist und es im
übrigen dabei bewenden läßt, ihm nach Art großer Herren teilnahmslose Fragen zu stellen. Schließlich darf auch nicht übersehen
werden, daß die Übereinstimmung zwischen Lebenszeugnis und
Legende die Vorstellung des Wartens einschließt, dessen Bedeutung Kafka in einer weiteren Briefstelle erläutert, in der er sich
Felice gegenüber in Gestalt eines Mannes präsentiert, der vergeblich Einlaß in ihr Domizil begehrt:

Ich komme mir vor, als stünde ich vor einer abgesperrten Tür, hinter der Du wohnst und die sich niemals öffnen wird. Nur durch Klopfen gibt es eine Verständigung, und nun ist es hinter der Tür auch noch still geworden. Eines aber kann ich [...], das ist – warten [...]. Ungeduld ist für mich nur Zeitvertreib des Wartens, die Kraft zu warten wird dadurch nicht angegriffen, wenn es auch natürlich überhaupt nicht Kraft ist, sondern Schwäche und auf das geringste Kommando eintretende Entspannung der wenigen Kräfte, die in Tätigkeit waren. [698]

Der Entschluß des Mannes vom Lande, »lieber zu warten« als gewaltsam in das Gesetz einzudringen, kann selbstverständlich nicht mit dieser Briefstelle gerechtfertigt werden, wenngleich die Annahme vertretbar ist, Beziehungsfallen könnten eines der von Kafka angesprochenen Kommandos sein, die seine ohnehin schwach ausgeprägte Entschlußkraft zu lähmen pflegten. Die Übereinstimmung, die auf diese Weise mit dem passiven, bis zur körperlichen Erstarrung sich steigernden Verhalten des Mannes vom Lande gegeben ist, wird noch überzeugender, wenn die beiden zuvor angeführten Stellen einbezogen werden. Denn dadurch wird sichtbar, daß sich als naheliegendes Ergebnis eines Denkspiels, in dem die Geliebte unerreichbar bleibt, willensträges Verharren einstellte.

Selbstverständlich verkörpert das Bild vom versperrten Zugang, um das sich *Vor dem Gesetz* gruppiert, auch andere lebensgeschichtliche Aspekte. Aufmerksamkeit verdient in diesem Zusammenhang ein Brief an Felicens Freundin Grete Bloch, die aus den Quellen als emanzipierte, selbständige Frau in Erscheinung tritt. Kafka kommentiert und bewundert in diesem Schreiben ein Erlebnis, das ihm Grete im Gegenbrief mitgeteilt hatte. Es handelt davon, wie sich die Briefpartnerin den Eintritt in die geschlossene *Lichtensteingallerie* in Wien »erzwungen« hatte, und meint dann anschließend, er selbst hätte den systematischen Gedankengang, der zu diesem Erfolg geführt hatte, nicht hervorbringen können. [699]

In anderen Aussagen betont Kafka, er sei in der Verwirklichung seiner Wünsche und Ziele an seinem Vater gescheitert, der sich ihm als Gegner in den Weg gestellt habe. So schreibt er im August 1913: »An ihm vorbei kann ich zur Not, über ihn hinweg nicht.« [700] Eine Ausweichbewegung schien also möglich, falls es galt, den feindlichen Willen, von dem der Kontext der Stelle handelt, zu umgehen, nicht aber eine Überwindung angesichts einer direkten Konfrontation, bei der er in jedem Fall unterliegen müßte. Von hier

ist es nur ein kleiner Schritt zum wegsperrenden Türhüter, der wie
Kafkas Vater ängstigt und durch Doppelbotschaften lähmt.

Die Unterlegenheit des Mannes vom Lande führt unter anderem
dazu, daß er seinen Gegner ununterbrochen beobachtet, so daß er
schließlich auch winzige, belanglose Details bemerkt, die für die
Lösung seines Problems unwichtig sind und ihn bloß ablenken.
Bezeichnenderweise hat auch dieser Sachverhalt eine Entsprechung auf der biographischen Ebene. Kafka waren, wie er das
später Milena gegenüber nennt, »Mikroskop-Augen« eigen, er
pflegte also eine angstbetonte, die Phänomene vergrößernde und
aufs Minutiöse fixierte Wahrnehmungsweise, die sich während seiner Entwicklungsjahre ausgebildet hatte, in denen er sich gegenüber dem ihm fallenstellenden Vater dadurch zu behaupten suchte,
daß er begann, »kleine Lächerlichkeiten«, die er an ihm bemerkte,
»zu beobachten, zu sammeln, zu übertreiben« [701].

Schließlich darf in diesem Zusammenhang erwähnt werden, daß
Kafka in seinen Lebenszeugnissen auch die Vorstellung des Gerichts als Bild für persönliche Verhältnisse verwendet, und zwar für
seine Beziehung zu Felice, für die Probleme, die Max Brod mit
Frauen hatte, sowie für die unglücklichen Auseinandersetzungen
mit seinem Vater, die schwerwiegende Folgen für seine Heiratsversuche hatten; [702] allerdings setzen diese Aussagen den Roman
bereits voraus.

Die aufgezeigten Parallelen zwischen *Vor dem Gesetz* und Kafkas
Lebenszeugnissen tragen zwar direkt nichts zur Deutung bei, die
allein aufgrund des Erzähltextes selbst zu leisten ist. Sie markieren
jedoch mehr als jede von anderen Autoren stammende Textvorlage
das psychische Terrain, auf dem sich Kafka bei der Niederschrift
der Legende bewegte. Denn während der fremde Wortlaut im
schöpferischen Verschmelzungsprozeß des aufnehmenden Autors
seiner ursprünglichen Sinnzusammenhänge gänzlich entfremdet
und neuartigen Zweckbestimmungen angepaßt werden muß, betreffen Formulierungen, Gedanken und Motive aus den eigenen
Lebenszeugnissen, die in einem literarischen Werk Verwendung
finden, in aller Regel auch den gleichen Gegenstand wie in der
Vorlage oder autobiographischen Parallelaussage und geben deswegen mindestens einen Hinweis auf das Thema, dem sie dienstbar gemacht worden sind.

Deswegen lesen sich die in der Legende verwendeten Motive
und deren Verlauf wie eine Allegorie der Beziehung Kafkas zu

Felice, ohne daß man es doch tatsächlich mit einer derartigen Darstellungsform zu tun hätte. Denn die unter dieser Voraussetzung vorzunehmende Zug-um-Zug-Rückübertragung von Textelementen auf die autobiographische Ebene sind weder legitime Interpretationsleistungen noch vermögen sie in ihrer Punktualität Bau und Stoßrichtung der Erzählung zu erhellen.

Die Handschrift
Ein Blick in die Werkstatt

Die *Kritische Ausgabe* des *Proceß*-Fragments, der das einzig existierende Manuskript Kafkas zugrunde liegt, macht es Benutzern schwer, die im Lesartenapparat verzeichneten Varianten dem Verständnis des Werks dienstbar zu machen. Die Darbietung folgt nämlich nur bedingt dem genetischen Prinzip, bietet also die von Kafka vorgenommenen Veränderungen nicht in einer durchgehenden chronologischen Abfolge, welche die Stufen der Werkentstehung vom ersten Schreibansatz bis zur letzten Textversion in einer ununterbrochenen Abfolge der Lesarten dokumentiert. Da außerdem das Aussehen der Handschrift aus den Angaben des Apparatteils nicht vollständig rekonstruiert werden kann, bleibt vielfach auch der innere Zusammenhang zwischen verschiedenen, von Kafka möglicherweise in gleicher Absicht vorgenommenen Veränderungen vielfach undeutlich oder ganz verborgen. Die im Folgenden wiedergegebenen, gegenüber dem Original um etwa ein Drittel verkleinerten Faksimiles, die den Text der Legende und ihrer Exegese sowie den Schluß des *Dom*-Kapitels darbieten, können diesen Mängeln wenigstens ansatzweise abhelfen und verstatten so einen anschaulichen Blick in die literarische Werkstatt Kafkas.

Man erkennt, daß *Vor dem Gesetz* ohne größere Stockungen und konzeptionelle Schwierigkeiten niedergeschrieben worden sein muß, denn nur an einer einzigen Stelle wurde ein Handlungselement gestrichen und nicht wieder in anderer Form aufgenommen. Dagegen gibt es mehrfach Tilgungen und Ersetzungen einzelner Wörter sowie kleine Einfügungen, die vermutlich nachträglich, beim Überlesen, vorgenommen wurden. In diesem Zusammenhang ist beispielsweise bemerkenswert, daß Kafka das Wort Wächter für den Türhüter vermieden wissen wollte oder daß der Satz »Nun lebt er nicht mehr lange« nachträglich eingeflickt wurde. Demgegenüber finden sich im Text der Exegese vergleichsweise mehr und auch umfänglichere Korrekturen, vor allem am Anfang und am Ende des Gesprächs, wo es um die Beurteilung des Geistlichen geht. Bei den übrigen Veränderungen handelt es sich vorwiegend um präzisierende Einschübe und stilistische Besserungen. Ein gutes Beispiel für die letztere Gruppe betrifft den Satz, mit dem der Geistliche den ersten der von ihm referierten Kommentare abschließt. Kafka hatte zunächst geschrieben: »Und Du, hältst Du jetzt nach dem allen noch Deine Meinung über den Türhüter aufrecht?« Dieser vergleichsweise holprigen Formulierung gegenüber hat die revidierte Fassung den Glanz einer gewissen Eloquenz voraus.

Schließlich sind einige Sofortkorrekturen zu erwähnen, die dadurch zustande kamen, daß Kafka noch während der Niederschrift Einfälle hatte, die Berücksichtigung forderten und zu Texterweiterungen führten, so daß das eben Ausgeführte gestrichen werden mußte und erst an etwas späterer Stelle neuerlich in Erscheinung treten konnte. So war bei der Diskussion der Frage, warum dem Mann von Lande überhaupt die Möglichkeit eines späteren Eintretens in Aussicht gestellt wird, der Türhüter zunächst als »Pedant« bezeichnet worden; dann aber hatten sich Kafka andere Kennzeichnungen in den Vordergrund gedrängt, so daß er diese Eigenschaft dem Türhüter erst einige Zeilen später zuerteilt hat.[703] Unter den im gleichen Kontext erwähnten Tugenden des Türhüters erwiesen sich dessen Schweigsamkeit und Unbestechlichkeit ebenfalls als voreilig fixiert. Sie werden gleichfalls wieder getilgt, diesmal aber nicht sofort: Wie aus den nachträglichen Einflechtungen und syntaktischen Umstellungen erkennbar ist, geschah dies, nachdem die Worte »ich bin nur der unterste Türhüter« zu Papier gebracht worden waren: Das zum endgültigen Text gehörige »er« nach dem gestrichenen Wort »bestechen« ist in den Text eingefügt worden, als der sich ursprünglich daran anschließende Satzteil »ist sich der Wichtigkeit seines Dienstes sehr bewußt« schon ausformuliert war. Als die fraglichen Merkmale neuerlich zur Sprache gebracht werden mußten, werden sie nicht mehr unmittelbar und ohne Begründung hintereinander gestellt, sondern durch Denn-Sätze erweitert. Dies sowie die gleichfalls nachträglich geschehene Umformung der Aussage des Türhüters, in der von seiner Macht die Rede ist, zu einem ausdrücklichen Begründungssatz führt das allmähliche Gestaltwerden der ganzen Passage im Schreibprozeß selbst vor Augen: Die Lesarten zeigen, daß die Struktur der Argumentationskette, in der jede vom Geistlichen beigebrachte Behauptung durch eine Textstelle belegt wird, erst im Verlauf der Niederschrift gefunden wurde.

P 291,13–292,22: *Beginn der Legende »Vor dem Gesetz«.* Daß Kafka unmittelbar davor zunächst »Türhüter« statt »Geistliche« geschrieben hatte, läßt keine interpretatorischen Schlüsse zu, ist vielmehr als schaffenspsychologisches Phänomen zu erklären: Solche Vorwegnahmen zur Niederschrift anstehender Sachverhalte oder Lautverbindungen begegnen in den Handschriften vieler Autoren.

P 292,22–294,2: »Vor dem Gesetz«. Auf dieser Seite besserte Kafka zweimal, um störende Wortwiederholungen zu vermeiden: »sieht« wird zu »merkt« (Zeile 6), weil »sehn« unmittelbar vorausgeht, und »lange« zu »große« (Zeile 15), weil danach von dem »langen« Bart des Türhüters die Rede sein sollte. Zu der Streichung Zeile 6f. vgl. S. 81f. dieser Untersuchung.

250

P 294,2–295,11: Ende der Legende und Beginn der Exegese. Zeile 19 f. zeigt ein Schwanken Kafkas: Er hatte zunächst »an seinem Ende« geschrieben und dann zu »am Ende« verbessert. In den Drucken ist die ursprüngliche Formulierung wiederhergestellt worden, vgl. S. 182 dieser Untersuchung. Zu den Korrekturen in Zeile 22 und 24 bis 27 vgl. oben S. 204 und 206–210.

P.296,25–298,13. Auf dieser Seite finden sich mehrere Korrekturen und
nachträgliche Einfügungen, welche die gemachten Aussagen präzisieren
sollen, so etwa, wenn die Behauptung, der Türhüter sei dem Mann gegenüber freundlich, durch die Wendung »seiner Naturanlage nach« eingeschränkt wird (Zeile 17). Zu der Streichung ganz unten vgl. Seite 247f.
dieser Untersuchung.

P 298,13–299,26. Bei der Darstellung der Möglichkeiten, durch welche der Türhüter in Dienst genommen worden sein könnte, hat Kafka nachträglich die Formulierung eingeschoben, »daß er wohl auch durch einen Ruf aus dem Innern zum T. bestellt worden sein könnte«, und damit der Auffassung Gewicht verliehen, der Türhüter besitze über Aussehen und Bedeutung des Gesetzes keine Kenntnisse.

P 299,26–301,8. Die Streichung in den Zeilen 2–4 ist vielleicht erfolgt, weil Kafka die inhaltliche Auffüllung des an dieser Stelle Behaupteten der produktiven Mitarbeit des Lesers überlassen wollte. Dadurch ist aber der direkte Hinweis darauf entfallen, daß der »Spaß« des Türhüters nicht als gutmütiger Scherz, sondern als verächtliche Geste aufzufassen ist, vgl. S. 171 dieser Untersuchung.

P 301,8–302,22. Die Umstellung, die Kafka in den Zeilen 4 bis 6 vorgenommen hat, verdankt sich Forderungen der Rhetorik, denen Kafka Tribut zollt: Durch die Nennung der »Dienstpflicht« an mittlerer Stelle ergibt sich nicht nur eine bessere, nämlich vom Allgemeinen zum Besonderen absteigende Gedankenführung, sondern auch ein gefälligerer Satzfluß, weil jetzt das längste Glied am Schluß steht.

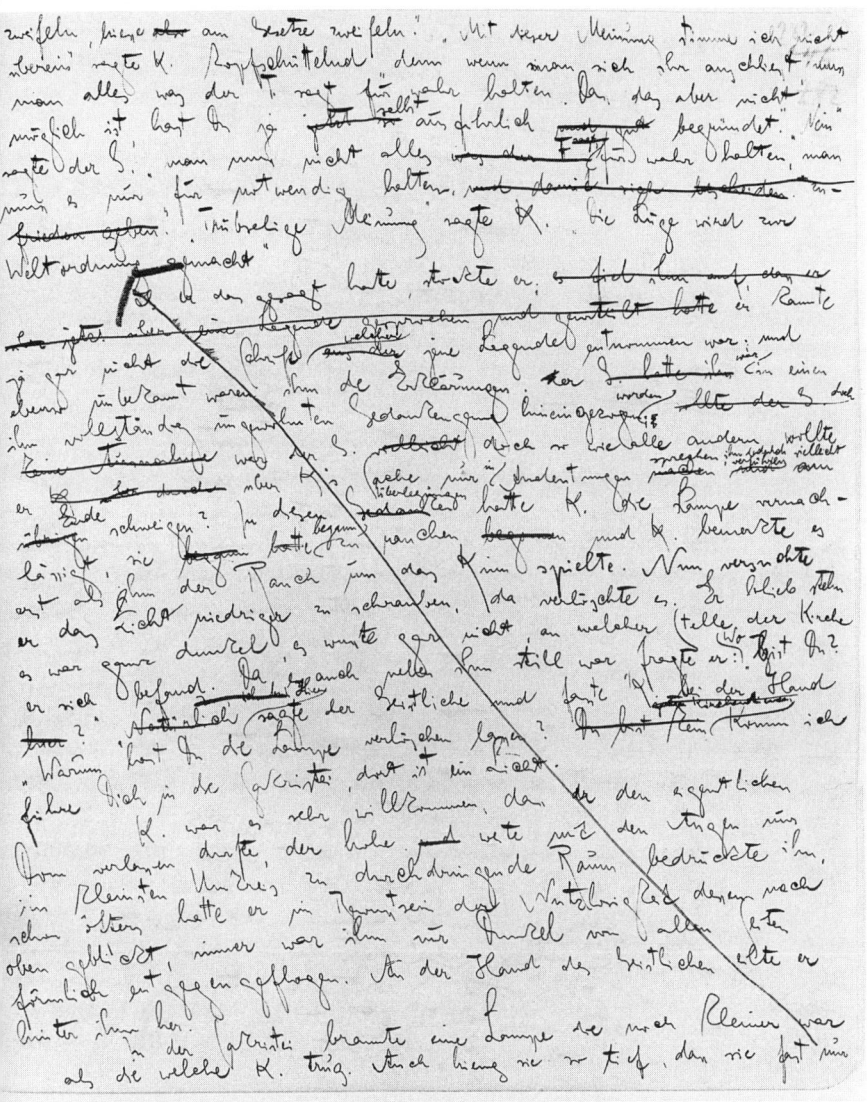

P 302,22–303,3 und PA 317f. Zu Zeile 5 f. vgl. oben S. 207. Kafka hatte die
Wendung »für notwendig halten« zunächst durch den Zusatz »und damit
sich bescheiden« ergänzt, dann dieses Verb durch »zufrieden geben« ersetzt
und anschließend die ganze Erweiterung getilgt, die im Gegensatz zu K.s
Antwort stand. Zu den Streichungen der nachfolgenden Abschnitte vgl.
S. 211–213.

P 303,4–304,10: *Ende der Exegese und Beginn der Schlußszene im Dom.* Im ersten Abschnitt hatte Kafka zunächst zu dem Wort »Erzählung« angesetzt, dann aber sofort in den Ausdruck »Geschichte« korrigiert, den er in der Exegese durchgehend verwendet. Die Aussage ersetzt die bis Zeile 4 reichende gestrichene Passage, in der er ausnahmsweise für *Vor dem Gesetz* den Begriff »Legende« verwendet hatte.

P 304,10–23. Schluß des »Dom«-Kapitels. Indem der Geistliche K. die Mitteilung wiederholen läßt, die er ihm zu Beginn der Begegnung gemacht hatte, rundet sich das Gespräch zur geschlossenen Form, und dem Leser wird in Erinnerung gebracht, daß er einen »Gefängniskaplan« vor sich hat, K. also in Erwartung des Schuldspruchs hinter unsichtbaren Gefängnismauern einsitzt. (Vgl. P 288)

Abkürzungsverzeichnis

Br = Franz Kafka: Briefe 1902–1924, hrsg. von Max Brod, Frankfurt/M. 1958

E = Franz Kafka: Erzählungen, hrsg. von Max Brod, Frankfurt/M. 1952

EFB = Max Brod/ Franz Kafka: Eine Freundschaft. Briefwechsel, hrsg. von Malcolm Pasley, Frankfurt/M. 1989

F = Franz Kafka: Briefe an Felice und andere Korrespondenz aus der Verlobungszeit, hrsg. von Erich Heller und Jürgen Born, Frankfurt/M. 1967

FK = Max Brod: Über Franz Kafka, Frankfurt/M. 1966

H = Franz Kafka: Hochzeitsvorbereitungen auf dem Lande und andere Prosa aus dem Nachlaß, hrsg. von Max Brod, Frankfurt/M. 1953

KB = Jürgen Born: Kafkas Bibliothek. Ein beschreibendes Verzeichnis, Frankfurt/M. 1990

M = Franz Kafka: Briefe an Milena. Erweiterte und neu geordnete Ausgabe, hrsg. von Jürgen Born und Michael Müller, Frankfurt/M. 1983

O = Franz Kafka: Briefe an Ottla und die Familie, hrsg. von Hartmut Binder und Klaus Wagenbach, Frankfurt/M. 1974

P = Franz Kafka: Der Proceß, hrsg. von Malcolm Pasley, Frankfurt/M. 1990 (*Kritische Ausgabe*)

PA = Franz Kafka: Der Proceß. Apparatband, hrsg. von Malcolm Pasley, Frankfurt/M. 1990

S = Franz Kafka: Das Schloß, hrsg. von Malcolm Pasley, Frankfurt/M. 1982 (*Kritische Ausgabe*)

T = Franz Kafka: Tagebücher, hrsg. von Hans-Gerd Koch, Michael Müller und Malcolm Pasley, Frankfurt/M. 1990 (*Kritische Ausgabe*)

ANMERKUNGEN

1 Franz Kafka: Ein Landarzt. Kleine Erzählungen, München und Leipzig 1919 [recte 1920], S. 49–56. Der in E gedruckte Text weist demgegenüber lediglich wenige minimale Abweichungen auf.

2 In Kafkas Manuskript, und deswegen auch in der kritischen Textedition des Romans, die dieser Untersuchung zugrunde liegt, erscheint der Titel in dieser Form.

3 Vgl. z. B. P 14, wo es heißt, das Gesetz werde von der Schuld angezogen, 63, wo K. ein Merkheft des Untersuchungsrichters als »Schuldbuch« deutet, sein Gespräch mit Titorelli, wo es ihm unbehaglich wird, als der Maler andeutet, er könne sich, falls er wirklich unschuldig sei, vor Gericht allein auf diesen Umstand verlassen, sowie schließlich das Schlußkapitel, in dem er die Berechtigung seiner Verurteilung anerkennt.

4 EFB 390.

5 Hartmut Binder: Franz Kafka und die Wochenschrift »Selbstwehr«, in: *Deutsche Vierteljahrsschrift für Literaturwissenschaft und Geistesgeschichte* 41 (1967), S. 283–303 und ders.: Kafkas Hebräischstudien. Ein biographisch-interpretatorischer Versuch, in: *Jahrbuch der Deutschen Schillergesellschaft* 11 (1967), S. 527–556.

6 Vgl. Hartmut Binder: Kafka. Der Schaffensprozeß, Frankfurt/M. 1983, passim.

7 P 303.

8 P 308 und 312.

9 P 297.

10 Dieses Kapitel ist in veränderter Gestalt unter dem Titel *Parabel als Problem. Eine Formbetrachtung zu Kafkas »Vor dem Gesetz«* in der Zeitschrift *Wirkendes Wort* 38 (1988), S. 39–61, erschienen.

11 Hartmut Binder: Franz Kafka und die Wochenschrift »Selbstwehr«, S. 288 und Br 157.

12 Die sogenannte Exegese der Legende aus dem *Dom*-Kapitel des Romans wurde von Max Brod am 19. Dezember 1924 in der Prager zionistischen Wochenschrift *Selbstwehr* (18, Nr. 51/52, S. 5f.) erstveröffentlicht.

13 Walter H. Sokel: Das Verhältnis der Erzählperspektive zu Erzählgeschehen und Sinngehalt in »Vor dem Gesetz«, »Schakale und Araber« und »Der Prozeß«. Ein Beitrag zur Unterscheidung von Parabel und Geschichte bei Kafka, in: *Zeitschrift für deutsche Philologie* 86 (1967), S. 270.

14 Ingeborg Henel: Die Türhüterlegende und ihre Bedeutung für Kafkas »Prozeß«, in: *Deutsche Vierteljahrsschrift für Literaturwissenschaft und Geistesgeschichte* 37 (1963), S. 52.

15 Dieser Text geht später ins Präsens, Futur und in Satzgefüge über, die vom Irrealis bestimmt sind. (Vgl. E 169f.)

16 *Ein Landarzt:*

Doch kaum *war* es bei ihm, *umfaßt* es der Knecht und *schlägt* sein Gesicht an ihres. Es *schreit auf* und *flüchtet sich* zu mir [...]. (E 147)
Ein Bericht für eine Akademie:
er *nickte*, zufrieden mit mir, und *setzt* die Flasche an die Lippen [...]. (E 192)

17 *Die Sorge des Hausvaters:*
Die einen *sagen*, das Wort Odradek stamme aus dem Slawischen und sie *suchen* auf Grund dessen die Bildung des Wortes *nachzuweisen.* (E 170)

18 *Ein Landarzt:*
in solchen Fällen *helfen* die Götter, *schicken* das fehlende Pferd. (E 149)
Elf Söhne:
Unschuld *dringt* vielleicht doch noch am leichtesten durch das Toben der Elemente in dieser Welt. (E 174)
Ein Brudermord:
Ergründe die Menschennatur! (E 179)

19 E 148: »[...] im Krankenzimmer *ist* die Luft kaum *atembar*; der vernachlässigte Herdofen *raucht*; ich *werde* das Fenster *aufreißen*; zuerst aber *will* ich den Kranken *sehen*.« Vgl. Hartmut Binder: Motiv und Gestaltung bei Franz Kafka, 2. Aufl., Bonn 1982, S. 335–340.

20 Vgl. Jürgen H. Petersen: Erzählen im Präsens. Die Korrektur herrschender Tempus-Theorien durch die poetische Praxis der Moderne, in: *Euphorion* 86 (1992), S. 74.

21 Damit soll natürlich nicht geleugnet werden, daß den in dieser Erzählung vorkommenden Tempuswechseln ästhetische Absichten Kafkas zugrunde liegen könnten.

22 Gerhard Kurz: Traum-Schrecken. Kafkas literarische Existenzanalyse, Stuttgart 1980, S. 166 f.

23 Vgl. Wilhelm Schmidt: Grundfragen der deutschen Grammatik, Berlin 1967, S. 219–221.

24 Jürgen H. Petersen: Erzählen im Präsens, S. 81.

25 Walter H. Sokel: Das Verhältnis der Erzählperspektive zu Erzählgeschehen und Sinngehalt, S. 275.

26 Hartmut Binder: Bauformen, in: Kafka-Handbuch, hrsg. von H. B., Band 2: Das Werk und seine Wirkung, Stuttgart 1979, S. 62–64.

27 P 296.

28 Gerhard Kurz: Traum-Schrecken, S. 165 f.

29 H 323.

30 Einflußreich war in diesem Zusammenhang besonders die Position Friedrich Beißners, die er zuerst in seiner Untersuchung *Der Erzähler Franz Kafka* (1952) entwickelt hatte. (Vgl. F. B.: Der Erzähler Franz Kafka und andere Vorträge. Mit einer Einführung von Werner Keller, Frankfurt/M. 1983, S. 25–38, auch 15 f.) Zur Kritik an dieser Idealisierung eines Darstellungsmittels vgl. Walter Müller-Seidel: Die Deportation des Menschen. Kafkas Erzählung »In der Strafkolonie«, Stuttgart 1986, S. 95–106.

31 T 707.

32 T 708 und 709.

33 Zu diesem Punkt Hartmut Binder: Motiv und Gestaltung bei Franz Kafka, S. 188–200.

34 Dazu grundlegend Rudolf Bultmann: Die Geschichte der synoptischen Tradition, 5. Auflage, Göttingen 1961, S. 188–222.

35 Vgl. Hartmut Binder: Kafka in neuer Sicht. Mimik, Gestik und Personengefüge als Darstellungsformen des Autobiographischen, Stuttgart 1976, besonders S. 117–262.

36 Die Stelle zeigt auf ihre Weise die strenge Funktionalisierung aller Erzähldetails, die Kafka anstrebt: Die Ausrüstung des Mannes vom Lande wird erst in dem Augenblick erwähnt, in dem in der Ereignisfolge darauf Bezug genommen werden muß, und sie wird zugleich in der Weise spezifiziert, daß die zu diesem Zeitpunkt notwendige Art der Verfügung über das Gut glaubhaft scheint. Da der Schutz vor Kälte, der Gesichtspunkt der Bequemlichkeit oder Fragen der Etikette im Text keine Rolle spielen, kann auf eine selbständige Entfaltung entsprechender Requisiten verzichtet werden.

37 Vgl. Hartmut Binder: Erzählstrategien in Kafkas »Verwandlung«, in: *Euphorion* 80 (1986), S. 185–194, vgl. ders.: Kafkas literarische Urteile. Ein Beitrag zu seiner Typologie und Ästhetik, in: *Zeitschrift für deutsche Philologie* 86 (1967), S. 222–237.

38 Dazu Hartmut Binder: Motiv und Gestaltung bei Franz Kafka, S. 26–37 und 147–170, sowie Dietrich Krusche: Kafka und Kafka-Deutung, München 1974, passim.

39 Hartmut Binder: Erzählstrategien in Kafkas »Verwandlung«, S. 168–175.

40 Vgl. auch Hartmut Binder: Szenengefüge. Eine Formbetrachtung zu Kafkas »Verwandlung«, in: Franz Kafka. Vier Referate eines Osloer Symposions, Oslo 1985, besonders S. 7–15.

41 Zu den Einzelheiten Hartmut Binder: Eins gibt das andere – nicht! Kafka und die Geschichte(n), in: Jenseits der Gleichnisse. Kafka und sein Werk. Akten des Internationalen Kafka-Kolloquiums Gent 1983, hrsg. von Luc Lamberechts und Jaak De Vos, Bern, Frankfurt/M., New York 1986, S. 42 f.

42 Vgl. Hartmut Binder: Motiv und Gestaltung bei Franz Kafka, besonders S. 246.

43 Vgl. P 297, wo der Geistliche ausführt, der Wesen des Türhüters sei durch »Einfalt und Überhebung« gekennzeichnet.

44 Vgl. Br 20: »es ist fast so, wie wenn ein Kind zum Himmel wollte und heult und bellt, weil man ihm den Schemel nicht reichen will.«

45 Zitiert bei Hartmut Binder: Beschwörung eines Kinderglaubens: Franz Werfels »Stern der Ungeborenen«, in: Franz Werfel im Exil, hrsg. von Wolfgang Nehring und Hans Wagener, Bonn 1992, S. 133.

46 Vgl. Hartmut Binder: Kafka in neuer Sicht, S. 258–262 (die Verhörszene im sechsten Kapitel des *Verschollenen* als Beispiel räumlicher Gruppierung).

47 Vgl. T 889 f. und Hartmut Binder: Kafka in neuer Sicht, S. 282 f.

48 Vgl. E 153 (»Einmal dem Fehlläuten der Nachtglocke gefolgt – es ist niemals gutzumachen«), T 879 f., 889 f. und H 163; dagegen Br 192 und Hartmut Binder: Motiv und Gestaltung bei Franz Kafka, S. 66–69.

49 E 169 f.
50 Vgl. Hartmut Binder: Erzählstrategien in Kafkas »Verwandlung«, S. 175–185.
51 Vgl. PA 294.
52 Walter H. Sokel: Kafka's Law and its Renunciation: A Comparison of the Function of the Law in »Before the Law« and »The New Advocate«, in: Probleme der Komparatistik und Interpretation. Festschrift für André von Gronicka zum 65. Geburtstag am 25. 5. 1977, hrsg. von W. H. S., Albert A. Kipa und Hans Ternes, Berlin 1978, S. 195.
53 Rudolf Bultmann: Die Geschichte der synoptischen Tradition, S. 214 f.
54 Vgl. etwa Richard Detsch: Delusion in Kafka's Parabels »Vor dem Gesetz«, »Das Schweigen der Sirenen«, and »Von den Gleichnissen«: A Hermeneutical Approach, in: *Modern Austrian Literature* 14, Nr. 1/2 (1981), S. 13: »Kafka's parabels [...] reveal no truth other than the melancholy confirmation that truth is not attainable«. Vgl. Christian L. Hart Nibbrig: Die verschwiegene Botschaft oder: Bestimmte Interpretierbarkeit als Wirkungsbedingung von Kafkas Rätseltexten, in: *Deutsche Vierteljahrsschrift für Literaturwissenschaft und Geistesgeschichte* 51 (1977), S. 466: »Interpretierbarkeit ist nicht in dem Sinne kommunikativ, daß der Text den Leser zum Rätseln auffordert, sondern insofern, als der Text sich in seiner Rätselhaftigkeit selbst als vorweggenommenes Ergebnis möglicher Lesearbeit generiert.«
55 P 302.
56 In diesem Sinn äußern sich Theo Elm: Die Rhetorik der Parabel. Historische Modelle, in: Die Parabel. Parabolische Formen in der deutschen Dichtung des 20. Jahrhunderts, hrsg. von T. E., Hans H. Hiebel, Frankfurt/M. 1986, S. 24 f. und 31, sowie Norbert Miller: Parabel als »Lehre« und »Vorgang«. Brecht und Kafka, in: Die Parabel. Parabolische Formen in der deutschen Dichtung des 20. Jahrhunderts, S. 261 f.
57 Zu dieser Vorliebe vgl. Hartmut Binder: Leben und Persönlichkeit Franz Kafkas, in: Kafka-Handbuch, hrsg. von H. B., Band 1: Der Mensch und seine Zeit, Stuttgart 1979, S. 195 f., FK 294 und Br 358.
58 Johannes Urzidil: Das Reich des Unerreichbaren, in: J. U.: Da geht Kafka. Erweiterte Ausgabe, München 1966, S. 26.
59 Heinz Politzer: Franz Kafka, der Künstler, Frankfurt/M. 1965, S. 259.
60 Vgl. *2. Könige 21*, Vers 23 f.
61 T 276 (26. XI. 1911): »amhorez«.
62 Moriz Friedländer: Die religiösen Bewegungen des Judentums im Zeitalter Jesu, Berlin 1905, S. 79, 80 und 88 f.
63 Vgl. KB 113.
64 Meyer Ises Pinès: Histoire de la litterature judéo-allemande, Paris 1911, S. 470, vgl. Hans Dieter Zimmermann: Die endlose Suche nach dem Sinn. Kafka und die jiddische Moderne, in: Nach erneuter Lektüre: Franz Kafkas »Der Proceß«, hrsg. von H. D. Z., Würzburg 1992, S. 220 f.
65 T 361–367.
66 Fritz Mauthner: Wörterbuch der Philosophie, Band 1, Zürich 1980, S. 138 sowie ders.: Erinnerungen I. Prager Jugendjahre, München 1918, S. 296, vgl. Manfred Voigts: Von Türhütern und Männern vom

Lande. Traditionen und Quellen zu Kafkas »Vor dem Gesetz«, in: *Neue deutsche Hefte* 36, Nr. 204 (1989/90), S. 596f.
67 Diese Erläuterung nach P 298.
68 Vgl. P 300 und T 396 »Mädchen[s] vom Lande«.
69 P 118f. und 351.
70 P 328.
71 P 303.
72 P 14.
73 P 11.
74 P 16.
75 P 16, vgl. 24.
76 P 11, vgl. 174, 104 und EFB 417.
77 Vgl. Walter H. Sokel: Franz Kafka – Tragik und Ironie. Zur Struktur seiner Kunst. München, Wien 1964, S. 202:
Die Erniedrigung des Mannes vom Lande zum Blickpunkt des Kleinkindes oder des Hundes zeigt sich im Schemel, auf dem er sein Leben verhockt. Er muß hier ebenso zum Türhüter hinaufstarren wie das Ungeziefer Gregor Samsa zu seiner Familie emporblicken muß. Lange bevor das Alter den Größenunterschied sehr zuungunsten des Mannes verändert hat, ist er örtlich und wörtlich ›erniedrigt‹ worden.
78 Vgl. T 606.
79 P 93.
80 P 11f. und 21.
81 P 58: »Nach Ihnen muß ich schließen, es darf niemand mehr hinein«, vgl. Strother B. Purdy: A Talmudic Analogy to Kafka's Parable »Vor dem Gesetz«, in: *Papers on Language and Literature* 4 (1968), S. 424f.
82 P 34.
83 Vgl. P 289f.
84 P 10f. und 13.
85 P 312, vgl. Richard Detsch: Delusion in Kafka's Parabels, S. 16.
86 Vgl. P 16, 300 und 302.
87 P 60 und 61.
88 P 10, 13 und 21.
89 Ernst Fischer: Kafka-Konferenz, in: Kafka aus Prager Sicht, Prag und Berlin 1966, S. 164f.
90 P 298f.
91 P 92f.
92 Vgl. auch P 235, wo der Angeklagte Block über die Kanzleien sagt: »Es ist ja dort schon das bloße Sitzen und Warten eine große Anstrengung.«
93 P 297.
94 P 9f. und 22.
95 P 154.
96 Vgl. P 297 und 302 mit 9 und 15.
97 vgl. P 235.
98 P 111f. und 115.
99 P 282.
100 P 150.
101 P 160.

102 Walter H. Sokel: Franz Kafka, S. 391: »Dem ersten Blick zeigt der Roman *Das Schloß* seine direkte Abstammung von der Parabel *Vor dem Gesetz*«.

103 Heinz Politzer: Franz Kafka, der Künstler, S. 259–262.

104 Groß kann der Unterschied zwischen den Ehepartnern freilich nicht gewesen sein, sonst hätte Julie Kafka nicht später sagen können, ihr Mann habe sich »mit kleinen Geldmitteln etabliert«. (Klaus Wagenbach: Franz Kafka in Selbstzeugnissen und Bilddokumenten, Reinbek bei Hamburg 1964, S. 12 f.)

105 Vgl. T 303 f., 576 und F 99 f.

106 H 164 f.

107 H 168 f.

108 H 162, vgl. F 452.

109 Andere Hypothesen finden sich nur ganz vereinzelt, vgl. Rainer Nägele: Kafka and the Interpretive Desire, in: Kafka and the Contemporary Critical performance. Centenary Readings, edited by Alan Udoff, Bloomington and Indianapolis 1987, S. 25, wo es über den Mann vom Lande heißt:
Since he never achieves that goal, most interpreters agree that this poor and foolish man has wasted his life, and he is even pronounced guilty by some for not having done the right things. But how do we know that sitting before the law is such a afollish thing? Both in English and German, to be before the law is the most idiomatic position in relation to the law: we are equal or not equal before the law; we appear before the law; we are guilty or innocent before the law; we are never in the law. Why, then, does the man from the country want to enter into the law, and why do the interpreters want to be in it?

110 Walter Muschg: Der Ruhm Franz Kafkas, in: W. M.: Die Zerstörung der deutschen Literatur, 3. erweiterte Auflage, Bern 1958, S. 212.

111 H 359.

112 Jost Schillemeit: Mitteilungen und Nicht-Mitteilbares. Zur Chronologie der »Briefe an Milena« und zu Kafkas »Schreiben« im Jahr 1920, in: *Jahrbuch des freien deutschen Hochstifts* 1988, S. 260 und 267 f.

113 Vgl. Franz Kafka: Nachgelassene Schriften und Fragmente II, hrsg. von Jost Schillemeit, Frankfurt/M. 1992, S. 343.

114 Ingeborg Henel: Die Türhüterlegende und ihre Bedeutung für Kafkas »Prozeß«, S. 51.

115 Ingeborg Henel: Die Türhüterlegende und ihre Bedeutung für Kafkas »Prozeß«, S. 51 f.

116 T 606.

117 Ingeborg Henel: Die Türhüterlegende und ihre Bedeutung für Kafkas »Prozeß«, S. 60.

118 EFB 297.

119 EFB 195.

120 Horst Steinmetz: Suspensive Interpretation. Am Beispiel Franz Kafkas, Göttingen 1977, S. 116 f.

121 Herbert Kraft: Mondheimat. Kafka, Pfullingen 1983, S. 147.

122 Walter H. Sokel: Das Verhältnis der Erzählperspektive zu Erzählgeschehen und Sinngehalt, S. 293.

123 Walter H. Sokel: Das Programm von K.s Gericht: ödipaler und existentieller Sinn des »Prozeß«-Romans, in: Franz Kafka. Eine Aufsatzsammlung nach einem Symposium in Philadelphia, hrsg. und eingeleitet von Maria Luise Caputo-Mayr, Berlin, Darmstadt 1978, S. 97 f. (Die englische Originalfassung erschien unter dem Titel »The Programme of K.'s Court: Oedipal and Existential Meanings of ›The Trial‹«, in: On Kafka. Semi-Centenary Perspectives, edited by Franz Kuna, London 1976, S. 1–21.)

124 Ebenda, S. 98.

125 T 885 f., 887 f., 889 f. und F 216.

126 FK 146 f.

127 Ralf R. Nicolai: Kafkas »Prozeß«. Motive und Gestalten, Würzburg 1986, S. 231–234.

128 H 112.

129 Vgl. Johannes Urzidil: Das Reich des Unerreichbaren, in: J. U.: Da geht Kafka, München 1966, S. 25:
Seine [des Türhüters] Aufgabe ist offenkundig. Wer hinein will, unterliegt seinem Skrutinium und soll nicht um ihn herumkommen. Dies wenigstens ist der übliche Sinn von Türhütern.

130 H 322 f. und 359.

131 Vgl. FK 128.

132 FK 146 f.

133 Franz Kafka: Beschreibung eines Kampfes. Novellen, Skizzen, Aphorismen aus dem Nachlaß, hrsg. von Max Brod, Frankfurt/M. 1954, S. 96.

134 Jürgen Born: Kafkas Türhüterlegende. Versuch einer positiven Deutung, in: Jenseits der Gleichnisse. Kafka und sein Werk. Akten des Internationalen Kafka-Kolloquiums Gent 1983. In Verbindung mit Edward Verhofstadt, Initiator des Kolloquiums, hrsg. von Luc Lamberechts und Jaak De Vos, Bern, Frankfurt/M., New York 1986, S. 170–181.

135 H 110.

136 Vgl. Franz Kafka: Beschreibung eines Kampfes, S. 340 und H 343.

137 Vgl. Jürgen Born: Kafka's Parable »Before the Law«: Reflections towards a Positive Interpretation, in: *Mosaik* 3, Nr. 4 (1970), S. 153–157 (nicht vollständig mit der deutschen Version identisch).

138 Jürgen Born: Kafkas Türhüterlegende, S. 179.

139 P 238.

140 Vgl. H 39 und F 324.

141 F 458.

142 H 54.

143 Jörgen Kobs: Kafka. Untersuchungen zu Bewußtsein und Sprache seiner Gestalten, hrsg. von Ursula Brech, Bad Homburg v. d. H. 1970, S. 527.

144 Roland Duhamel: Das Schweigen des Türhüters. Zu einer Interpretation von Kafkas Parabel »Vor dem Gesetz«, in: *Germanistische Mitteilungen* 29 (1989), S. 27.

145 Manfred Voigts: Von Türhütern und von Männern vom Lande. Traditionen und Quellen zu Kafkas »Vor dem Gesetz«, S. 600.

146 Ebenda, S. 600–602.

ANMERKUNGEN

147 H 104.
148 Hans Walther: Franz Kafka. Die Forderung der Transzendenz, Bonn 1977, S. 138 f.
149 Christian Eschweiler: Die unerfüllbare Hoffnung auf Selbsterlösung. (Eine Interpretation und die Neuordnung der Kapitelfolge von Kafkas Roman »Der Prozeß«), Bonn 1988, S. 137–139.
150 Christian Eschweiler: Die unerfüllbare Hoffnung auf Selbsterlösung. Zum 100. Geburtstag von Franz Kafka, in: *Stimmen der Zeit* 201 (1983), S. 474 f.
151 Detlef Kramer: Kafka. Die Erotik des Schreibens. Schreiben als Lebensentzug, Frankfurt/M. 1989, S. 81–88.
152 Vgl. H 334.
153 Jörgen Kobs: Kafka, S. 525.
154 T 708.
155 P 298.
156 So richtig Herbert Kraft: Mondheimat, S. 151.
157 Walter H. Sokel: Franz Kafka, S. 201.
158 E 206.
159 T 757.
160 P 289.
161 John Sandford: Kafka as Mythmaker: Some Approaches to »Vor dem Gesetz«, in: *German Life & Letters* 29 (1975/76), S. 140.
162 Walter H. Sokel: Kafka's Law and its Renunciation: A Comparison of the Function of the Law in »Before the Law« and »The New Advocate«, S. 201.
163 F 617.
164 Vgl. H 167.
165 Walter H. Sokel: Franz Kafka, S. 201.
166 Vgl. T 546 (am 6. VIII. 1914).
167 P 59.
168 Vgl. Ulf Abraham: Der verhörte Held. Verhöre, Urteile und die Rede von Recht und Schuld im Werk Franz Kafkas, München 1985, S. 72.
169 P 299–302 (Unterordnung-Überordnung).
170 Vgl. F 112, 388, 598 und Br 295 f.
171 Ramón G. Mendoza: Outside Humanity. A Study of Kafka's Fiction, New York, London 1986, S. 21.
172 Ebenda, S. 30.
173 Ebenda, S. 34–36.
174 H 168 f., vgl. Alice Miller: Du sollst nicht merken. Variationen über das Paradies-Thema, Frankfurt/M. 1981, S. 360 f.
175 Ebenda, S. 238–281.
176 F 114 f. und 414 f.
177 H 182, 189 f. und F 219.
178 Alice Miller: Du sollst nicht merken, S. 307–377.
179 P 301.
180 M 293 f.
181 Jürg Johannes Amann: Das Symbol Kafka. Eine Studie über den Künstler, Bern und München 1974, S. 148 f., vgl. 130–136.
182 P 298 f.

ANMERKUNGEN

183 Mark M. Andersons Buch *Kafka's Clothes. Ornament and Aestheticism in the Habsburg »Fin de Siècle«* (Oxford 1992) spart leider diese interessante Fragestellung gänzlich aus.

184 Giuliano Baioni: Kafka. Romanzo e parabola, Milano 1962, S. 180.

185 Ritchie Robertson: Kafka. Judentum. Gesellschaft. Literatur, Stuttgart 1988, S. 171, vgl. P 71.

186 Gerhard Kurz: Meinungen zur Schrift: Zur Exegese der Legende »Vor dem Gesetz« im Roman »Der Prozeß«, in: Franz Kafka und das Judentum, hrsg. von Karl Erich Grözinger, Stéphane Mosès und Hans Dieter Zimmermann, Frankfurt/M. 1987, S. 219.

187 Ralf R. Nicolai: Kafkas »Prozeß«, S. 235 f.

188 Vgl. z. B. Br 343.

189 Anonym: Der Hüter der Gesetze, in: *Prager Tagblatt* 40, Nr. 37 (6. II. 1915), S. 8: »Es ist ein Mann, der in seinem dicken Pelz gar würdig aussieht, den Kreuzer als Schuld nimmt und damit einen Kopf größer ist, als die Fußgeher.«

190 S 157, 161, 163 und 166.

191 E 146.

192 E 152.

193 Vgl. S 11 mit 195.

194 Vgl. Hartmut Binder: Kafka in neuer Sicht, S. 265–298.

195 Vgl. E 71, 113 und 179.

196 F 582.

197 T 223.

198 P 19.

199 P 100.

200 Das Photo stammt aus: *Český svět* 7, Nr. 26 (3. III. 1911).

201 P 125.

202 Zu den Einzelheiten vgl. Hartmut Binder: Literaturreisen Prag, Stuttgart 1992, S. 101–103.

203 Rainer Maria Rilke: Zwei Prager Geschichten und Ein Prager Künstler. Mit Illustrationen von Emil Orlik, hrsg. von Josef Mühlberger, Frankfurt/M. 1976, S. 14 f.

204 Das Werk hat sich nicht unten den, freilich lückenhaft, überlieferten Büchern Kafkas erhalten, obwohl sich hier vergleichsweise viele Werfel-Titel finden. (Vgl. KB 223) Kafka ist aber vor dem Ersten Weltkrieg so häufig mit Werfel und seinem Kreis zusammengetroffen, daß kaum glaublich scheint, er habe diese zweite Lyrik-Sammlung des ihm befreundeten Prager Landsmanns nicht zur Kenntnis genommen.

205 Franz Werfel: Das lyrische Werk, hrsg. von Adolf D. Klarmann, Frankfurt/M. 1967, S. 103 f.

206 Nur im Blick auf die Kopfbedeckung obwaltet eine kleine dichterische Freiheit. Der Zweispitz ist zum gebräuchlicheren Dreispitz aufgewertet, vgl. auch Johannes Urzidil: Edison und Kafka, in: J. U.: Da geht Kafka, S. 18, der in diesem Punkt die genauere Erinnerung bewahrt.

207 Atta Troll: Türhüter, in: *Prager Tagblatt* 45, Nr. 132 (6. VI. 1920), S. 3.

208 Nach der Formulierung »Als der Türhüter das merkt ...« hatte Kafka zunächst fortgesetzt: ». . . drängt er ihn mit seinem Stab fort«. (PA 311)

209 Johannes Urzidil: Edison und Kafka, S. 18.

210 Jaroslav Hašek hat diesen Charakterzug Prager Brückenwächter vor dem Ersten Weltkrieg zu einer Satire verarbeitet, vgl. Jaroslav Hašek: Der Amtseifer des Mauteinnehmers Štěpán Brych auf der Prager Brücke, in: J. H.: Schule des Humors, Frankfurt/M. 1984, S. 123–125.

211 Gerhard Kurz: Meinungen zur Schrift, S. 219.

212 Jacob und Wilhelm Grimm: Deutsches Wörterbuch, Band XI/I,1, Leipzig 1935, Sp. 158.

213 P 293 und PA 311.

214 Franz Kafka: Vor dem Gesetz, in: *Selbstwehr* 9, Nr. 34 (7. IX. 1915), S. 2.

215 Vgl. dazu James Goldwasser: Franz Kafka: Ein Landarzt: Kleine Erzählungen. The Author's Corrected Proof, New York o. J. (1990).

216 Vgl. z. B. Hans Klaus: Satanas obenauf. Tragikomödie in vier Akten, Prag 1929, S. 43: »Tartaren, Mongolen und andere Montenegriner«.

217 Als Hugo Bergmann, Kafkas Klassenkamerad und Freund während der ersten Gymnasialjahre, 1903 nach Galizien reiste, besuchte er auch eine traditionelle jüdische Elementarschule. Bei dieser Gelegenheit fragte er einen zwölfjährigen Jungen, ob er nicht einmal ins Gymnasium gehen werde, und erhielt die erstaunt-entrüstete Antwort: »bloßköpfig sitzen?« (Schmuel Hugo Bergman: Tagebücher & Briefe, Band I: 1901–1948, hrsg. von Miriam Sambursky. Mit einer Einleitung von Nathan Rotenstreich, Königstein/Ts. 1985, S. 10)

218 EFB 153. Als Kafka im September 1915 in Prag eine religiöse Feier besuchte, die der Rabbi von Grodeck abhielt, fiel ihm ebenfalls dessen Kopfbedeckung auf, eine Kappe mit Fellbesatz. (T 752) Vgl. auch die Photos des Gerer Rabbis, der 1924 Kafka die Heirat mit Dora Diamant verweigerte (FK 181), in: Jean Jofen: The Jewish Mystik in Kafka, New York, Berne, Frankfurt/M. 1987, S. 203. Sie zeigen diese chassidische Führergestalt mit Pelzmütze oder Hut und mit einem langen, zweigeteilten weißen Bart.

219 Vgl. František Langer: My brother Jiří, in: Jiří Langer: Nine Gates to the Chassidic Mysteries. Translated by Stephen Jolly, New York 1976, S. XVI, wo über das Äußere dieser reichen Badegäste aus Polen und Weißrußland gesagt wird: »their beards, which varied from reddish and black to ermine white, were beautifully combed and wavy, like those of the biblical patriarchs in the churches.« (Eine gekürzte deutsche Übersetzung dieser wichtigen Quelle findet sich in: Die Juden in Böhmen und Mähren. Ein historisches Lesebuch, hrsg. von Wilma Iggers, München 1986, S. 239–251.)

220 EFB 174.

221 Vgl. Jacob und Wilhelm Grimm: Deutsches Wörterbuch, Band XI/I,1, Sp. 159.

222 So bezeichnet zum Beispiel im Tschechischen das Wort Tatar einen dummen Menschen, der nicht begreift, was ihm gesagt wird, ein Sachverhalt, der sich in Kafkas Erzählung *Ein altes Blatt* zu spiegeln scheint, wo davon die Rede ist, die Bewohner der um den Kaiserpalast gruppierten Stadt könnten sich mit den kriegerischen Nomaden, die in das Reich eingefallen sind, nicht verständigen.

223 Vgl. Hans Klaus: Die Verklärung des Dr. Schourek, Prag 1930, S. 24:

»Offenbar sagte ihr auch das jugendliche Tartarengesicht mit dem zu früh angegrauten, in der Mitte gescheitelten Haare zu.«

224 Thomas Mann: Der Zauberberg. Roman, Frankfurt/M. 1974, S. 464.

225 Siegfried Lenz: So zärtlich war Suleyken. Masurische Geschichten, Hamburg 1955, S. 149.

226 In einem Brief des Schriftstellers Hans Klaus (1901–1985) an den Verfasser aus dem Jahr 1981 wird in einer Beschreibung der rötlich getönte tatarische Schnurrbart eines jungen Mannes erwähnt.

227 Das Bild stammt aus Sergius Golowin: Das Reich des Schamanen. Der eurasische Weg der Weisheit, Basel 1981, S. 215.

228 T 361 und M 125, vgl. T 583 und 931.

229 Thomas Mann: Wälsungenblut, in: T. M.: Sämtliche Erzählungen, Frankfurt/M. 1963, S. 323.

230 P 124, vgl. 135 f.

231 Herbert Kraft: Mondheimat, S. 148.

232 Ebenda, S. 142–151.

233 Ebenda, S. 150.

234 Ebenda, S. 149.

235 Ebenda, S. 18.

236 P 14.

237 Ernst Fischer: Kafka-Konferenz, S. 164 f.

238 Vgl. dazu Hartmut Binder: Kafka in neuer Sicht, S. 409–411.

239 T 707: »Exegese der Legende«.

240 Vgl. S 136.

241 P 303.

242 P 208.

243 F 260.

244 *Reallexikon der deutschen Literaturgeschichte,* 2. Auflage, hrsg. von Werner Kohlschmidt und Wolfgang Mohr, Band II, Berlin 1965, S. 30 f.

245 Iris Bruce: »Zionistische Sehnsucht«. Franz Kafka und Hans Blochs »Legende von Theodor Herzl«, in: *Neue Zürcher Zeitung* 212, Nr. 101 (2./3. V. 1992), S. 69, vgl. Hans Bloch: Die Legende von Theodor Herzl, in: *Der zionistische Student. Flugschrift des K. Z. V.* [1912], S. 51–62 und KB 132.

246 F 594.

247 F 596.

248 Vgl. dazu Hartmut Binder: Kafkas literarische Urteile. Ein Beitrag zu seiner Typologie und Ästhetik, in: *Zeitschrift für deutsche Philologie* 86 (1967), S. 211–249.

249 F 226, vgl. 86 (*Der Verschollene*), M 9 (*Der Heizer*), Br 115 (*Die Verwandlung*), T 715 (*Der Proceß*), Br 159 (*In der Strafkolonie*), 196 (*Ein Bericht für eine Akademie*), 375 (*Erstes Leid*), 379 (*Ein Hungerkünstler*) und FK 179 (*Josefine, die Sängerin oder Das Volk der Mäuse*).

250 F 53.

251 P 295, vgl. unten S. 258.

252 Vgl. Br 102, 103, 156, 157 und T 427.

253 Vgl. F 378, 400 (»Ich kann auch nicht eigentlich erzählen, ja fast nicht einmal reden«), 600, M 69 und O 145.

254 Vgl. z. B. Br 147, 148, 150 und *Expressionismus. Literatur und Kunst*

ANMERKUNGEN

1910–1913. Eine Ausstellung des Deutschen Literaturarchivs im Schiller-Nationalmuseum Marbach a. N., Marbach a.N. 1960, S. 140 (Brief an René Schickele vom 7. IV. 1915).

255 Es hat sich die Abbildung des Titelblatts erhalten, auf dem Kafka mit eigener Hand den schon gesetzten, vielleicht von fremder Hand stammenden Untertitel *Neue Betrachtungen* durch die Bezeichnung *Kleine Erzählungen* ersetzt hat, vgl. Gustav Janouch: Franz Kafka und seine Welt, Wien, Stuttgart, Zürich 1965, S. 134.

256 Vgl. *Die neue Rundschau* 33 (1922), S. 983.

257 T 723. Die von Ingeborg Henel, Ulf Abraham und Jürgen Born verwendete Bezeichnung »Türhüterlegende« ist problematisch, weil sie nicht authentisch ist und vermengt, was in Kafkas Sprachgebrauch gewöhnlich getrennt wird. Mit dem Begriff Geschichte, der verschiedene Textarten umfaßt, verbindet er nämlich gelegentlich Erzählinhalte, während er Gattungsbezeichnungen wie Legende, Sage oder Betrachtung ohne derartige Zusätze verwendet, vgl. T 726 (»Hundegeschichte« für die Erzählung *Blumfeld, ein älterer Junggeselle*) und EFB 415 (»Schloßgeschichte« für seinen letzten Roman).

258 EFB 170.

259 Vgl. Hartmut Binder: Franz Kafka und die Wochenschrift »Selbstwehr«, S. 283–304.

260 Walter H. Sokel: Franz Kafka, S. 200.

261 Marthe Robert: Einsam wie Franz Kafka, Frankfurt/M. 1979, S. 116.

262 Ebenda, S. 96.

263 Ebenda, S. 120.

264 John Sandford: Kafka as mythmaker, S. 139f.

265 H 198.

266 Maria Wolf: Kritik der Hoffnung, in: Verteidigung der Schrift. Kafkas »Prozeß«, hrsg. von Frank Schirrmacher, Frankfurt/M. 1987, S. 81.

267 Vgl. H 88f.

268 Selbst wenn sich derartige Details in der Legende fänden, wäre deren christliche Prägung noch lange nicht ausgemacht. Der Umstand beispielsweise, daß die Bedienerin, die im *Urteil* Georg auf seinem Weg zum Wasser begegnet, »Jesus!« ausruft (E 67), ist kein Hinweis darauf, daß die Bendemanns dem christlichen Glauben zurechnen sollten, denn in vielen Prager jüdischen Mittelstandsfamilien beschäftigte man Tschechinnen, die natürlich katholisch waren.

269 Vgl. Hartmut Binder: Leben und Persönlichkeit Franz Kafkas, S. 492–498.

270 Wolfgang Iser: Der Lesevorgang. Eine phänomenologische Perspektive, in: Rezeptionsästhetik. Theorie und Praxis, hrsg. von Rainer Warning, München 1975, S. 255.

271 S 405.

272 *Psalm 118*, Vers 19f. und *Jesaja 26*, Vers 2, vgl. Manfred Voigts: Von Türhütern und Männern vom Lande, S. 598f.

273 Vgl. Karl Erich Grözinger: Kafka und die Kabbala. Das Jüdische im Werk und Denken von Franz Kafka, Frankfurt/M. 1992, S. 32: »Öffnet mir die Tore der Gerechtigkeit, daß ich sie betrete und den Herren preise!«

274 Vgl. Ignát Herrmann: Aus dem Leben des fünften Viertels. Eine Skizze, in: Das Prager Ghetto. Unter Mitwirkung von I. H., Dr. Jos.[ef] Teige und Dr. Zikm.[und] Winter. Zeichnungen von A. Kaspar, Prag 1903, S. 95.

275 *Schemoth Rabba* XIC; zitiert nach Rudolf Bultmann: Das Urchristentum, Reinbek bei Hamburg 1962, S. 31.

276 Eines dieser Photos ist veröffentlicht in: Hartmut Binder: Literaturreisen Prag, S. 102.

277 Vgl. KB 131.

278 *Vom Judentum. Ein Sammelbuch.* Hrsg. vom Verein jüdischer Hochschüler Bar Kochba in Prag, Leipzig 1914 [recte 1913], S. 282.

279 Ritchie Robertson: Kafka. Judentum. Gesellschaft. Literatur, S. 170f.

280 P 301.

281 H 77 und 80.

282 *Matthäus 5*, Vers 14.

283 Karl Erich Grözinger: Kafka und die Kabbala, S. 13.

284 Silvio Vietta: Die literarische Moderne. Eine problemgeschichtliche Darstellung der deutschsprachigen Literatur von Hölderlin bis Thomas Bernhard, Stuttgart 1992, S. 126–128.

285 P 291, 303 und 304.

286 PA 318.

287 So richtig Rainer Nägele: Kafka and the Interpretive Desire, S. 25.

288 Walter H. Sokel: Franz Kafka, S. 202f.

289 E 176.

290 E 177.

291 T 501, EFB 248 und Max Brod: Franz Kafka. Eine Biographie. Erinnerungen und Dokumente, Prag 1937, S. 320.

292 Br 20.

293 E 157.

294 Thomas Mann: Sämtliche Erzählungen, S. 411.

295 Erwin Rohde: Psyche. Seelencult und Unsterblichkeitsglaube der Griechen, Band 2, 7. und 8. Auflage, Tübingen 1921, S. 10.

296 EFB 182, vgl. F 121.

297 Werner Hoffmann: Kafkas Legende »Vor dem Gesetz«, in: *Boletin de Estudas Germanicos* 8 (1970), S. 110–112.

298 Sie endet mit den Worten: »Jedermann soll wohl achten, zu welchem Weg ihn sein Herz zieht, und dann soll er sich diesem mit ganzer Kraft erwählen.«

299 Der Schlußsatz lautet: »Da verstand ich, was mein Lehrer gemeint hatte: daß alles an mir selbst hangt.«

300 Werner Hoffmann: Kafkas Legende »Vor dem Gesetz«, S. 110. (Hoffmann bezieht sich am Ende des Zitats offenbar auf Tagebuchnotizen vom 24. Dezember 1911, in denen die bei der Beschneidung seines Neffen Felix Hermann angewandten, lediglich noch den beiden anwesenden Großvätern verständlichen religiösen Zeremonien als derart veraltet bezeichnet werden, daß sie Kafka nurmehr von historischem Interesse zu sein schienen, vgl. T 311f.)
Es bleibt Hoffmanns Geheimnis, in welcher Weise diese Ausführungen Kafkas Kenntnis des Chassidismus belegen sollen. Sie sagen, wenn

überhaupt etwas zu dem fraglichen Gegenstand, dann das Gegenteil aus.

301 Ulf Abraham: Mose »Vor dem Gesetz«. Eine unbekannte Vorlage zu Kafkas »Türhüterlegende«, in: *Deutsche Vierteljahrsschrift für Literaturwissenschaft und Geistesgeschichte* 57 (1983), S. 636–650.

302 Br 333f.

303 Vgl. T 867.

304 Vgl. H 131, Br 436, F 697, 700 und M 25.

305 Strother B. Purdy: A Talmudic Analogy to Kafka's Parable »Vor dem Gesetz«, S. 420–427, vgl. T 282 und 682.

306 Joachim Rosteutscher: Kafkas Parabel »Vor dem Gesetz« als Antimärchen, in: Festschrift für Friedrich Beißner, hrsg. von Ulrich Gaier und Werner Volke, Bebenhausen 1974, S. 360.

307 Fritz Strich: Franz Kafka und das Judentum, in: F. S.: Kunst und Leben. Vorträge und Abhandlungen zur deutschen Literatur, Bern und München 1960, S. 147.

308 Martin Buber: Die Legende des Baalschem, Frankfurt/M. 1908, S. 10f.

309 Manfred Voigts: Von Türhütern und von Männern vom Lande, S. 590f.

310 Gershom Scholem: Judaica III, Frankfurt/M. 1973, S. 271.

311 Heinz Politzer: Franz Kafka, der Künstler, S. 269–272.

312 Karl Erich Grözinger: Kafka und die Kabbala, S. 31f.

313 Ebenda, S. 60–65.

314 Hans Dieter Zimmermann: Der babylonische Dolmetscher. Zu Franz Kafka und Robert Walser, Frankfurt/M. 1985, S. 190.

315 Vgl. Karlheinz Fingerhut: Die Phase des Durchbruchs (1912–1915), in: Kafka-Handbuch, Band 2, S. 278–282.

316 Vgl. Evelyn Torton Beck: Kafka and the Yiddish Theater. Its impact on his work, Madison, Milwaukee, and London 1971, S. 70–121.

317 Vgl. T 461.

318 Vgl. dazu Hartmut Binder: Kafka. Der Schaffensprozeß, passim.

319 Vgl. F 738 und KB 145, 175, 180 und 217. (Da Kafka einige Hefte seiner Verlobten Felice Bauer in Berlin überlassen hatte, ist heute nicht mehr festzustellen, ob das Bändchen über China wirklich in seinem Besitz gewesen ist.)

320 *Im Neuen China. Reiseeindrücke*, hrsg. von N.[icolaus] Henningsen, Köln 1912, S. 26.

321 Ebenda, S. 66.

322 Vgl. Hartmut Binder: Kafka-Kommentar zu sämtlichen Erzählungen, 3. Auflage, München 1982, S. 183–186.

323 Vgl. z.B. F 119, 252, 260 und FK 62.

324 T 30–35 und 159, vgl. FK 198 (Milena Jesenská an Max Brod über Kafka):
Für ihn ist das Leben etwas gänzlich anderes als für alle anderen Menschen, vor allem sind für ihn das Geld, die Börse, die Devisenzentrale, eine Schreibmaschine völlig mystische Dinge.

325 Hans Dieter Zimmermann: Der babylonische Dolmetscher, S. 194.

326 Vgl. Schmuel Hugo Bergman: Tagebücher & Briefe, Band I, S. 9. (Briefentwurf Hugo Bergmanns an Franz Kafka aus dem Jahr 1902/03.)

327 Vgl. FK 100f.:

Später erst lernte ich in mühsamem Wachstum der Erkenntnis, wie Ost und West, Zion und Diaspora, zusammenhingen. Kafka widersetzte sich diesen Einsichten länger als ich, es kam sogar, als ich später überzeugter Zionist wurde und Kafka (auf unseren Moldau-Kahnfahrten) vergebens zur Anerkennung der Notwendigkeit dieser Politik zu bekehren suchte, zu manchem Streit, ja zu der einzigen vorübergehenden kurzen Entfremdung. – So finde ich in meinem Tagebuch am 18. Januar 1913 ein offenbar diesen Themen gewidmetes Gespräch zwischen Buber, Werfel, Kafka, Pick, Baum und mir eingetragen, am 23. August 1913: »Nachmittag mit Kafka. Baden, Rudern. Gespräch über Gemeinschaftsgefühle. Kafka sagt, er habe keines, weil seine Kraft nur eben für ihn hinreiche. Debatte im Boot. Meine Wandlung in diesem Punkt. Er zeigt mir Kierkegaard, Beethovens Briefe.« Im Dezember steht die Notiz über Entfremdung. Aber am 24. Dezember bereits wieder: »Kafka. Über Soziales. Stadtpark.« Von da an hat sich Kafka meiner zionistischen Grundhaltung immer entschiedener genähert[...].

328 T 887, vgl. 878.
329 T 622.
330 Hans Dieter Zimmermann: Der babylonische Dolmetscher, S. 119.
331 T 616.
332 Hans Dieter Zimmermann: Der babylonische Dolmetscher, S. 122.
333 T 615 (16. XII. 1913).
334 Hans Dieter Zimmermann: Der babylonische Dolmetscher, S. 120.
335 Vgl. Franz Kafka: Tagebücher. Kommentarband, hrsg. von Hans-Gerd Koch, Michael Müller und Malcolm Pasley, Frankfurt/M. 1990, S. 152.
336 Hans Dieter Zimmermann: Der babylonische Dolmetscher, S. 119 f.
337 T 606.
338 T 863.
339 Einzelheiten bei Hartmut Binder: Der Mensch und seine Zeit, in: Kafka-Handbuch, Band 1, S. 468–472.
340 T 753.
341 Vgl. F 535.
342 Vgl. F 697 f.
343 O 67, vgl. F 313.
344 Vgl. Hartmut Binder: Motiv und Gestaltung bei Franz Kafka, S. 38–55 und Marina Cavarocci Arbib: Jüdische Motive in Kafkas Aphorismen, in: Franz Kafka und das Judentum, S. 122–146.
345 Georg M. Langer: Neun Tore. Das Geheimnis der Chassidim. Aus dem Tschechischen übersetzt von Dr. Friedrich Thieberger. Einleitung von Gershom Scholem, München-Planegg 1959, S. 33 f.
346 T 100.
347 Vgl. Jacques Levi: Mayne ershte Retsenzenten, in: *Unzer Ekspres* Nr. 182 (9. VIII. 1939), S. 6. (Diesen und die im Folgenden angeführten Artikel Löwys verdanke ich Guido Massino, Turin.)
348 Jacques Levi: Dos farloshene likht. (A Khasidish Kol-nidre-mayse'le), in: *Cajt* Nr. 2332 (2. IX. 1933), S. 4.
349 T 277, vgl. 316, wo im Zusammenhang mit russischen Beschneidungszeremonien von »kaballistischen [sic!] Zeichen« die Rede ist.

350 Jacques Levi: Khurban Prog, in: *Unzer Ekspres* Nr. 72 (24. III. 1939), S. 86, vgl. Guido Massino: »... dieses nicht niederzudrückende Feuer des Löwy«. Franz Kafkas Schauspielerfreund Jizchak Löwy, in: *Neue Zürcher Zeitung* 210, Nr. 268 (17./18. XI. 1990), S. 68, dort auch, unter dem Titel *Die Katastrophe von Prag*, eine schriftsprachliche Version von *Khurban Prog*.

351 Vgl. O. S.: Felix Salten – Rudolf Schildkraut. Festabend des Bar Kochba, in: *Bohemia* 87, Nr. 22 (23. I. 1914), S. 7.

352 Iris Bruce: Kafka's *Metamorphosis*: Folklore, Hasidism, and the Jewish Tradition, in: *Journal of the Kafka Society of America* 11, Nr. 1/2 (June-December 1987), S. 9–27.

353 T 333.

354 Max Brod: Streitbares Leben. 1884–1968, München, Berlin, Wien 1969, S. 48 f.

355 Schmuel Hugo Bergman: Tagebücher & Briefe, S.13.

356 FK 137.

357 Vgl. Gershom Scholem: Die jüdiche Mystik in ihren Hauptströmungen, Frankfurt/M. 1957, S. 383.

358 Franz Werfel: Erguß und Beichte, in: F. W.: Zwischen Oben und Unten. Prosa, Tagebücher, Aphorismen, Literarische Nachträge, hrsg. von Adolf D. Klarmann, München 1975, S. 697.

359 Schmuel Hugo Bergman: Tagebücher & Briefe, S. 13.

360 Ritchie Robertson: Kafka, S. 171.

361 Diese Daten nach Unterlagen im *Státní ústřední archiv* in Prag.

362 T 772 f.: »Was etwa Grünberg betrifft, der meiner Meinung nach ein sehr bedeutender Mensch ist und aus mir unzugänglichen Gründen fast allgemein unterschätzt wird...«

363 KB 137.

364 Max Brod: Memoiren eines Flüchtlings, in: *Prager Tagblatt* 4l, Nr. 338 (6. XII. 1916), S. 6.

365 *Selbstwehr* 10, Nr. 38 (11. X. 1916), S. 1–3.

366 Der Text ist wiedergedruckt in: Jüdisches Fest. Jüdischer Brauch. Herausgegeben von Friedrich Thieberger unter Mitwirkung von Else Rabin. Nachdruck der im Jahre 1937 von den nationalsozialistischen Behörden beschlagnahmten und vernichteten Erstauflage, Königstein/Ts. 1985, S. 173–176.

367 Vgl. *Prager Tagblatt* 43, Nr. 19 (22. I. 1918), S. 4, wo diese Lesung mit folgenden Worten bewertet wird:»Die Kindheitserlebnisse, die Grünberg erzählt, sind zwar genau und eindringlich geschildert, aber individuelle Stärke in Stoff und Darstellung ist zu wenig vorhanden, um sie als schriftstellerischen Selbstzweck zu rechtfertigen.«

368 EFB 172.

369 PA 116 f.

370 Die handschriftliche Widmung, die er Kafka auf die Deckblattinnenseite seines Buches *Ein jüdisch-polnisch-russisches Jubiläum* schrieb, enthält den Passus: »Nicht Nationaljude sein, heißt nur zwei oder drei Generationen zurückdenken wollen.« (KB 137 und 139)

371 Er hat nach dem Ende des Krieges, als es seine Verhältnisse zuließen, eine Zeitlang sein Studium an der Prager deutschen Universität fortge-

setzt. (Nach seiner im Archiv der Prager *Karls-Universität* erhaltenen Nationale.)

372 Vgl. Max Brod: Der Prager Kreis, Stuttgart, Berlin, Köln, Mainz 1966, S. 156:

Heimgekehrt trug er, zum Schrecken seiner tschechisch assimilierten großbürgerlichen Familie, eine Zeitlang die chassidische Tracht: den seidenen Kaftan und den breitkrempigen Pelzhut [...] – diesen Hut, den die Juden aus Süddeutschland nach Polen gebracht und dort beibehalten haben.

Ähnlich, aber detailreicher František Langer: My brother Jiří, S. XVf.

373 Max Brod: Der Prager Kreis, S. 157.

374 F 267.

375 Franz Werfel: Erguß und Beichte, in: Zwischen Oben und Unten, S. 696, vgl. Georg Langer: Die Erotik der Kabbala, S. 70, über die chassidische Bewegung:

Mit den Frauen wird nicht gesprochen, man schaut ihnen nie ins Gesicht und speist mit ihnen nicht an einem Tische. [...] Einer Frau die Hand reichen gilt auch ihr selbst als der gröbste Verstoß gegen die empfindliche chassidische Etikette.

376 Dies läßt sich aus Dokumenten erschließen, die sich im Prager Militärarchiv erhalten haben.

377 František Langer: My brother Jiří, S. XXIIIf.

378 T 733.

379 In solchen Fällen nämlich pflegte Kafka die neue Bekanntschaft im Tagebuch zu charakterisieren, und sei es auch nur durch ein einziges typisches Detail, während er sich hier auf die einfache Nennung des Namens beschränkte.

380 Ebenda, S. XXIII: »During the war he had made friends with Franz Kafka, and the two men used to go for walks together in Prague.«

381 Max Brod: Der Prager Kreis, S. 157.

382 Vgl. Georg [Jiří] Langer: Der Weg zum Garten der Mystik, in: *Selbstwehr. Unabhängige jüdische Wochenschrift* 15, Nr. 25 (24. VI. 1921), S. 1:

[...] wer [...] die Weihe der Abenddämmerung bei der ›Dritten Mahlzeit‹ am Schabbes nicht empfangen hat, wessen Herz vom verzückten Lachen und Weinen der Zaddikim nicht erschüttert war, der wird den ›Garten‹ nie betreten und nie seine Herrlichkeit schauen.

383 T 751 und FK 137.

384 T 766–768.

385 Vgl. T 766 und Franz Kafka: Tagebücher. Apparatband, hrsg. von Hans-Gerd Koch, Michael Müller und Malcolm Pasley, Frankfurt/M. 1990, S. 377f.

386 T 776.

387 EFB 150–154.

388 EFB 193f.

389 František Langer: My brother Jiří, S. XIXf.

390 Georg M. Langer: Neun Tore, S. 27–29.

391 František Langer: My brother Jiří, S. XXf.

392 Vgl. Max Brod: Die Erotik der Kabbala, in: *Selbstwehr* 17, Nr. 17 (27. IV. 1923), S. 1f.

ANMERKUNGEN

393 František Langer: My brother Jiří, S. XIXXXI.

394 T 776.

395 Georg Langer wurde am 7. IV. 1894 in Prag geboren und starb am 12. III. 1943 in Tel Aviv. (František Langer: My brother Jiří, S. XII und XXIX.)

396 Anne Oppenheimer: Franz Kafka's relation to realism, Oxford 1977, S. 302 f. (D. phil. thesis) Eine vollständige Fassung dieses Erinnerungsartikels (in italienischer Sprache) findet sich in: Marina Cavarocchi: La Certezza che toglie la speranza. Contributi per l'approfondimento dell ›aspetto ebraico‹ in Kafka. Con saggi di Hartmut Binder, Stéphane Mosès e Ulf Abraham, Firenze 1988, S. 83–86.

397 Brod verwendet 1917 Kafka gegenüber die Bezeichnung »Herr Langer«. (EFB 193)

398 FK 144 f.

399 EFB 304, am 19. I. 1921: »Ich lese jetzt jeden zweiten Tag mit Langer schöne Kabbal. [istische] Werke. Geschrieben habe ich noch keine Zeile. Mache mich auf 1/2 Jahr Studien gefaßt.«

400 *Selbstwehr. Unabhängige jüdische Wochenschrift* 15, Nr. 25 (24. VI. 1921), S. l, vgl. M. D. Georg Langer: Die Erotik der Kabbala. Mit einem Vorwort von Peter Orban, München 1989, S. 11–16. (Langer hatte den Text selbst aus dem Hebräischen übersetzt.)

401 Max Brod: Die Erotik der Kabbala. (Bemerkungen zu dem Buch Georg Langers. Verlag Dr. Josef Flesch, Prag.), in: *Selbstwehr. Unabhängige jüdische Wochenschrift* 17, Nr. 17 (27. IV. 1923), S. 1.

402 Vgl. Max Brod: Der Prager Kreis, S. 157: »Ohne seine [Langers] Unterweisung und Hilfe hätte ich meinen *Rëubeni* nie schreiben können«.

403 EFB 317 f.

404 EFB 320.

405 In einer auf den Winter 1919/1920 zu datierenden Liste mit Korrekturen zu den Fahnen von Felix Weltschs *Gnade und Freiheit* (1920) findet sich als 39. Verbesserungsvorschlag die folgende Bemerkung: »Kabbalah schreibt man wohl mit 2b, wenigstens schreibst Du es selbst so auf Seite 21«. (Hartmut Binder: Ein ungedrucktes Schreiben Franz Kafkas an Felix Weltsch. Edition und Kommentar, in: *Jahrbuch der Deutschen Schillergesellschaft* 20 [1976], S. 107) Die Formulierung deutet nicht gerade darauf hin, daß Kafka zu diesem Zeitpunkt besondere Kenntnisse über die jüdische Mystik besessen hätte.

406 T 878.

407 Karl Erich Grözinger: Kafka und die Kabbala, S. 24.

408 Ebenda, S. 37–41.

409 Vgl. Max Eschelbacher: Jom Hakippurim, in: Jüdisches Fest. Jüdischer Brauch, S. 160.

410 Vgl. Hartmut Binder: Kafka-Kommentar zu sämtlichen Erzählungen, S. 137–144.

411 T 195.

412 Vgl. Evelyn Torton Beck: Kafka and the Yiddish Theater, S. 92.

413 T 96 und 351.

414 So F 700.

415 T 47, 715, F 239 und O 64.

416 F 723.
417 H 43.
418 Max Eschelbacher: Jom Hakippurim, S. 162.
419 Franz Rosenzweig: Die Tage des Gerichts, in: Jüdisches Fest. Jüdischer Brauch, S. 187f.
420 F 741: »mein Schuldbewußtsein ist immer stark genug, es braucht keine Nahrung von außen«..
421 T 48.
422 T 753.
423 F 700.
424 F 630, EFB 221 und H 193.
425 F 839f.
426 Vgl. T 678 mit 714f.
427 PA 73–75.
428 Vgl. Hans Tramer: Die Dreivölkerstadt Prag, in: Robert Weltsch zum 70. Geburtstag von seinen Freunden. 20. Juni 1961, hrsg. von H. T. und Kurt Loewenstein, Tel-Aviv, S. 159–164.
429 Vgl. Hillel J. Kieval: The Making of Czech Jewry. National Conflicts and Jewish Society in Bohemia, 1870–1918, New York, Oxford 1988, S. 118.
430 FK 198 und 100.
431 Max Brod: Streitbares Leben, S. 227.
432 FK 98.
433 Max Brod: Die Geschichte der jüdisch-deutschen Literatur. Bearbeitet von Georg Hecht. Leipzig 1913, in: *Der Bücherwurm. Eine Monatsschrift für Bücherfreunde* 4 (1913/1914), S. 51.
434 Vgl. Hartmut Binder: Leben und Persönlichkeit Franz Kafkas, S. 507f.
435 Vgl. Hartmut Binder: Kafkas Hebräischstudien, S. 527–556.
436 Karl Erich Grözinger: Kafka und die Kabbala, S. 37–41.
437 Vgl. Ruth Kestenberg-Gladstein: The Jews between Czechs and Germans in the Historic Lands, 1848–1918, in: The Jews of Czechoslovakia. Historical Studies and Surveys, Vol. I, Philadelphia, New York 1968, S. 48–53.
438 Jakob Loewenberg: Festtage, in: Jüdisches Fest. Jüdischer Brauch, S. 168.
439 Felix Weltsch: Religion und Humor in Leben und Werk Franz Kafkas, Berlin-Grunewald 1957.
440 Felix Weltsch: Realism and Romanticism. Observations on the Jewish Intelligentsia of Bohemia and Moravia, in: The Jews of Czechoslovakia. Historical Studies and Surveys, Vol. II, Philadelphia, New York 1971, S. 449f.
441 Vgl. KB 85.
442 F 236.
443 Vgl. zu den Einzelheiten Hartmut Binder: Die verlorene Generation. Hans Klaus und sein Kreis, in: Prager Profile. Vergessene Autoren im Schatten Kafkas. Mit 75 Abbildungen, Berlin, Bonn 1991, S. 105f.
444 Karl Erich Grözinger: Kafka und die Kabbala, S. 28 und 250.
445 H 199.
446 Max Brod: Streitbares Leben, S. 223f.

447 Jakob Fromer: Der Organismus des Judentums, Charlottenburg 1909, S. 13, vgl. T 360.
448 T 360.
449 T 366.
450 F 257, vgl. 252.
451 F 260.
452 So sprach beispielsweise Berta Fanta, die Apothekersgattin, die um sich einen Gesprächs-Kreis versammelt hatte, dem auch Kafka zeitweilig zugehörte, im Februar 1911 über das mystische Erleben und seine Verwirklichung durch Baalschem, vgl. *Bohemia* 84, Nr. 49 (18. II. 1911), S. 8.
453 Karl Erich Grözinger: Kafka und die Kabbala, S. 96.
454 Gershom Scholem: Die jüdische Mystik in ihren Hauptströmungen, S. 356–385.
455 T 766–768.
456 Karl Erich Grözinger: Kafka und die Kabbala, S. 218.
457 Ebenda, S. 84.
458 So etwa Werner Hoffmann: Kafkas Legende »Vor dem Gesetz«, S. 114–116.
459 Karl Erich Grözinger: Kafka und die Kabbala, S. 46, vgl. 48 und 21.
460 P 151–154.
461 P 304.
462 Vgl. Hartmut Binder: Kafka-Kommentar zu den Romanen, Rezensionen, Aphorismen und zum Brief an den Vater, 2, bibliographisch ergänzte Auflage, München 1982, S. 189–257.
463 Karl Erich Grözinger: Kafka und die Kabbala, S. 59.
464 P 99–107.
465 Vgl. Michael Müller: Kafka und Casanova, in: *Freibeuter* 16 (1983), S. 67–76.
466 Ritchie Robertson: Kafka, S. 170.
467 T 352, vgl. 356.
468 Karl Erich Grözinger: Kafka und die Kabbala, S. 79 und 81.
469 Ebenda, S. 98 f.
470 Vgl. H 210–212.
471 P 289 f.
472 Frank Schirrmacher: Schrift als Tradition. Die Dekonstruktion des literarischen Kanons bei Kafka und Harold Bloom, Frankfurt/M. 1987, S. 8–11. (Diss.)
473 Kafka las das Buch, das 1869 in Leipzig erschien, im August 1913, vgl. F 444 f.
474 Ebenda, S. 42–45.
475 Ebenda, S. 52.
476 P 77.
477 Frank Schirrmacher: Schrift als Tradition, S. 85.
478 Ebenda, S. 6.
479 F 562.
480 Vgl. M 10 und 30.
481 F 398.
482 Vgl. P 30 (»In diesem Frühjahr«) mit 309 (»Laubmassen von Bäumen

und Sträucher«) und Hartmut Binder: Kafka-Kommentar zu den Romanen, S. 166–169.
483 Frank Schirrmacher: Schrift als Tradition, S. 128.
484 Max Brod übermittelt in seinen Erinnerungen einen Beleg dafür, daß Kafka sogar in seiner Spätzeit, als sich infolge gescheiterter Heiratsversuche und krankheitsbedingter Isolation der Gegensatz zu den Erscheinungsformen der bürgerlichen Welt gegenüber den Verlobungsjahren noch beträchtlich vergrößert hatte, diese Auffassung ausdrücklich ablehnte. Denn ein Gespräch zwischen den beiden Freunden am 28. II. 1920 hatte den folgenden Verlauf genommen:
Er: »Wir sind nihilistische Gedanken, die in Gottes Kopf aufsteigen.«
Ich stellte damit die Lehre der Gnosis vom Demiurgen, dem bösen Weltschöpfer, von der Welt als Sündenfall Gottes in Entsprechung. »Nein«, sagte Kafka, »ich glaube, wir sind nicht ein so radikales Hinabsinken Gottes, nur eine seiner schlechten Launen, ein schlechter Tag.«
(FK 71)
485 Vgl. Max Brod: Heidentum, Christentum, Judentum. Ein Bekenntnisbuch, Band 1, München 1922, S. 11:
Das *Christentum* steht unter der Idee der *Diesseitsverneinung*. Es sieht das Göttliche im Bilde einer Negation des Diesseits, ersehnt die Auflösung der sichtbaren Welt zugunsten der unsichtbaren.
S. 18f:
Die sichtbare Welt ist dem Juden nicht Schauplatz eines einzig-einmaligen Wunders [...] sie bietet sich vielmehr immer und in gar nicht vorhersehbaren Richtungen dem Wunder, der Begegnung mit Gott an [...] Niemals darf von materiellen Verhältnissen, von bestehenden Nuancierungen der Erscheinungswelt einfach abgesehen werden.
Kafka polemisiert schon im Sommer 1920 gegen diese Auffassung, indem er auch den Griechen, die er als »eine Art lutherischer Sekte« bezeichnet, einen »gewissen Dualismus« zubilligen will. Wenn er im gleichen Zusammenhang davon spricht, Brod und er selbst müßten verzweifelt sein, wenn sie Griechen wären, und die von ihm vorgenommene Korrektur an den Thesen seines Freundes in einer Formulierung zusammenfaßt, die in anderem Zusammenhang als eigenes Welt-Verständnis in Erscheinung tritt, dann läßt sich daraus schließen, daß er in seiner Spätzeit einer solchen gemäßigten dualistischen Auffassung zuneigte, die selbstverständlich der Weltfeindlichkeit der Kabbala konträr entgegensteht. (Vgl. EFB 282f. mit H 47)
486 Vgl. z. B. H 88.
487 H 44.
488 T 743.
489 Hans Dieter Zimmermann: Der babylonische Dolmetscher, S. 117 und 123.
490 Karlheinz Fingerhut: Bildlichkeit, in: Kafka-Handbuch, Band 2, S. 169.
491 Ebenda, S. 198.
492 Karlheinz Fingerhut: Bildlichkeit, S. 173.
493 Ebenda, S. 169f.
494 Theo Elm: »Der Prozeß«, in: Kafka-Handbuch, Band 2, S. 424f.
495 Vgl. Karlheinz Fingerhut: Die Verwandlungen Kafkas. Zum Stellen-

wert der politischen Rezeption Kafkas bei Autoren der Gegenwart, in: Rezeptionspragmatik. Beiträge zur Praxis des Lesens, hrsg. von Gerhard Köpf, München 1981, S. 167–200.

496 Vgl. Karlheinz Fingerhut: Umarbeiten – Überarbeiten – Ergänzen. Von der Phantasiearbeit im produktiven Literaturunterricht. Erörtert an Beispielen eingreifenden Lesens in Kafkas »Prozeß«-Roman, in: Literatur, Verständnis und Vermittlung: Wilhelm Gössmann zum 65. Geburtstag, hrsg. von Joseph A. Kruse, Düsseldorf 1991, S. 350–371.

497 M 247f.

498 T 113–115 und 881.

499 T 907.

500 M 247f., vgl. 221.

501 Hartmut Binder: Kafka in neuer Sicht, S. 265–285.

502 T 892.

503 H 83, vgl. EFB 194f. und M 68.

504 H 107.

505 T 118.

506 E 244, vgl. Hartmut Binder: Kafka-Kommentar zu sämtlichen Erzählungen, S. 253f.

507 Karlheinz Fingerhut: Franz Kafka: Der Prozeß, in: Deutsche Romane von Grimmelshausen bis Walser, hrsg. von Jakob Lehmann, Kronberg/Ts. 1982, S. 172.

508 H 41 und 43.

509 Karlheinz Fingerhut: Franz Kafka: Der Prozeß, S. 173.

510 H 94.

511 P 299.

512 PA 311.

513 Ludo Verbeeck: Der Begriff der Modalität als Interpretationskategorie, am Beispiel von Franz Kafkas »Vor dem Gesetz«, in: Erzählung und Erzählforschung im 20. Jahrhundert, hrsg. von Rolf Kloepfer und Gisela Janetzke-Dillner, Stuttgart, Berlin, Köln, Mainz 1984, S. 68.

514 Vgl. Ritchie Robertson: Kafka, S. 168, wo allerdings der Inhalt der Anweisung in seiner Komplexität nicht voll erfaßt wird.

515 P 297, vgl. S. 255 dieser Untersuchung.

516 Vgl. Sebastian Goeppert/ Herma C. Goeppert: Psychoanalyse interdisziplinär: Sprach- und Literaturwissenschaft, München 1981, S. 51f.

517 Franz Kafka: Der Prozeß, hrsg. von Max Brod, Frankfurt/M. 1950, S. 256.

518 P 298.

519 H. Paul Grice: Logik und Konversation, in: Handlung, Kommunikation, Bedeutung, hrsg. von Georg Meggle, Frankfurt/M. 1979, S. 261, vgl. 248:
Wir könnten demnach ganz grob ein allgemeines Prinzip formulieren, dessen Beachtung (ceteris paribus) von allen Teilnehmern erwartet wird, und zwar: Mache deinen Gesprächsbeitrag jeweils so, wie es von dem akzeptierten Zweck oder der akzeptierten Richtung des Gesprächs, an dem du teilnimmst, gerade verlangt wird. Dies könnte man mit dem Etikett *Kooperationsprinzip* versehen.

520 Karlheinz Fingerhut: Franz Kafka: Der Prozeß, S. 163.

ANMERKUNGEN

521 P 296.

522 P 296 und 297.

523 Vgl. Kurt Krolop: Sprachprobleme bei der Lektüre des »Prozesses«, in: *Wissenschaftliche Zeitschrift. Martin-Luther-Universität Halle–Wittenberg. Geisteswissenschaftliche Reihe* 41, H. 1 (1992), S. 54.

524 E 176.

525 T 867.

526 Ludo Verbeeck: Der Begriff Modalität als Interpretationskategorie, S. 70.

527 So Herbert Kraft: Mondheimat, S. 148.

528 P 23.

529 P 136.

530 P 52 f. und 74.

531 P 181.

532 Hans Dieter Zimmermann: Die endlose Suche nach dem Sinn. Kafka und die jiddische Moderne, in: Nach erneuter Lektüre: Franz Kafkas »Der Proceß«, S. 213.

533 Gotthard Oblau: Erkenntnis- und Kommunikationsfunktion der Sprache in Franz Kafkas »Der Prozeß«, in: Zu Franz Kafka, hrsg. von Günter Heinz, Stuttgart 1979, S. 220.

534 P 13 und 22.

535 Ludo Verbeeck: Die Kategorie der Modalität als Interpretationskategorie, S. 72, vgl. Paul Watzlawick/ Janet H. Beavin/ Don D. Jackson: Menschliche Kommunikation. Formen, Störungen, Paradoxien, Bern und Stuttgart 1969, S. 201.

536 So richtig Hans Helmut Hiebel: Die Zeichen des Gesetzes. Recht und Macht bei Franz Kafka, München 1983, S. 222.

537 Ulrich Klingmann: Die Faßbarkeit des Unfaßbaren. Zur Frage der religiösen Dimension in Kafkas »Der Prozeß«, in: *Acta Germanica* 19 (1988), S. 84 f.

538 Horst Turk: »betrügen ... ohne Betrug«. Das Problem der literarischen Legitimation am Beispiel Kafkas, in: Urszenen. Literaturwissenschaft als Diskursanalyse und Diskurskritik, hrsg. von Friedrich A. Kittler und H. T., Frankfurt/M. 1977, S. 398.

539 Franz Kafka: Der Verschollene, hrsg. von Jost Schillemeit, Frankfurt/M. 1983, S. 43.

540 E 83.

541 Paul Watzlawick u.a.: Menschliche Kommunikation, S. 196.

542 Vgl. Gregory Bateson/ Don D. Jackson/ Jay Haley und John H. Weakland: Auf dem Wege zu einer Schizophrenie-Theorie, in: Gregory Bateson u. a.: Schizophrenie und Familie. Beiträge zu einer neuen Theorie, Frankfurt/M. 1969, S. 16–23.

543 Ebenda, S. 198.

544 P 296.

545 Sebastian Goeppert/ Herma C. Goeppert: Psychoanalyse interdisziplinär, S. 51.

546 So Ludo Verbeeck: Der Begriff Modalität, S. 68.

547 Paul Watzlawick u. a.: Menschliche Kommunikation, S. 196.

548 Vgl. John H. Weakland: »Double-bind«-Hypothese und Dreier-Bezie-

hung, in: Gregory Bateson u. a.: Schizophrenie und Familie, S. 224, wo unter den Punkten, durch die das Opfer von Beziehungsfallen charakterisiert werden, aufgeführt ist: »*Die Möglichkeit, das Feld zu räumen, ist blockiert.*«
549 Ebenda, S. 201.
550 John H. Weakland: »Doble-Bind«-Hypothese und Dreier-Beziehung, S. 225.
551 John H. Weakland: »Double-Bind«-Hypothese und Dreier-Beziehung, S. 223.
552 Paul Watzlawick u. a.: Menschliche Kommunikation, S. 202.
553 Sebastian Goeppert/ Helma C. Goeppert: Psychoanalyse interdisziplinär, S. 48.
554 P 302.
555 Vgl. z. B. Jacques Derrida: Devant la loi, in: Philosophy and Literature, edited by A. Phillipps, Cambridge 1984, S. 183:
Car la loi est l'interdit. Tel serait le terrifiant *double-bind* de son avoir-lieu propre. Elle est l'interdit: cela ne signifie pas qu'elle interdit mais qu'elle est elle-meme interdite, un lieu interdit. Elle s'interdit et se contredit en mettant l'homme dans sa propre contradiction: on ne peut arriver jusqu'à elle et pour avoir rapport avec elle selon le respect, *il faut ne pas, il ne faut pas* avoir rapport à elle, *il faut interrompre la relation.*
556 So unlängst Elsbeth Schmidhäuser: Die Verhaftung des Josef K. Zum Verständnis von Kafkas Roman »Der Proceß«, in: *Neue Juristische Wochenschrift* 44, Nr. 23 (1991), S. 1455–1460.
557 Winfried Kudszus: Literatur, Soziopathologie, Double-bind. Überlegungen zu einem Grenzgebiet, in: Literatur und Schizophrenie. Theorie und Interpretation eines Grenzgebiets, eingeleitet und hrsg. von W. K., Tübingen 1977, S. 154.
558 Vgl. Hartmut Binder: Bauformen, in: Kafka-Handbuch, Band 2, S. 67–75.
559 Rudolf Kreis: Die doppelte Rede des Franz Kafka. Eine textlinguistische Analyse, Paderborn 1976.
560 Ulf Abraham: Der verhörte Held, S. 15–66.
561 S 40 und 187.
562 S 419–424.
563 S 174–185.
564 Susanne Kessler: Kafka – Poetik der sinnlichen Welt. Strukturen sprachkritischen Erzählens, Stuttgart 1983, S. 76.
565 P 302 f.
566 Susanne Kessler: Kafka, S. 77–79
567 P 298.
568 P 303.
569 P 312.
570 Br 388.
571 P 301.
572 Susanne Kessler: Kafka, S. 78.
573 PA 312, vgl. unten S. 251.
574 P 301.
575 Vgl. etwa T 526: »Lange mit Pick vor dem Tor [Portal des Prager

Hauses Altstädter Ring Nr. 6] gestanden.« Ebenso F 326, im Blick auf den Neubau Niklasstraße 36: »Öffnen des Haustores«.

576 P 54.

577 P 188.

578 Das Photo entstammt dem Archiv des Verfassers.

579 P 297 und 300.

580 Vgl. P 292 mit 25.

581 Vgl. Karlheinz Fingerhut: Annäherung an Kafkas Roman »Der Prozeß« über die Handschrift und Schreibexperimente, in: Nach erneuter Lektüre: Franz Kafkas »Der Proceß«, S. 59 f.

582 P 292.

583 PA 312.

584 P 295.

585 Karlheinz Fingerhut: Annäherung an Kafkas Roman »Der Prozeß« über die Handschrift und über Schreibexperimente, S. 61.

586 Vgl. Karlheinz Fingerhut: Franz Kafka: Der Prozeß, S. 164.

587 PA 317, vgl. unten S. 257.

588 P 302.

589 Vgl. Hartmut Binder: Kafka. Der Schaffensprozeß, S. 351–358.

590 PA 312. Die Änderung der wörtlichen Rede und die Streichung der beiden nachfolgenden Sätze werden dort hintereinander, also mit zwei verschiedenen Lemmazeichen dokumentiert, vgl. unten S. 251.

591 Vgl. Heinz Politzer: Franz Kafka, der Künstler, S. 265:
Der Türhüter wird in allen Einzelheiten beschrieben [...] Der Mann vom Lande hingegen bleibt skizzenhaft, leer und ebenso bar einer Persönlichkeit wie K., den er doch über seine Persönlichkeit aufklären sollte. Einundzwanzigmal wird der Türhüter im Lauf der überaus kurzen Erzählung beim Namen genannt, der Mann nur neunmal, und davon erscheint er lediglich zweimal mit seinem vollen Titel als ›Mann vom Lande‹.

592 P 303.

593 PA 318, vgl. unten S. 257.

594 PA 318, vgl. unten S. 258.

595 P 303.

596 Karlheinz Fingerhut: Annäherung an Kafkas Roman »Der Prozeß« über die Handschrift und über Schreibexperimente, S. 61–63.

597 P 295.

598 Karlheinz Fingerhut: Franz Kafka: Der Prozeß, S. 163.

599 Joseph Vogl: Ort der Gewalt. Kafkas literarische Ethik, München 1990, S. 159.

600 Walter H. Sokel: Das Verhältnis der Erzählperspektive zu Erzählgeschehen und Sinngehalt, S. 294 und 297.

601 Vgl. Paul Watzlawick u. a.: Menschliche Kommunikation, S. 176–178.

602 Vgl. P 291 f.: »Ich mußte zuerst aus der Entfernung mit Dir sprechen. Ich lasse mich sonst zu leicht beeinflussen und vergesse meinen Dienst.«

603 P 288.

604 P 289.

605 P 295 f.

606 P 297.
607 P 297 f.
608 P 298.
609 Herbert Kraft: Mondheimat, S. 143 f.
610 P 301.
611 P 302.
612 P 299–302.
613 P 301.
614 So Karlheinz Fingerhut: Franz Kafka: Der Prozeß, S. 164 f.
615 P 304.
616 Vgl. Heinz Politzer: Franz Kafka, der Künstler, S. 266:
Er geht in die Falle, die ihm der Wortlaut der Schrift gestellt hat. Mit dieser ersten Bemerkung [nämlich: »Der Türhüter hat also den Mann getäuscht«] begibt er sich des einzigen dialektischen Vorteils, den er dem Geistlichen gegenüber besessen hätte. Denn was läge für Josef K. näher, als die Anwendbarkeit des Gleichnisses auf sich und seinen Prozeß abzulehnen mit dem Hinweis darauf, daß zwar der Mann vom Lande freiwillig zum Türhüter gekommen sei, er selbst aber durchaus unfreiwillig vom Gesetz ereilt wurde.
617 Vgl. Hartmut Binder: Bauformen, in: Kafka-Handbuch, Band 2, S. 61–67.
618 John H. Weakland: »Double-bind«-Hypothese und Dreierbeziehung, S. 226.
619 H 175.
620 H 176.
621 H 215.
622 Andere Aussagen verdeutlichen, daß Hermann Kafka seinen Sohn für unfähig hielt, das richtige Mädchen zu finden, also eine standesgemäße Partie zu machen, unterstellte, er sei bei seinen Heiratsversuchen von sexuellen Wünschen geleitet gewesen. (H 213–216) Außerdem glaubte er, daß Kafka nicht fähig sein werde, mit dem ihm zur Verfügung stehenden Geld auszukommen. (F 452)
623 O 33 und H 168.
624 H 201 f.
625 F 598.
626 H 173.
627 O 49.
628 H 162.
629 T 323 f.
630 O 69.
631 H 184.
632 O 49.
633 Vgl. F 614 f.
634 H 216.
635 H 217.
636 H 217.
637 F 91, 408, 436 und 622.
638 F 426, vgl. 412.
639 M 85, vgl. H 195 f.

ANMERKUNGEN

640 H 217.
641 FK 185.
642 Vgl. EFB 421 f. und Franz Kafka: Der Prozeß, Frankfurt/M. 1950, S. 316–321 (Nachwort zur ersten Ausgabe).
643 In Kafkas Nachlaß fanden sich lediglich Briefe, die seine engsten Freunde an ihn gerichtet hatten. Es ist deswegen anzunehmen, daß er die Briefe der drei Frauen, die er wahrscheinlich nicht zurückgab, als diese Beziehungen endeten, vernichtet hat, um niemanden zu kompromittieren.
644 Vgl. F 357 und 504.
645 T 286, 293 und F 412.
646 Br 431 (dieser Brief ist vom Herausgeber Max Brod falsch datiert worden und bezieht sich in Wirklichkeit auf das *Schloß*).
647 Gregory Bateson/ Don D. Jackson/ Jay Haley/ John H. Weakland: Auf dem Wege zu einer Schizophrenie-Theorie, in: G. B. u. a.: Schizophrenie und Familie, S. 22.
648 »Du hast mich satt, es gibt keine andere Erklärung.« (F 106)
649 F 98.
650 F 108.
651 F 307.
652 F 349.
653 Vgl. F 230.
654 F 273.
655 F 216, vgl. 298.
656 Vgl. Hartmut Binder: Kafkas literarische Urteile, S. 213–222.
657 F 372.
658 FK 268.
659 F 319.
660 Franz Kafka: Beschreibung eines Kampfes. Die zwei Fassungen. Parallelausgabe nach den Handschriften. Hrsg. und mit einem Nachwort versehen von Max Brod. Textedition Ludwig Dietz, Frankfurt/M. 1969, S. 68 und 126.
661 Vgl. F 317 und 400 f.
662 F 306.
663 F 384.
664 Vgl. Ernst Kretschmer: Körperbau und Charakter. Untersuchungen zum Konstitutionsproblem und zur Lehre von den Temperamenten, 25. ergänzte Auflage, hrsg. von Wolfgang Kretschmer, Berlin, Heidelberg, New York 1967, S. 189–214.
665 Gregory Bateson/ Don D. Jackson/ Jay Haley und John H. Weakland: Auf dem Wege zu einer Schizophrenie-Theorie, S. 23–43.
666 Vgl. H 11:
Und überdies kann ich es nicht machen, wie ich es immer als Kind bei gefährlichen Geschäften machte? Ich brauche nicht einmal selbst aufs Land fahren, das ist nicht nötig. Ich schicke meinen angekleideten Körper.
667 F 385 und 456 f.
668 Br 174 und EFB 182.
669 EFB 342.

670 Vgl. Br 357 und EFB 415–418.
671 Gregory Bateson/ Don D. Jackson/ Jay Haley und John H. Weakland: Auf dem Wege zu einer Schizophrenie-Theorie, S. 22.
672 Vgl. T 574.
673 F 380 f.
674 Br 122 und T 636.
675 F 341, vgl. 265.
676 F 365.
677 F 458.
678 T 680 f.
679 T 702.
680 F 622.
681 H 208.
682 F 461.
683 F 289.
684 F 466.
685 F 622.
686 F 112, vgl. 534.
687 T 723.
688 F 361.
689 F 458.
690 F 361 und T 636.
691 F 498.
692 F 330.
693 F 466, vgl. T 743.
694 F 129.
695 F 324.
696 T 722, F 404 und 508.
697 Vgl. F 395.
698 F 324.
699 F 579.
700 F 452.
701 H 181.
702 F 630, EFB 221 und H 193.
703 Vgl. das Faksimile S. 252 dieser Untersuchung.

Die Wiedergabe von Teilen der *Proceß*-Handschrift Kafkas geschieht mit Genehmigung des *Deutschen Literaturarchivs* in Marbach/N., in dessen Besitz sich das Manuskript befindet, sowie des S. Fischer-Verlags in Frankfurt/M., der freundlicherweise auch den Abdruck der Erzählung *Vor dem Gesetz* und des Werfel-Gedichts *Der göttliche Portier* gestattete. Außerdem sei dem Sphinx-Verlag in Basel für die Erlaubnis gedankt, die Abbildung auf S. 85 zu reproduzieren.